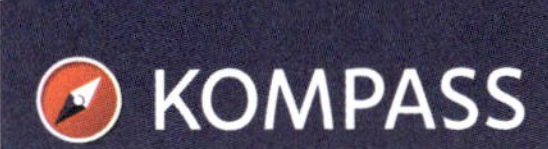

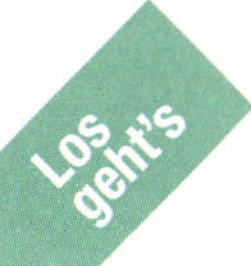

Endlich Wochenende

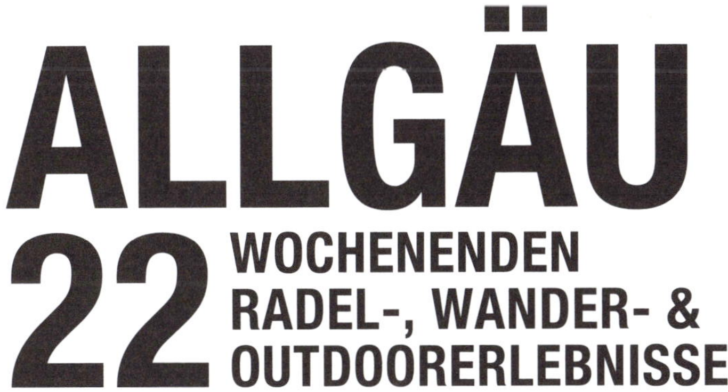

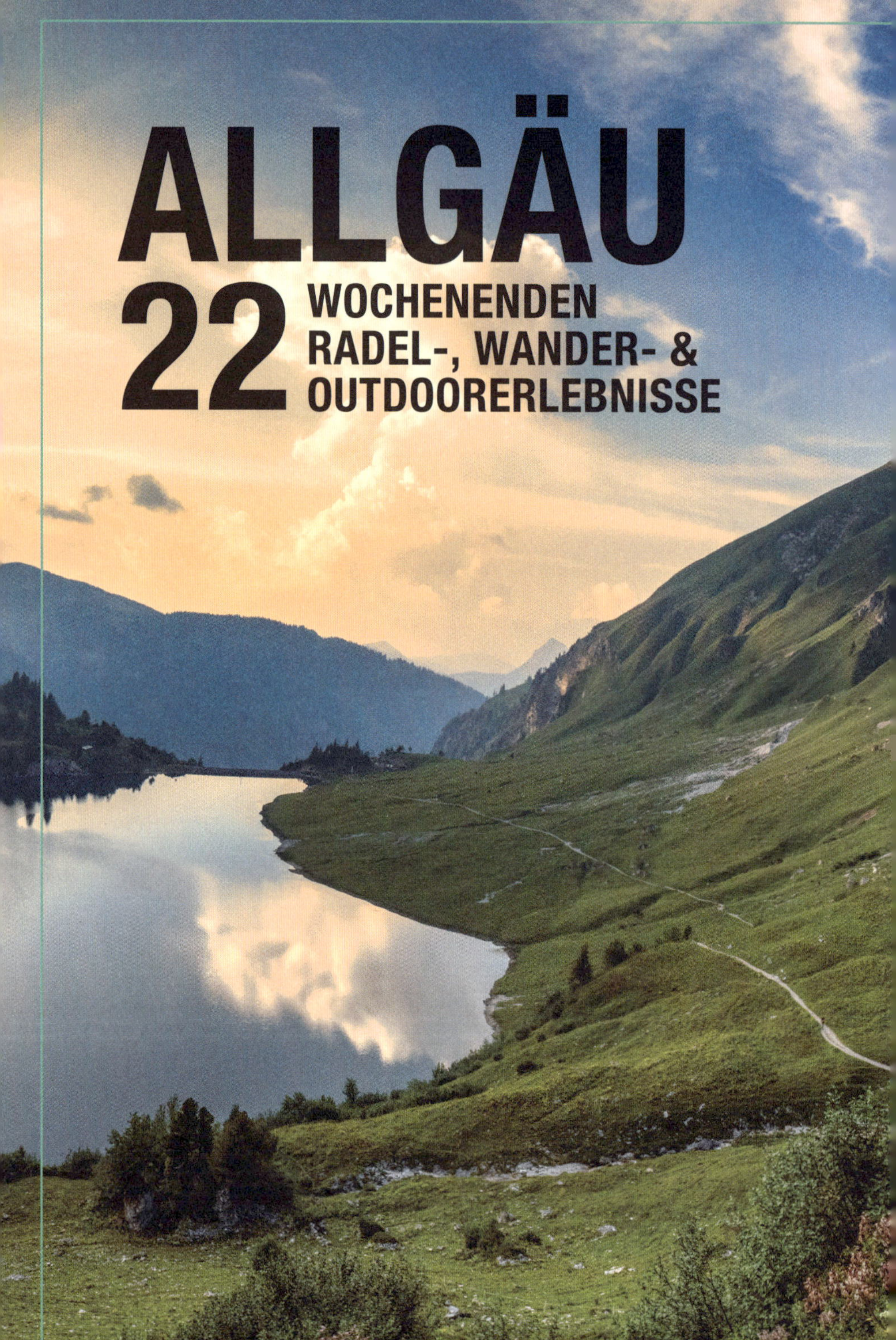
ALLGÄU
22 WOCHENENDEN
RADEL-, WANDER- &
OUTDOORERLEBNISSE

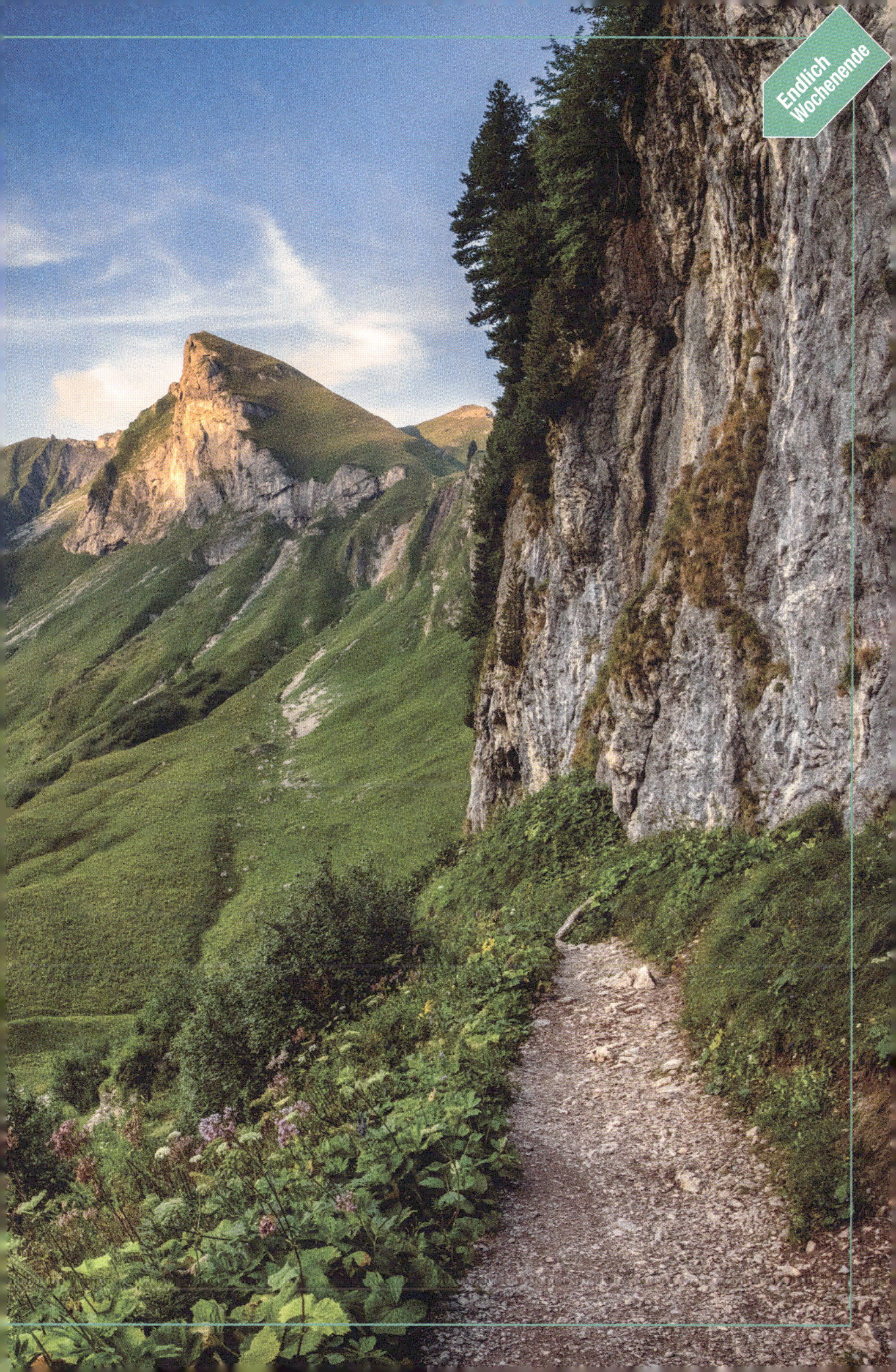
Endlich Wochenende

Inhalt

Tourenübersicht

Übersichtskarte

Endlich... geht es los!

Packliste

Verhaltenskodex

Grundwissen

Wochenenden 1–22

Unsere Outdoor-Hacks

Endlich was Neues ausprobieren

Von Vorteil für Mensch & Natur

Impressum

Endlich Feierabend

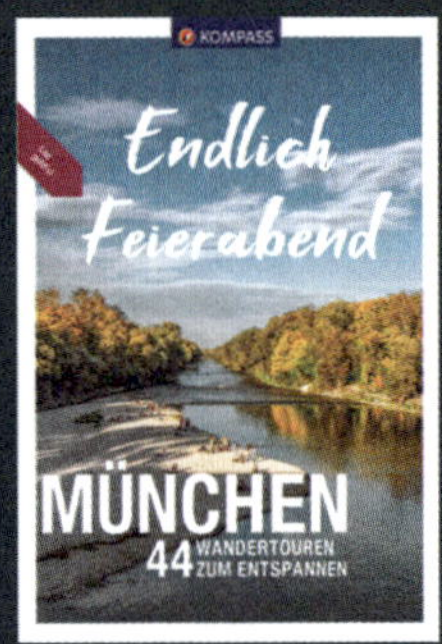

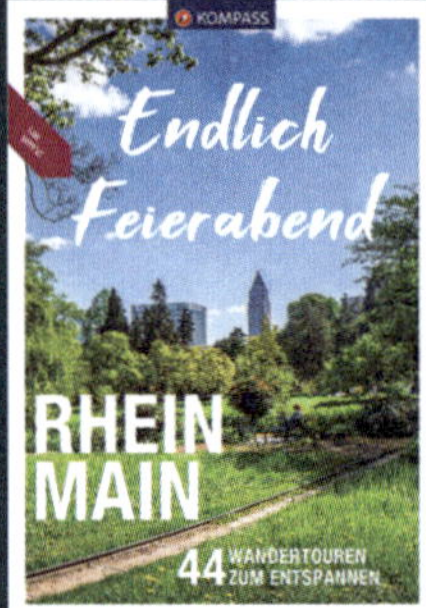

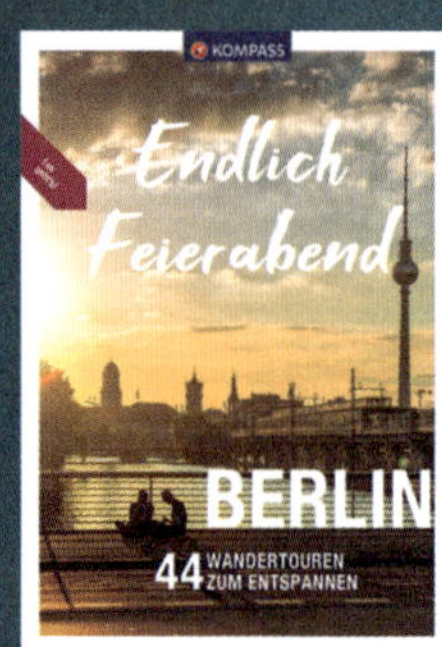

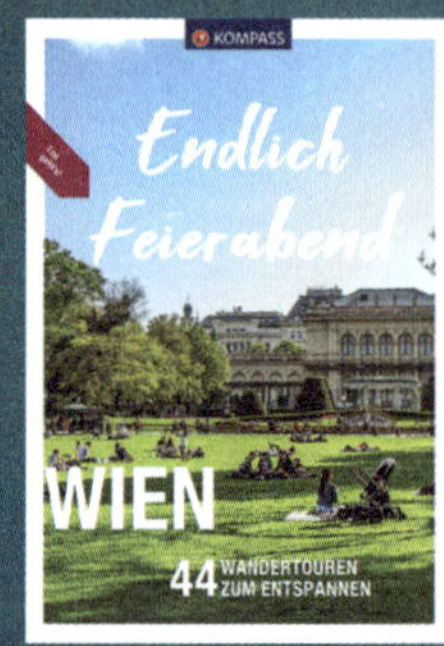

Endlich Erfrischung & Endlich Fahrtwind

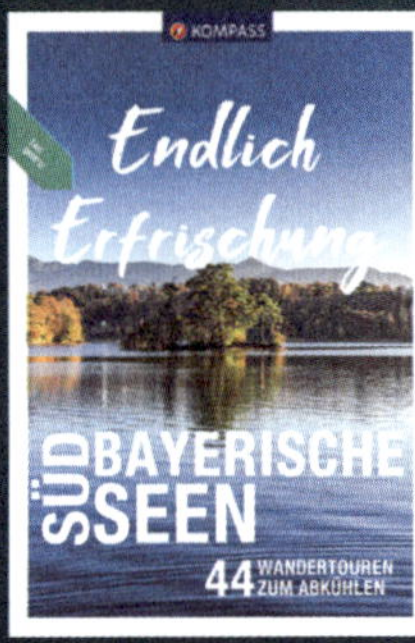

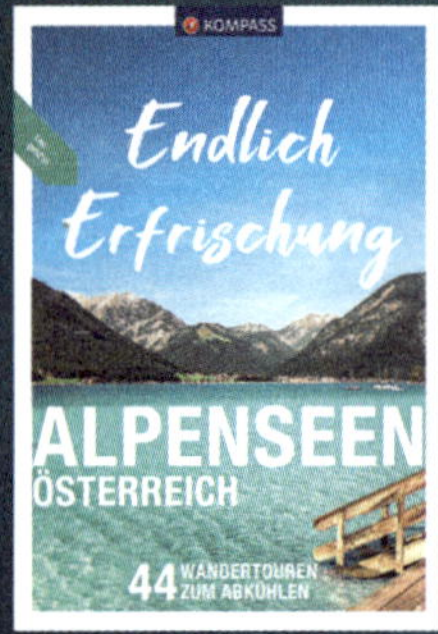

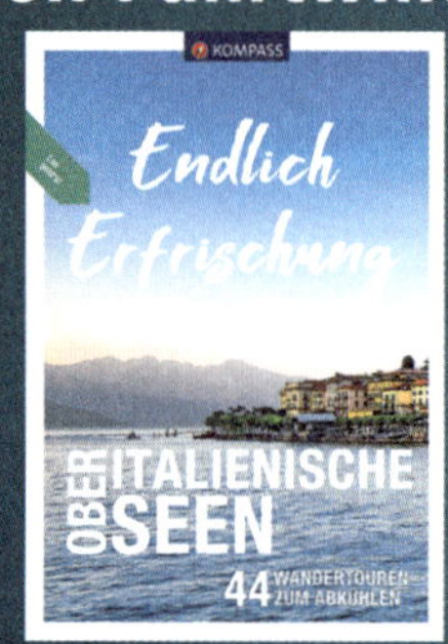

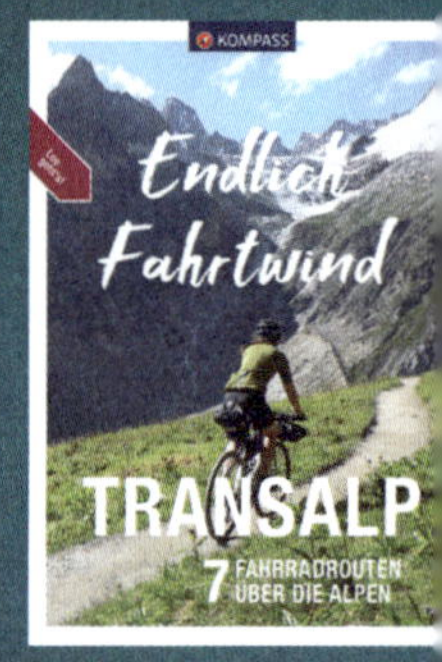

Endlich aufs Wasser & Endlich Sonne

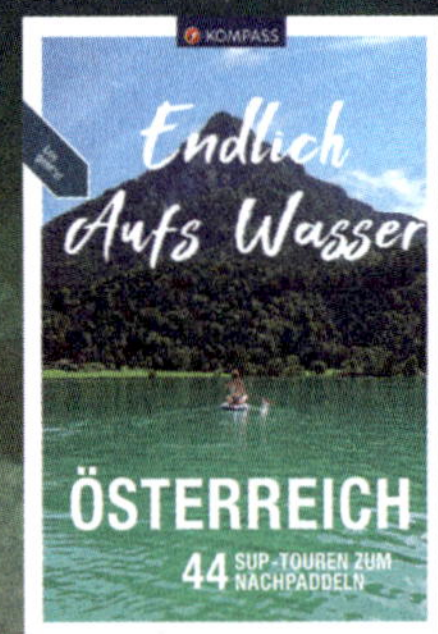

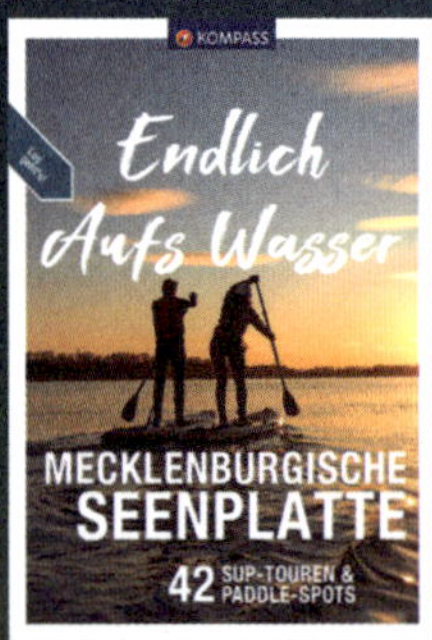

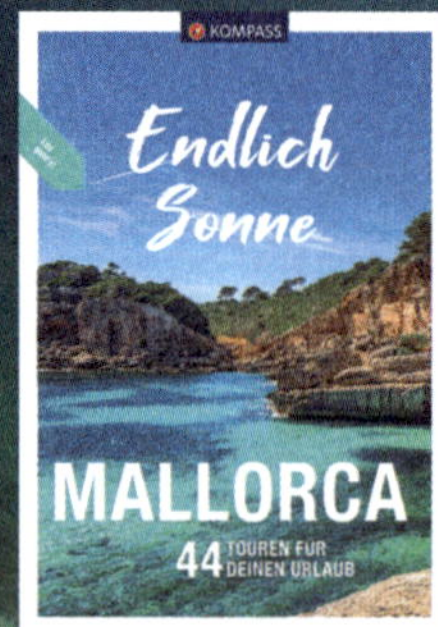

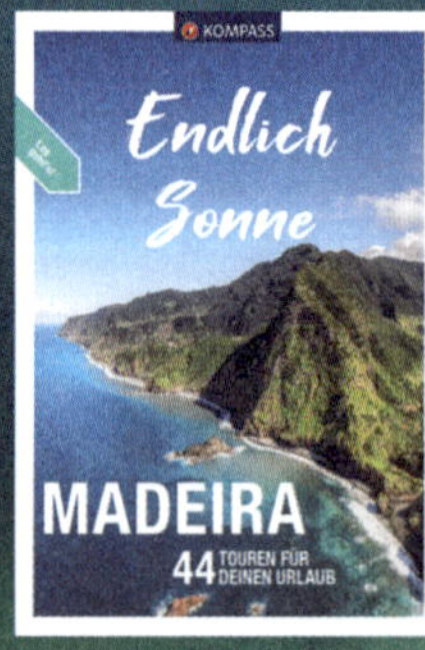

Endlich Wildnis & Endlich hoch hinaus

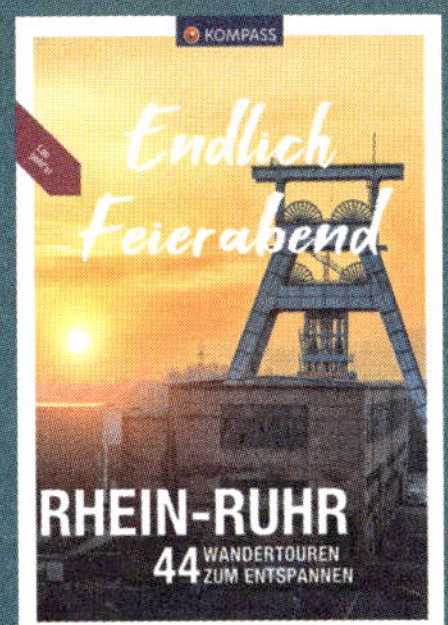

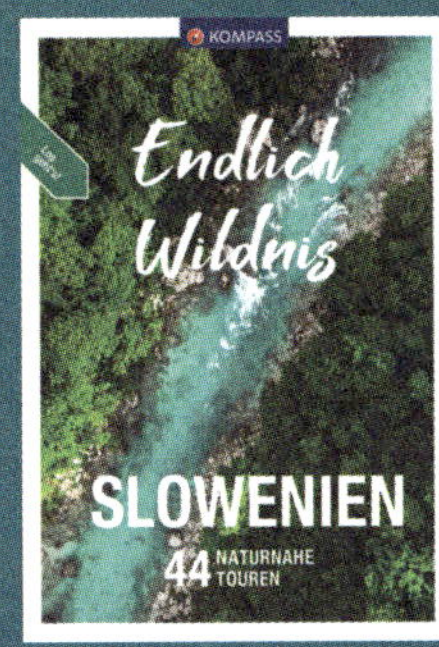

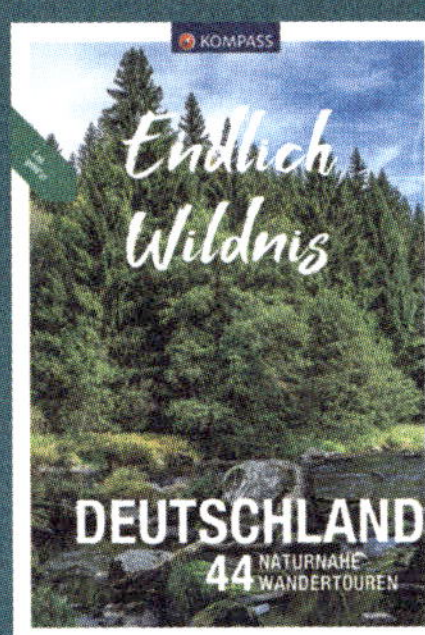

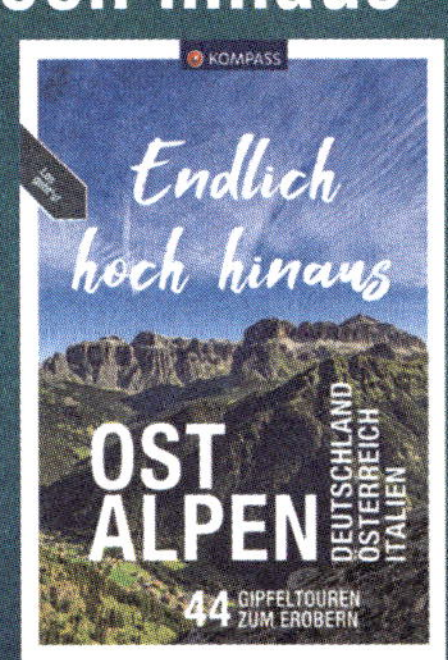

Entdecke mehr aus unserer neuen Reihe Endlich...

Vom Stand-Up-Paddleführer über Hüttenführern bis hin zu entspannten Feierabendtouren haben wir für jedes Vorhaben das Richtige. Wir motivieren dich, geben dir alle nötigen Informationen mit auf den Weg und zeigen dir, worauf es ankommt, um perfekte Momente zu erleben. Schau doch mal auf unserer Website vorbei: www.kompass.at.

Endlich Hüttenzeit & Endlich Genuss

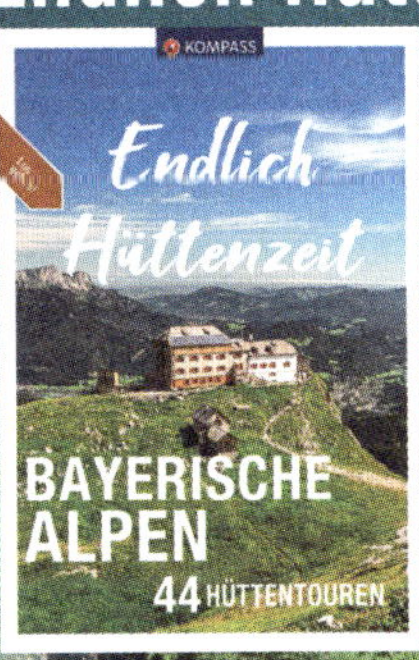

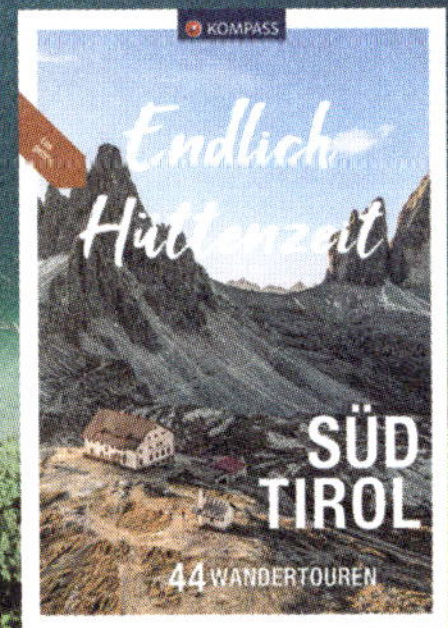

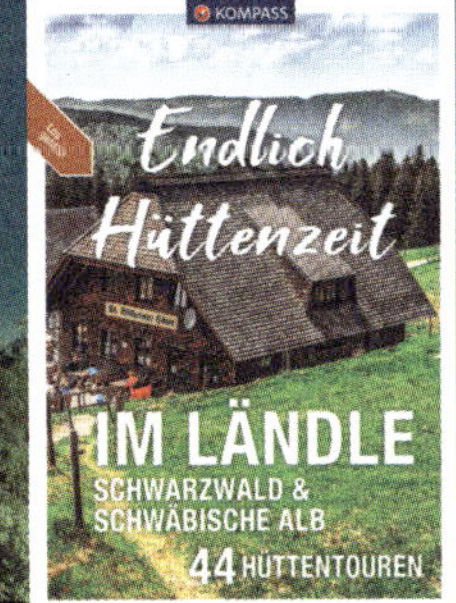

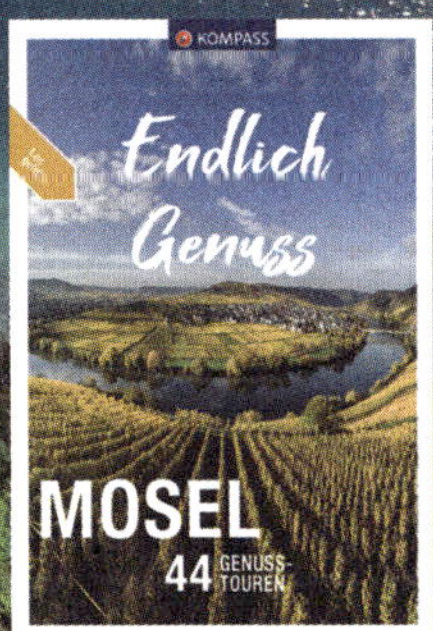

Tourenübersicht

Wochenende 01 – Memmingen

Wochenende 02 – Bad Wörishofen

Wochenende 03 – Kaufbeuren

Wochenende 04 – Altusried

Wochenende 05 – Bad Wurzach

Wochenende 06 – Kißlegg

Wochenende 07 – Isny im Allgäu

Wochenende 08 – Lindenberg im Allgäu

Tourenübersicht

Wochenende 13 – Rettenberg

Wochenende 14 – Sonthofen

Wochenende 15 – Fischen im Allgäu

Wochenende 16 – Oberstdorf

Tourenübersicht

Wochenende 17 – Bad Hindelang

Wochenende 18 – Tannheim

Unser Highlight

Wochenende 19 – Oy-Mittelberg

Wochenende 20 – Pfronten

Wochenende 21 – Füssen

Wochenende 22 – Halblech

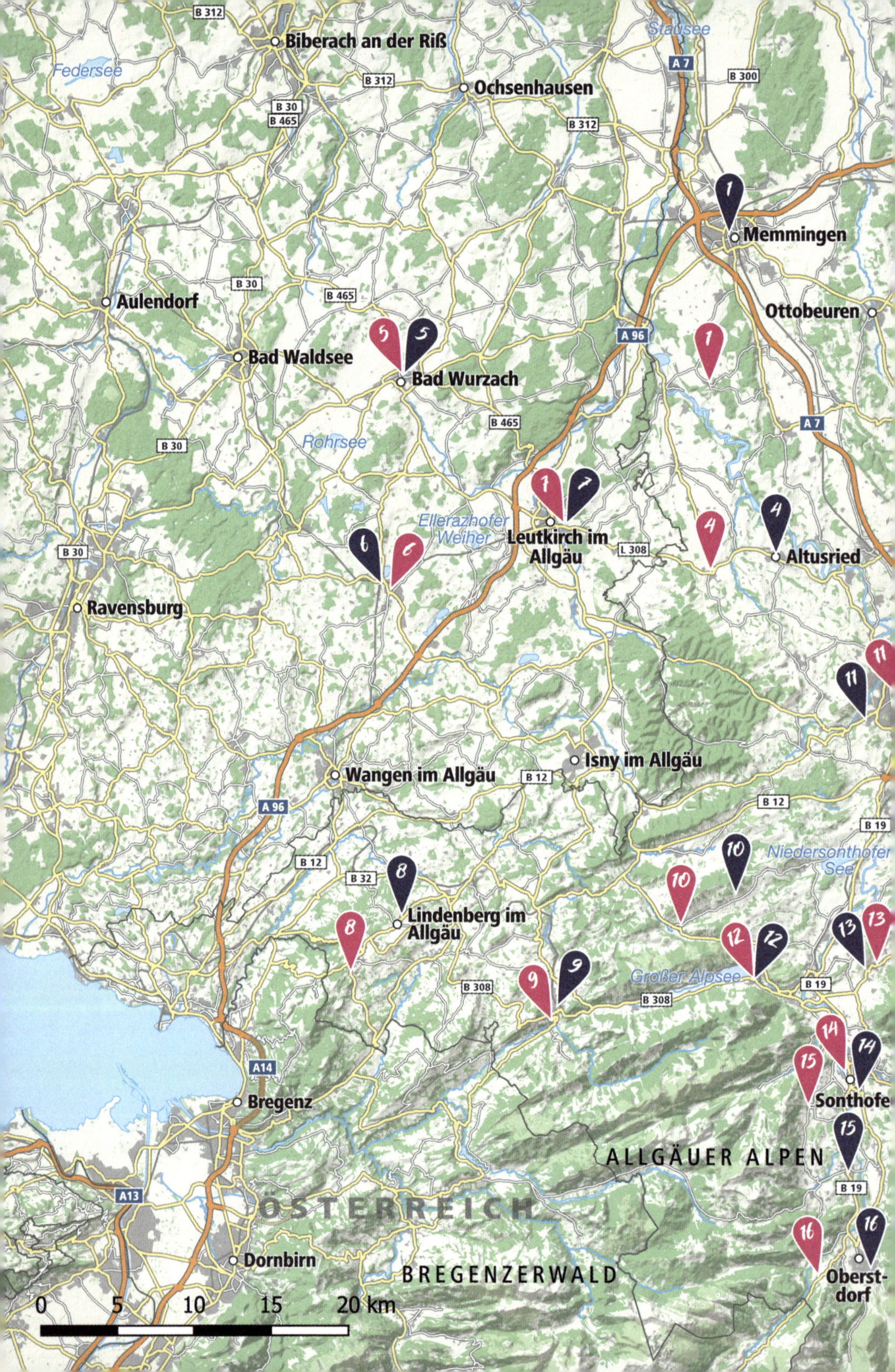
Biberach an der Riß
Federsee
Ochsenhausen
Stausee
Memmingen
Ottobeuren
Aulendorf
Bad Waldsee
Bad Wurzach
Rohrsee
Ellerazhofer Weiher
Leutkirch im Allgäu
Altusried
Ravensburg
Isny im Allgäu
Wangen im Allgäu
Niedersonthofer See
Lindenberg im Allgäu
Großer Alpsee
Sonthofen
Bregenz
ALLGÄUER ALPEN
ÖSTERREICH
Dornbirn
BREGENZERWALD
Oberstdorf
0 5 10 15 20 km
A 7
B 312
B 300
B 30
B 465
A 96
L 308
B 12
B 19
B 32
B 308
A14
A13

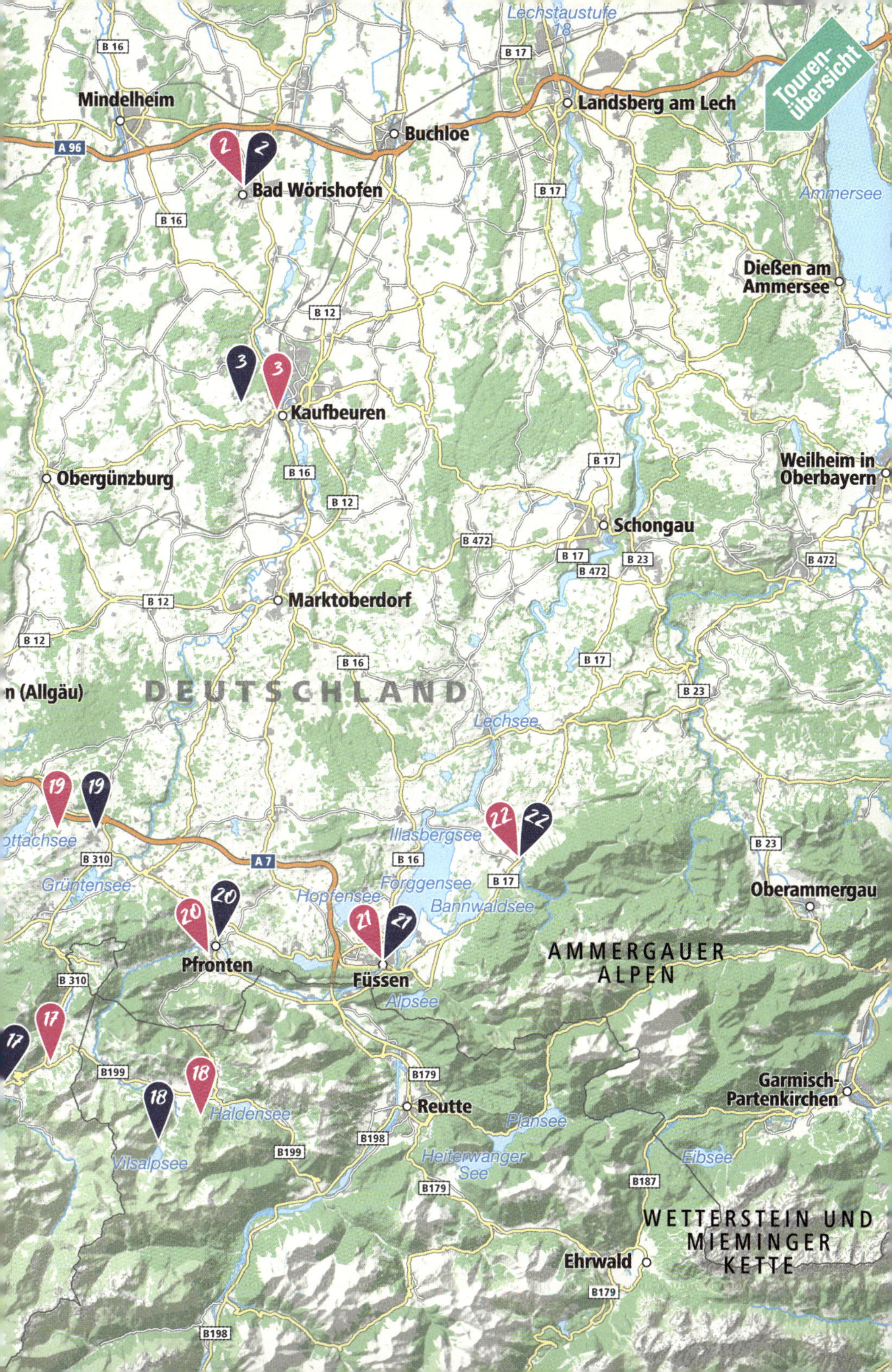

Touren-
übersicht
Lechstaustufe 18
Mindelheim
Landsberg am Lech
Buchloe
Bad Wörishofen
Ammersee
Dießen am
Ammersee
Kaufbeuren
Obergünzburg
Weilheim in
Oberbayern
Schongau
Marktoberdorf
n (Allgäu)
DEUTSCHLAND
Lechsee
Illasbergsee
Forggensee
Bannwaldsee
Hopfensee
Grüntensee
Oberammergau
Pfronten
Füssen
Alpsee
AMMERGAUER
ALPEN
Garmisch-
Partenkirchen
Reutte
Haldensee
Plansee
Vilsalpsee
Heiterwanger
See
Eibsee
WETTERSTEIN UND
MIEMINGER
KETTE
Ehrwald

Endlich ...

geht es los!

22 WOCHENENDEN FÜR DICH

... Mittwoch, Donnerstag, Freitag, WOCHENENDE! Genieße es! Du hast es dir verdient. Zwei Tage, die nur dir und deinen Lieblingsmenschen gehören. Es geht raus, was Neues erleben, was Neues sehen – raus aus dem Alltag, rein ins Unbekannte. Das Allgäu als südlichste Region Deutschlands bietet dazu eine große Vielfalt an neuen Eindrücken. Es ist in vier Teilregionen gegliedert: Ostallgäu, Oberallgäu, Unterallgäu und Westallgäu. Der Süden ist eher alpin geprägt und bietet erste Alpengipfel – der Hauptkamm der Allgäuer Alpen bildet die Grenze zu Österreich. Die östlichen und westlichen Teile des Allgäus erstrecken sich über das Ammergebirge und den Bregenzerwald – hier kann die hügelige Voralpenlandschaft erkundet werden.

Also packe deine sieben Sachen zusammen, checke dein Fahrrad und auf geht's. Du kannst zwischen reinen Wander- bzw. Fahrradwochenenden wählen, oder doch lieber deinen Tag gemütlich mit einer Sightseeingrunde verbringen. Der Großteil der Touren wurde von unseren Autorinnen und Autoren als einfach bis mittelschwer eingestuft. Diese sind für alle Alters- und Könnerstufen geeignet sowie familientauglich. Ein gewisses Fitnesslevel sollte bei den mittelschweren Touren jedoch vorhanden sein.

Ob per Rad oder zu Fuß, „Endlich Wochenende – Allgäu" stellt dir 22 Wochenenden vor, die dir deine Freizeitplanung vereinfachen. Die Wochenenden bestehen aus je zwei Touren aus der gleichen Region. Tag 1, wenn du so willst dein Samstag, beinhaltet die anstrengendere Variante, Tag 2, der Sonntag, nochmals eine kürzere Tour, eine Sightseeingrunde oder doch einen Themenweg. Natürlich kannst du dein Wochenende so kombinieren wie du es willst.

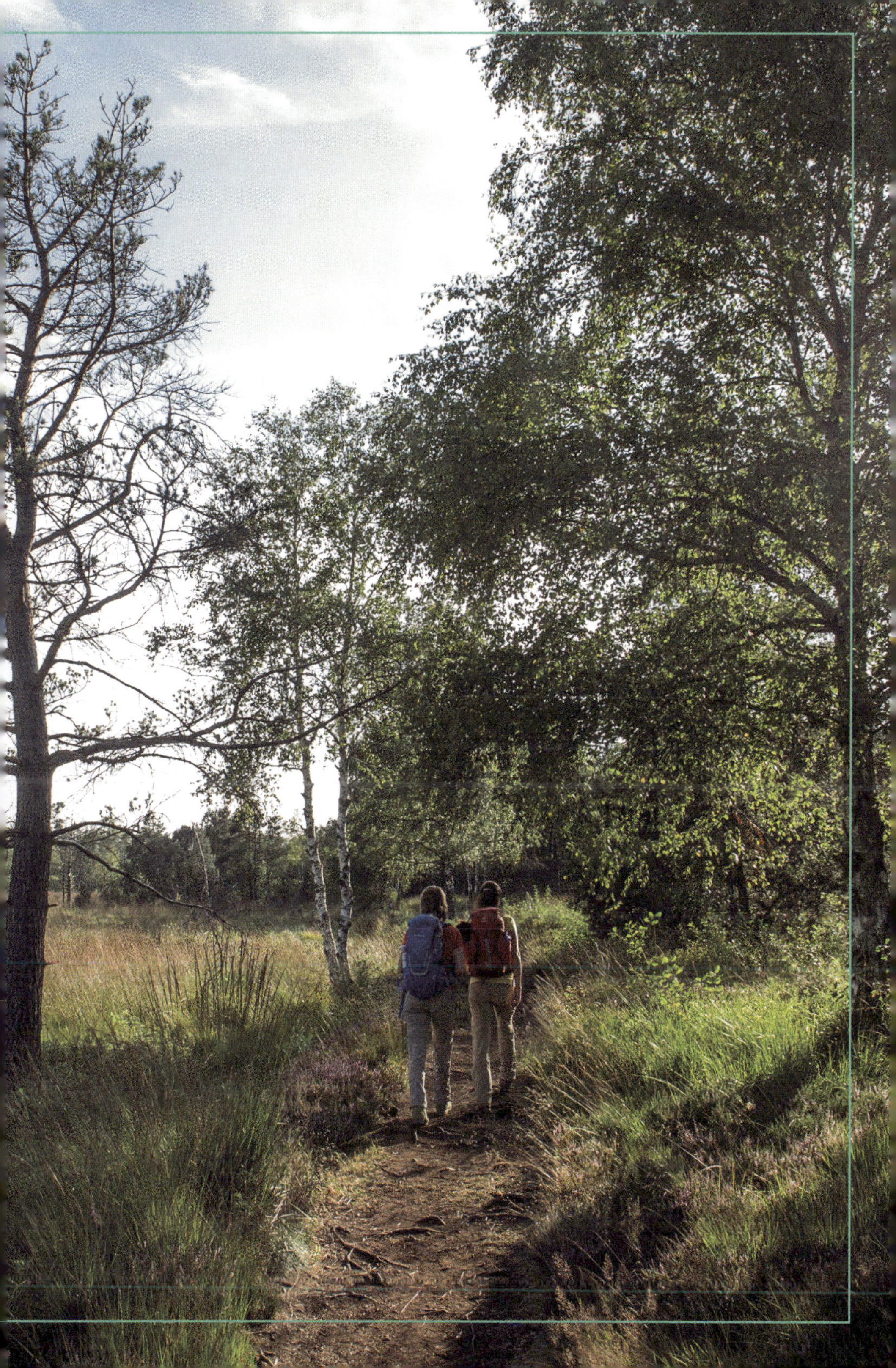

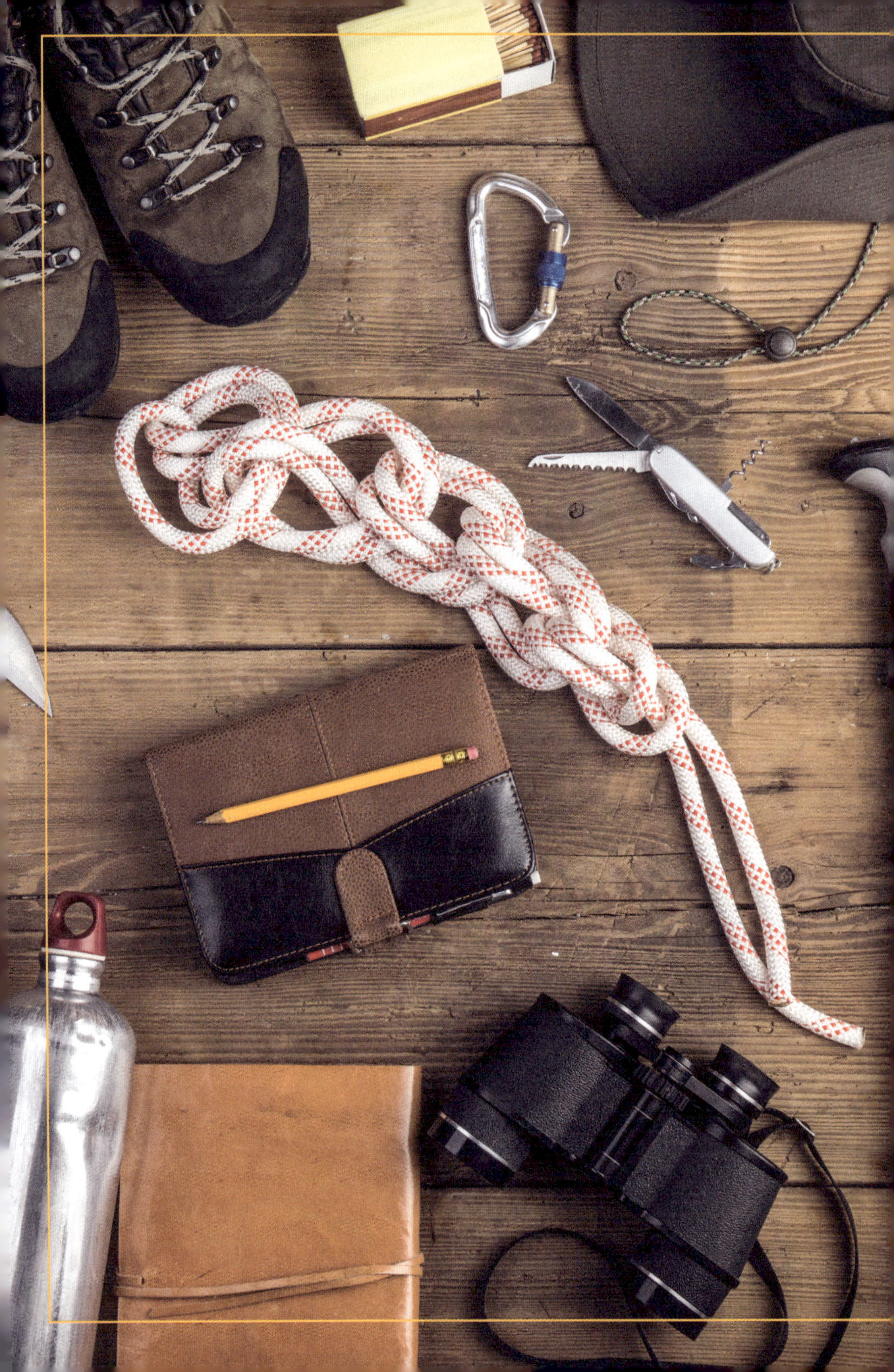

Pack-
tipps

Endlich alle 7 Sachen zusammen

Deine Packliste

MATERIALCHECK

Bei den Wochenendtouren handelt es sich um sehr unterschiedliche Unternehmungen. Je nach Art der Tour brauchst du eine andere Ausrüstung; ausführliche Packlisten erhältst du bei Outdoorausrüstern. Für die Wanderungen im Allgäu trägst du am besten mittelschwere, knöchelhohe Schuhe, für die „flacheren" Touren genügen leichte Wanderschuhe. Allgemein benötigst du:

- ○ Funktionsbekleidung
- ○ Proviant & Getränke (mind. 1,5 Liter!)
- ○ Wetterfeste & atmungsaktive Bekleidung
- ○ Ausweis, Bargeld & EC-Karte
- ○ Handy (für den Notruf) & Erste-Hilfe-Set
- ○ Sonnenschutz (Brille, Hut, Sonnencreme)

Zusätzlich für die Biketouren:

- ○ Helm & Fahrradhandschuhe
- ○ Gepolsterte Radhose
- ○ Pumpe & Reparaturset
- ○ Packtaschen bei den Wochenendtouren

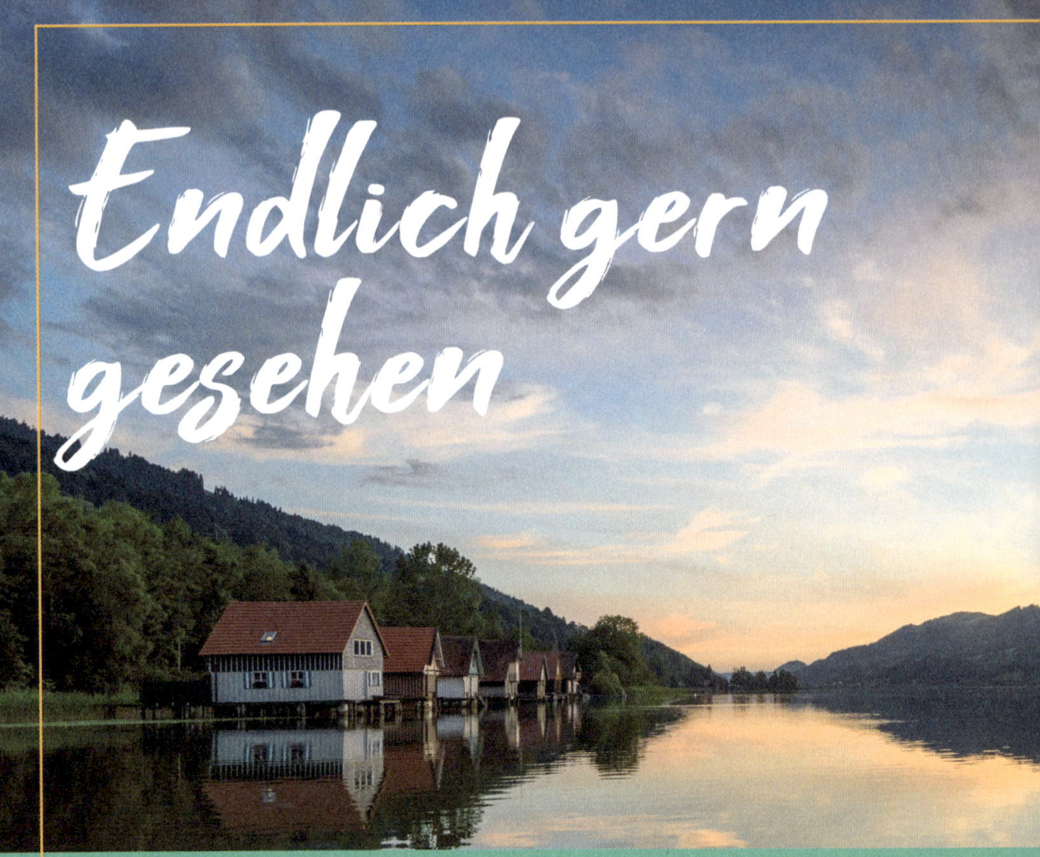

Endlich gern gesehen

Verhaltenskodex

BEI OUTDOORAKTIVITÄTEN

Viele Menschen zieht es in ihrer Freizeit nach draußen. Vor allem das Wochenende wird dazu genutzt unterwegs zu sein und die Natur zu erleben oder neue Orte zu erkunden. In manchen Regionen ist der Besucherstrom so stark, dass immer öfter von „Overtourism" gesprochen wird. Je mehr wir im Freien unterwegs sind, desto mehr Schaden trägt die Natur davon – außer wir gehen sanft mit der sensiblen Umgebung um. „Take nothing but pictures, leave nothing but footprints": Beherzige dieses Motto, dann steht deinem umweltschonenden Outdoorerlebnis nichts mehr im Weg. Um im Einklang mit der Umgebung unterwegs zu sein, haben wir einige wichtige Tipps und einfache Grundregeln zusammengefasst.

Und das kannst du machen ...

Dos & Don'ts

01 Befolge Bestimmungen: Informiere dich über Regelungen in Nationalparks und Schutzgebieten und halte dich an die Hinweise auf Informationstafeln.

02 Bewege dich auf sichtbaren Wegspuren: Durchquere keine Gebiete auf eigene Faust, sondern bleibe auf den festgelegten Routen. Respektiere Privatgrund und schließe Weidegatter.

03 Respektvoller Umgang untereinander: Begegne anderen Fahrradfahrern, Fußgängern sowie Autofahrern stets freundlich und respektvoll, schließlich haben alle ihre Daseinsberechtigung und Unfälle wollen vermieden werden.

04 Vermeide unnötigen Lärm: Achte auf Ruhezonen und bewege dich möglichst leise in der freien Natur.

05 Respektiere den Lebensraum der Tiere: Weiche Tieren unaufgeregt aus und halte Distanz bei Begegnungen.

06 Müll und Essensreste wieder mitnehmen: Weder Verpackungsmüll noch vermeintlicher „natürlicher" Abfall sollte einfach liegen gelassen werden. Schalen exotischer Früchte verrotten nur langsam und stellen auch keine Nahrung für Wildtiere dar.

07 Mache kein offenes Feuer und campiere richtig: Nutze nur ausgewiesene Feuerstellen und beachte die aktuelle Waldbrandgefahr. Wenn du im Freien übernachtest, tu das nur an Plätzen, wo dies erlaubt ist.

Grundwissen

Bei Outdooraktivitäten

SICHERHEIT UND BASICS

Draußen Zeit zu verbringen ist ein ideales Mittel, um einfach mal auszuspannen und den Alltag hinter sich zu lassen. Sei es beim Wandern, auf dem Fahrrad oder auf dem Wasser. Nur der eigenen Bewegung folgen, sich auf den eigenen Rhythmus konzentrieren. Die Natur und ihre Schönheit genießen. Trotzdem gilt es einiges zu beachten, damit durch unvorhergesehene Ereignisse der Spaß nicht auf der Strecke bleibt.

Safety first: Das Wetter ist traumhaft und alle sind bereit für einen Tag draußen, aber du fühlst dich nicht gut? Achte auf dich und schätze deine Verfassung richtig ein. Übermut oder falsche Selbsteinschätzung können ein gefährliches Ende nehmen. Sicherheit geht immer vor!

Wettercheck: Gerade bei längeren, ausgesetzten Touren ist stabiles Wetter sehr wichtig. Sich bereits zwei bis drei Tage vorher zu informieren und am Abend vor deinem Wochenende oder bei Unsicherheit sogar morgens nochmal das Wetter abzuklären, kann oft böse Überraschungen vermeiden. Am besten informierst du dich beim Deutschen Wetterdienst über das Wetter. Bei unsicheren Verhältnissen lieber die Tour absagen und eine Alternative wählen, zum Beispiel eine Sightseeingtour.

Notruf bei Unfällen: Im Falle eines Unfalls haben Ruhe bewahren und überlegtes Handeln oberste Priorität. Erst einen Überblick über die Situation verschaffen, bringe dann dich und die verletzte Person aus der Gefahrenzone, setze dann mit der europaweit gültigen Notrufnummer 112 einen Notruf ab. Zudem sollten Erste-Hilfe-Maßnahmen durchgeführt werden. Bei Funklöchern oder wenn kein Handy verfügbar ist nutze das alpine Notsignal mittels Rufen, Pfiffen oder Licht: Alle zehn Sekunden eine Minute lang ein Signal, dann eine Minute Pause, dann wieder alle zehn Sekunden eine Minute lang ein Signal geben.

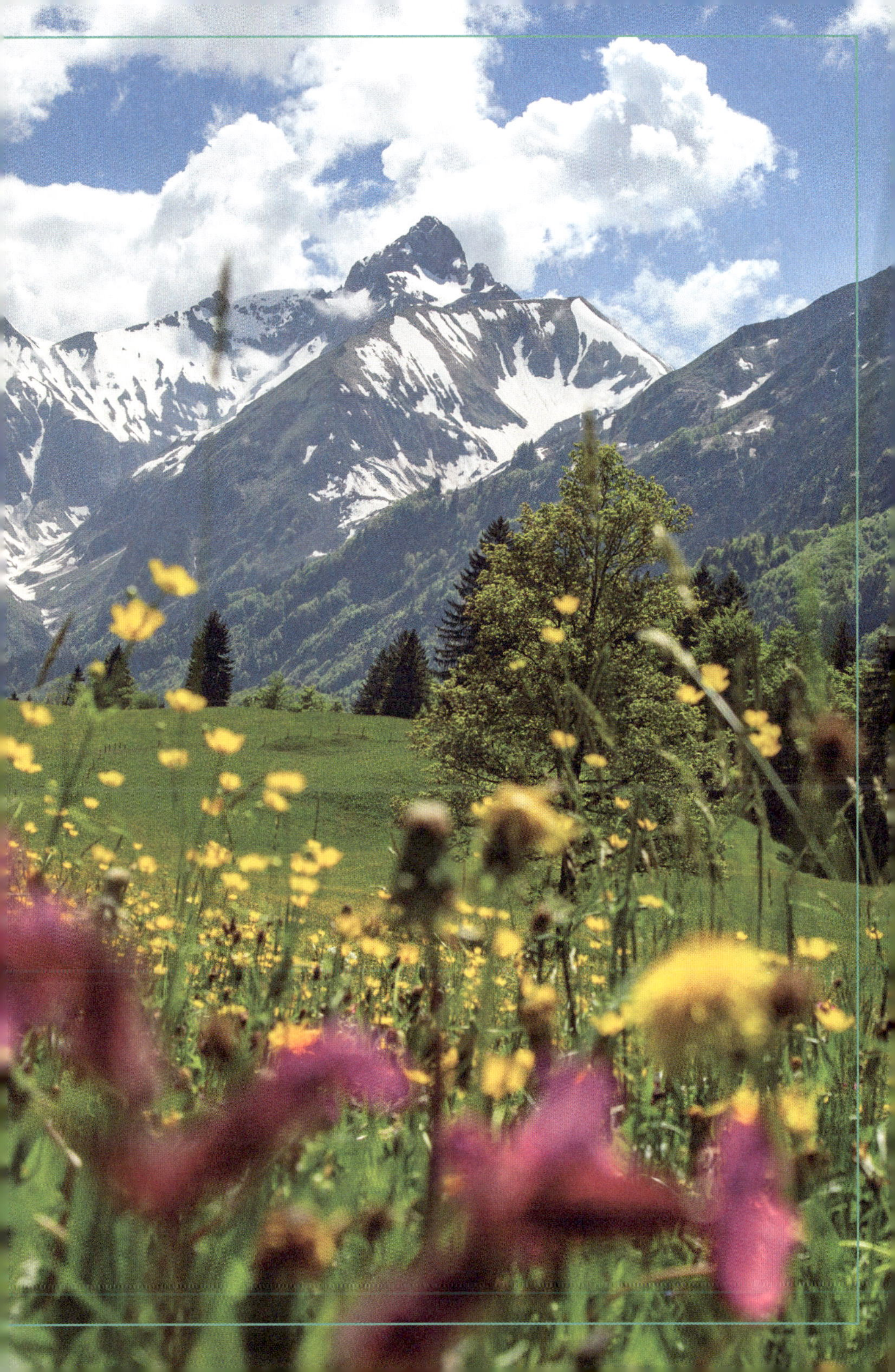

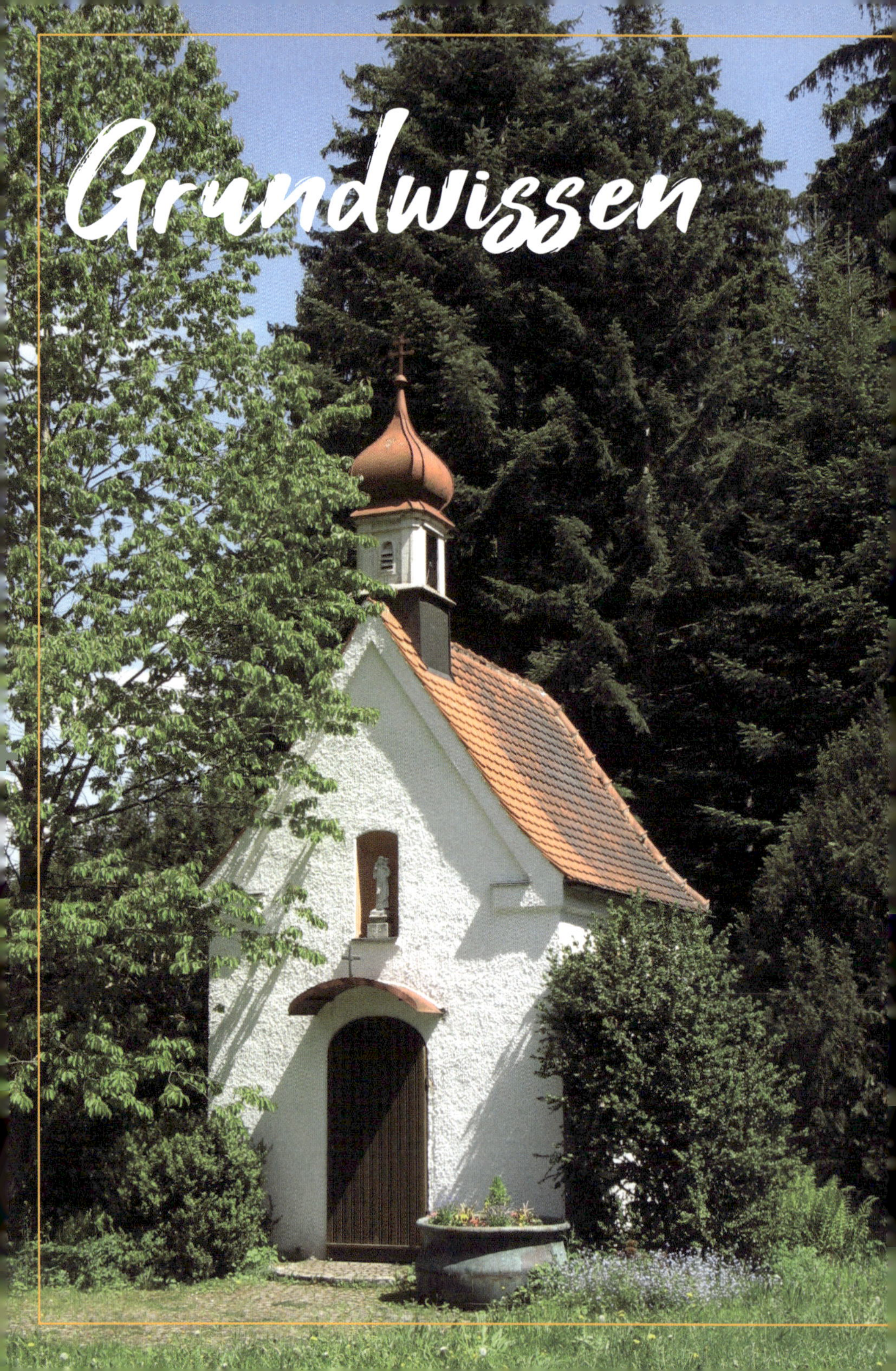
Grundwissen

Beim Wandern

TOUREN-1×1 & LEXIKON

Die Klassifizierung der Touren ist als Richtwert zu verstehen. Schätze dein Können und deine Kräfte realistisch ein und richte deine Tourenauswahl danach aus.

LEICHT: Meist gut markierte, breite Wanderwege ohne Gefahrenstellen, die stellenweise auch etwas steilere, wurzelige und felsige Passagen aufweisen können. Die Routen sind für Anfänger, Kinder sowie fitte, ältere Personen geeignet und setzen keine großartige Bergerfahrung voraus.

MITTEL: Anspruchsvollere Wege und Pfade mit teils unwegsamem Untergrund (steinig, wurzelig, verwachsen, rutschig), die meist gut markiert sind und phasenweise leicht ausgesetzte Abschnitte beinhalten können. Die Routen sind überwiegend länger und setzen Bergerfahrung und eine gute Grundkondition voraus.

SCHWER: Herausfordernde Touren, meist auf schmalen und steilen Steigen in alpinem Gelände. Stellenweise können kurze (durch Drahtseile versicherte) Kletter- und Kraxelpassagen vorkommen, bei denen die Hände zu Hilfe genommen werden müssen. Es ist mit längeren An- und Abstiegen zu rechnen. Langjährige Bergerfahrung, Trittsicherheit und Schwindelfreiheit sowie ausgezeichnete Kondition sind Grundvoraussetzung!

Gehzeiten: Die angeführten Zeitangaben verstehen sich als Richtwert für die reine Gehzeit ohne Pausen und basieren auf folgenden Erfahrungswerten pro Stunde: Aufstieg 400 Höhenmeter, Abstieg 600 Höhenmeter, 4 Kilometer auf flacher Strecke.

Wandersaison: Grundsätzlich lässt es sich in den deutschen Mittelgebirgen und dem Flachland ganzjährig wandern. Werden die Berge jedoch höher, solltest du auch mit Schnee rechnen, besonders im Frühling und Herbst. Auch bei Minustemperaturen und Nässe ist auf die Wegverhältnisse zu achten. Deshalb empfehlen wir Wanderungen ab April bis Oktober. Im Frühling präsentiert sich die Natur von ihrer prachtvollsten Seite, wenn die Obstwiesen blühen und, auch etwas später in höheren Lagen, die Natur zum Leben erwacht. Aber auch der Herbst schafft eine einmalige Wanderkulisse mit gelb und orange leuchtenden Wäldern und meist einer sehr guten Fernsicht. Informiere dich am besten in der Region über die aktuelle Begehbarkeit der Wege und die Öffnungszeiten der Zufahrtsstraßen und Schutzhütten.

Beim Radfahren

TOUREN-1×1 & LEXIKON

Routenplanung: Die sorgfältige Planung der Route ist eine der wichtigsten Vorbereitungen für eine erfolgreiche Fahrradtour. Tageskilometer und Höhenmeter wollen gut geplant sein, um keine bösen Überraschungen zu erleben. Dabei sollten nicht nur die eigene Kondition, sondern auch Einkehrmöglichkeiten entlang der Strecke berücksichtigt werden. Die vorgestellten Touren sind Empfehlungen unserer Autorinnen und Autoren und eine Veränderung der Streckenführung ist je nach Vorliebe jederzeit möglich.

Gepäck: Die passende Ausrüstung ist essenzieller Teil einer sorgfältigen Vorbereitung. Es gilt so viel wie nötig, und so wenig wie möglich. Immerhin muss das Gewicht des Gepäcks den ganzen Tag mitgeführt werden.

Pausen planen: Regelmäßige Pausen sorgen für kurze Regeneration der Leistungsfähigkeit und Konzentration. Ob auf einer Bank an einer aussichtsreichen Stelle oder in einem Gasthof – die Länge der Etappe muss auch mehrere Pausen am Tag zulassen. Wer mit einem E-Bike unterwegs ist sollte sich im Bedarfsfall vorab über Lademöglichkeiten entlang der Strecke informieren.

LEICHT: Gute Wegbeschaffenheit, breite Wege ohne Gefahrenstellen, leichte Steigung, moderate Tourendauer. Die Touren sind für Hobbyfahrer mit guter Kondition geeignet.

MITTEL: Mehrheitlich gute Wegbeschaffenheit, mitunter Schwierigkeiten durch Schlaglöcher, Engstellen etc. Anspruchsvollere Steigungen sind zu erwarten. Die Routen sind überwiegend länger und setzen bereits Erfahrung und eine gute Grundkondition voraus.

SCHWER: Herausfordernde Touren, meist mit schmalen und unebenen Passagen. Es ist mit längeren Steilanstiegen zu rechnen. Hier solltest du sehr gut trainiert sein und Erfahrung mitbringen.

Fahrzeiten: Die angeführten Zeitangaben verstehen sich als Richtwert für die reine Fahrzeit ohne Pausen und können je nach Kondition und Fahrradtyp variieren.

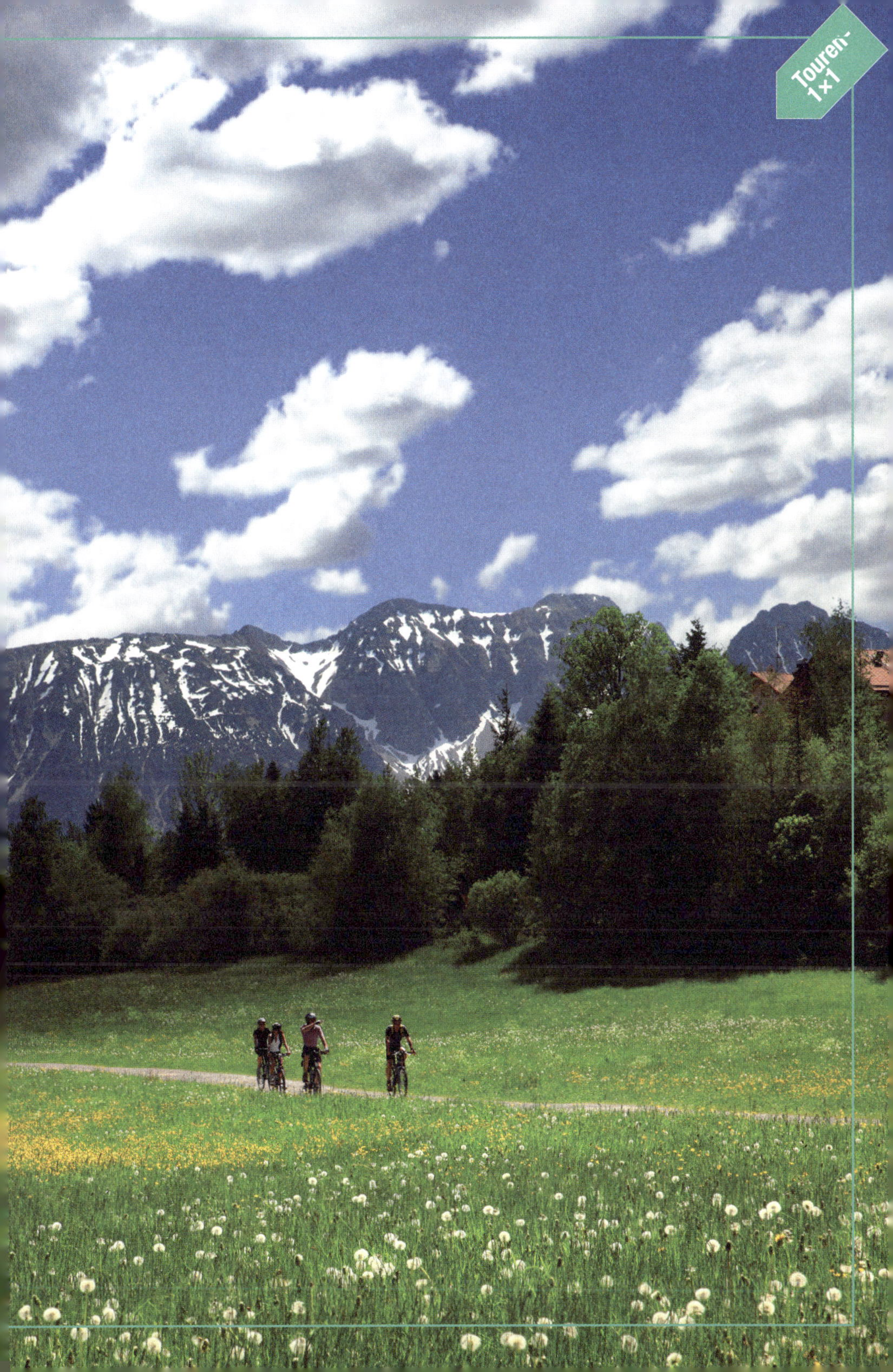

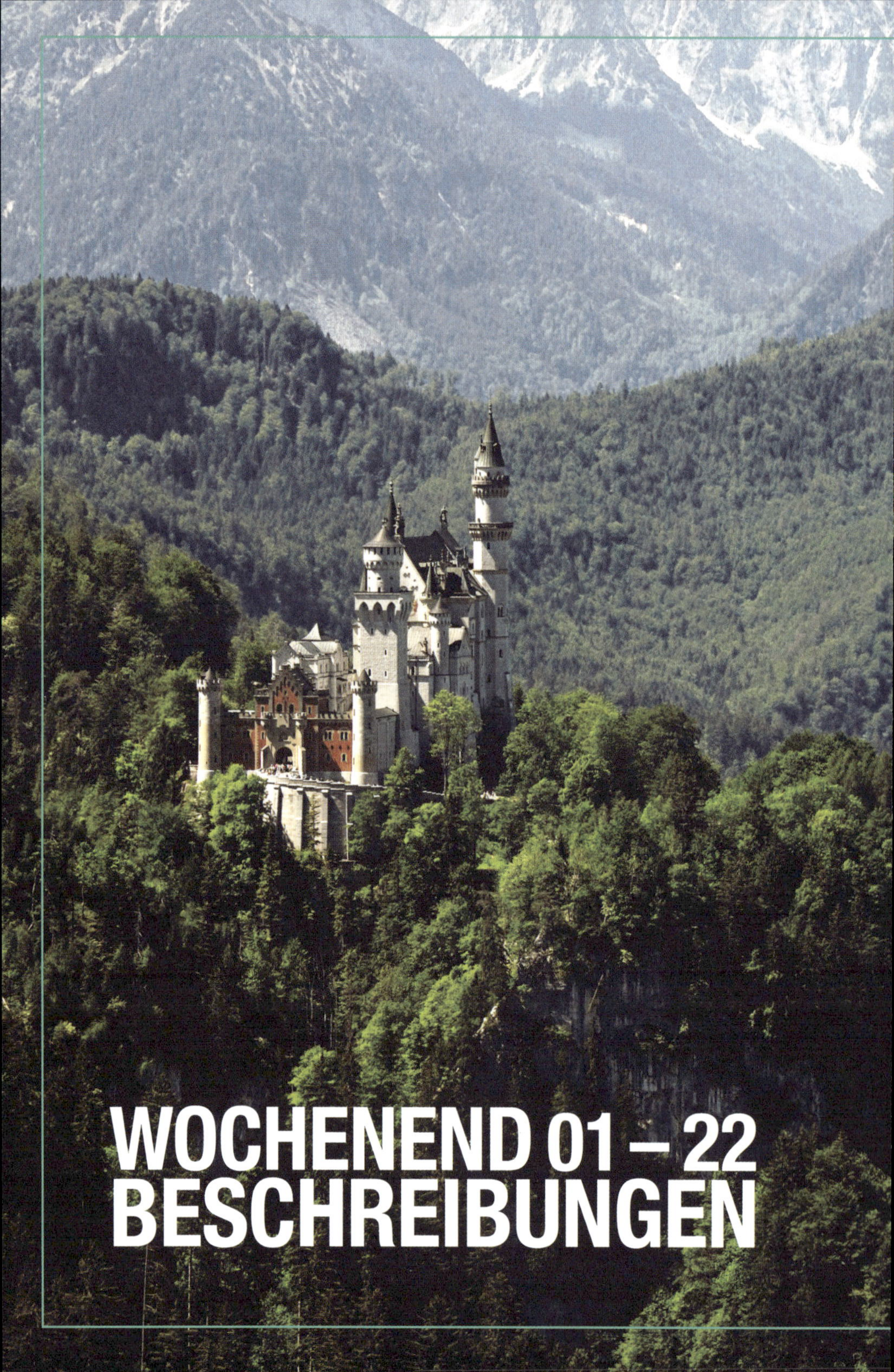

WOCHENEND 01 – 22 BESCHREIBUNGEN

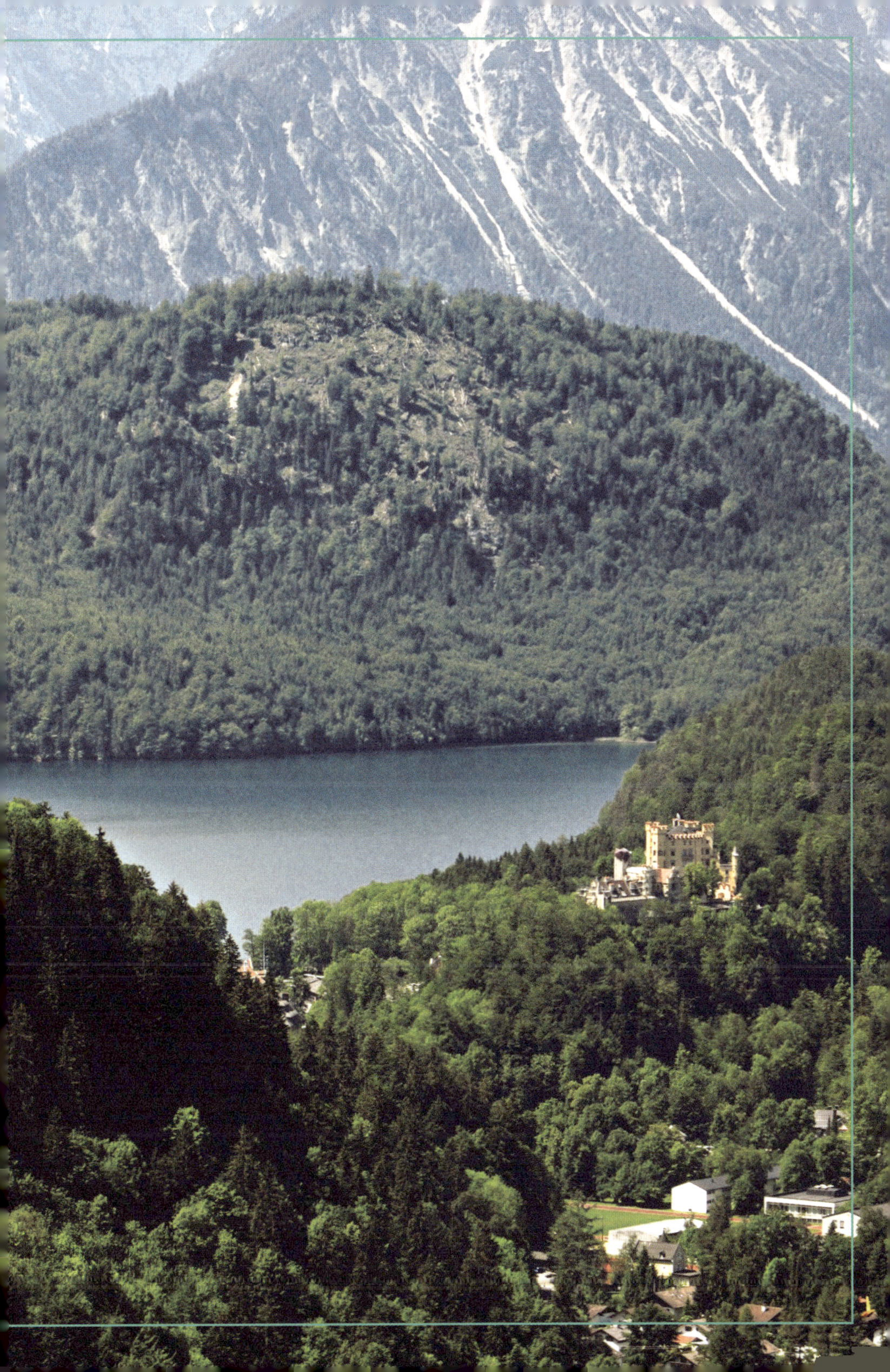

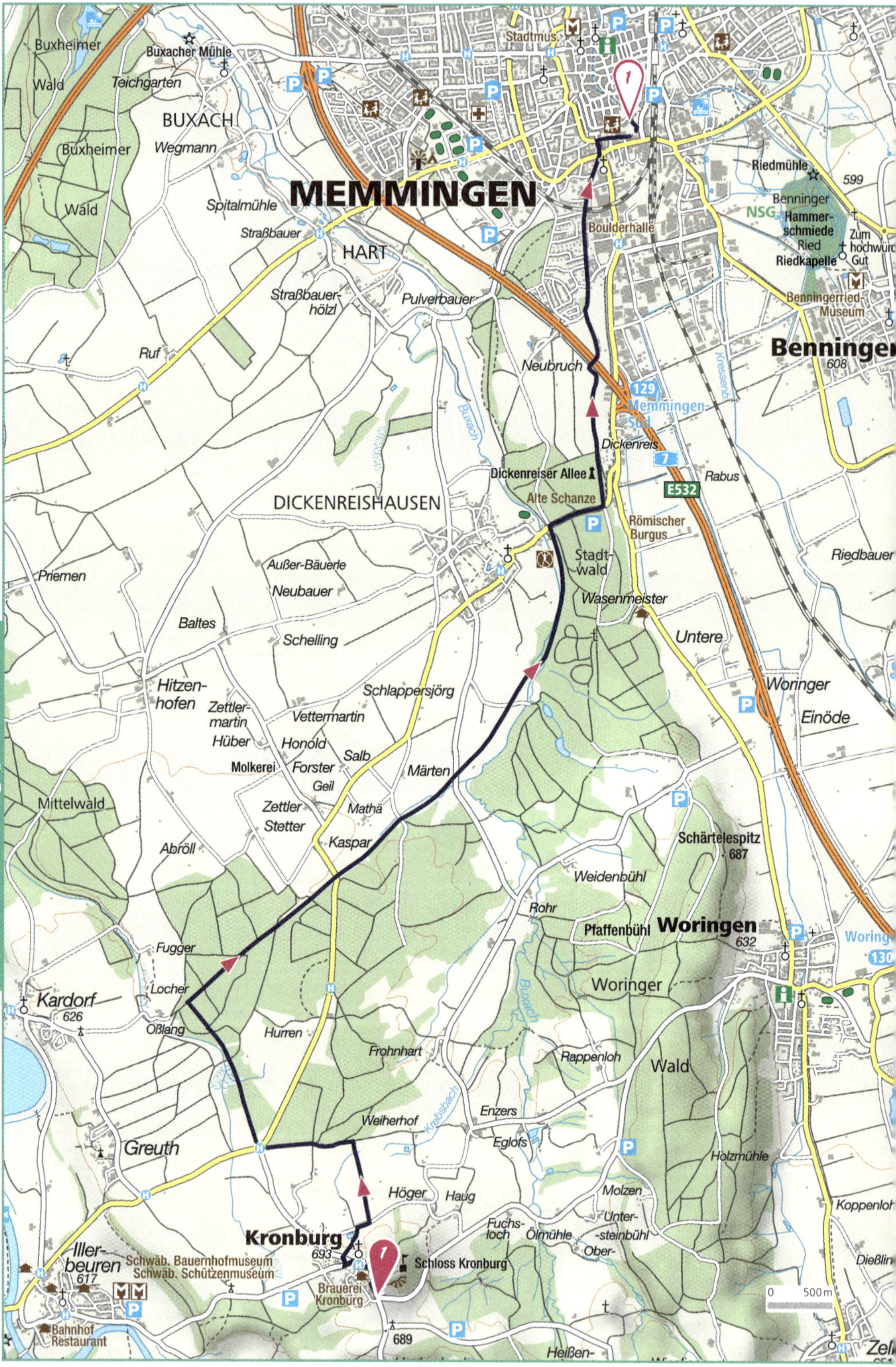

01

MEMMINGEN
Buxheimer Wald
Buxacher Mühle
Teichgarten
BUXACH
Buxheimer Wald
Wegmann
Spitalmühle
Straßbauer
HART
Straßbauerhölzl
Pulverbauer
Stadtmus.
Bouldérhalle
Riedmühle
599
NSG
Benninger Hammerschmiede Ried
Riedkapelle
Zum hochwürd. Gut
Benningerried-Museum
Benningen
608
Ruf
Neubruch
129
Memmingen-Süd
Kressenb.
Buxach
Dickenreis
7
Rabus
E532
Dickenreiser Allee
Alte Schanze
DICKENREISHAUSEN
Römischer Burgus
Riedbauer
Priemen
Außer-Bäuerle
Neubauer
Stadtwald
Wasenmeister
Baltes
Schelling
Untere
Woringer Einöde
Hitzenhofen
Zettlermartin
Hüber
Schlappersjörg
Vettermartin
Honold
Salb
Molkerei
Forster
Geil
Märten
Mittelwald
Zettler
Stetter
Mathä
Kaspar
Abröll
Schärtelespitz
687
Weidenbühl
Rohr
Pfaffenbühl
Woringen
632
Fugger
Locher
Kardorf
626
Oßlang
Hurren
Woringer Wald
Buxach
Frohnhart
Rappenloh
Weiherhof
Krebsbach
Enzers
Eglofs
Greuth
Holzmühle
Höger
Haug
Molzen
Koppenloh
Kronburg
693
Fuchsloch
Ölmühle
Unter-steinbühl
Ober-
Schloss Kronburg
Illerbeuren
617
Schwäb. Bauernhofmuseum
Schwäb. Schützenmuseum
Brauerei Kronburg
Dießlin
0 500 m
Bahnhof Restaurant
689
Heißen-
Zell
130

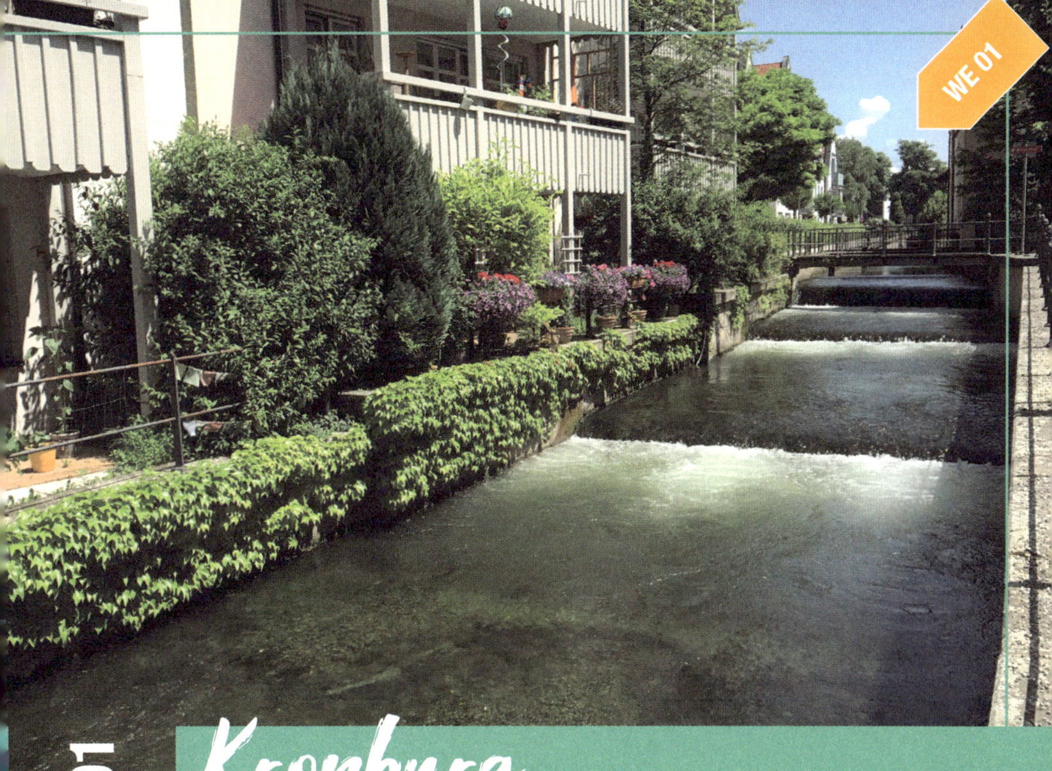

Tag 01

Kronburg

Wald- und Wiesenwanderung zu einem malerischen Städtchen

TOURENART	Wandertour
DAUER	3h 15min
LÄNGE	11,6 km
HÖHENMETER	6 hm
SCHWIERIGKEIT	LEICHT
MIT ÖPNV ERREICHBAR	ja

Das erwartet dich ...

Die heutige Route führt uns über die ehemalige Bahntrasse des Legau-Bähnles bis vor die Tore der Stadt Memmingen. Auf dem Weg begleiten uns Wiesen, Wälder und eine wunderschöne Lindenbaumallee. Memmingen erwartet uns dann mit einer pittoresken Altstadt mit Toren, Türmen, Giebeln und Fassaden.

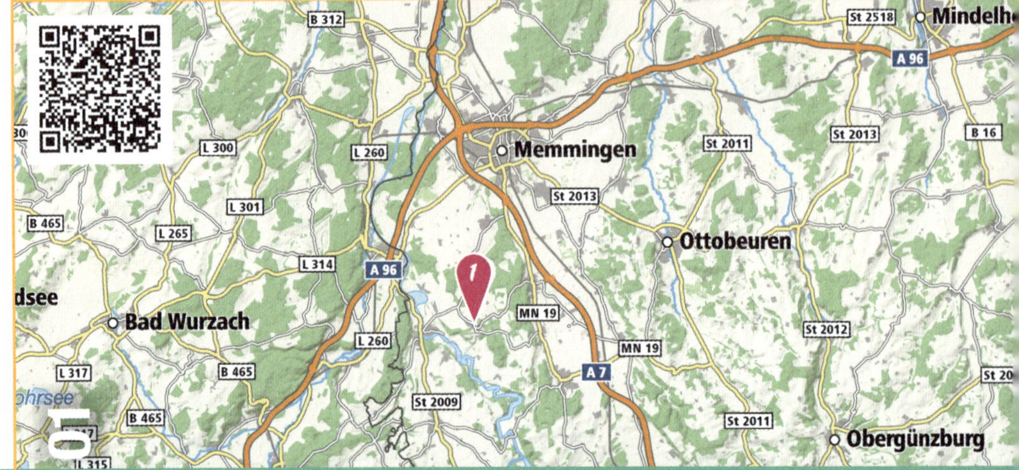

Tag 01

Start & Ziel & Anreise

Wir beginnen die Wanderung in Kronburg, in der Hauptstraße Ecke Worringer Straße. Memmingen erreichen wir bequem mit der Bahn. Von dort aus fährt der Bus der Linie 966 Richtung Legau, Haltestelle ist Kronburg. Mit dem Auto erreichen wir Memmingen über die A96 aus München.

Tourenbeschreibung

In Kronburg folgen wir von der Eingangsstele dem stilisierten dreifachen blauen Steinmännle auf weißem Grund nach rechts in die Hauptstraße Richtung Ortsmitte. Wir wandern am Aufgang von Schloss Kronburg und dem Brauereigasthof Kronburg vorbei. Auf Höhe der katholischen Pfarrkirche zur Heiligsten Dreifaltigkeit biegen wir rechts auf einen Pfad ab. Wir treffen auf den Weg Am Bachtel und wenden uns links hinab zur Weiherstraße. Hier geht es nach rechts, und bald darauf folgen wir einem Feldweg nach links. Er leitet uns durch den Talboden. Am Waldrand wandern wir dann links gewandt bis zur einer Kreuzung. Die Trasse des ehemaligen Legaubähnles führt uns schließlich von Legau über Illerbeuren nach Memmingen. Dabei wandern wir fast eben dahin, lediglich mit ein paar Schlenkern bis zum Abzweig nach Dickenreishausen. Im Örtchen überqueren wir die Straße und halten uns rechts. Der Rad- und Fußweg bringt uns zum Scheitelpunkt des Moränenhügels.

Wir sehen noch das Ortseingangsschild von Dickenreis, dann weist uns ein Waldweg nach links: Jetzt empfängt uns die berühmte und außergewöhnlich schöne Dickenreiser Lindenallee. Wir gelangen an die A7, überqueren sie auf einer Fußgängerbrücke und gehen weiter bis zum Ende der Allee auf Höhe des Döderleinweges. Der Dickenreiser Weg begleitet uns noch bis zur Hauptverkehrsstraße. Wir überqueren sie und biegen nach einem Rechtsschwung links in die Zellerbachstraße ab. Dann kommen wir rechts in den Kaisergraben. An der Kemptner Straße halten wir uns weiter geradeaus entlang des ehemaligen Wassergrabens und dann vorbei am Kemptner Tor. Es ist eines von ursprünglich acht Stadttoren, von denen jedoch heute lediglich fünf erhalten geblieben sind. Wir laufen durch den Reichenhain bis kurz vor die Bahnhofstraße. Linker Hand zeichnet sich in der Stadtmauer ein kleines Tor ab. Wir passieren es zur Steinbogenstraße, halten uns dann rechts und biegen wenig später links zum Frauenkirchplatz ab. Hier erwartet uns die prächtige Frauenkirche aus dem Jahr 1258.

Wir befinden uns nun am Start- und Willkommensplatz am rauschenden Stadtbach, mitten in der sehr gut erhaltenen Altstadt von Memmingen. Sie wird geprägt von den fönf noch erhaltenen, mittelalterlichen Stadttoren, altes Mauerwerk und schmalen Gassen, die über kleine Brücken zu weitläufigen Plätzen mit prachtvollen Gebäuden führen. Ein wenig erinnert die Stadt gerade im Sommer, wenn die Stadt voller Musik und Leben ist, und die Menschen flanieren, an malerische, südländische Städte und auch eben jenes Lebensgefühl. Von einem der vielen Türme hat man einen beeindruckenden Blick auf die Alpen und das Giebelmeer der Altstadt mit den steinernen Zeugen früherer Jahrhunderte. Auch die Stadtmauer ist zu großen Teilen noch sehr gut erhalten. Einen ungewöhnlichen Brunnen sollte man nicht verpassen: Den Freiheitsbrunnen auf dem Weinmarkt.

Autoren Tipp

Der 2014 eingeweihte Freiheitsbrunnen erinnert an die 12 Bauernartikel des Jahres 1525 und ihre damals hart erkämpfte Freiheit. Nicht nur er, sondern auch die Leichtigkeit des Tuffgesteines, das in vielen historischen Gebäuden der Stadt verbaut ist, scheinen an das Gedankengut der Memminger Bürger zu erinnern. Denn hier war die Geburtsstunde der Menschenrechte in Europa. Die „Zwölf Artikel" wurden von den Aufständischen als Manifest der Bauernbewegung formuliert.

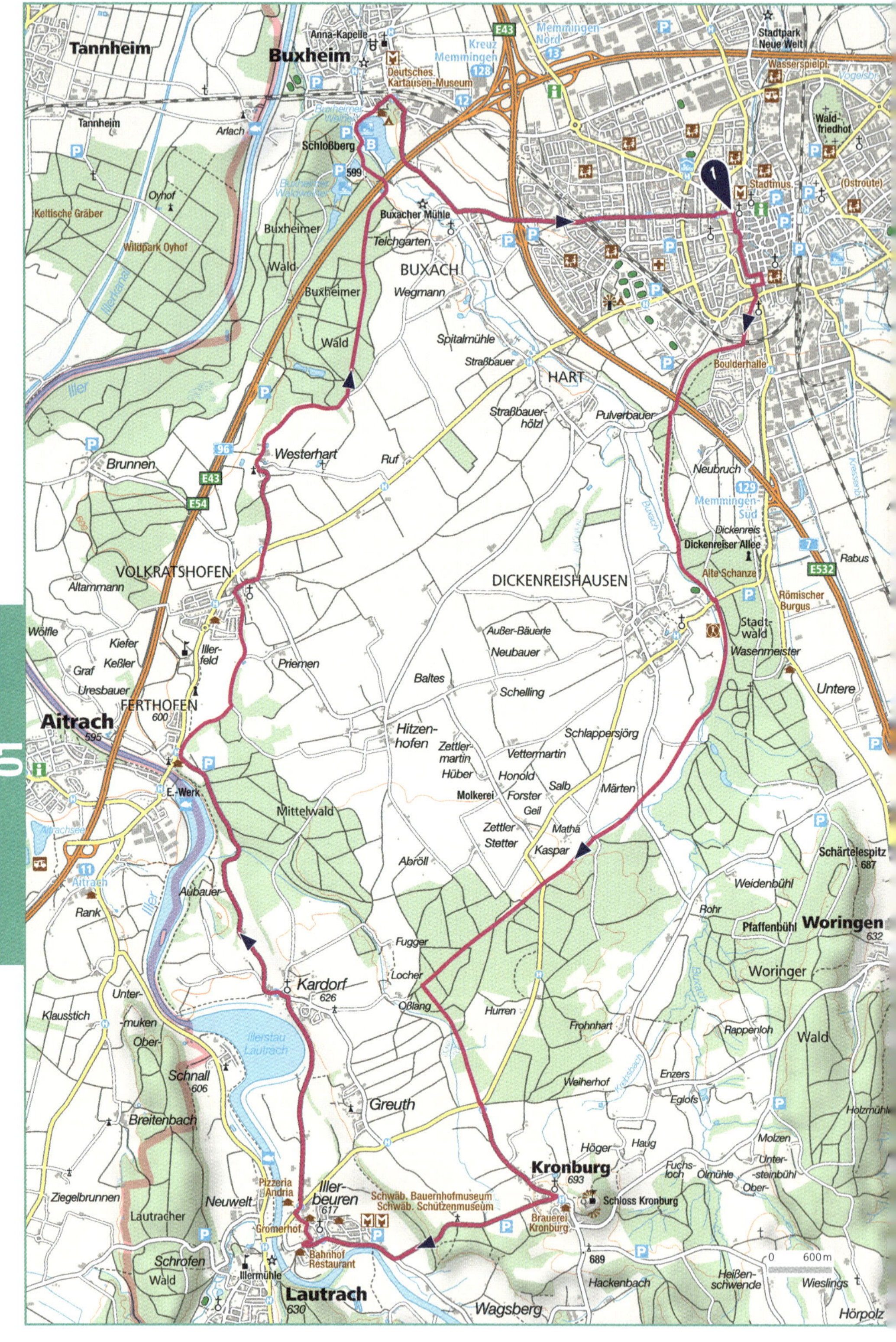
Tannheim
Buxheim
Anna-Kapelle
Deutsches Kartausen-Museum
Kreuz Memmingen
Memmingen-Nord
E43
13
128
12
Stadtpark Neue Welt
Wasserspielpl.
Vogelsbr.
Wald-friedhof
Stadtmus.
(Ostroute)
Tannheim
Arlach
Buxheimer Weiher
Schloßberg
599
Buxheimer Waldweiher
Oyhof
Keltische Gräber
Wildpark Oyhof
Illerkanal
Buxheimer
Wald
Buxacher Mühle
Teichgarten
BUXACH
Wegmann
Buxheimer
Wald
Spitalmühle
Straßbauer
HART
Straßbauer-hölzl
Pulverbauer
Boulderhalle
Iller
Brunnen
96
Westerhart
Ruf
E43
E54
Neubruch
129
Memmingen-Süd
Dickenreis
Dickenreiser Allee
Alte Schanze
7
E532
Rabus
Römischer Burgus
Altammann
VOLKRATSHOFEN
DICKENREISHAUSEN
Wölfle
Kiefer
Kesler
Graf
Uresbauer
Iller-feld
Priemen
Außer-Bäuerle
Neubauer
Stadt-wald
Wasenmeister
Baltes
Schelling
Untere
Aitrach
595
FERTHOFEN
600
Hitzen-hofen
Zettler-martin
Hüber
Schlappersjörg
Vettermartin
Honold
Salb
Märten
Molkerei
Forster
Geil
E.-Werk
Mittelwald
Zettler
Stetter
Mathä
Kaspar
Altrachsee
Abröll
11
Aitrach
Rank
Aubauer
Schärtelespitz
687
Weidenbühl
Rohr
Pfaffenbühl
Woringen
632
Fugger
Locher
Woringer
Unter-
-muken
Klausstich
Kardorf
626
Oßlang
Hurren
Frohnhart
Rappenloh
Wald
Ober-
Illerstau Lautrach
Schnall
606
Greuth
Weiherhof
Enzers
Eglofs
Breitenbach
Holzmühle
Höger
Haug
Molzen
Fuchs-loch
Ölmühle
Unter-steinbühl
Ober-
Kronburg
693
Ziegelbrunnen
Pizzeria Andria
Iller-beuren
617
Schwäb. Bauernhofmuseum
Schwäb. Schützenmuseum
Schloss Kronburg
Neuwelt
Lautracher
Gromerhof
Brauerei Kronburg
Bahnhof Restaurant
689
Schrofen
Wald
Illermühle
Lautrach
630
Hackenbach
Heißen-schwende
Wieslings
Wagsberg
Hörpolz
0
600 m

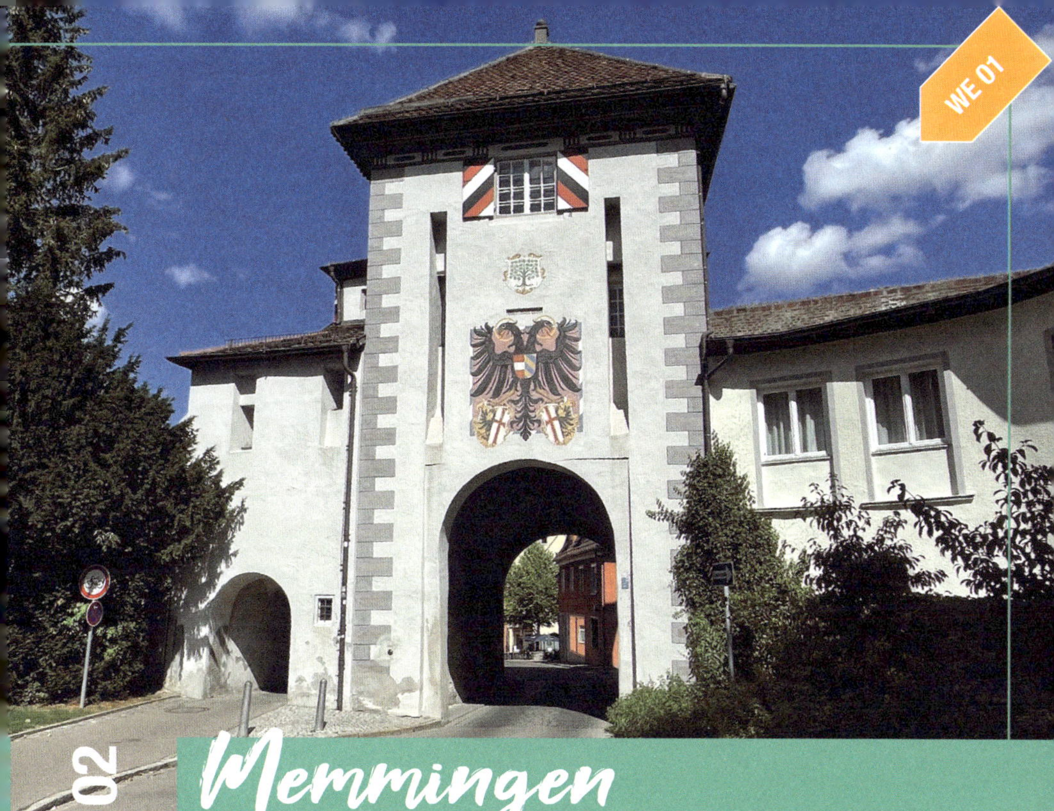

Tag 02

Memmingen

Radtour ins Grüne

TOURENART	Radtour
DAUER	2h 30min
LÄNGE	31,2 km
HÖHENMETER	310 hm
SCHWIERIGKEIT	LEICHT
MIT ÖPNV ERREICHBAR	ja

Das erwartet dich ...

Heute schwingen wir uns auf's Fahrrad. Durch die schöne Altstadt von Memmingen radeln wir gleich nach dem Verlassen der Stadt ins Grüne. Naturbelassene Wege bringen uns bis kurz vor Kronburg. Hier müssen wir dann mal kräftig in die Pedale treten. Nach Illerbeuren streifen wir immer mal wieder die Iller; eine gute Gelegenheit, die Füße im kühlen Nass zu erfrischen. Kaum oder gar nicht befahrene Straßen bringen uns dann zurück nach Memmingen.

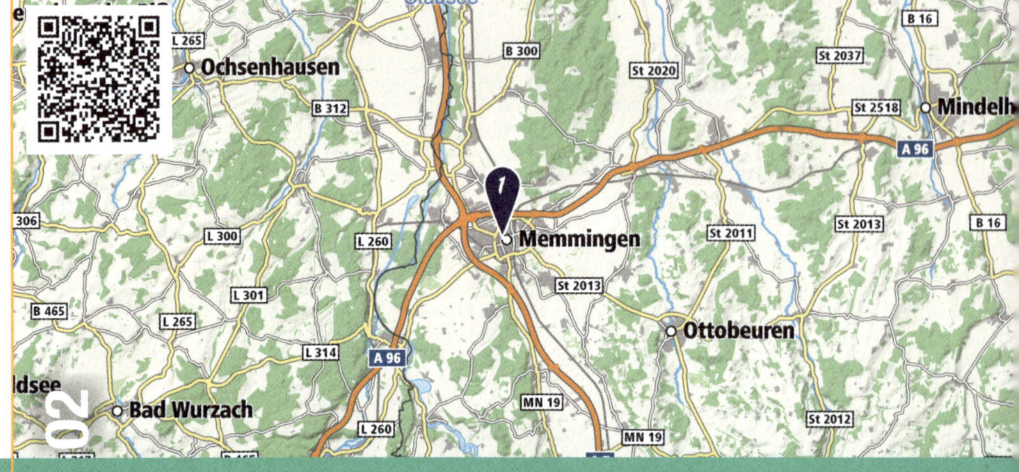

Tag 02

Start & Ziel & Anreise

Wir starten am Martin-Luther-Platz in Memmingen. Mit dem Auto ist die Stadt hervorragend über die A7 und die A96 erreichbar. Parkmöglichkeiten gibt es in der Rathausgasse oder im Parkhaus in der Krautstraße. Von München gibt es mehrmals am Tag eine Direktverbindung mit dem Regionalzug nach Memmingen.

Tourenbeschreibung

Nicht nur zum Wandern ist Memmingen hervorragend geeignet, auch mit dem Rad kann man die Stadt und ihre schöne Umgebung erkunden. Zu Beginn warten mit der Stadt über 850 Jahre Stadtgeschichte auf uns. Fünf Tore, fünf Türme und eine lange, gut erhaltene Stadtmauer sind stumme Zeugen aus einer bewegten Vergangenheit. Das Antonierhaus beispielsweise ist dabei nur eine der Sehenswürdigkeiten auf unserem Weg. Ende des 15. Jahrhunderts erbaut ist es die älteste noch erhaltene historische Anlage des Antonierordens in Europa. In der sanierten Anlage sind seit 1996 die Museen im Antonierhaus, die Stadtbücherei, ein Café und ein zentraler Veranstaltungsort untergebracht. Es vereinigt eine Dokumentation der kulturhistorischen Bedeutung des Ordens und des alltagsgeschichtlichen Umfeldes.

Los geht's am Martin-Luther-Platz. Wir radeln Richtung Süden vorbei am Antonierhaus über die Hofgasse und die Lindauer Straße. Am Kaisergraben vorbei verlassen wir die Stadt über den Dickenreiser Weg. Kurz nach den Gleisen geht's nach rechts auf dem Radlweg aus der Stadt hinaus. Wir passieren die A7, nur zwei Kilometer später haben wir auch schon Dickenreisen erreicht. Am Ortsrand entlang schwenken wir nach Südwesten. Über Kronburg leitet uns der Radweg nach Südwesten ins Örtchen Illerbeuren. Hier im schönen Illerwinkel befindet sich das Schwäbische Bauernhofmuseum Illerbeuren. Es ist das älteste Freilichtmuseum im Süddeutschen Raum und beherbergt inzwischen mehr als 30 historische Gebäude. Vielfalt und Lebensweise im alten Schwaben und Allgäu werden hier anschaulich dargestellt.

Nach Illerbeuren wenden wir uns wieder nach Norden. Vor Kardorf streifen wir die Iller. Dann geht's über Wiesen und lichte Wälder an Ferthofen und Volkratshofen vorbei. Zwischendurch können wir an einem Teich mit Wassertretbecken eine Kneipppause einlegen. Wir kreuzen die St 2009 und fahren durchs Örtchen Westerhart mit schönen Höfen. Erst am Waldrand entlang, dann durch den Wald bringt uns der Radweg noch immer nordwärts und bald in einem Linksschwenk über die A96. Wir erreichen die Wälder von Buxheim mit einem gut verzweigten Wanderwegenetz. Nach dem Buxheimer Weiher geht es rechts wieder zurück über die A96. Die Talstraße lenkt uns über die A7 und geradewegs wieder zurück in's Zentrum von Memmingen.

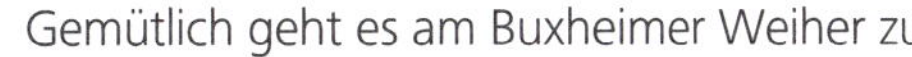

Gemütlich geht es am Buxheimer Weiher zu

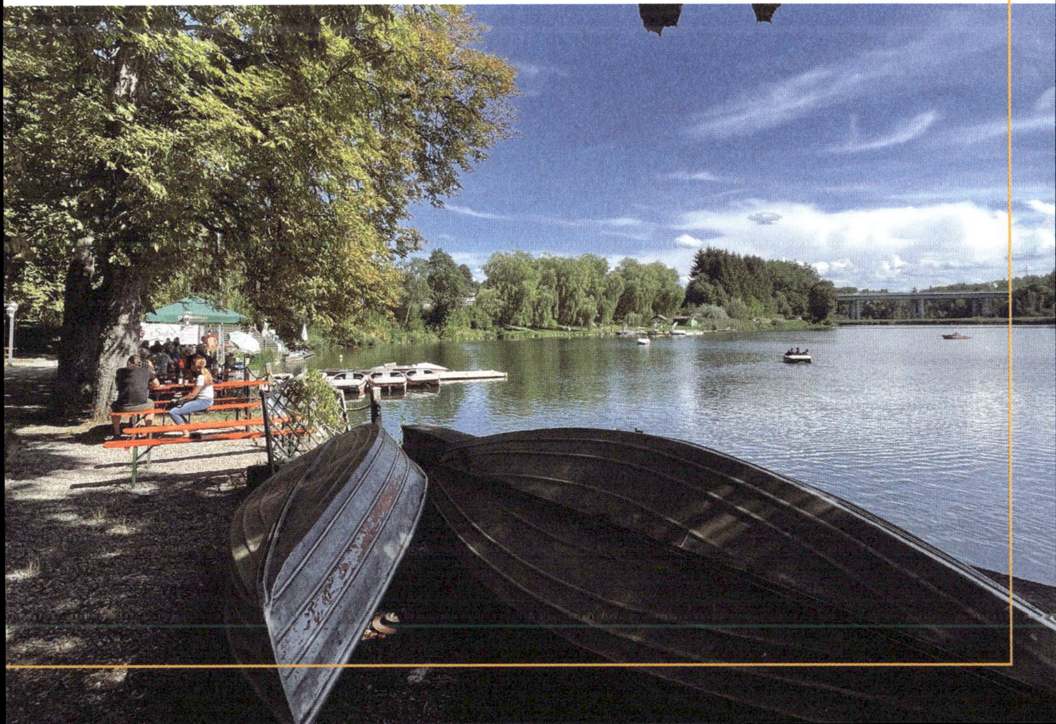

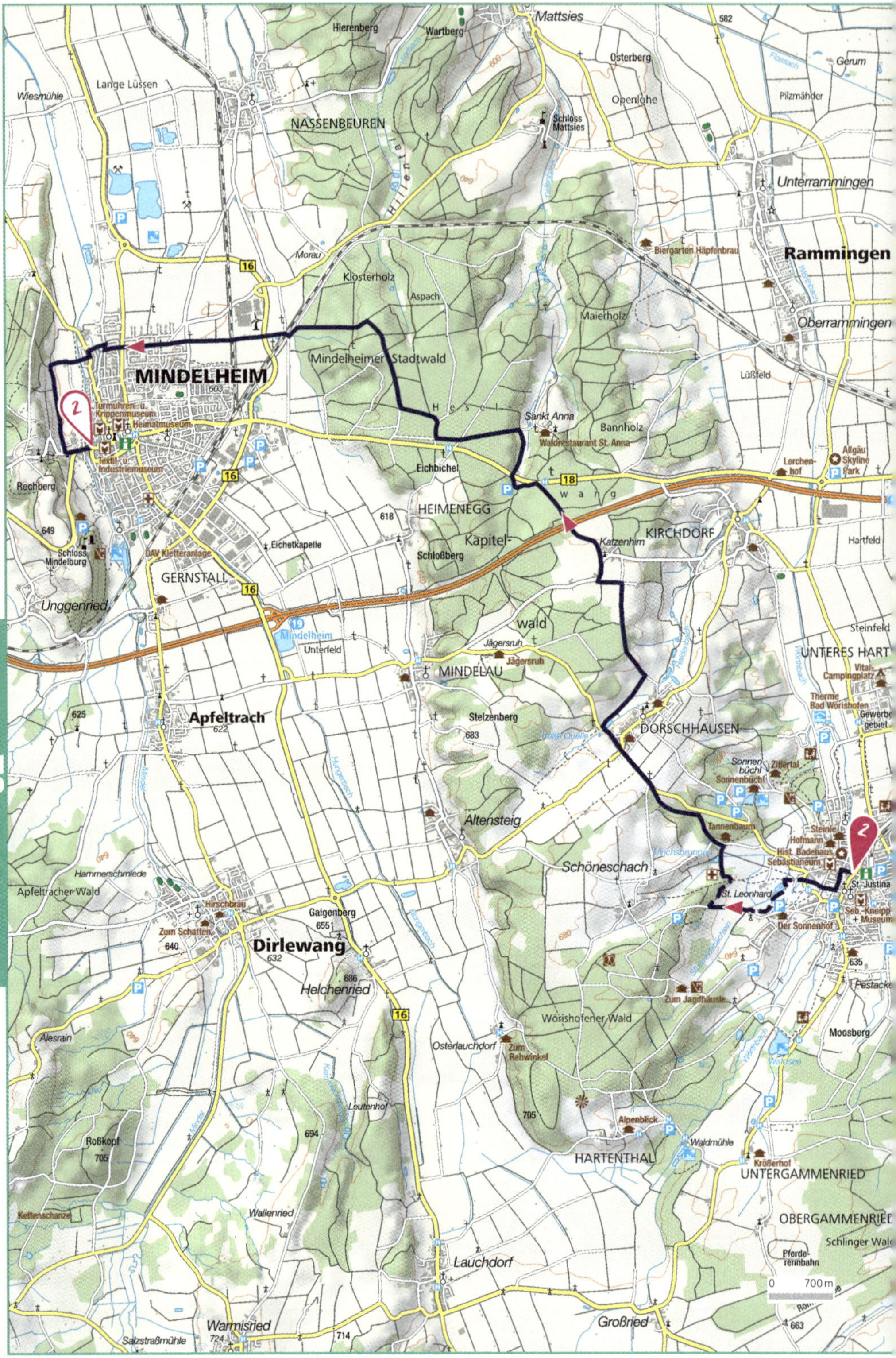

Mattsies
Hierenberg
Wartberg
582
Osterberg
Gerum
Pilzmähder
Lange Lüssen
Wiesmühle
Openlohe
NASSENBEUREN
Schloss Mattsies
Unterrammingen
Biergarten Häpfenbräu
Rammingen
Morau
Klosterholz
Aspach
Maierholz
Oberrammingen
16
MINDELHEIM
Mindelheimer Stadtwald
Lüßfeld
603
Turmuhren- u. Krippenmuseum
Heimatmuseum
Textil- u. Industriemuseum
Sankt Anna
Bannholz
Waldrestaurant St. Anna
Lerchenhof
Allgäu Skyline Park
Eichbichel
18
Rechberg
HEIMENEGG
Kapitel-
618
KIRCHDORF
Hartfeld
649
Schloss Mindelburg
DAV Kletteranlage
Eichetkapelle
Schloßberg
Katzenhirn
GERNSTALL
Unggenried
wald
19
Mindelheim
Unterfeld
Jägersruh
Steinfeld
UNTERES HART
MINDELAU
Vital-Campingplatz
Therme Bad Wörishofen
625
Apfeltrach
622
Stelzenberg
683
DORSCHHAUSEN
Gewerbegebiet
Kalte Quelle
Sonnenbüchl
Zillertal
Tannenbaum
Altensteig
Steinle
Hofmann
Hist. Badehaus
Sebastianeum
Schöneschach
St. Justina
St. Leonhard
Hammerschmiede
Apfeltracher Wald
Hirschbräu
Zum Schatten
Gaigenberg
655
640
Dirlewang
632
Seb.-Kneipp-Museum
Der Sonnenhof
635
686
Helchenried
Zum Jagdhäusle
Pestacker
Wörishofener Wald
Alesrain
Osterlauchdorf
Zum Rehwinkel
Moosberg
Leutenhof
705
Roßkopf
705
694
Alpenblick
Waldmühle
HARTENTHAL
Krößerhof
UNTERGAMMENRIED
Kettenschanze
Wallenried
OBERGAMMENRIED
Schlinger Wald
Pferderennbahn
Lauchdorf
0 700 m
Warmisried
724
714
Salzstraßmühle
Großried
663

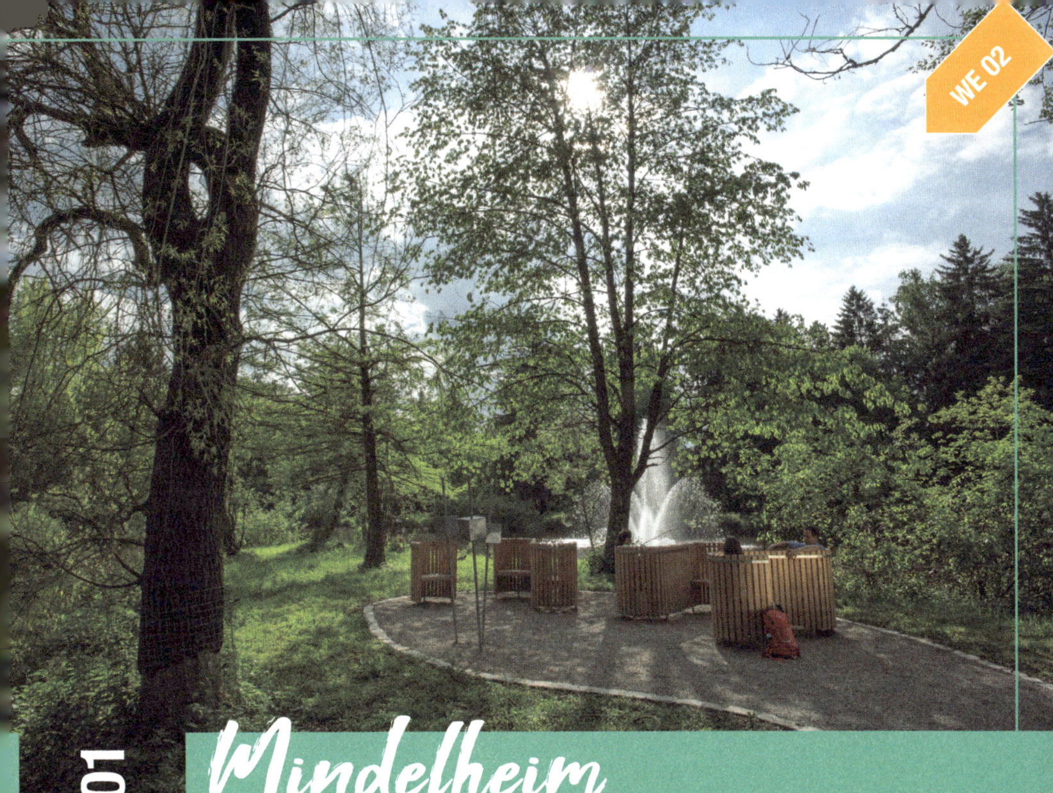

01 Tag

Mindelheim

An Waldsäumen entlang und über freie Felder

TOURENART	Wandertour
DAUER	4h 15min
LÄNGE	16,6 km
HÖHENMETER	67 hm
SCHWIERIGKEIT	LEICHT
MIT ÖPNV ERREICHBAR	ja

Das erwartet dich ...

Auf der dritten Etappe der Wiesengänger-Route erleben wir tolle Panoramen, streifen viele kleine Kapellen und wandern auf wundervollen Wald- und Wiesenpassagen. Den Kurgarten in Bad Wörishofen lassen wir hinter, die beschauliche Altstadt Mindelheims erwartet uns. Die Strecke ist relativ lang, weist jedoch kaum Höhenmeter auf. Es erwartet uns heute also ein echter Wanderspaß.

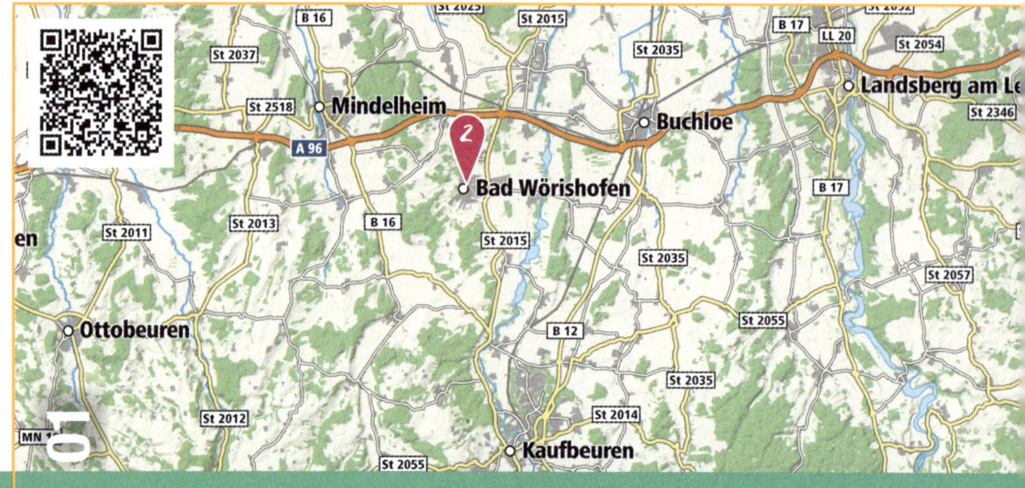

Tag 01

Start & Ziel & Anreise

Wir beginnen die Wanderung in Bad Wörishofen am Start- und Willkommensplatz in der Hauptstraße/Ecke Luitpold-Leusser-Platz. Von München aus fahren täglich mehrmals Züge Richtung Bad Wörishofen mit Umstieg in Buchloe. Mit dem Auto erreichen wir das Städtchen von München aus über die A96.

Tourenbeschreibung

Vom Kurhaus halten wir uns auf dem Bonifaz-Reile-Weg zunächst über den Wörthbach, dann geht es links durch die Kneippstraße bis zur Hans-Holzmann-Straße. Wir halten uns rechts bis zur Kneippanlage, überqueren die Kreuzung an der Fidel-Kreuzer-Straße und gehen geradeaus über den Franz-Kleinschrod-Weg in den Kurpark. Wir passieren die drei Trilogie-Nadeln, die Gradieranlage und überqueren die Alfred-Baumgarten-Straße. Am Stutweidbach geht's nach links vorbei am Jakobsweiher, der Vogelvoliere, dem Rosengarten und dem Barfußlabyrinth. An der Fokussierstele „Versunkenes Schloss" erreichen wir den Parkausgang mit zwei Weihern. Hier folgen wir einem Gehweg nach rechts leicht hinauf an den Waldrand. Ein Waldweg schlängelt sich nach rechts bis zu einer Minigolfanlage – hier können wir unsere müden Füße in einem Kneippbecken erfrischen.

Hinter dem Vitalhotel Sonneck halten wir uns zunächst links, kurz darauf halb rechts auf einem Waldweg. Wir gelangen an eine Kreuzung, an der wir nach links durch den Wald weiterwandern. An der Kreisstraße MN25 führt uns ein Rad- und Fußweg links nach Dorschhausen. Wir wandern geradewegs durch den Ort bis zur Forellenfischzucht Eberle. Hier weist uns die Markierung nach rechts durch die Talsohle des kleinen Haldenbaches. Zu unserer Rechten befindet sich Dorschhausen – auf der Anhöhe erblicken wir seine Wallfahrtskirche Mariä Heimsuchung. An der T-Kreuzung bringt uns der Weg links hinauf, bald durch jungen Wald, dann über Äcker und Wiesen. Kurz vor einem Weiler halten wir uns links, um dann in einem Rechtsbogen einer kleinen Straße zu folgen bis zum Ortsschild „Katzenhirn". Nach links gehen wir vorbei an der Kapelle „Zum gegeißelten Heiland" und überqueren auf einer Brücke die BAB96. Wir schlendern durch ein kurzes Waldstück, dann stoßen wir auf die B18. Die Route führt uns scharf nach links über einen Waldweg hinab. Nach einem Rechtsbogen stehen wir erneut an der B18, die wir auf Höhe des Verkehrsschildes „St. Anna" achtsam überqueren. Ein Sträßlein bringt uns hinab und dann am Waldrand entlang.

Wir wandern links in den Wald hinauf. Am zweiten Wanderparkplatz halten wir uns rechts durch den schönen Mindelheimer Stadtwald. An den folgenden Abzweigen halten wir uns stets links, bis wir an eine Kreuzung gelangen. Hier weist uns die Route nach rechts, nun stetig auf diesem Weg in einem großen Linksbogen über einen breiten Forstweg und immerzu geradeaus. Beim Waldrand geht es links erst am Bahndamm weiter, dann unter der Bahnlinie hindurch. Nachdem wir sie passiert haben halten wir uns links über freies Feld. Zu unserer Rechten erhebt sich ein Industriekomplex, linker Hand lassen wir unseren Blick über Äcker und Felder schweifen. Wir unterqueren die Günzburger Straße und queren vorsichtig den unbeschrankten Bahnübergang. Dann erreichen wir Mindelheim.

Der Brunnenweg begleitet uns durch mehrere Neubaugebiete, bis wir schließlich auf Rad- und Fußwegen geradewegs die Kreuzung an der Krumbacher Straße erreichen. Die Chemnitzer Straße bringt uns weiter bis zur Königsberger Straße, an der wir links einbiegen. Am Birkenweg biegen wir rechts ein. Wir laufen bis zur folgenden Abzweigung, halten uns rechts im spitzen Winkel und schlendern hinter einer Kleingartenanlage entlang. Hinter der Kanalbrücke erreichen wir die Hammerschmiedstraße. Sie bringt uns bis zur Westernacher Straße. Am Schinderweg biegen wir rechts ab; er bringt uns aus dem Ort hinaus, dann über die Mindel und schließlich auf freies Feld. Am Fuße des Anstieges schwenkt der Weg nach links, bald schön am Waldrand entlang bis zum Unteren Maybadweg. Wir halten uns geradeaus bis zur Memminger Straße. Nach rechts führt die Route weiter zur nächsten Etappe. Links abbiegend erreichen wir die sehenswerte Altstadt Mindelheims.

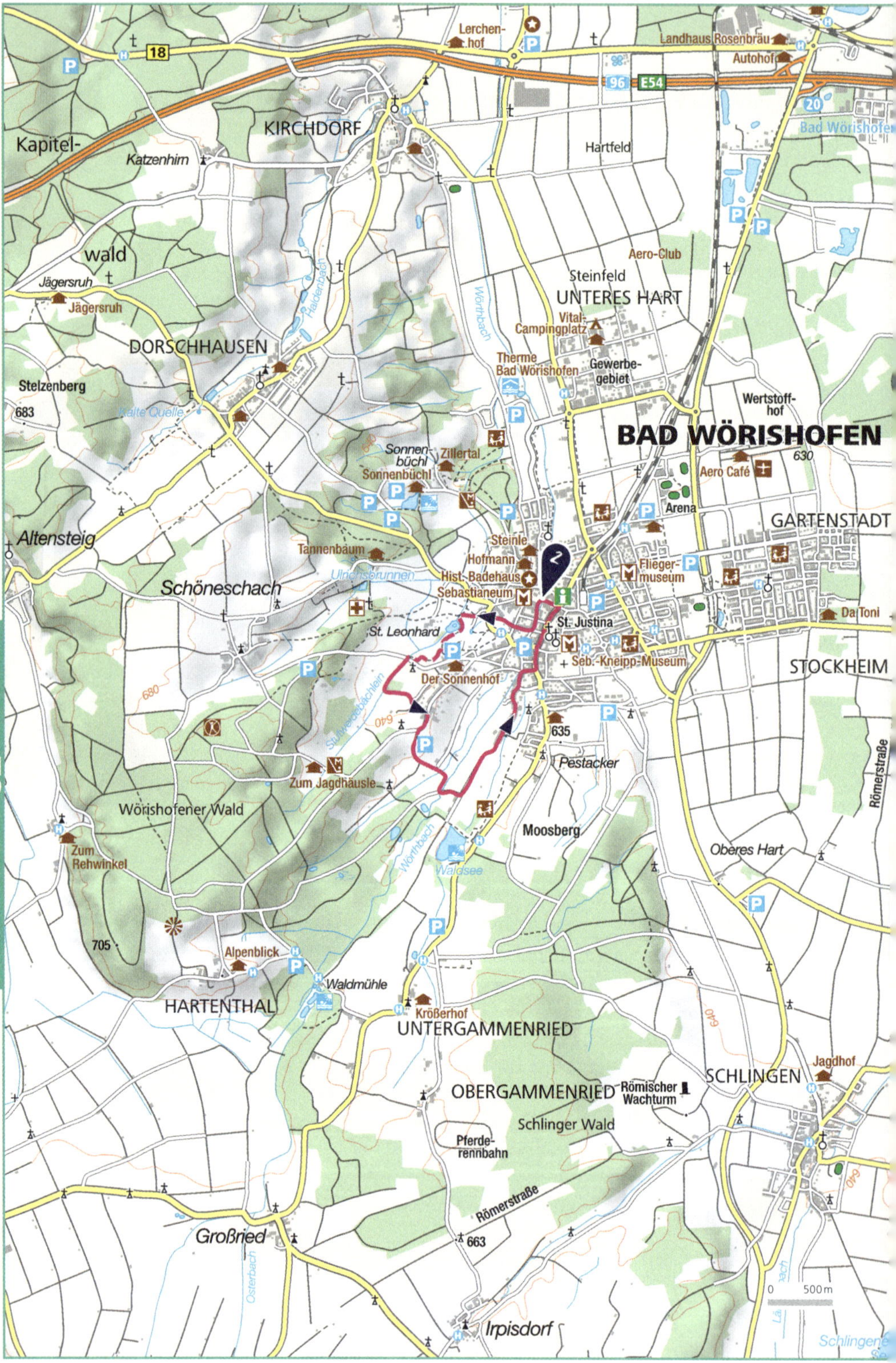

18
Lerchenhof
Landhaus Rosenbräu
Autohof
96
E54
20
Bad Wörishofen
KIRCHDORF
Kapitelwald
Katzenhirn
Hartfeld
Haldenbach
Aero-Club
Steinfeld
UNTERES HART
Jägersruh
Jägersruh
Wörthbach
Vital-Campingplatz
DORSCHHAUSEN
Therme Bad Wörishofen
Gewerbegebiet
Stelzenberg
683
Kalte Quelle
Wertstoffhof
BAD WÖRISHOFEN
630
Sonnenbüchl
Zillertal
Sonnenbüchl
Aero Café
Arena
GARTENSTADT
Altensteig
Tannenbaum
Steinle
Hofmann
Hist. Badehaus
Sebastianeum
Ulrichsbrunnen
Flieger-museum
Schöneschach
St. Leonhard
St. Justina
Da Toni
Der Sonnenhof
Seb.-Kneipp-Museum
STOCKHEIM
680
Stuffenbächlein
640
635
Pestacker
Zum Jagdhäusle
Römerstraße
Wörishofener Wald
Moosberg
Zum Rehwinkel
Wörthbach
Waldsee
Oberes Hart
705
Alpenblick
Waldmühle
HARTENTHAL
Krößerhof
UNTERGAMMENRIED
640
Jagdhof
OBERGAMMENRIED
Römischer Wachturm
SCHLINGEN
Schlinger Wald
Pferderennbahn
640
Römerstraße
Großried
663
Osterbach
0 500 m
Irpisdorf
Schlingener See

02

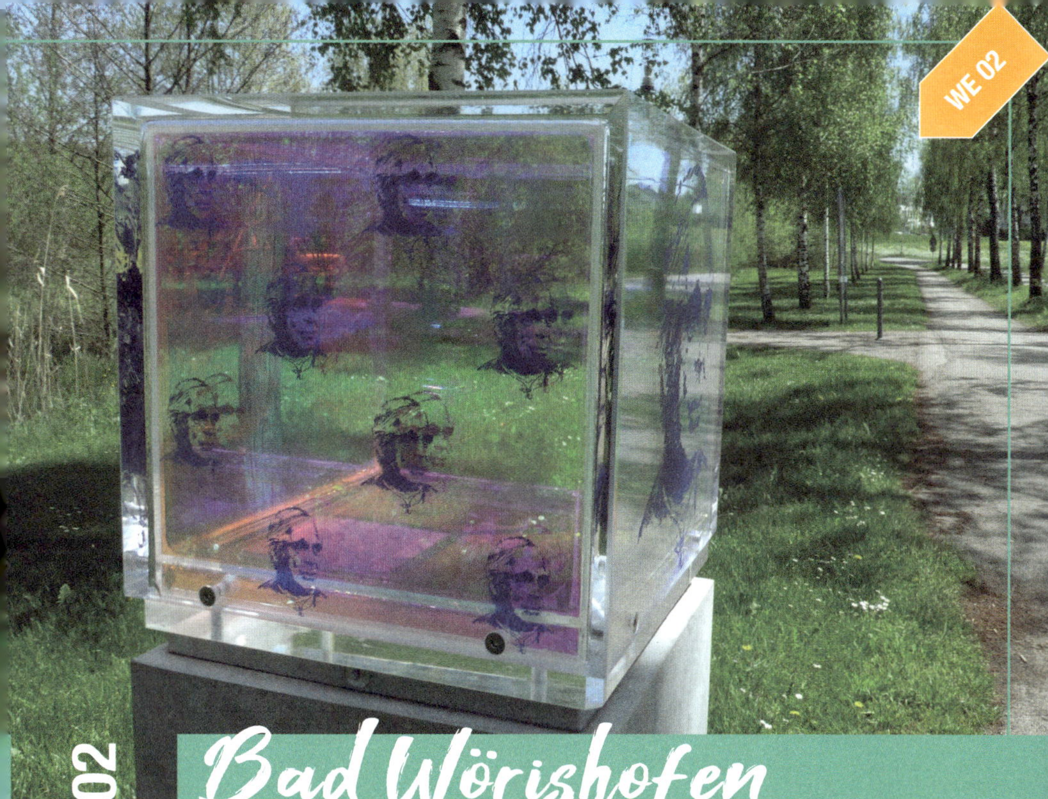

Tag 02

Bad Wörishofen

Kulturelle Vielfalt und ein beeindruckender Kurpark

TOURENART	Sightseeingtour
DAUER	1h 30min
LÄNGE	5 km
HÖHENMETER	20 hm
SCHWIERIGKEIT	LEICHT
MIT ÖPNV ERREICHBAR	ja

Das erwartet dich ...

Das Städtchen Bad Wörishofen überrascht uns mit vielfältigen, kulturellen Angeboten und inspiriert unsere Sinne. Als Wirkungsstätte des berühmten Priesters Sebastian Kneipp, der besonders durch seine Kaltwassertherapie bekannt geworden ist, besticht es natürlich auch als Kneipp-Heilbad Nr. 1 und durch einzigartige Kneipp-Kuren. Besonders beschwinglich ist das Flanieren durch den Kurpark, der von Barfußpfaden über Vogelvolieren bis zu Wassertreten und Rosengarten diverse Aktivitäten bietet.

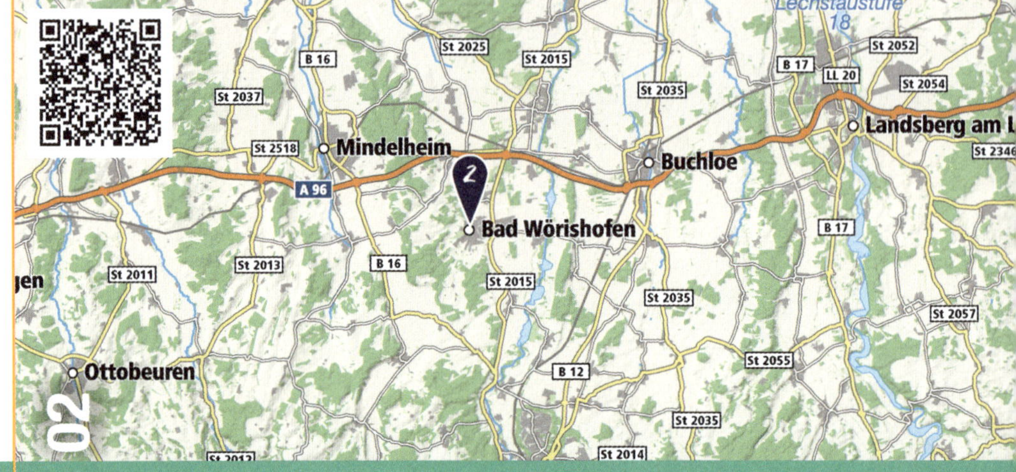

Tag 02

Start & Ziel & Anreise

Los geht's in Bad Wörishofen am Luitpold-Leusser-Platz/Ecke Hauptstraße. Von München aus fahren täglich mehrmals Züge Richtung Bad Wörishofen mit Umstieg in Buchloe. Mit dem Auto erreichen wir das Städtchen von München aus über die A96.

Tourenbeschreibung

Sebastian Kneipp selbst hätte sich über einen Spaziergang dieser Art erfreut – voll gepackt mit Wasser, Wiesen und jede Menge frischer Luft führt uns dieser Spaziergang in einer sehr schönen Rundtour durch den Kurort Bad Wörishofen. Wir starten dafür am Start- und Willkommensplatz in Bad Wörishofen beim Kurhaus und folgen zunächst der Hauptstraße Richtung Süden. Dabei passieren wir die St.-Justina-Kirche und das Dominikanerkloster. An der Oberen Mühlstraße biegen wir dann rechts ein, queren ein Wiesenbächlein und halten uns dann – an einem Park rechts vorbei – auf der Straße bis zum Eichenhain am Ortsausgang. Hier befindet sich die Eingangsstele. Ein Fahrweg bringt uns dann über Wiesen weiter auf der Route. Bald erblicken wir einen Stall und ein auffälliges Wegkreuz. Kurz davor biegen wir rechts ab und gehen hinunter zum Wörthbach. Wir überqueren das Bächlein und halten uns rechts auf eine Fischtreppe zu. Der Ort der Ruhe mit der aufgebauten Fokussierstele bietet uns einen tollen Blick auf den Ort.

Eine Linkskurve führt uns über den Fehlbach, der darauffolgende Bauernhof wird links umgangen. Wir erreichen eine Rastbank und bleiben hier an der Abzweigung geradeaus. An der Kneipp Anlage „Mühlbuch" kühlen wir unsere müden Füße, dann folgen wir der Hartenthaler Straße. Hinter dem Hotel und Café biegen wir links in den Heuweg ein. Er macht bald eine Rechtskurve, in der wir die Straße geradeaus auf einen Feldweg verlassen. Wir gehen durch Wisenauen und überqueren den Stutweidbach, dann halten wir uns rechts zur Kneipp-Anlage Schöneschacher Straße.

Wir überqueren die nächste Straße, folgen ihr kurz nach rechts und wandern an der Fokussierstele „Versunkenes Schloss" vorbei. Gleich darauf biegen wir links ein und betreten den Kurpark und halten uns auf das große Barfußlabyrinth zu. Wir passieren weitere Barfußpfade, interessante Kunstinstallationen, den herrlichen Rosengarten und eine Vogelvoliere. Auf dem Jakobsweiher erblicken wir dann die Themeninsel mit Ruhebänken und Geschichten zum Thema Glück. Wir schlendern am Weiher entlang zum Auslauf des Sees; rechter Hand liegt der Duft- und Aromagarten. Weiter geht es zur Gradieranlage und vorbei am Vater-Kneipp-Brunnen bis zur Alfred-Baumgarten-Straße. Geradeaus weiter gehen wir durch den Franz-Kleinschrod-Weg zuerst zur Fidel-Kreuzer-Straße und weiter geradeaus durch die Holzmannstraße zur Kneippstraße. Nun halten wir uns links, wandern am Wörthbach entlang und durch die Fußgängerzone. Am Bonifaz-Reile-Weg halten wir uns rechts zurück zum Start- und Willkommensplatz.

Autoren Tipp

Ein sehr beliebtes Freizeitangebot ist der Skyline Park von Bad Wörishofen. Er wurde 1999 eröffnet und hat sich seitdem auf die dreifache Grundfläche vergrößert; mittlerweile besitzt er mehr als 20 Hektar bebaute Fläche. Der Park bietet über 60 Fahrattraktionen und fast jedes Jahr kommen neue Highlights hinzu, wie zum Beispiel die höchste Überkopf-Achterbahn Europas. Aber es gibt auch viele Attraktionen für die ganz kleinen Besucher. Aktuelle Öffnungszeiten und Eintrittspreise unter www.skylinepark.de

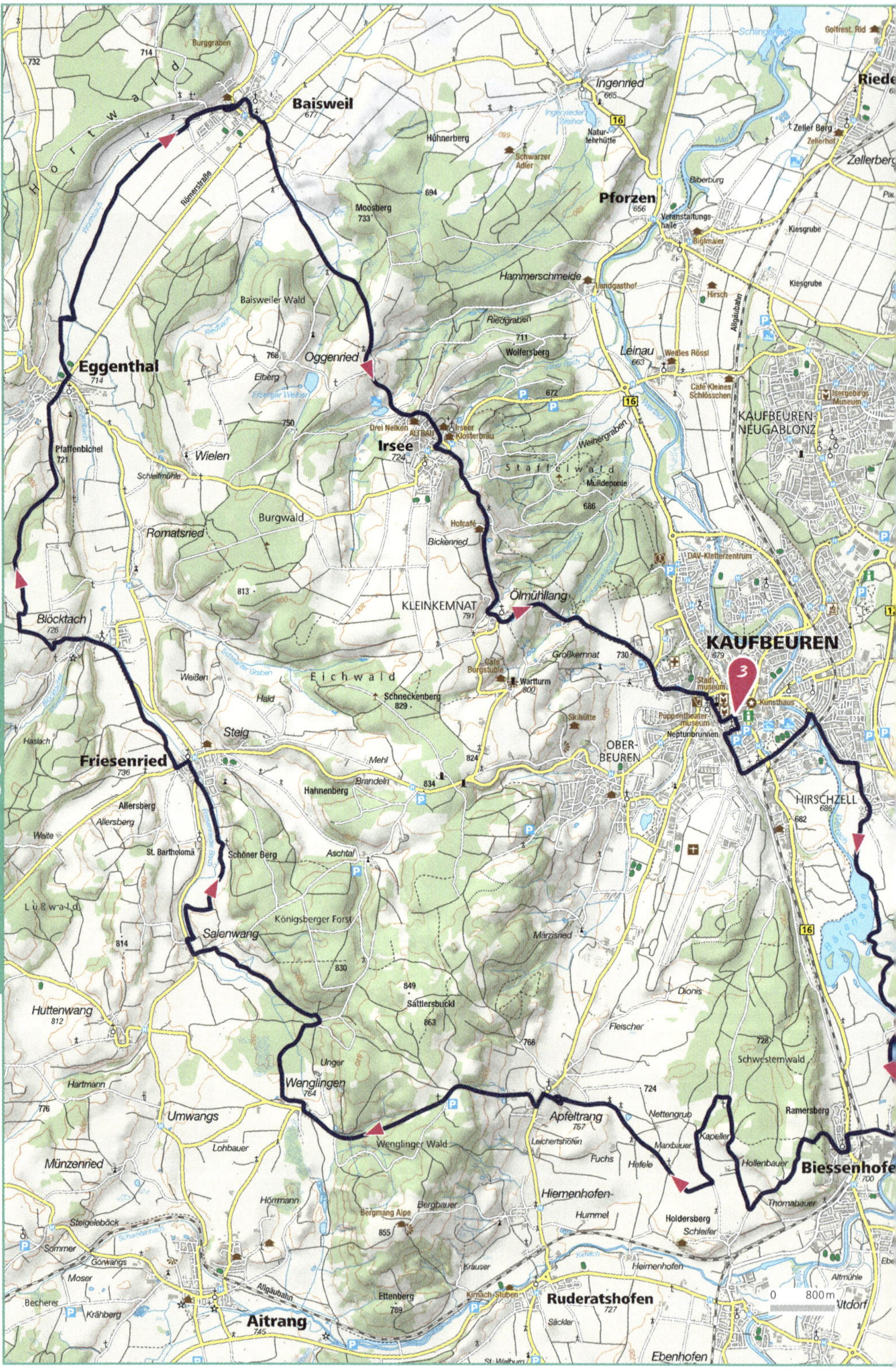

Burggraben
714
732
Hortwald
Baisweil
677
Ingenried
665
16
Natur-lehrhütte
Hühnerberg
Schwarzer Adler
Römerstraße
Moosberg
733
694
Pforzen
656
Riedern
Zeller Berg
Zellerhof
Zellerberg
Biberburg
Veranstaltungs-halle
Biglmaier
Kiesgrube
Kiesgrube
Hammerschmeide
Landgasthof
Hirsch
Allgäubahn
Baisweiler Wald
Riedgraben
711
Wolfersberg
Leinau
663
Weißes Rössl
768
Oggenried
Eggenthal
714
Elberg
750
672
16
Café Kleines Schlösschen
Isergebirgs-Museum
KAUFBEUREN-NEUGABLONZ
Drei Nelken
Irseer Klosterbräu
Irsee
724
Pfaffenbichel
721
Wielen
Schleifmühle
Weihergraben
Staffelwald
Mülldeponie
686
Burgwald
Romatsried
Hofcafé
Bickenried
DAV-Kletterzentrum
813
KLEINKEMNAT
791
Ölmühllang
Blöcktach
726
KAUFBEUREN
679
Großkemnat
730
3
Stadtmuseum
Kunsthaus
Café Burgstüble
Wartturm
800
Weißen
Eichwald
Schneckenberg
829
Hald
Skihütte
Puppentheater-museum
Neptunbrunnen
Steig
Haslach
Friesenried
736
Mehl
824
OBER-BEUREN
Brandeln
834
Hahnenberg
HIRSCHZELL
686
682
Allersberg
Allersberg
Weite
St. Bartholomä
Schöner Berg
Aschtal
Lußwald
814
Salenwang
Königsberger Forst
Märzisried
16
830
849
Sattlersbuckl
863
Dionis
Huttenwang
812
Fleischer
768
728
Schwesternwald
Unger
Hartmann
Wenglingen
764
724
Ramersberg
776
Umwangs
Apfeltrang
757
Nettengrub
Kapeller
Leichertshofen
Marxbauer
Münzenried
Lohbauer
Wenglinger Wald
Fuchs
Hefele
Hollenbauer
Biessenhofen
700
Thomabauer
Hiemenhofen
Hörmann
Bergbauer
Hummel
Holdersberg
Steigelebäck
Bergmang Alpe
855
Schleifer
Sommer
Görwangs
Krauser
Heimenhofen
Moser
Altmühle
Becherer
Krähberg
Allgäubahn
Ettenberg
789
Kirnach-Stuben
Ruderatshofen
727
Altdorf
Aitrang
745
Säckler
St. Walburg
Ebenhofen
0 800 m

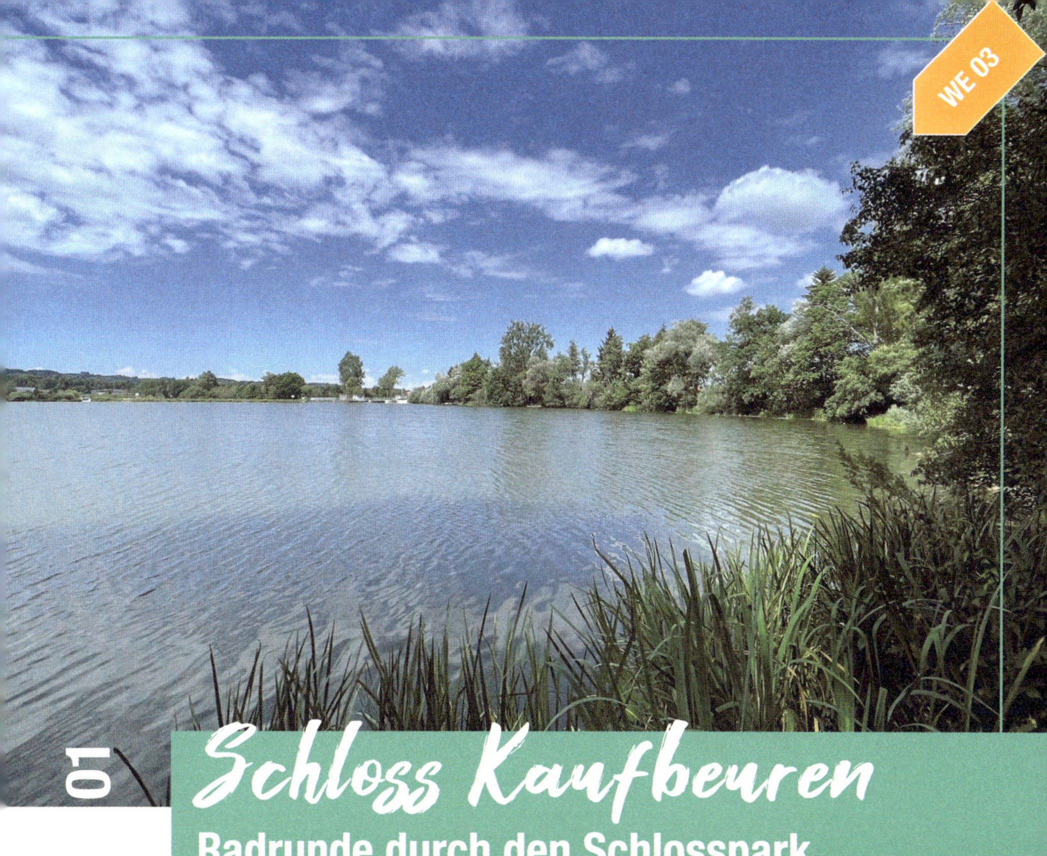

Tag 01

Schloss Kaufbeuren

Radrunde durch den Schlosspark

TOURENART	Radtour
DAUER	48,5 km
LÄNGE	3h 45min
HÖHENMETER	416 hm
SCHWIERIGKEIT	MITTEL
MIT ÖPNV ERREICHBAR	ja

Das erwartet dich ...

Unsere ausgedehnte Radtour führt heute von Kaufbeuren über Biessenhofen nach Apfeltrang. Über Friesenried und Eggenthal fahren wir weiter nach Baisweil und Irsee. Danach gemütlich zurück nach Kaufbeuren. Dabei erleben wir die Schönheit der Allgäuer Landschaft, streifen einen kleinen See und lernen viele kleine Dörfer um Kaufbeuren herum kennen.

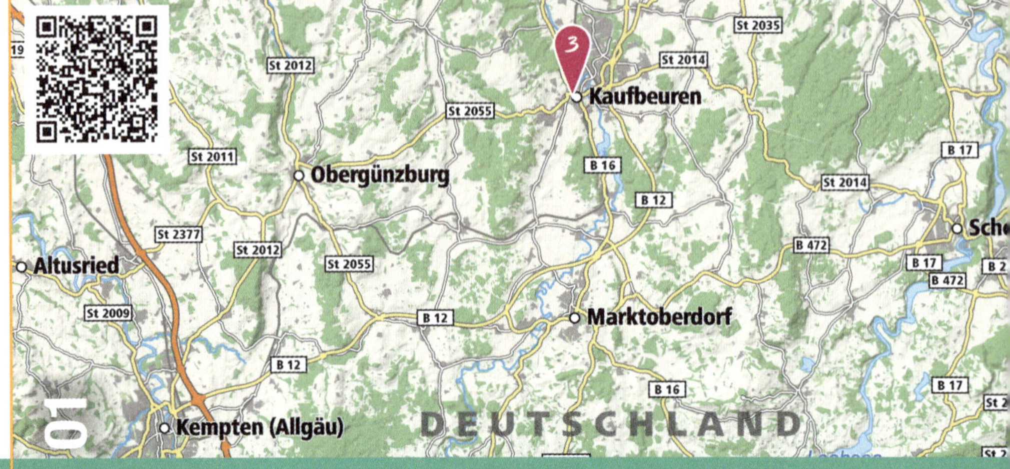

Tag 01

Start & Ziel & Anreise

Los geht's beim Rathaus von Kaufbeuren in der Kaiser-Max-Straße. Mit dem PKW erreichen wir den Ort gut über die A96. Die B12 oder auch die B16 bringen uns dann direkt nach Kaufbeuren. Parkmöglichkeiten gibt es im Parkhaus „Am Kunsthaus" in der Straße Alte Weberei. Von München fahren mehrmals am Tag Regionalzüge nach Kaufbeuren, z.B. der RE70.

Tourenbeschreibung

Wir machen uns vom Zentrum Kaufbeurens auf, um heute die schöne Allgäuer Natur zu genießen. Der kulturelle Aspekt kommt dabei jedoch auch nicht zu kurz, denn die Route verläuft zwischen kulturell bedeutenden Orten wie dem Kloster Irsee. In der traditionsreichen Anlage des ehemaligen freien Reichsstifts Kloster Irsee lebten die Mönche nach den Regeln des gemeinschaftlichen Zusammenlebens und sammelten jahrhundertealtes Wissen. Heute ist hier das Schwäbische Tagungs- und Bildungszentrum untergebracht.

Los geht's direkt beim Rathaus von Kaufbeuren. Die Sedan- und die Schraderstraße leiten uns über die Buchleuthenstraße zum Alten Friedhof. Hier halten wir uns links, überqueren die B16, und geradewegs kurz darauf die Wertach. Direkt danach biegen wir rechts ab. Nur wenig später folgen wir der Bärenseestraße nach rechts. Sie bringt uns aus der Stadt hinaus über Hirschzell mit der hübschen

St. Thomas Kirche. Beim Bärensee haben wir gleich die Möglichkeit, eine Runde zu schwimmen. Falls nicht hier wartet kurz darauf der Bachtelsee auf uns, der auch zu einer Abkühlung lockt. Am Ende des Sees halten wir uns rechts, überqueren die Bahngleise und gleich im Anschluss die B 16 nach links. An Feldern und Wald vorbei biegen wir kurz nach dem Weiler Thomabauer scharf rechts ab. Nach dem Weiler Kapeller geht's wieder links. Nach dem Marxbauer biegen wir wieder rechts ab. An Feldern und Weilern vorbei erreichen wir Apfeltrang. Hier überqueren wir die Dorfstraße nach links und durch eine Waldpassage erreichen wir Wenglingen. Die Route biegt nun nach Norden wieder durch Wald und über Feld durch Salenwang hindurch. Über Felder und schöne Wege erreichen wir Friesenriedund anschließend Blöcktach. Der gemütliche, kleine Ort Friesenried im Norden des Schlossparks am Wörthbach gelegen wurde vermutlich im Jahr 912 gegründet. In Blöcktach stand die Stammburg der Herren von Schwarzenburg.

Die Route führt uns nun stetig und geradewegs nach Norden durch Eggenthal hindurch und nach Baisweil. Hier fahren wir wieder südostwärts begleitet von Feldern und Wäldern über Irssee zurück nach Kaufbeuren. Zum Abschluss sollten wir das Kloster nicht versäumen. Bekannteste Ordensschwester war wohl die hl. Creszentia. Als spätere Oberin des Kaufbeurer Klosters der Franziskanerinnen wurde sie für unzählige Menschen zur hilfreichen, wegweisenden Seelenführerin und Trösterin.

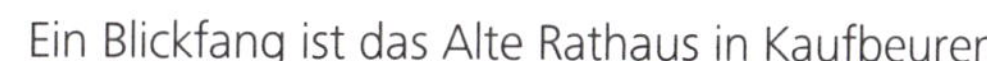

Ein Blickfang ist das Alte Rathaus in Kaufbeuren

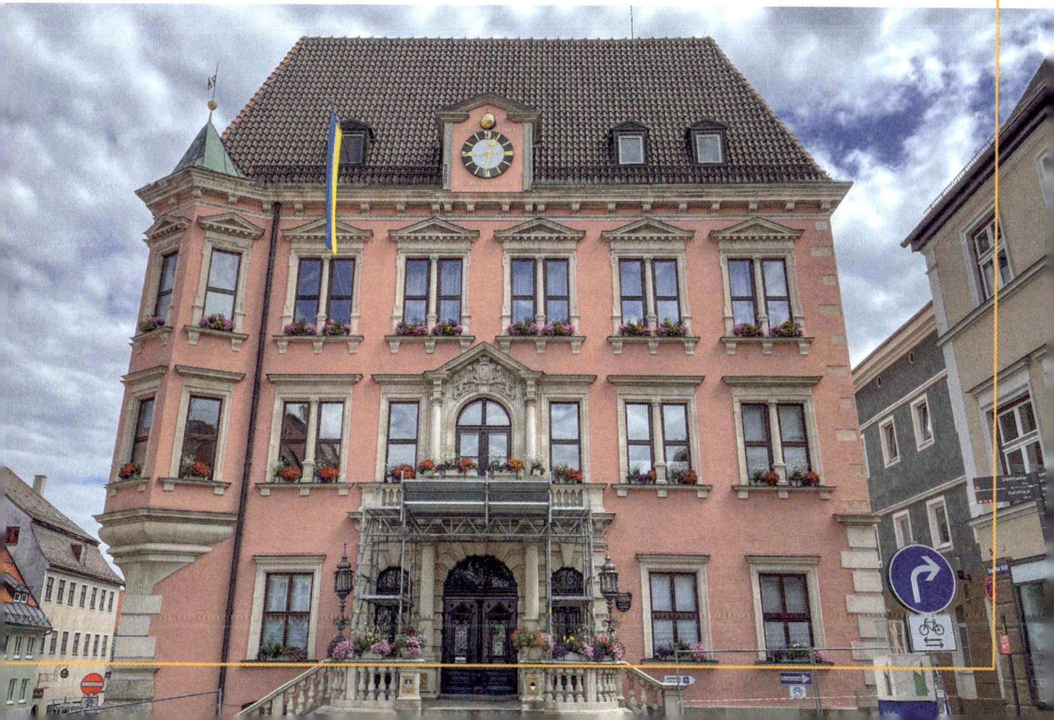

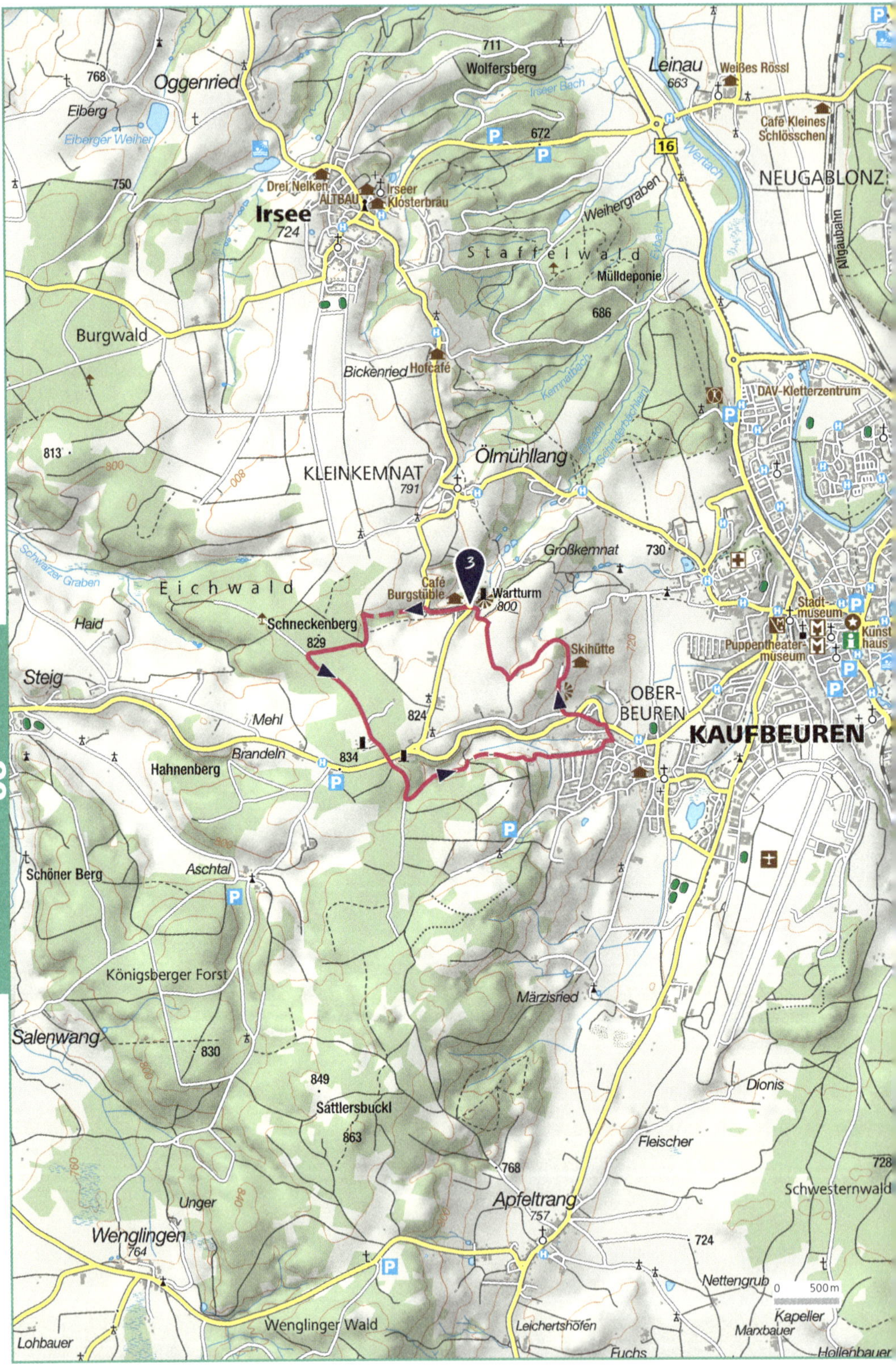

03

Oggenried
Eiberg
Eiberger Weiher
768
750
Drei Nelken
ALTBAU
Irseer Klosterbräu
Irsee
724
711
Wolfersberg
Irseer Bach
672
Leinau
663
Weißes Rössl
Café Kleines Schlösschen
16
Wertach
NEUGABLONZ
Allgäubahn
Weihergraben
Staffelwald
Mülldeponie
686
Burgwald
Bickenried
Hofcafé
DAV-Kletterzentrum
813
800
KLEINKEMNAT
791
Ölmühllang
Schwarzer Graben
Eichwald
Haid
Schneckenberg
829
Café Burgstüble
Wartturm
800
Großkemnat
730
Skihütte
Stadt-museum
Puppentheater-museum
Kunsthaus
Steig
Mehl
824
OBER-BEUREN
KAUFBEUREN
Brandeln
834
Hahnenberg
Schöner Berg
Aschtal
Königsberger Forst
Märzisried
Salenwang
830
849
Sattlersbuckl
863
Dionis
Fleischer
768
Apfeltrang
757
728
Schwesternwald
Unger
Wenglingen
764
724
Nettengrub
0 500 m
Kapeller
Marxbauer
Wenglinger Wald
Leichertshofen
Lohbauer
Fuchs
Hollenbauer

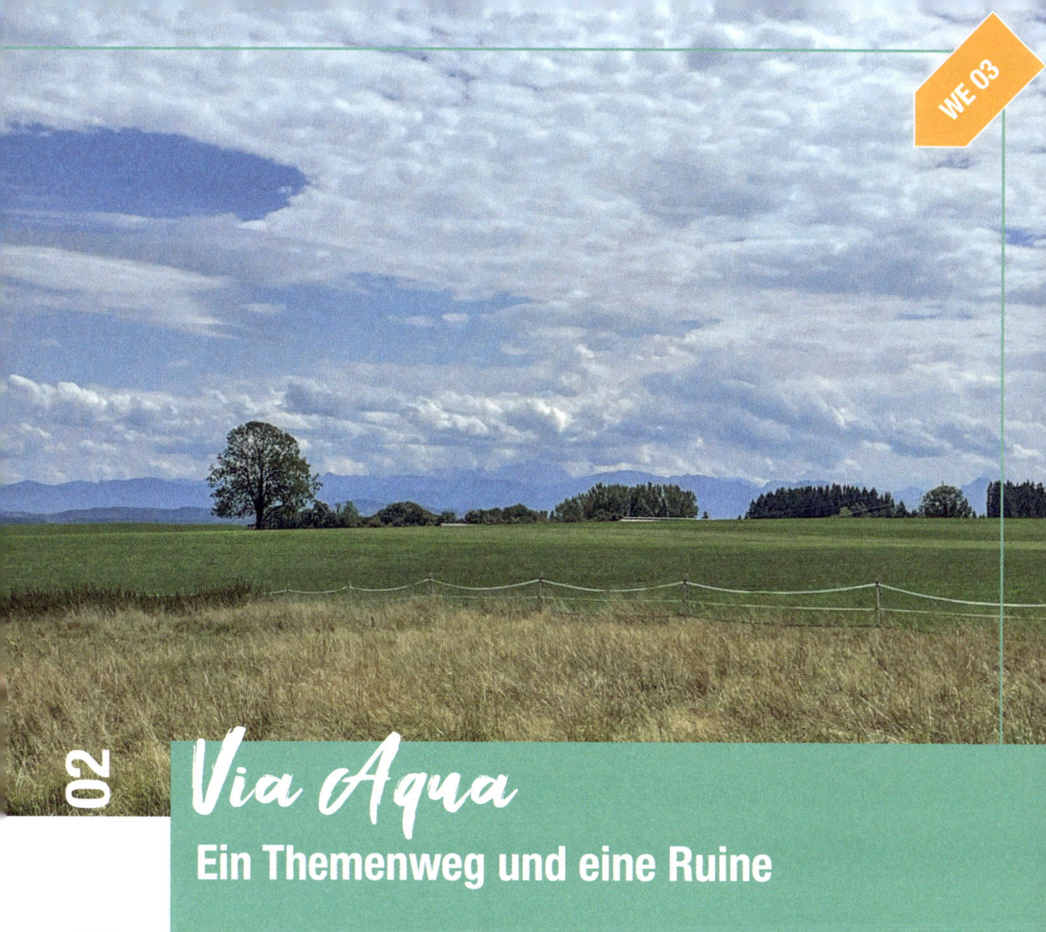

WE 03

Tag 02

Via Aqua

Ein Themenweg und eine Ruine

TOURENART	Themenweg
DAUER	2h
LÄNGE	7,2 km
HÖHENMETER	109 hm
SCHWIERIGKEIT	LEICHT
MIT ÖPNV ERREICHBAR	ja

Das erwartet dich ...

Heute besuchen wir einen Themenweg in der Nähe von Kaufbeuren. Er führt uns durch Wald und über Wiesen; wegen seiner exponierten Lage erwarten den Wanderer herrliche Blicke auf Kaufbeuren sowie die nähere und weitere Umgebung. In Großkemnat bei Oberbeuren kommen wir an einer Ruine und einem alten Turm vorbei. Unser Rundwanderweg verläuft überwiegend auf geschotterten, einfach begehbaren Spazier- und Wanderwegen.

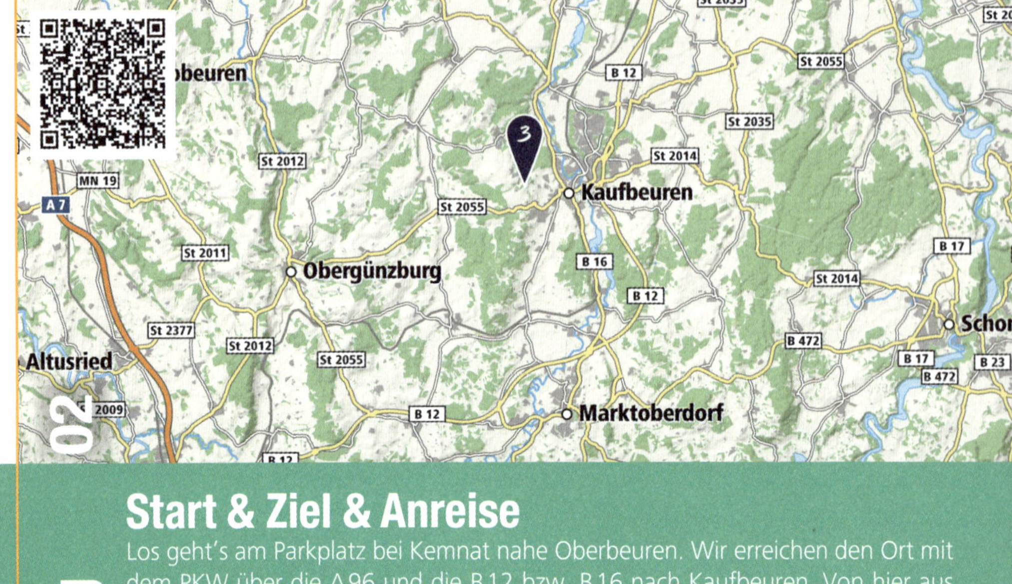

Tag 02

Start & Ziel & Anreise

Los geht's am Parkplatz bei Kemnat nahe Oberbeuren. Wir erreichen den Ort mit dem PKW über die A96 und die B12 bzw. B16 nach Kaufbeuren. Von hier aus bringt uns die St2055 nach Oberbeuren. Über die „Alte Steige" und „Bei den Hoffeldern" gelangen wir nach Großkemnat. Es gibt zwar eine Bushaltestelle in Großkemnat, die Busse fahren jedoch selten.

Tourenbeschreibung

Los geht's am Parkplatz „Beim Römerturm" in Großkemnat bei Oberbeuren. An der Straße halten wir uns rechts, folgen ihr ein paar Meter und wenden uns dann nach links auf einen Pfad durch den Wald hinauf. Er bringt uns direkt an den alten Ruinenturm und kurz dahinter zu Mauerresten von Burg Kemnath. Die Burg Kemnat ist die Ruine einer Spornburg und war der Sitz der mittelalterlichen Herrschaft Großkemnat. Von der einst bedeutenden Höhenburg steht heute im Wesentlichen nur noch der Bergfried, der fälschlicherweise mit „Römerturm" bezeichnet wird. Der Bergfried ist am besten erhalten. Doch auch das Amtshaus sowie ein Burgbrunnen in 20 Metern Entfernung sind noch zu sehen. Der Turm ist tagsüber geöffnet. Der rund 23 Meter hohe Bergfried ist frei zugänglich und bietet auf 16,5 Metern Höhe eine überdachte Aussichtsplattform mit einer spektakulären Sicht auf das Wettersteingebirge, die Tannheimer und Lechtaler Berge und sogar bis zu den Allgäuer Hochalpen kann man schauen. Rund 100 Stufen wollen aber vorher erklommen werden…

Vom Café Burgstüble wandern wir weiter hoch bis zur Straße. Wir folgen ihr nach rechts, in der Rechtskurve geht's dann geradeaus weiter durch den Wald. Hier beginnt auch der Via Auqa. Er erzählt uns einiges Interessante über das wertvolle Gut des Trinkwassers. Mehrere Schautafeln berichten auf dem Naturpfad Wissenswertes über Geologie, Lebensräume und die Bedeutung des Waldes für unser Trinkwasser. Der Weg führt insgesamt an acht großen, informativ illustrierten Schautafeln vorbei. Das Wasserwerk bietet auch gerne eine geführte Wanderung an.

Am befestigten Weg biegen wir links ab, bei der nächsten Möglichkeit halten wir uns wieder rechts. An der T-Kreuzung geht's nach links, am SV OG Kaufbeuren und der Kapelle Sankt Severin vorbei. Wir überqueren im Anschluss die ST 2055 und halten uns bei der ersten Möglichkeit im Wald links. Geradewegs laufen wir zum Ortsrand von Oberbeuren. Die Straße Zum Grund bringt uns vor zur Hauptstraße, über den Weg die Alte Steige geht's wieder aus dem Ort hinaus. Kurz darauf queren wir sie und biegen gleich darauf rechts ab. An der Skihütte, einer schönen Einkehrmöglichkeit, vorbei, folgen wir der Route um eine Linkskurve. An der T-Kreuzung wenden wir uns wieder Richtung Norden und wandern zurück zum Parkplatz „Beim Römerturm".

Die letzten Mauerreste der Burg Kemnat

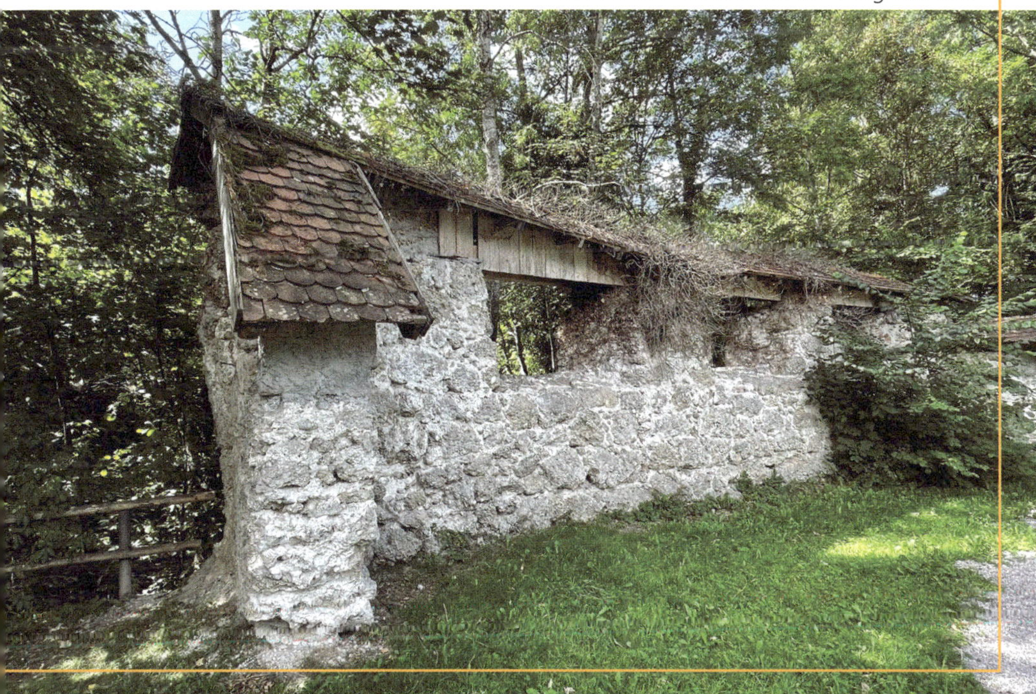

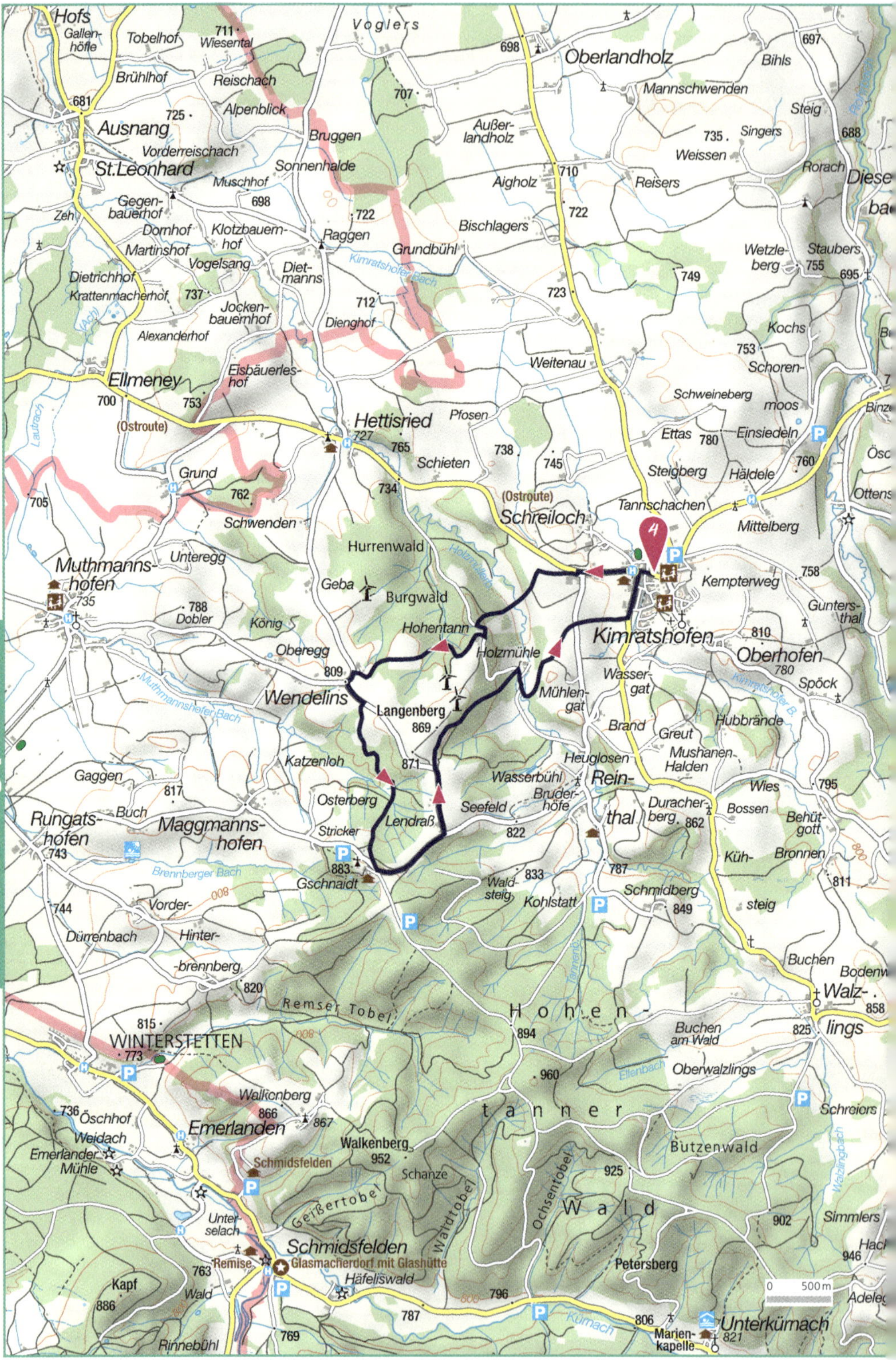

Hofs
Gallen-höfle
Tobelhof
711
Wiesental
Voglers
698
Oberlandholz
697
Bihls
Brühlhof
Reischach
707
Mannschwenden
681
Alpenblick
Steig
725
Ausnang
Bruggen
Außer-landholz
735
Singers
688
Vorderreischach
Weissen
St.Leonhard
Sonnenhalde
710
Rorach
Diese
Muschhof
Aigholz
Reisers
Gegen-bauerhof
698
Zeh
722
722
Dornhof
Klotzbauern-hof
Raggen
Bischlagers
Martinshof
Grundbühl
Wetzle-berg
Staubers
755
Vogelsang
Diet-manns
Kimratshofer Bach
695
Dietrichhof
749
Krattenmacherhof
737
712
723
Jocken-bauernhof
Dienghof
Kochs
Alexanderhof
753
Schoren-
Ellmeney
Eisbäuerles-hof
Weitenau
700
753
Schweineberg
moos
Hettisried
Pfosen
(Ostroute)
727
765
Ettas
780
Einsiedeln
Lautrach
738
745
Schieten
760
Grund
734
Steigberg
Häldele
705
762
(Ostroute)
Tannschachen
Schreiloch
Schwenden
4
Mittelberg
Hurrenwald
Holzmühle
Muthmanns-hofen
Unteregg
Kempterweg
758
735
Geba
Burgwald
788
Dobler
Gunters-thal
König
Kimratshofen
Hohentann
810
Oberegg
Oberhofen
Holzmühle
780
809
Wasser-gat
Spöck
Muthmannshofer Bach
Wendelins
Mühlen-gat
Kimratshofer B.
Langenberg
Brand
Hubbrände
869
Greut
Heuglosen
Mushanen-Halden
Katzenloh
871
Wasserbühl
Rein-thal
Gaggen
Wies
795
Bruder-höfe
817
Osterberg
Duracher-berg
862
Bossen
Buch
Seefeld
Behüt-gott
Rungats-hofen
Maggmanns-hofen
Lendraß
Stricker
822
Küh-
Bronnen
743
800
883
787
Brennberger Bach
833
811
Gschnaidt
Wald-steig
Schmidberg
Kohlstatt
849
744
Vorder-
steig
Dürrenbach
Hinter-
-brennberg
Buchen
820
Bodenw
Remser Tobel
Walz-
815
Hohen-
858
825
lings
WINTERSTETTEN
894
Buchen am Wald
773
008
960
Ellenbach
Oberwalzlings
Walkenberg
866
Schreiers
736
Öschhof
tanner
Emerlanden
867
Butzenwald
Weidach
Walkenberg
Emerlander
Mühle
952
Schmidsfelden
Schanze
925
Walzlingsbach
Geißertobel
Ochsentobel
Wald
Walldtobel
Unter-selach
902
Simmlers
Schmidsfelden
Remise
Glasmacherdorf mit Glashütte
Petersberg
Hack
946
Kapf
763
Häfeliswald
0
500 m
886
Wald
796
Adeleg
787
806
Unterkürnach
Kürnach
Marien-kapelle
821
769
Rinnebühl

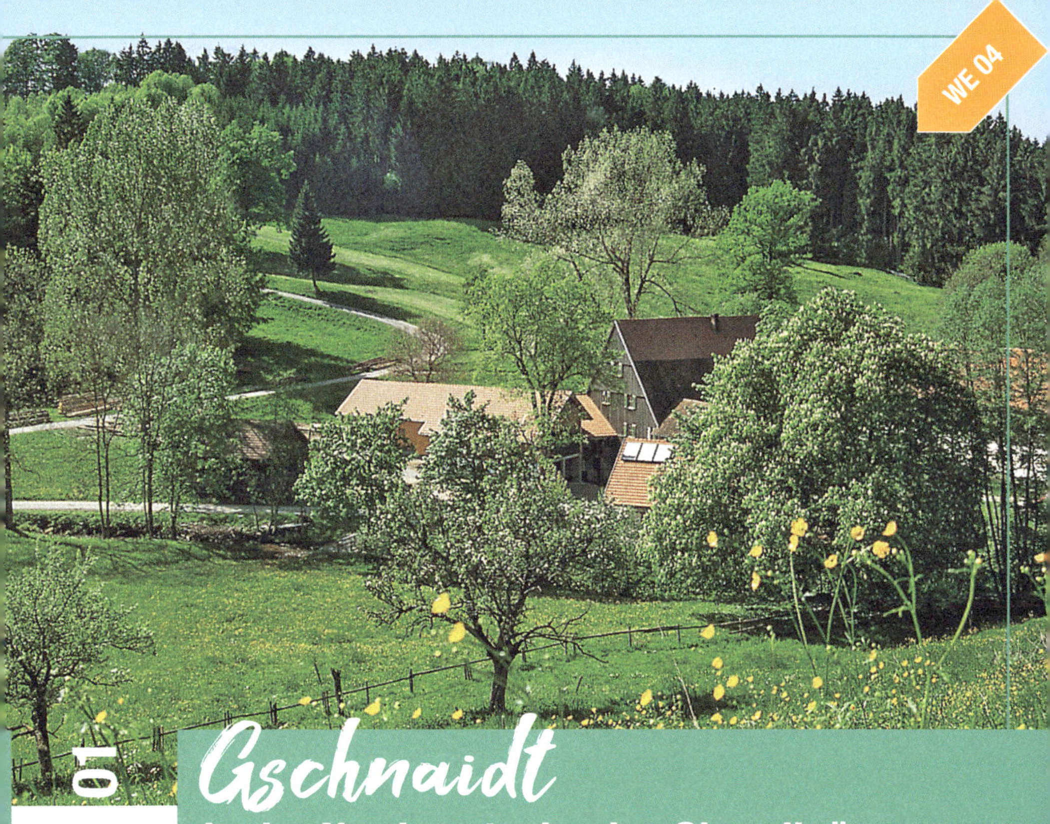

Tag 01

Gschnaidt

In der Nordwestecke des Oberallgäus

TOURENART	Sightseeingtour
DAUER	3h 15min
LÄNGE	9,5 km
HÖHENMETER	224 hm
SCHWIERIGKEIT	MITTEL
MIT ÖPNV ERREICHBAR	ja

Das erwartet dich ...

Die kleine Rundwanderung kann sich zum Teil sehr spannend gestalten, da sie an einigen Stellen keinen Markierungen folgt. Dort wandern wir über unbezeichnete Feld- und Wanderwege mit leichten Steigungen. Auch schwach ausgeprägte Fahrspuren und Pfade begleiten uns durch die schöne Allgäuer Landschaft. Besonders auf den kurzen, weglosen Abschnitten ist Orientierungssinn gefragt. Mit dem Weiler Gschnaid erwartet uns ein mystischer Ort mit zwei Kapellen und einem Gasthof.

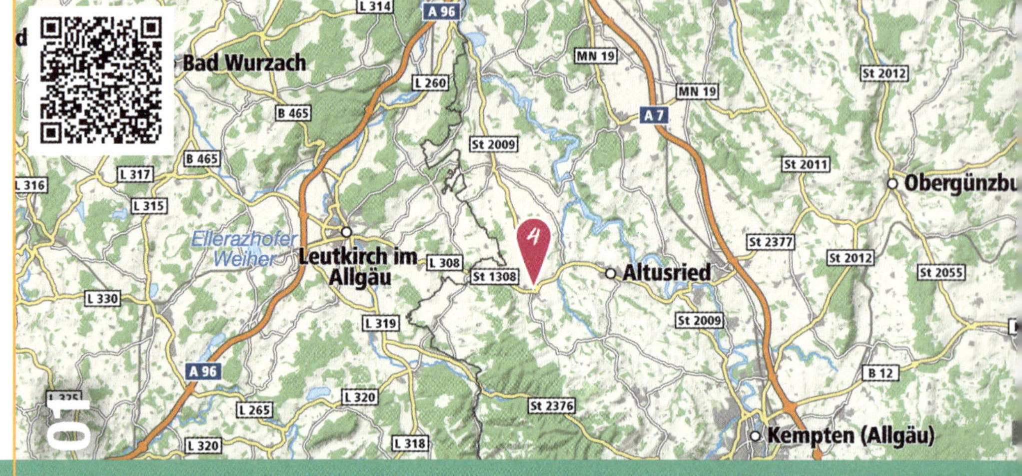

Tag 01

Start & Ziel & Anreise

Los geht es heute in Altusried bzw. Kimratshofen an der Bushaltestelle. Von Kempten aus fährt der Bus der Linie 66 Richtung Leutkirch über Altusried und Kimratshofen. Von München aus erreichen wir die Orte über die Lindauer Autobahn A96. Am Kreuz Memmingen geht's dann weiter über die A7 Richtung Kempten, Ausfahrt 132, Richtung Dietmannsried und Altusried.

Tourenbeschreibung

Wir fühlen uns schon beinahe wie auf einer Pilgertour, bei unserer heutigen Wanderung zu dem recht hoch gelegenen Wallfahrtsort bei Maggmannshofen. An der Bushaltestelle in Kimratshofen geht es los. Neben der Straße führt uns ein Fußgängerweg in leichtem Anstieg Richtung Leutkirch zum Ortsende. Kurz darauf richten wir uns nach dem Wanderschild „Hohentann". Ein Feldweg leitet uns über eine Waldkuppe, dann gehen wir weglos an zwei markierten Telefonmasten vorbei. Wir erreichen das Wiesenttal und den Holzmüllerbach, den wir über einen Steg überqueren.

Danach führt uns die Suche nach dem Weg an einem uralten Zaun entlang. Im Wald stoßen wir dann auf eine steile Fahrspur. Wir queren den darauffolgenden Waldweg und erreichen auf einem undeutlichen Pfad Hohentann.

Kurz vor dem Einödhof zweigt rechts ein Feldweg ab. Bei der nächsten Weggabelung richten wir uns nach dem Schild „Wendelins". Wir überqueren ein Bächlein und stoßen bei einer Wiese auf eine längere, schwach ausgeprägte Fahrspur. Sie leitet uns zum Weiler Wendelins. Das Sträßlein der Gschnaidter Route wird nur kurze Zeit später von einem Waldweg abgelöst. Die folgende Weggabelung halten wir uns rechts, die zweite führt uns nach links. Am Wegende gehen wir am Waldrand hinauf. Schließlich wandern wir geradeaus über ein rechts zugewachsenes Pfadstück an einer Hecke entlang in den Wallfahrtsort Gschnaidt.

Hier erwartet uns eine schöne Kirche, der wir unbedingt einen Besuch abstatten sollten. Direkt daneben befindet sich eine Kapelle, die eine Sammlung Sterbekreuze aus nah und fern beheimatet. Beim Wirt nebenan schließlich können wir dann für eine kurze Rast einkehren. Hier gibt es schmackhafte Brotzeiten in uriger, gemütlicher Atmosphäre. Dann machen wir uns auf den Weiterweg; ein verkehrsfreies Sträßchen bringt uns von Lendraß Richtung Hohentann. Bei dem Schild „Holzmühle" zweigen wir auf einen Feldweg ab. Wir wandern über eine kurze Wiesenspur, dann wechseln wir auf einen Waldpfad, der uns durch ein Mischgehölz bergab nach Holzmühle bringt. Mittels eines Holzsteges passieren wir den schon bekannten Holzmüllerbach. Über einen Feldweg spazieren wir über eine Anhöhe zurück nach Kimratshofen; dabei bleibt die Abzweigung zum Bauernhof Mühlengrat unberücksichtigt.

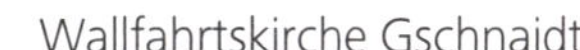

Wallfahrtskirche Gschnaidt

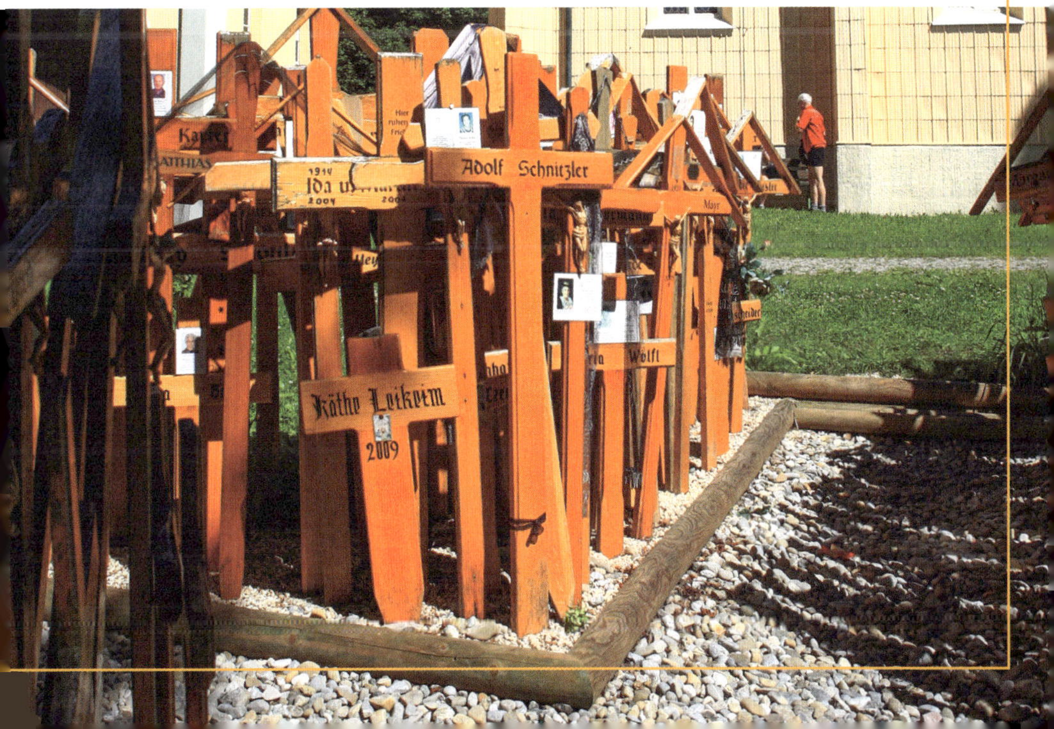

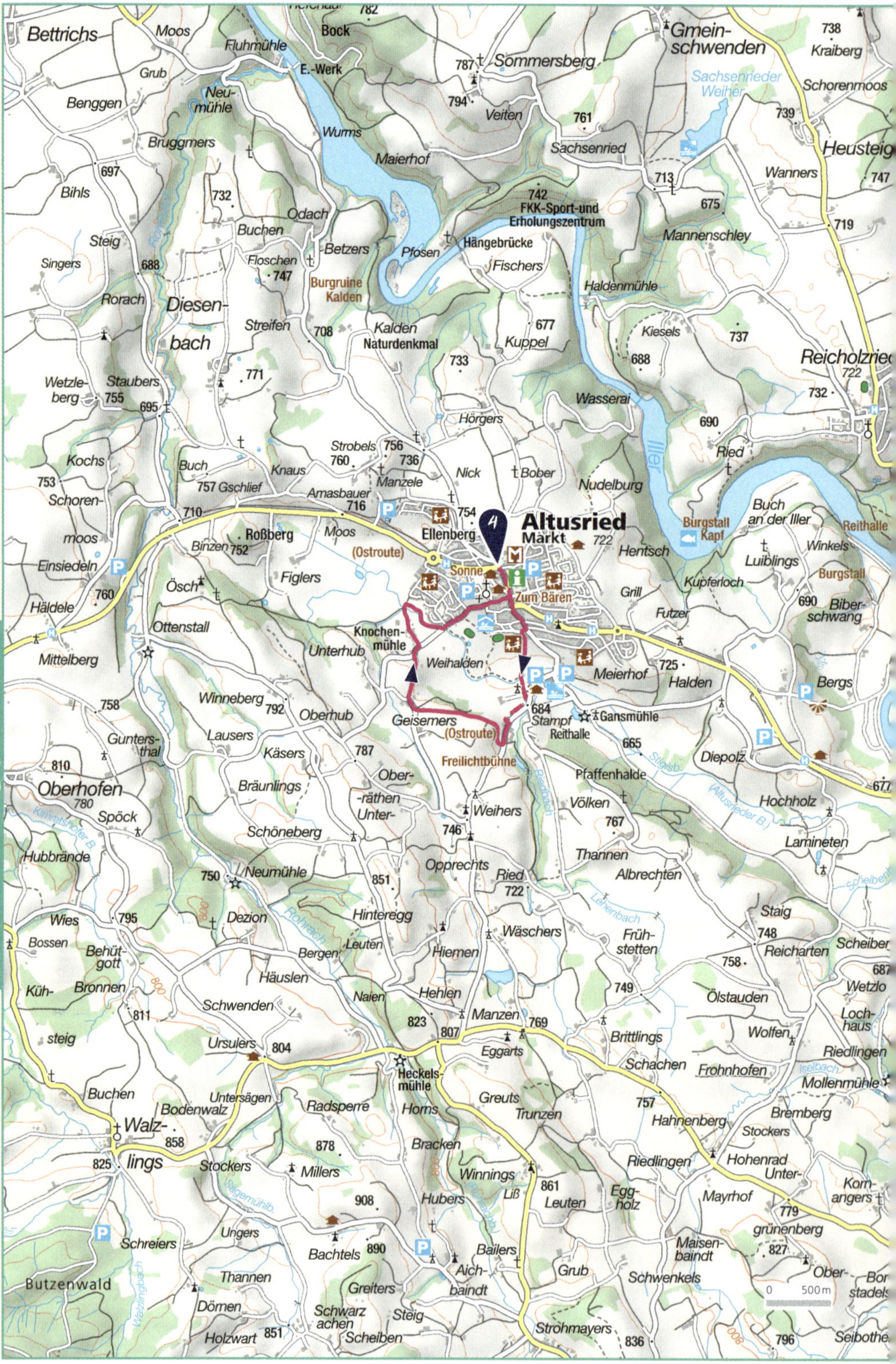

Bettrichs
Moos
Fluhmühle
782
Bock
787
Sommersberg
Gmein-
schwenden
738
Kraiberg
Grub
E.-Werk
Sachsenrieder
Weiher
Schorenmoos
Benggen
Neu-
mühle
794
Veiten
761
739
Wurms
Bruggmers
Sachsenried
Heusteig
Maierhof
697
Wanners
747
Bihls
732
713
742
FKK-Sport-und
Erholungszentrum
675
719
Odach
Buchen
Steig
Hängebrücke
Mannenschley
Singers
Betzers
688
Floschen
Pfosen
Fischers
747
Burgruine
Kalden
Haldenmühle
Rorach
Diesen-
bach
Streifen
677
Kiesels
737
708
Kalden
Naturdenkmal
Kuppel
Reicholzried
688
722
733
Wetzle-
berg
Staubers
771
755
695
732
Wasserai
690
Hörgers
Iller
Kochs
Strobels
756
Ried
760
736
Buch
Knaus
Nick
Bober
753
Manzele
Nudelburg
757 Gschlief
Buch
an der Iller
Schoren-
moos
Amasbauer
716
710
754
Burgstall
Kapf
Reithalle
Roßberg
Moos
Altusried
Markt
722
Binzen
752
Ellenberg
Hentsch
Winkels
Einsiedeln
(Ostroute)
Luiblings
Sonne
Figlers
Kupferloch
Burgstall
Ösch
Zum Bären
760
Grill
690
Häldele
Biber-
schwang
Futzer
Ottenstall
Knochen-
mühle
Unterhub
Mittelberg
Weihalden
Meierhof
725
Halden
Bergs
Winneberg
792
684
Oberhub
758
Geisemers
Stampf
Gansmühle
Lausers
(Ostroute)
Reithalle
Gunters-
thal
665
Käsers
787
Diepolz
Freilichtbühne
Stoisb.
810
Ober-
Pfaffenhalde
Oberhofen
Bräunlings
780
-räthen
Völken
Hochholz
Spöck
Unter-
Weihers
767
Kimratshofer B.
Altusrieder B.
677
Schöneberg
746
Laminetten
Hubbrände
Thannen
Opprechts
Ried
Albrechten
750
Neumühle
851
722
Lehenbach
Schreiber
800
Wies
795
Dezion
Hinteregg
Staig
Bossen
Rohrach
Wäschers
Früh-
stetten
748
Scheiben
Behüt-
gott
Bergen
Leuten
Hiemen
Reicharten
758
687
Häuslen
Kuh-
Bronnen
800
749
Ölstauden
Wetzlo
Naien
Hehlen
Loch-
haus
811
Schwenden
Manzen
823
769
Brittlings
Wolfen
steig
807
Ursulers
804
Eggarts
Riedlingen
Schachen
Frohnhofen
Iselbach
Heckels-
mühle
Mollenmühle
Buchen
Untersägen
Greuts
Radsperre
757
Horns
Trunzen
Bodenwalz
Hahnenberg
Bremberg
Walz-
858
Stockers
lings
Bracken
878
Riedlingen
825
Stockers
Hohenrad
Millers
Unter-
Winnings
Sägemühlb.
861
Kom-
Liß
Mayrhof
angers
Hubers
Leuten
Egg-
908
holz
779
Ungers
grünenberg
Bachtels
890
Bailers
Maisen-
Schreiers
827
baindt
Aich-
Butzenwald
Thannen
Greiters
baindt
Grub
Schwenkels
Ober-
Bor
Weizlingbach
stadels
Dörnen
0
500 m
Schwarz
achen
Steig
Strohmayers
Holzwart
851
Scheiben
836
800
796
Seibothen

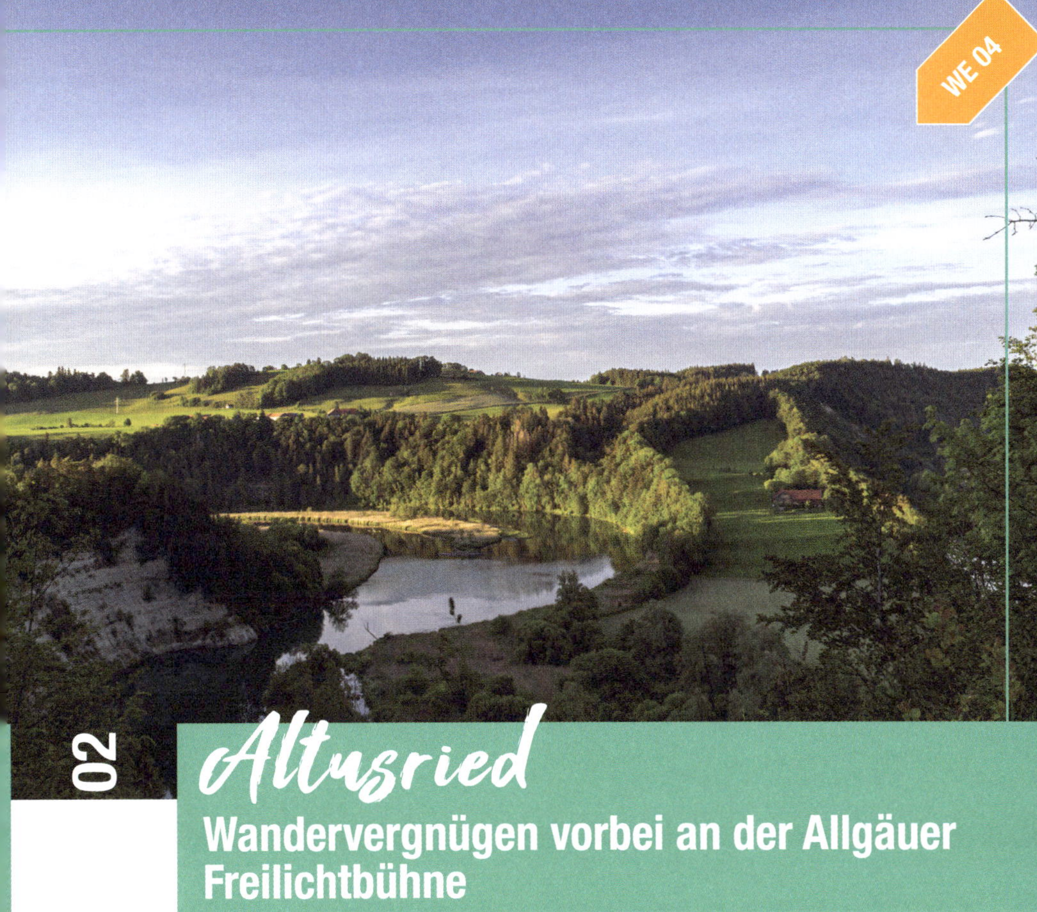

02 Tag

Altusried

Wandervergnügen vorbei an der Allgäuer Freilichtbühne

TOURENART	Wandertour
DAUER	1h
LÄNGE	4 km
HÖHENMETER	87 hm
SCHWIERIGKEIT	LEICHT
MIT ÖPNV ERREICHBAR	ja

Das erwartet dich ...

Auf der heutigen Runde erleben wir bestes Wandertheater mit kleineren Auf- und Abstiegen. Immer wieder bieten sich dabei tolle Weitblicke und herrliches Alpenpanorama. Auf der sehenswerten Freilichtbühne werden seit 1879 Theaterstücke aufgeführt. Dabei zieht sich das Thema „Freiheitskampf" wie ein roter Faden quer durch alle Aufführungen. In einem Drei-Jahres-Rhythmus werden Freilichtspiele, Musicals und Märchen auf die Bühne gebracht. Dazwischen auch Opern, Operetten und Konzerte.

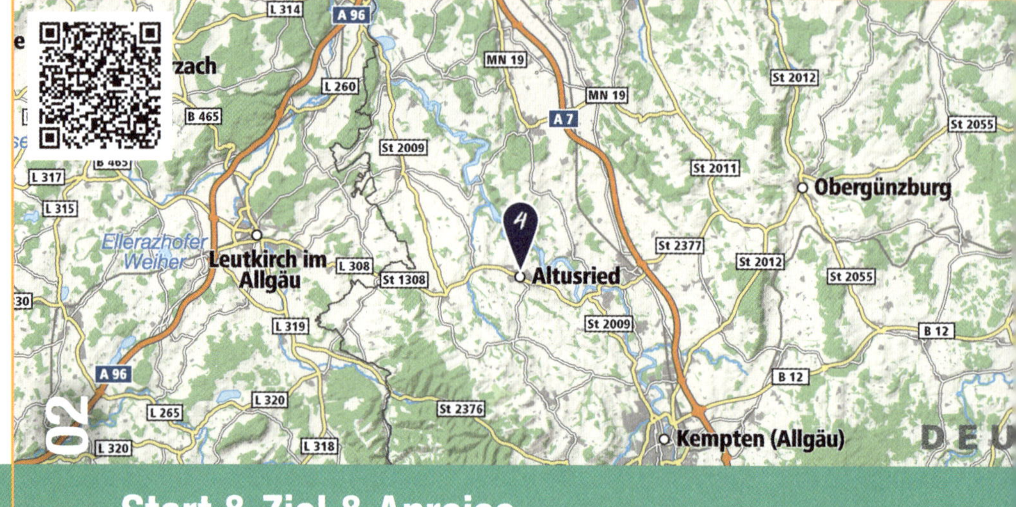

Tag 02

Start & Ziel & Anreise

Wir beginnen die kleine Runde in Altusried direkt an der Gäste-Information in der Hauptstraße. Von Kempten aus fährt der Bus der Linie 66 Richtung Leutkirch über Altusried. Mit dem Auto erreichen wir das Örtchen über die Lindauer Autobahn A96. Am Kreuz Memmingen geht's dann weiter über die A7 Richtung Kempten, Ausfahrt 132, Richtung Dietmannsried und Altusried.

Tourenbeschreibung

Wir beginnen unseren Rundgang auf den Spuren des Bauerntheaters durch und um Altusried an der Start- und Willkommens-Installation am Rathausplatz. An der Hauptstraße biegen wir rechts ab, passieren die Tourismus-Information und den Gasthof „Zum Bären". Die Straße beschreibt eine Linkskurve, in der wir geradeaus auf die Andreas-Hofer-Straße wechseln, um ihr bergab zu folgen. Wir kommen an einer Bücherei vorbei und passieren ein Tor. Dann erreichen wir den imposanten Bau des „Theaterkästles". Die Schulstraße führt uns nach links, im Anschluss wenden wir uns gleich rechts auf einen Feldweg. Wir passieren die Untere Schulstraße und spazieren auf dem Fußgängerweg ins freie Gelände. Vorbei an Wiesen und Koppeln erreichen wir den Parkplatz der Freilichtbühne. Hier überqueren wir die Koppach und wenden uns links zur Straße. Rechts steigt unsere Route bergan vorbei an den drei Trilogienadeln zur Tradition des Altusrieder Freilichttheaters.

Wir steigen den Fußweg hinauf, bis wir uns auf der Höhe der Zuschauertribüne der Altusrieder Freilichtbühne befinden.

Hier führt uns ein Wiesenweg linker Hand steil hinauf. Auf dem Plateau wenden wir uns nach rechts, dann wandern wir links am Waldrand entlang zu den Gehöften des Weilers Geisemers. An der Fahrstraße biegen wir rechts ab und ebenso auch an der nächsten Abzweigung. Dabei werden wir stets von herrlichen Blicken auf Altusried begleitet. Bald geht es mit schönstem Alpenpanorama wieder hinab zum Weiler Weihalden. Wir schwenken noch um eine Rechtskurve, dann biegen wir links ein und folgen dem Fahrweg, der uns an dem Turnierreitplatz eines Reiterhofes vorbeileitet. Unten, im Koppachtal, biegen wir rechts ab; gleich darauf halten wir uns noch einmal rechts und wandern unterhalb der Bebauung der Koppach entlang. Der Weg schlängelt sich an der ehemaligen Knochenstampfmühle aus dem Jahr 1561 mit samt ihrem Mühlrad vorbei und folgt den Mäandern des Koppachs. Wir gelangen zur Poststraße und folgen ihr über den Gehweg nach links hinauf. Es geht vorbei am Dorfmuseum im Glögglerhaus, bis wir linker Hand die Kirche St. Blasius und Alexander erblicken. Schließlich stößt die Route wieder auf die Hauptstraße und leitet uns an ihrer linken Seite entlang zurück zum Ausgangspunkt.

Altusried: „Theaterkästle"

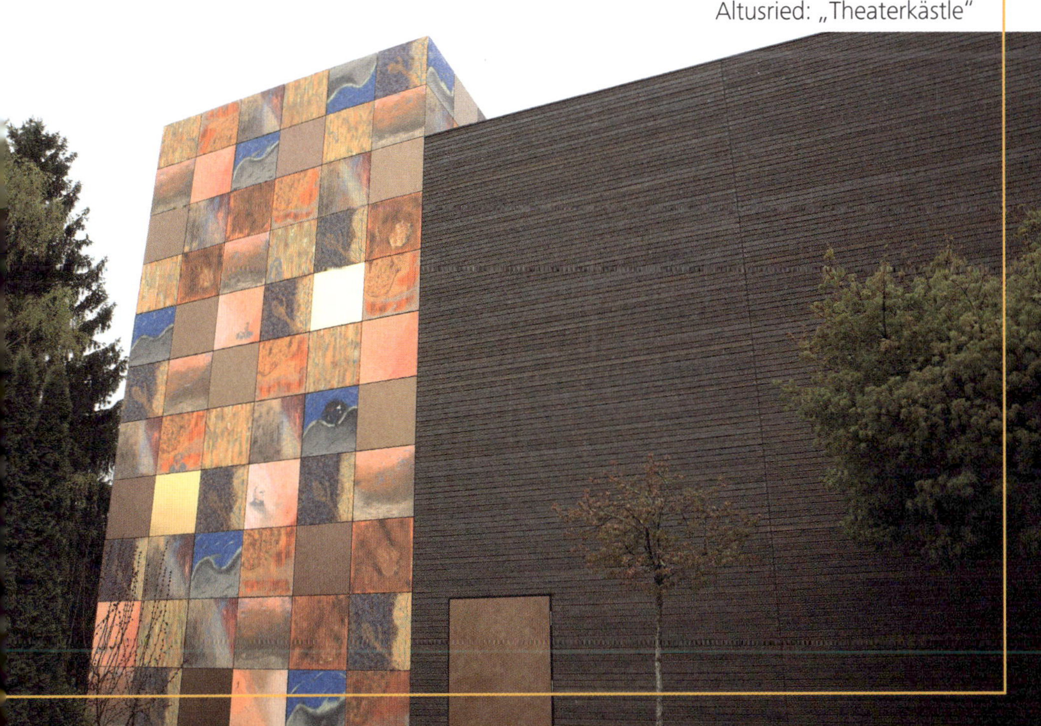

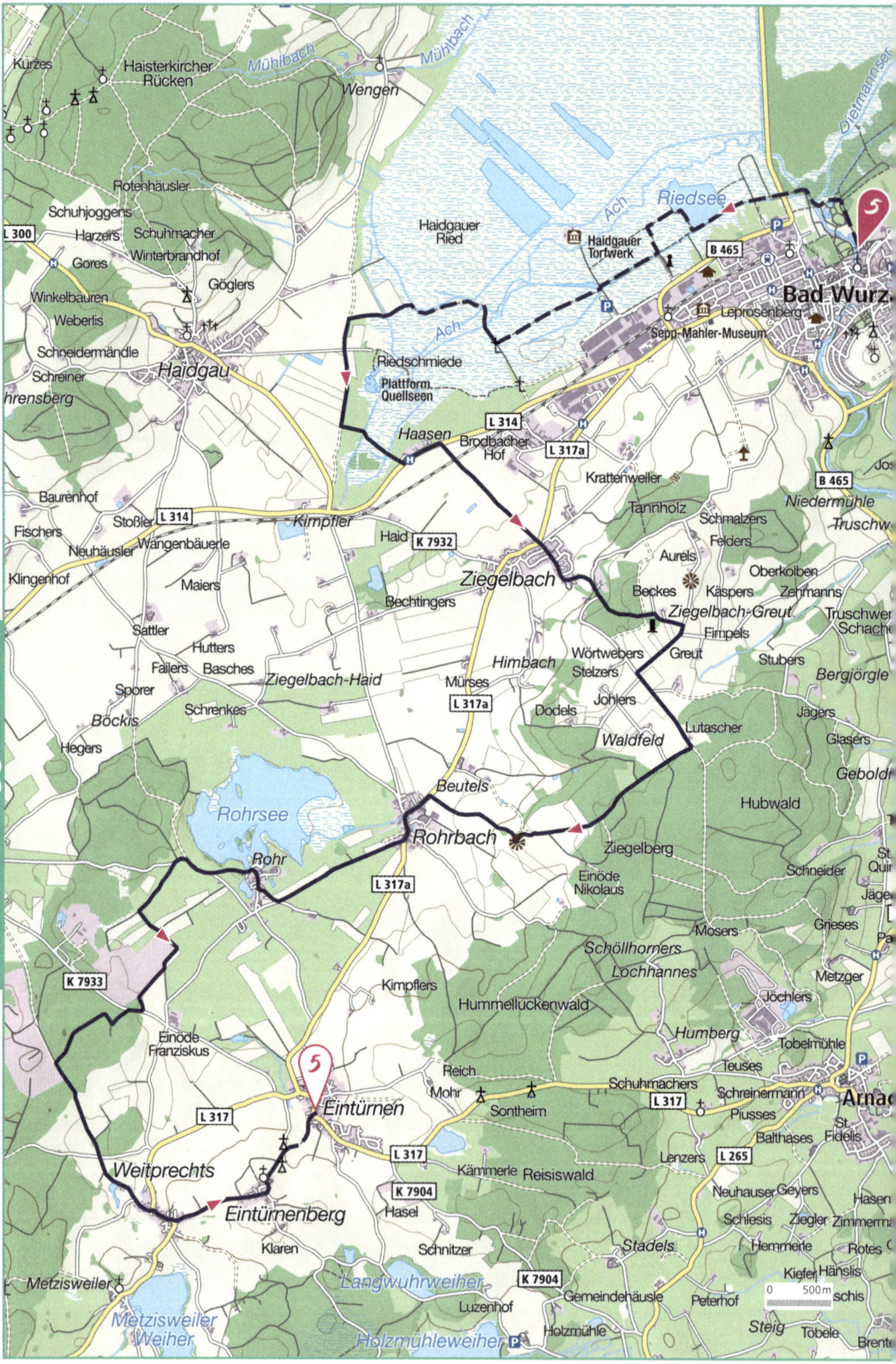

Kurzes
Haisterkircher Rücken
Mühlbach
Mühlbach
Wengen
Dietmannser
Rotenhäusler
Schuhjoggens
Riedsee
L 300
Harzers
Schuhmacher
Haidgauer Ried
Ach
Haidgauer Torfwerk
B 465
Gores
Winterbrandhof
Göglers
Winkelbauren
Weberlis
Bad Wurz.
Leprosenberg
Sepp-Mahler-Museum
Ach
Schneidermändle
Haidgau
Riedschmiede
Schreiner
hrensberg
Plattform Quellseen
L 314
Haasen
Brodbacher Hof
L 317a
Krattenweiler
Jos
B 465
Niedermühle
Baurenhof
Tannholz
Schmalzers
Truschw
Stoßler
L 314
Kimpfler
Fischers
Haid
K 7932
Felders
Neuhäusler
Wangenbäuerle
Aurels
Oberkolben
Klingenhof
Ziegelbach
Maiers
Beckes
Käspers
Zehmanns
Bechtingers
Ziegelbach-Greut
Truschwe Schache
Fimpels
Sattler
Hutters
Greut
Wörtwebers
Stubers
Failers
Basches
Himbach
Stelzers
Bergjörgle
Ziegelbach-Haid
Mürses
Sporer
L 317a
Johlers
Schrenkes
Dodels
Jägers
Böckis
Waldfeld
Lutascher
Hegers
Glasers
Gebold
Beutels
Hubwald
Rohrsee
Rohrbach
Ziegelberg
Rohr
St. Qui
L 317a
Einöde Nikolaus
Schneider
Jäge
Grieses
Mosers
Pa
Schöllhorners
Lochhannes
K 7933
Metzger
Kimpflers
Jöchlers
Hummelluckenwald
Humberg
Tobelmühle
Einöde Franziskus
Teuses
Reich
Schuhmachers
Mohr
Schreinermann
Arna
L 317
Sontheim
L 317
Eintürnen
Piusses
St. Fidelis
L 317
Balthases
Weitprechts
Lenzers
L 265
Kämmerle
Reisiswald
K 7904
Neuhauser
Geyers
Hasen
Hasel
Eintürnenberg
Schlesis
Ziegler
Zimmerma
Klaren
Stadels
Schnitzer
Hemmerle
Rotes
Kiefer
Hänslis
Metzisweiler
Langwuhrweiher
K 7904
0 500 m
Luzenhof
Gemeindehäusle
Peterhof
schis
Metzisweiler Weiher
Steig
Töbele
Holzmühleweiher
Holzmühle
Brente

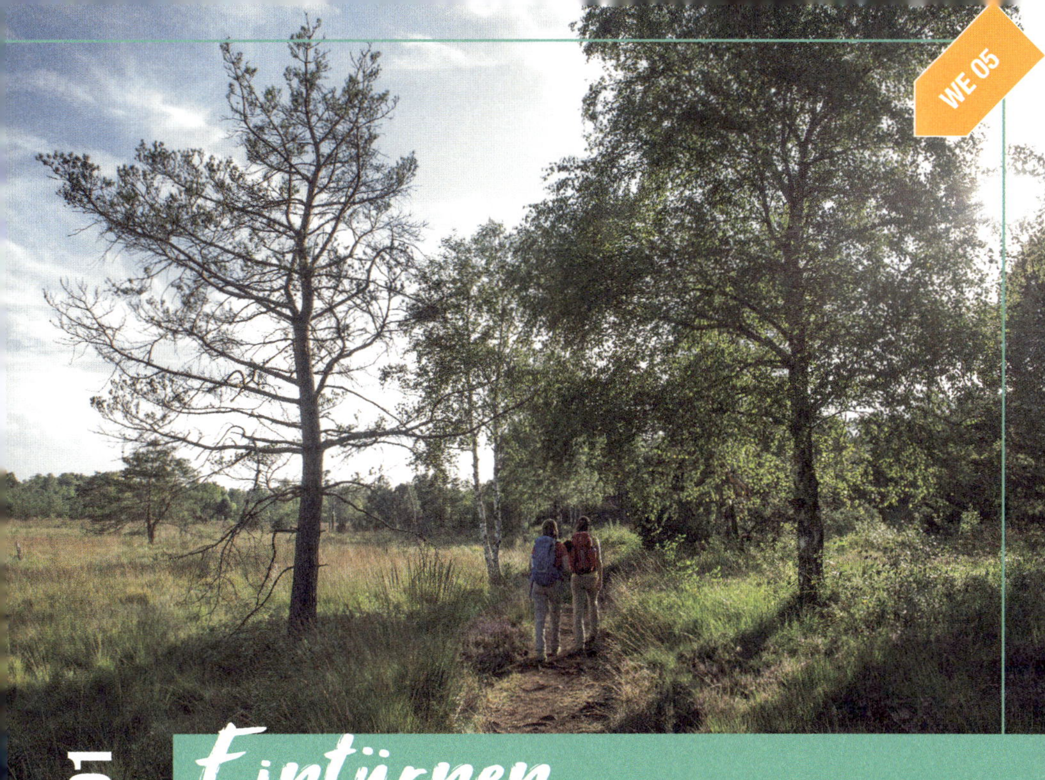

WE 05

Tag 01

Eintürnen

Wiesengänger Route Etappe 12 – Naturschatzkammern

TOURENART	Wandertour
DAUER	5h
LÄNGE	21 km
HÖHENMETER	207 hm
SCHWIERIGKEIT	MITTEL
MIT ÖPNV ERREICHBAR	ja

Das erwartet dich ...

Heute erwartet uns eine lange Wanderung, die jedoch recht abwechslungsreich durch Quellen und Moore führt. Besonders schön ist der Rohrsee, und genussreich die langsame Annäherung an den zwiebelhelmgekrönten Turm der Wallfahrtskirche Eintürnenberg. Also auf zum schwungvollen Wandern mit nur geringen An- und Abstiegen.

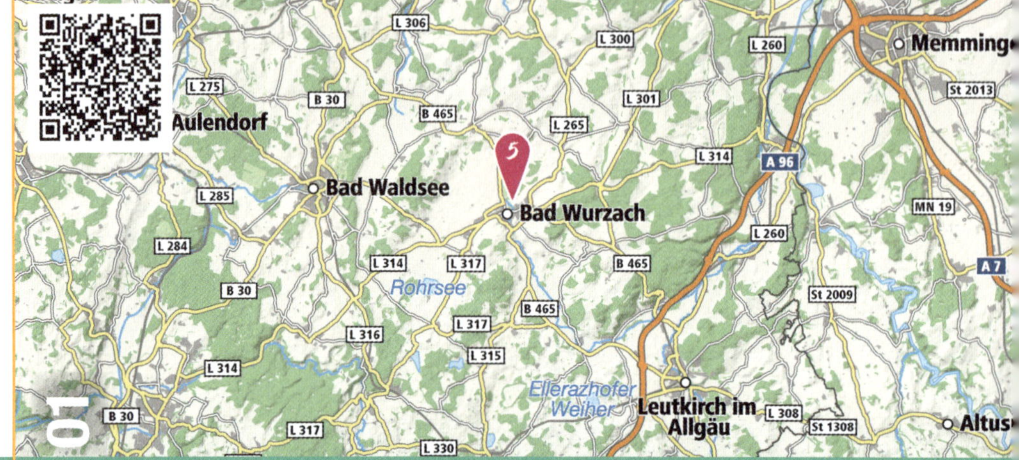

Tag 01

Start & Ziel & Anreise

Los geht es heute in Bad Wurzach in der Kirchbühlstraße beim Kurhaus. Mit dem Auto erreichen wir den Ort von Memmingen aus über die L 314. Die Anreise mit den öffentlichen Verkehrsmitteln ist recht umständlich, da man mit dem Bus mehrere Male umsteigen muss.

Tourenbeschreibung

Die Route führt uns vom Start- und Willkommensplatz am Kurhaus in Bad Wurzach zunächst kurz Richtung Wurzacher Ried. Bald erreichen wir die Eingangsstele und wenden uns hier nach links zur Dietmannser Ach, bei der uns eine wasserreiche, naturbelassene Bruchlandschaft erwartet. Wir überqueren die Bundesstraße und erreichen den wunderschönen Riedsee. Zu unserer Rechten befindet sich ein natürliches Moortretbecken mit Handlauf. Bohlenstege führen uns größtenteils am Ufersaum entlang bis zur Themeninsel mit drei Trilogienadeln und dem Trilogierastplatz. Hier entfernen wir uns über einen urigen Pfad vom See. Auf Höhe des Dorfmuseums und des Torfbähnles erreichen wir einen Waldweg, der uns durch überwiegend jungen Wald bis an eine T-Kreuzung bringt. Wir halten uns rechts und wandern bald über offenes Gelände mit Weidekoppeln. An der Landstraße biegen wir links ein und gehen bis zur Kreuzung nach Haidgau. Hier empfiehlt sich nach links der kurze Abstecher zu der wunderbaren Aussichtsplattform

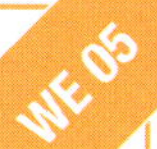

Haidgauer Quellseen, die einen herrlichen Blick auf die Quelltöpfe am Rande des Rieds gewährt.

Wieder auf der ursprünglichen Route wandern wir bald zum gekiesten Weiler Haasen. Der Gehweg neben der Straße führt nach links, rechts befindet sich eine ÖPNV-Haltestelle. Wir gelangen an die Landstraße Richtung Ziegelbach und überqueren sie vorsichtig. Dann wandern wir durch den Ort bergan, passieren die Reste der Ruine Krattenburg und spazieren hinauf auf eine Hochebene mit Wiesen und Feldern. An der nächsten Kreuzung biegen wir rechts ab, bei der darauffolgenden Kreuzung halten wir uns wieder links zum Waldrand. Schon bald bietet sich uns ein toller Blick auf den schilfbestandenen Rohrsee mit einer Größe von circa. 60 ha. Wir erreichen die Landstraße vor Rohrbach und biegen nun links ab. Vorbei geht es an der kleinen Nepomuk-Kapelle aus dem Jahre 1710. Wir folgen der Hauptstraße, bis die Landstraße nach Rohrbach nach rechts abzweigt. Der „Rohrer Gartenäcker" leitet uns bis zur Seestraße. Hier halten wir uns rechts und gehen am Rohrseestüble, einer Kapelle und einigen Bauernhöfen vorbei bis zum Naturschutzgebiet Rohrsee.Hier halten wir uns links hinauf, an der nächsten Kreuzung dann rechts. Mit schönen Blicken auf den See erreichen wir eine Weggabel, an der wir links auf einen Feldweg abbiegen, der bis zu einem Hochsitz führt. Nun halten wir uns links um den Steinbruch herum bis zur Landstraße. Hier gehen wir nach rechts, doch gleich darauf führt ein lauschiger Waldweg wieder nach links. An der nächsten T-Kreuzung biegen wir links ab und gelangen abermals an eine Landstraße, bei der sich rechter Hand eine ziegelgedeckte Wegkapelle befindet. Der Weg geradeaus bringt uns ins Dorf Weitprechts. Im Ort halten wir uns in der Rechtskurve links hinüber nach Eintürnenberg mit der sehr sehenswerten Wallfahrtskirche St. Martin samt Zwiebelhaube.

Autoren Tipp

Der Kurbetrieb Bad Wurzach gilt als ältestes Moorheilbad Baden-Württembergs und kann auf einen großen Erfahrungsschatz bei der aufwendigen und sorgfältigen Herstellung von Moorbädern und Moorpackungen zurückgreifen. So bietet sich ein Erholungstag im Gesundheitsresort Feelmoor an: die Moorbadeabteilung wurde neu renoviert und bietet auf gut 400 Quadratmetern und fünf Moorbaderäumen Gesundheits-Anwendungen, Moorbehandlungen, Bäder und Massagen. Infos unter www.feelmoor.de

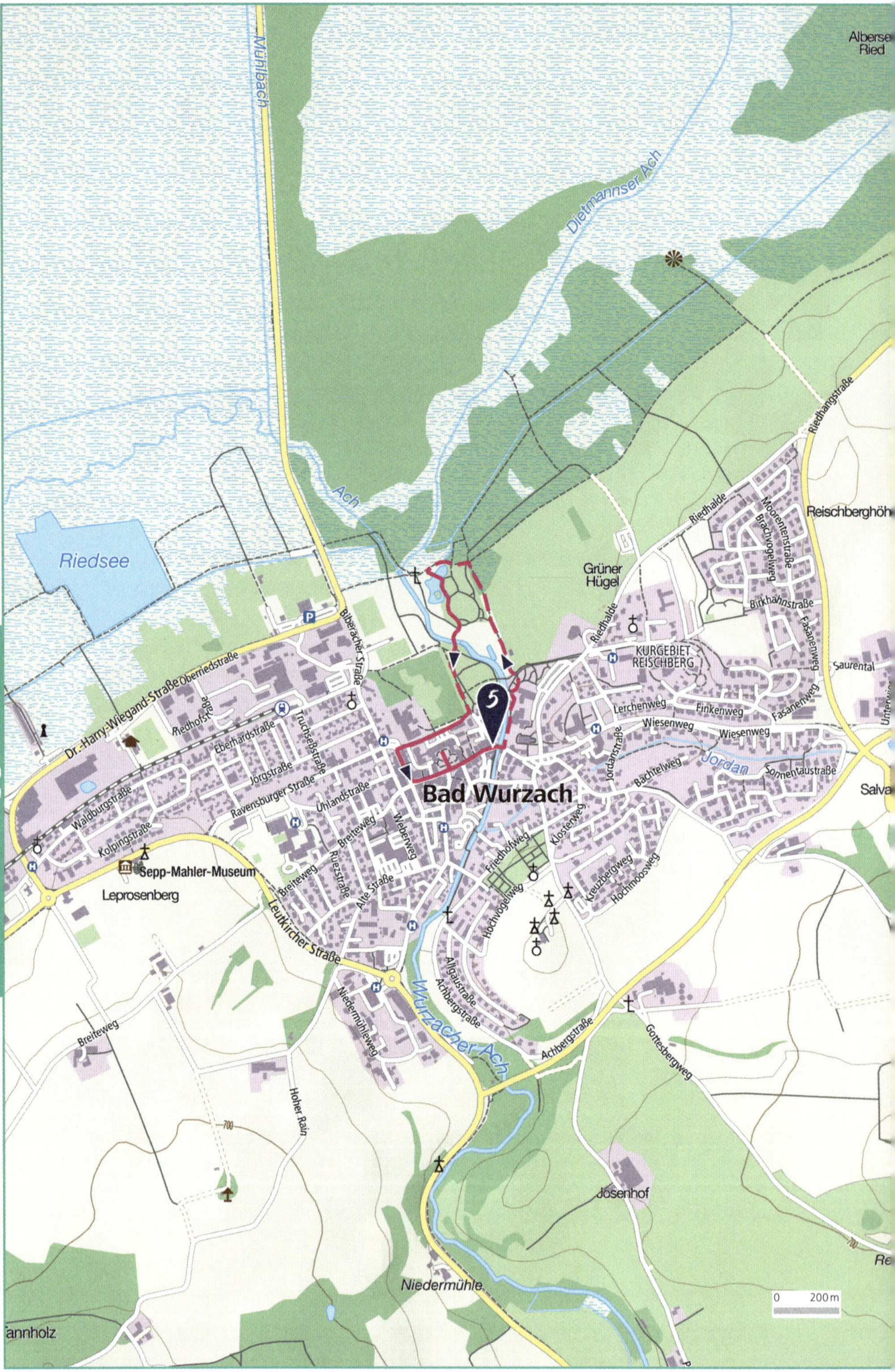

05

Alberser Ried

Mühlbach

Dietmannser Ach

Ach

Riedsee

Grüner Hügel

Reischberghöhe

Riedhangstraße

Riedhalde

Moorentenstraße

Brachvogelweg

Birkhahnstraße

Fasanenweg

Saurental

KURGEBIET REISCHBERG

Lerchenweg

Finkenweg

Wiesenweg

Jordan

Sonnentaustraße

Bachtelweg

Jordanstraße

Salva

Oberriedstraße

Dr.-Harry-Wiegand-Straße

Riedhofstraße

Eberhardstraße

Truchseßstraße

Biberacher Straße

Jörgstraße

Ravensburger Straße

Uhlandstraße

Waldburgstraße

Kolpingstraße

Sepp-Mahler-Museum

Leprosenberg

Breiteweg

Ruezstraße

Weberweg

Alte Straße

Bad Wurzach

Friedhofweg

Klosterweg

Kreuzbergweg

Hochmoosweg

Hochvogelweg

Allgäustraße

Achbergstraße

Leutkircher Straße

Niedermühleweg

Wurzacher Ach

Gottesbergweg

Breiteweg

Hoher Rain

700

Josenhof

Niedermühle

Tannholz

0 200 m

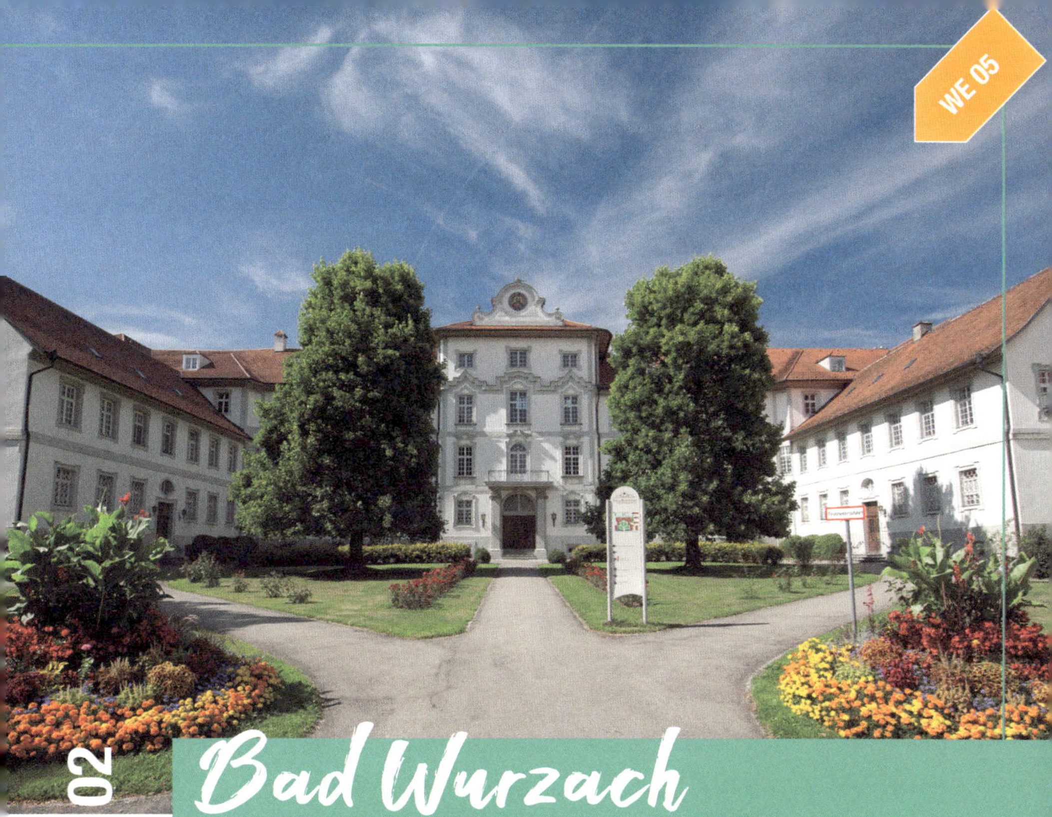

WE 05

02 Tag

Bad Wurzach

Trilogierundgang mit Moor

TOURENART	Sightseeingtour
DAUER	30min
LÄNGE	2 km
HÖHENMETER	0 hm
SCHWIERIGKEIT	LEICHT
MIT ÖPNV ERREICHBAR	ja

Das erwartet dich ...

Der kleine Spaziergang ist fast schon ein barock anmutendes, kurzes und recht leichtes Wanderstück. Während der Runde schwingt ein wenig melancholischer Charme des Hochmoores mit. Die pralle Lebensfreude erreicht uns wieder im Kurort. Die kurzweilige Runde führt zum Moor, zum Schloss und über MOOR EXTREM im Naturschutzzentrum Wurzacher Ried wieder zurück.

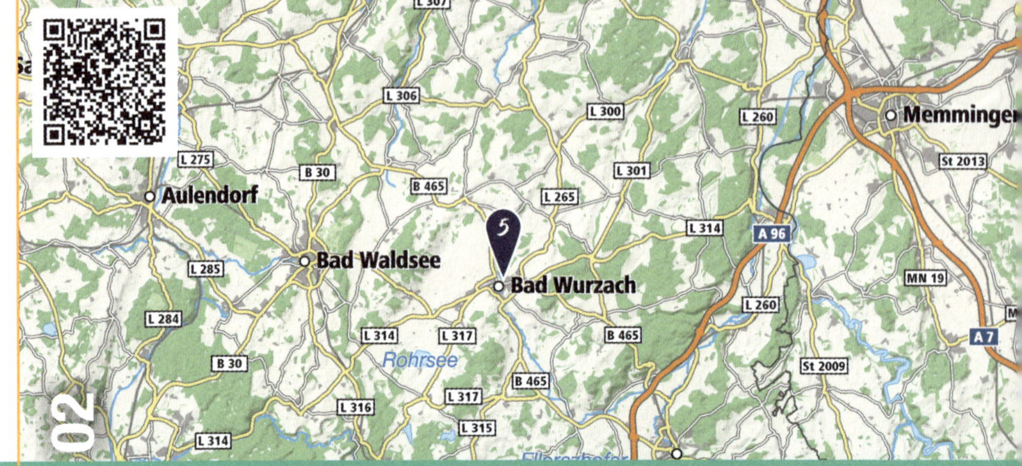

Tag 02

Start & Ziel & Anreise

Auch die heutige kleine Runde beginnen wir wieder in Bad Wurzach. Mit dem Auto erreichen wir den Ort von Memmingen aus über die L314. Die Anreise mit den öffentlichen Verkehrsmitteln ist recht umständlich, da man mit dem Bus mehrere Male umsteigen muss.

Tourenbeschreibung

Für den kurzen Spaziergang starten wir auch heute am Start- und Willkommensplatz beim Kurhaus, das multimediale und interaktive „Moor Extrem" im Rücken. In der Erlebnisausstellung „Moor Extrem" können wir biologische und naturwissenschaftliche Phänomene an insgesamt neun Themenbereichen interaktiv entdecken und die Welt der Moore mit allen Sinnen erleben. Anhand dieser Ausstellung lernen wir das Wurzacher Ried mit seinen Bewohnern als spannenden, außergewöhnlichen und schützenswerten Lebensraum kennen. Schon die Eingangsstele sollten wir uns einmal genauer ansehen. Sie ist künstlerisch ausgestaltet mit einer anspruchsvollen Wollgrasdarstellung im durchsichtigen, oberen Würfel der Stele. Zu ihrer Linken befinden sich die drei Trilogienadeln. Hier findet sich eine Beschreibung der Bewohner Rieds, der Pflanzen und der hier vorkommenden, seltenen Orchideen. Ein weiteres Thema ist der barocke Schatz der kleinen Kurstadt an der Oberschwäbischen Barockstraße und zu guter Letzt behandelt das dritte Thema die Heilkraft des Moores und die Entstehung der ersten „Moorbadeanstalt in Baden-Württemberg".

Wir wenden uns hier nach links, und gehen recht bald noch einmal links: ein Bohlensteg führt uns über die Brücke und lässt uns in eine interessante Teichlandschaft, den Moorweiher, eintauchen. Sein Aussehen verrät schon viel über den Charakter des nahen Hochmoores. Am Ende der Brücke halten wir uns rechts und spazieren in den Kurpark. Hier bleiben wir rechts und gehen über zwei Brücken zum Leopoldsteg. Mit ihm überqueren wir die Wurzacher Ach. Wir spazieren weiter bis zum Ende des rechter Hand liegenden Schlossparks. An der Ecke Parkstraße und Entenmoos biegen wir rechts ab. Ein Pfad, der allmählich in einen Weg übergeht, führt uns an der Rückseite des Wurzacher Schlosses vorbei bis zum Schlossgässle. Wir biegen links ab und laufen bis zur Marktstraße, hier wenden wir uns noch einmal nach links und passieren die Vorderseite des Wurzacher Schlosses mit den beiden Wachhäuschen. Dann überqueren wir die Wurzacher Ache (hier heißt die Straße Schulstraße). Vor der Pfarrkirche St. Verena halten wir uns links in den Rosengarten. Dort erwartet uns bereits die sehenswerte Ausstellung „Moor Extrem". Von hier aus kehren wir in wenigen Schritten zum Ausgangspunkt zurück.

Kirche St. Verena mit Wurzacher Ache

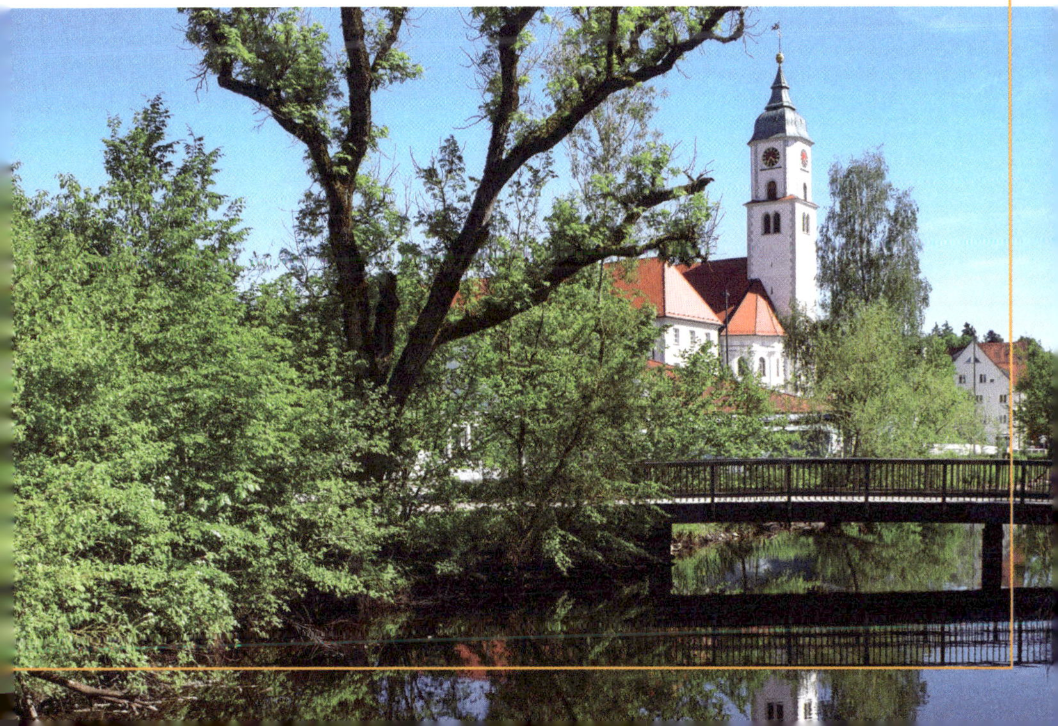

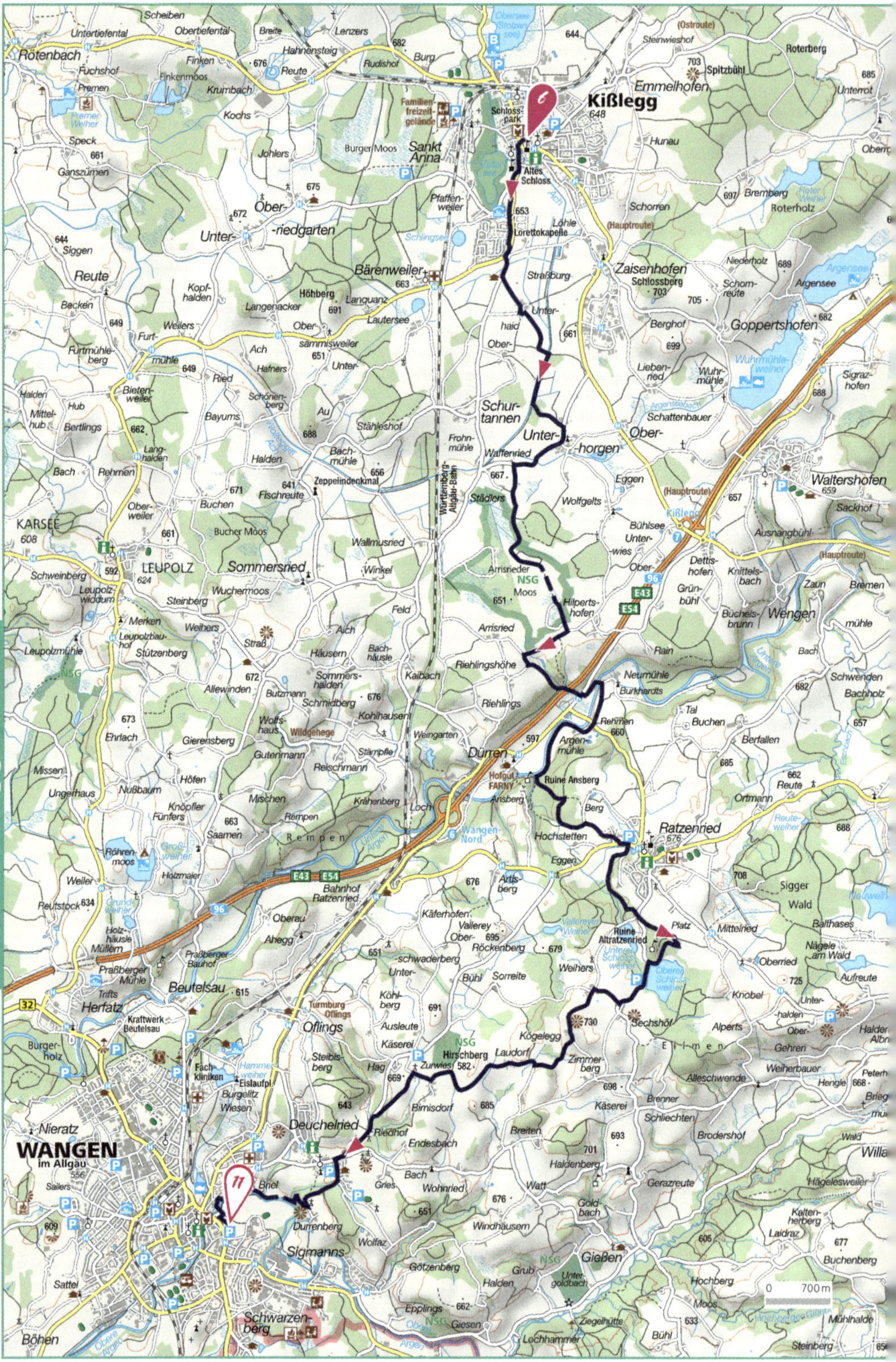

0 700 m

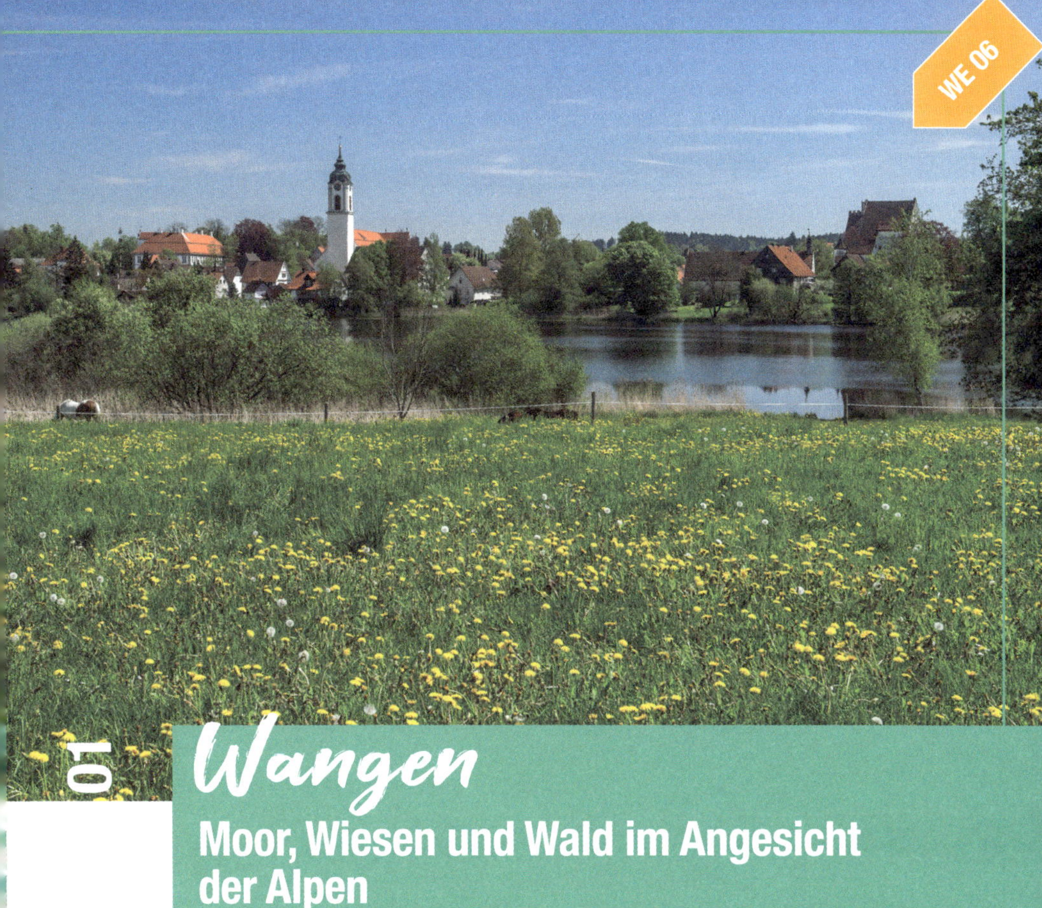

Tag 01

Wangen

Moor, Wiesen und Wald im Angesicht der Alpen

TOURENART	Wandertour
DAUER	5h 30min
LÄNGE	20,8 km
HÖHENMETER	176 hm
SCHWIERIGKEIT	MITTEL
MIT ÖPNV ERREICHBAR	ja

Das erwartet dich ...

Heute erwartet uns eine lange Wanderung. Sie führt über üppige Wiesenteppiche und eine wunderschöne Moorpassage. Das Arrisrieder Moos, wie die Moorlandschaft im Allgäu auch genannt wird, bietet ein ideales Lebensumfeld für die verschiedensten Tiere und Pflanzen. Danach erwartet uns eine historische, überdachte Holzbrücke und einige sehenswerte Bauwerke. Auf den Wald- und Fahrwegen haben wir nur wenigevon Höhenmeter zu bewältigen.

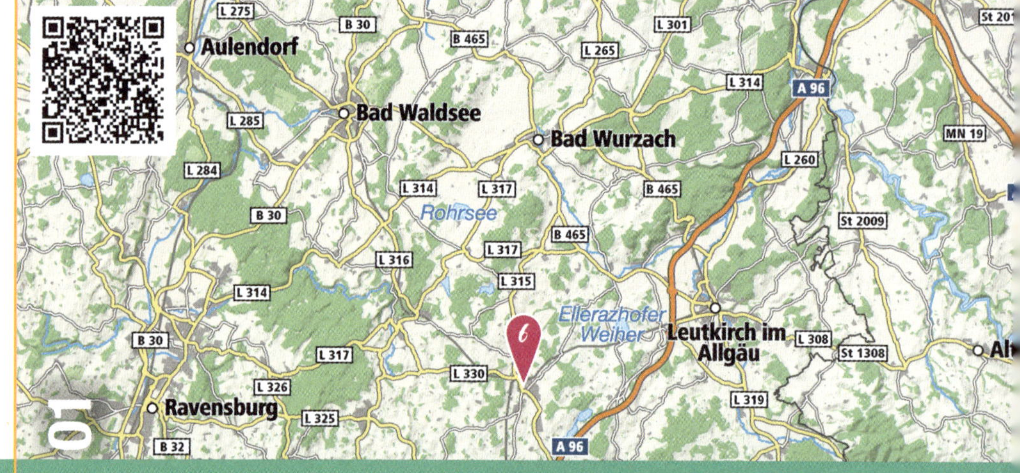

Tag 01

Start & Ziel & Anreise

Unsere heutige Wanderung von Kißlegg nach Wangen beginnt in der Schlossstraße beim Neuen Schloss Kißlegg. Im Ort gibt es eine Bahnstation, zu der wir bequem mit der Regionalbahn sowohl aus Leutkirch wie auch aus Wangen anreisen können. Mit dem Auto erreichen wir das Städtchen über die A96 aus nordöstlicher oder südwestlicher Richtung.

Tourenbeschreibung

Wir beginnen am Start- und Willkommensplatz in Kißlegg und laufen an der Parkfront des „Neuen Schlosses" vorbei. Dann überqueren wir die Schlossstraße und schlendern durch die kleine Fußgängerzone. Rechter Hand bestaunen wir die schöne Barockkirche St. Gallus und Ulrich, dann führt uns die Fürst-Maximilian-Straße Richtung „Altes Schloss". Anschließend überqueren wir die Wolfegger Ach mit dem heiligen Nepomuk und erreichen so das mehrstöckige „Alte Schloss". Schon bald bietet sich uns links ein schönes Alpenpanorama. Vor uns befindet sich nun die hübsche Lorettokapelle, die uns mit ihrer Holzschindelverkleidung aus dem Jahr 1656 ins Auge sticht. Wir überqueren die Landstraße und wandern durch Wiesen auf einem Fahrweg zum Weiler Unterhaid. Dann folgt eine neuerliche Querung der Wolfegger Ach. Kurz darauf halten wir uns rechts über eine schöne Wiesenpfadpassage an der Ach entlang. Linker Hand taucht der Weg in den Wald ein und bringt uns durch Löwenzahnwiesen und Blick auf die Alpen

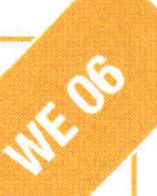

zum Weiler Unterhorgen. Hier befindet sich eine sehenswerte Kapelle, die der Marienkönigin gewidmet ist.

Noch vor dem Weiler Waffenried zweigen wir links ab. Der Weg taucht ins Naturschutzgebiet Arrisrieder Moos ein. Bequeme Bohlenstege leiten uns über das Hochmoor zu einer eindrucksvollen Infostation. Sie Informiert mit einer Zeittafel über die 10.000-jährige Entstehungsgeschichte des Moores. Die nächste Passage mutet an, als würde man sich auf einem Trampolin bewegen. Dann verlässt der Weg das Moor. Wir stoßen auf eine T-Kreuzung mit einem Fahrweg samt einer Bushaltestelle. Wir biegen im rechten Winkel links ab und gehen erst über einen Wiesenpfad. Im weiteren Verlauf bringt uns ein Waldweg hinunter zur Unterführung an der A96. An der Landstraße halten wir uns kurz links, um dann vorsichtig die Straße zur historischen Neumühlebrücke zu überqueren. Der Ursprung der Holzbrücke reicht bis ins 16. Jahrhundert zurück. 1789 wurde sie gebaut und überdacht. Nach rechts führt eine Fahrstraße bis zu einer Landstraße. Wir wandern geradeaus am Gelände der ehemaligen Argenmühle vorbei und über Wiesen und Waldwegen Richtung Ratzenried. Vor einem Steilanstieg haben wir die Möglichkeit, uns rechts – gut 200 bis 300 Meter weiter – im Hofgut Dürren zu stärken.

Wir wandern weiter bergan durch den Wald bis zur Wangener Straße (L320) in Ratzenried. Hier steigen wir nochmals leicht bergan Richtung „Schloss Ratzenried" samt Teich. An der „Schlosshalde" biegen wir rechts ab. Der darauffolgende Waldweg bringt uns zur Querung einer Landstraße. Von hier aus bietet sich ein schöner Blick auf den Unteren Schlossweiher. Vorbei am Haus Platz, einer ehemaligen Bauhütte der Burgruine Ratzenried, geht es in einem kurzen Abstecher zur gewaltigen Burganlage aus dem 12. Jahrhundert. Ein Waldweg bringt uns hinunter zum Oberen Schlossweiher; hier wandern wir am linken Seeufer entlang auf einer stark befahrenen Landstraße und zweigen schließlich vor dem Weiler Sechshof rechts auf einen Feldweg ab. Nun durchwandern wir auf einer Fahrstraße herrliche Wiesen, bis kurz vor Laudorf führen uns Wald- und Wiesenwege. Danach wechseln wir auf asphaltierte Weglein, die stets durch die Wiesenlandschaft führen. Vor Bimisdorf treffen wir auf eine Trilogiebank und eine Fokussierstele: wir haben den Trilogieraum der Heimatstätten erreicht.

Nun gilt es ein wenig aufmerksam zu sein. Kurz darauf folgt ein einzelner Bauernhof. Hier müssen wir links zwischen der Hofeinfahrt unter der Scheunenauffahrt hindurch auf Wiesenwege dann etwas später über Waldwege und am Waldrand entlang hinunter nach Deuchelried. Hier bewältigen wir lediglich einen kurzen Anstieg nach links, dann wandern wir steil hinab zur Oberen Argen. Ihr folgt die Etappe bis zum Scherichmühlweg. Hier biegen wir links ab und gehen über die Obere Argen zum Start- und Willkommensplatz vor den Toren der Wangener Altstadt.

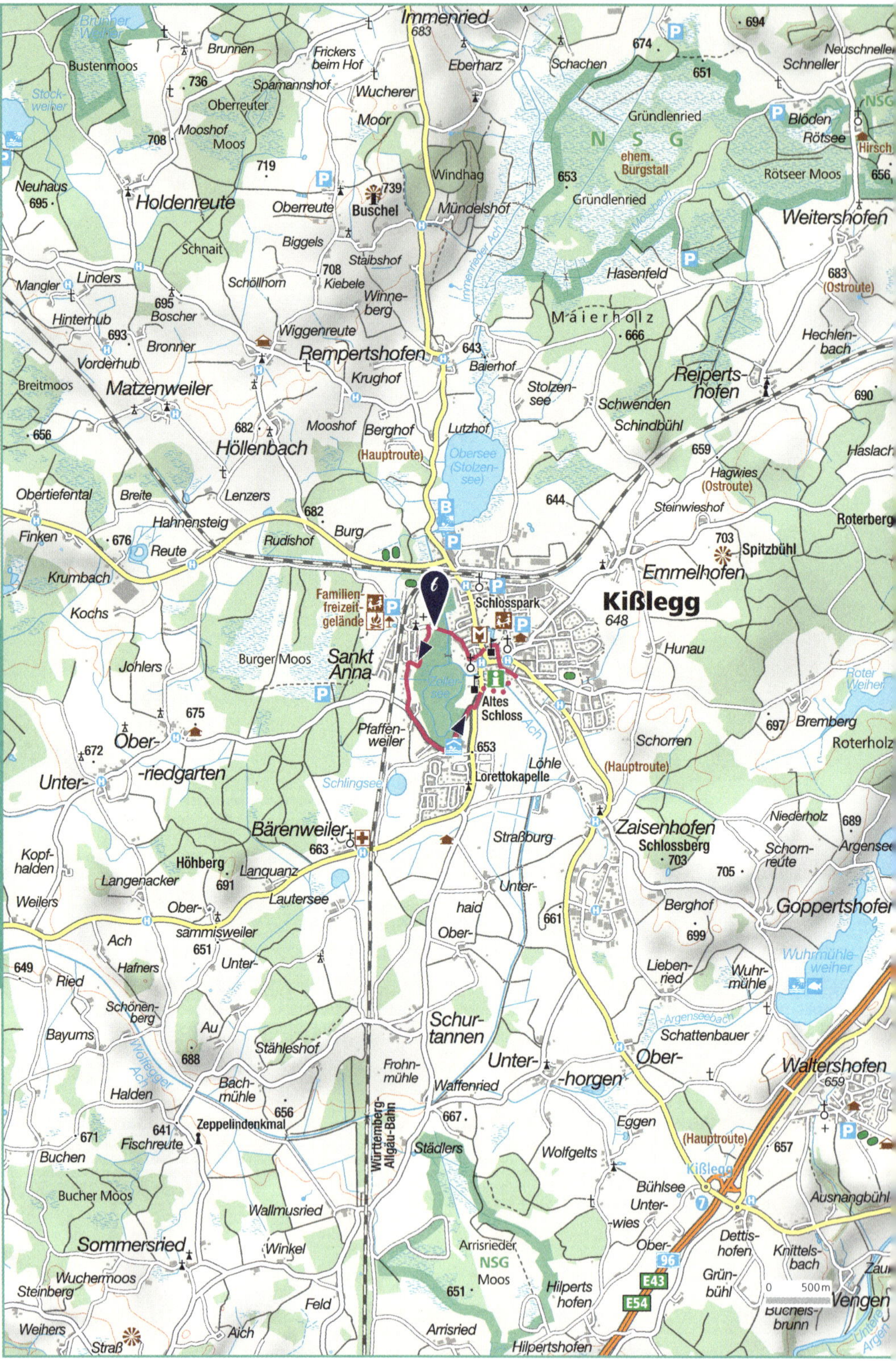

Brunner Weiher
Immenried
683
694
Brunnen
Frickers beim Hof
Eberharz
Schachen
674
Neuschneller
Bustenmoos
Schneller
736
Spamannshof
651
Stockweiher
Wucherer
Oberreuter
NSG
Gründlenried
Blöden
Moor
Mooshof
708
Moos
N S G
Rötsee
ehem. Burgstall
Hirsch
719
Windhag
653
Rötseer Moos
656
Neuhaus
695
739
Gründlenried
Holdenreute
Oberreute
Buschel
Mündelshof
Weitershofen
Mosbach
Biggels
Immenrieder Ach
Schnait
Staibshof
708
Hasenfeld
683
(Ostroute)
Mangler
Linders
Schöllhorn
Kiebele
Winneberg
695
Boscher
Hinterhub
Mäierholz
666
Hechlenbach
693
Wiggenreute
Bronner
Vorderhub
Rempertshofen
643
Baierhof
Breitmoos
Krughof
Reipertshofen
Matzenweiler
Stolzensee
Schwenden
690
Schindbühl
656
682
Mooshof
Berghof
Lutzhof
Höllenbach
(Hauptroute)
Obersee (Stolzensee)
659
Haslach
Hagwies (Ostroute)
Obertiefental
Breite
Lenzers
644
682
Steinwieshof
Roterberg
Hahnensteig
Burg
Finken
676
Reute
Rudishof
703
Spitzbühl
Emmelhofen
Krumbach
Familienfreizeitgelände
Schlosspark
Kißlegg
648
Kochs
Hunau
Sankt Anna
Johlers
Burger Moos
Roter Weiher
Zeller See
Altes Schloss
675
Pfaffenweiler
697
Bremberg
Ach
Schorren
Roterholz
672
Ober-
-riedgarten
653
Unter-
Löhle
Lorettokapelle
(Hauptroute)
Schlingsee
Niederholz
689
Zaisenhofen
Bärenweiler
Schlossberg
Argensee
663
Straßburg
703
Kopfhalden
Höhberg
705
Schornreute
691
Lanquanz
Langenacker
Lautersee
Unter-
Berghof
Goppertshofen
Weilers
Ober-
haid
661
sammisweiler
Ober-
699
Ach
651
Unter-
Wuhrmühleweiher
Hafners
Liebenried
649
Ried
Wuhrmühle
Schönenberg
Argenseebach
Bayums
Schurtannen
Schattenbauer
Au
Stähleshof
Wolfegger Ach
688
Unter-
Ober-
Frohnmühle
Waltershofen
-horgen
Halden
Bachmühle
Waffenried
659
656
Württemberg-Allgäu-Bahn
667
Eggen
641
Zeppelindenkmal
671
Fischreute
(Hauptroute)
657
Buchen
Städlers
Wolfgelts
Kißlegg
7
Bucher Moos
Bühlsee
Unter-
Ausnangbühl
Wallmusried
-wies
Dettishofen
Sommersried
Winkel
Arrisrieder
Ober-
Knittelsbach
NSG
96
Zaun
Moos
Grünbühl
Wuchermoos
E43
Steinberg
651
Hilpertshofen
0
500 m
Feld
E54
Vengen
Buchelsbrunn
Weihers
Aich
Arrisried
Untere Argen
Straß
Hilpertshofen

90

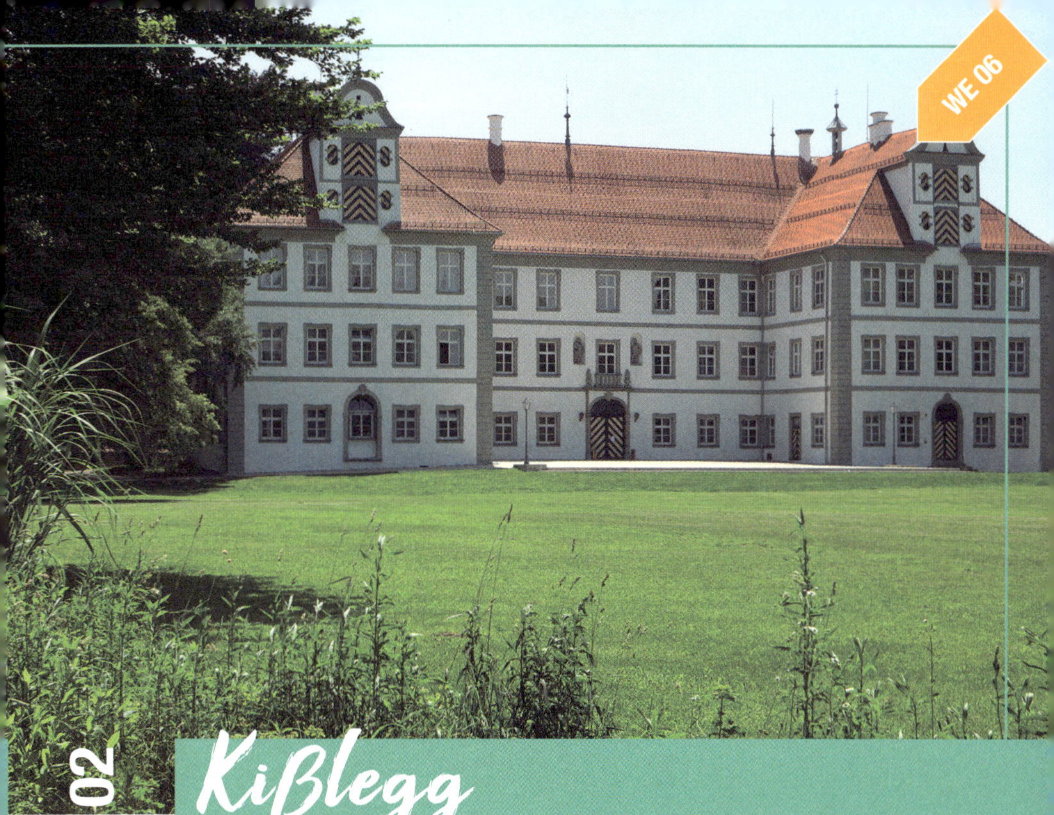

WE 06

Tag 02

Kißlegg

Von Seen und Schlössern

TOURENART	Sightseeingtour
DAUER	1h
LÄNGE	3,2 km
HÖHENMETER	11 hm
SCHWIERIGKEIT	LEICHT
MIT ÖPNV ERREICHBAR	ja

Das erwartet dich ...

Die kleine Runde führt uns heute immer um den See herum. Von Schloss zu Schloss – Altes und Neues – stetig den Blick auf die markante Barockkirche von St. Gallus und St. Ulrich gerichtet. Die Wanderung ist recht einfach, aber sehr abwechslungsreich.

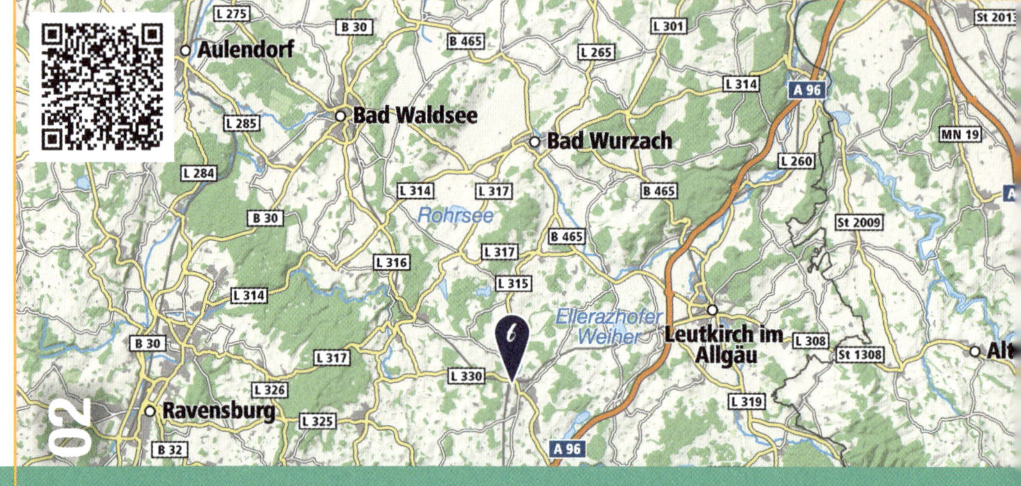

Start & Ziel & Anreise

Wir starten in der Schlossstraße beim Neuen Schloss in Kißlegg. Im Ort gibt es eine Bahnstation, zu der wir bequem mit der Regionalbahn sowohl aus Leutkirch wie auch aus Wangen anreisen können. Mit dem Auto erreichen wir das Städtchen über die A96 aus nordöstlicher oder südwestlicher Richtung.

Tourenbeschreibung

Die wunderschöne Rundtour mit Blicken über den Zeller See und auf die Silhouette von St. Gallus und Ulrich und das ehrwürdige Alte Schloss beginnt vor dem Neuen Schloss am Start- und Willkommensplatz. Wir schlendern an der Parkseite am Schlosspark vorbei zur Schlossstraße. Wir überqueren sie in Richtung Rathausplatz und halten und vor dem Rathaus links in die Dr.-Franz-Reich-Straße. Durch sie hindurch und dann rechts, bis wir an der Kreuzung Kirchmoosstraße stehen. Hier bringt uns ein kurzer Stichweg linker Hand zum Seeufer, an dem uns gemütliche Sitzgelegenheiten und lohnenswerte Blicke erwarten. Wieder zurück gehen wir die Kirchmoosstraße entlang, passieren die Fontanellatostraße und halten uns geradeaus durch die Wiesen des Kirchmooses auf einem Gehweg Richtung St.-Anna-Kapelle, oben auf dem Hügel. Zwischenzeitlich heißt die Straße auch St.-Anna Straße. Wir überqueren den nördlichen Zulauf des Zeller Sees und biegen danach links ab. Hier schlendern wir durch parkähnliches Gelände mit einem

schönen Panorama auf die Kulisse von St. Gallus und Ulrich. Auch das Alte Schloss rechts daneben erblicken wir über das Ostufer des Zeller Sees.

Eine Rechtskurve bringt uns im weiteren Wegverlauf hinauf zur Seestraße. Vom Gehweg geht es nach links bis zum Weiler Pfaffenweiler und an der Sebastian-Kneipp-Straße, die von Riedgarten nach Kißlegg führt, biegen wir links ab. Wir folgen dem Gehweg um das Südufer des Zeller Sees herum und erreichen über die Sebastian-Kneipp-Straße das Ostufer. Die Straße führt später leicht bergauf zur Fürst-Maximilian-Straße. Wir wenden uns nach links zum Alten Schloss. Es ist ein Bau der Renaissance und des Barocks und wurde von Hans Ulrich von Schellenberg in der 2. Hälfte des 16. Jahrhunderts erbaut. Heute befindet es sich im Besitz der Grafen von Waldburg-Wolfegg. Unser Wegverlauf bringt uns über die Verkehrsstraße und führt rechts der Straße über einen Rad- und Fußweg stadteinwärts. Wir halten uns rechts über die Wolfegger Ach hinüber in den Espanweg. Dabei werden wir von herrlichen Blicken auf die Alpenkette begleitet. An der Ecke Jägerstraße biegen wir links ab und wandern an einem Brunnen vorbei zur Herrenstraße. Wir überqueren sie geradeaus und erreichen über die Schützengasse den Start- und Ausgangspunkt unserer Rundtour.

Blick über den Zeller See auf Kißlegg

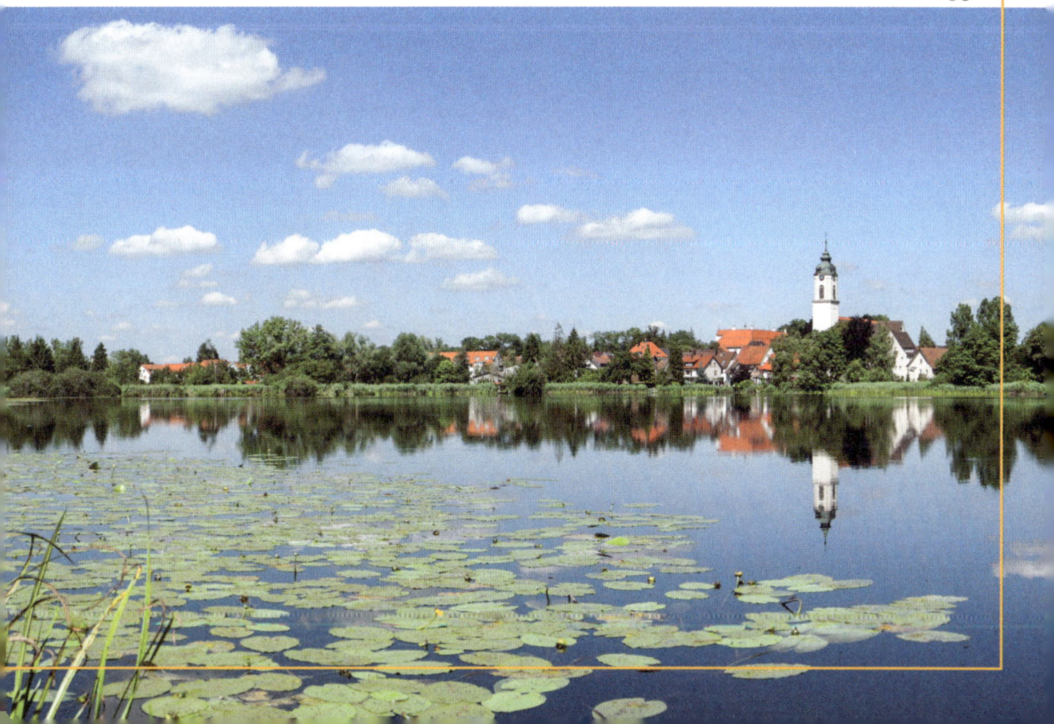

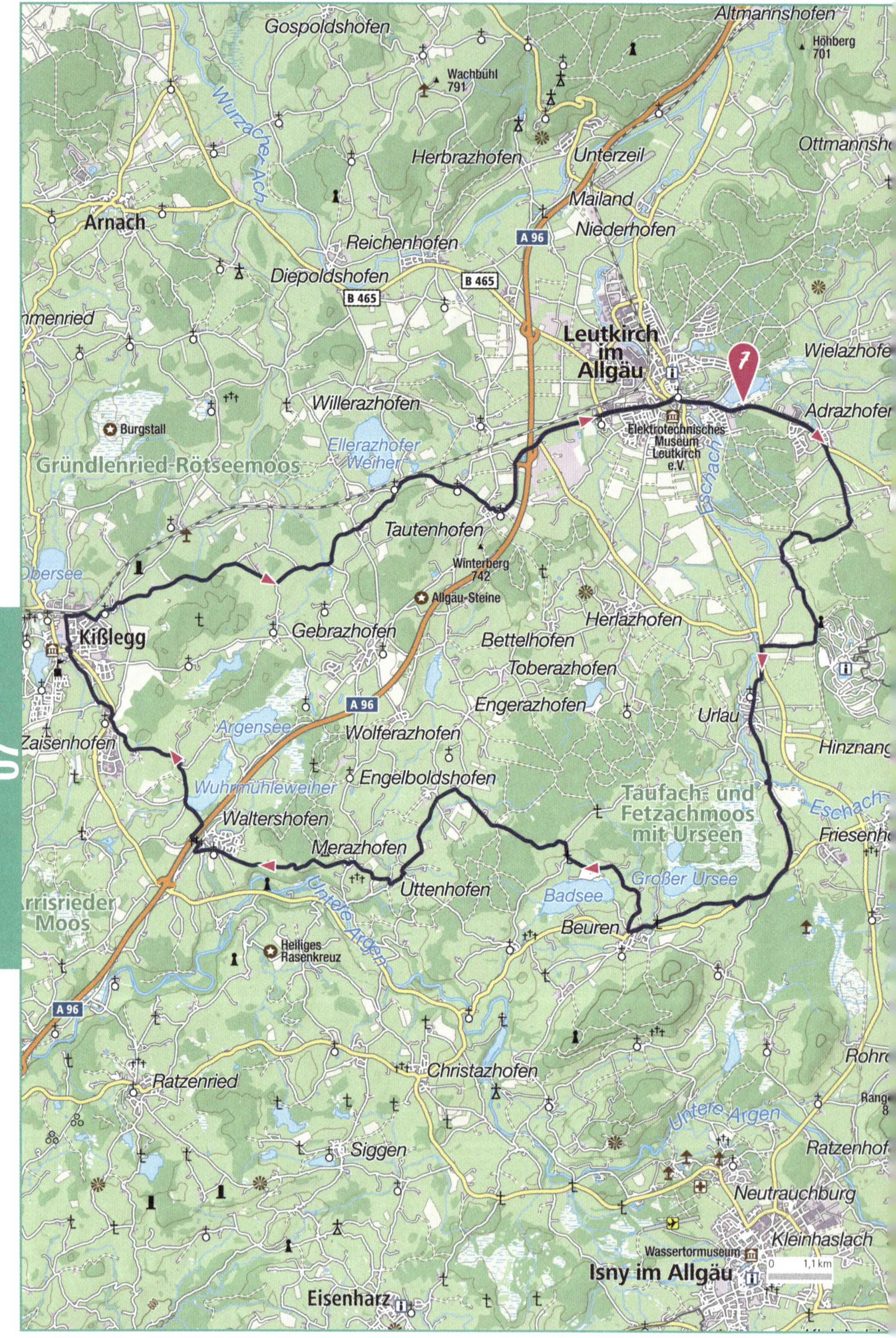

07
Gospoldshofen
Altmannshofen
Höhberg 701
Wachbühl 791
Wurzacher Ach
Herbrazhofen
Unterzeil
Ottmannshofen
Mailand
Niederhofen
Arnach
A 96
Reichenhofen
Diepoldshofen
B 465
B 465
Leutkirch im Allgäu
Wielazhofen
Willerazhofen
Adrazhofen
Burgstall
Ellerazhofer Weiher
Elektrotechnisches Museum Leutkirch e.V.
Eschach
Gründlenried-Rötseemoos
Tautenhofen
Winterberg 742
Obersee
Allgäu-Steine
Herlazhofen
Kißlegg
Gebrazhofen
Bettelhofen
Toberazhofen
A 96
Engerazhofen
Urlau
Argensee
Wolferazhofen
Zaisenhofen
Hinznang
Engelboldshofen
Wuhrmühleweiher
Taufach- und Fetzachmoos mit Urseen
Eschach
Waltershofen
Friesenhofen
Merazhofen
Großer Ursee
Uttenhofen
Badsee
Arrisrieder Moos
Beuren
Heiliges Rasenkreuz
Untere Argen
A 96
Rohr
Ratzenried
Christazhofen
Untere Argen
Ratzenhofen
Siggen
Neutrauchburg
Kleinhaslach
Wassertormuseum
Isny im Allgäu
0 1,1 km
Eisenharz

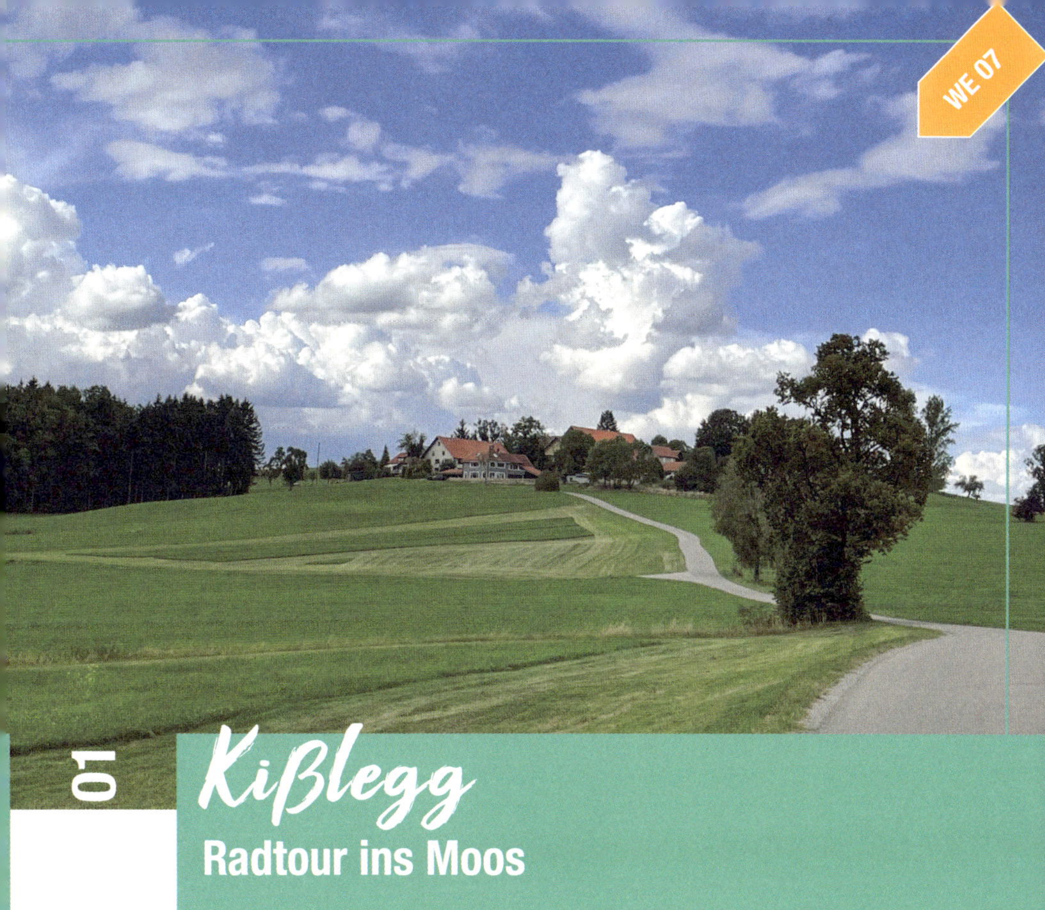

Tag 01

Kißlegg

Radtour ins Moos

TOURENART	Radtour
DAUER	3h 15min
LÄNGE	45 km
HÖHENMETER	310 hm
SCHWIERIGKEIT	MITTEL
MIT ÖPNV ERREICHBAR	ja

Das erwartet dich ...

Eine lange, aber recht einsame und naturbelassene Radrunde erwartet uns heute. Die landschaftliche Vielfalt sticht heute besonders heraus, doch hat die Runde auch erlebnisreiche, sportliche und auch gemütliche Aspekte zu bieten. Zudem warten unterwegs allerlei Einkehrschwünge auf uns, die die Runde gleichermaßen zu einer Schlemmertour machen können. Im Zentrum von Kißlegg können wir dem Neuen Schloss einen Besuch abstatten, bei den Urseen sollten wir einen Stopp nicht verpassen.

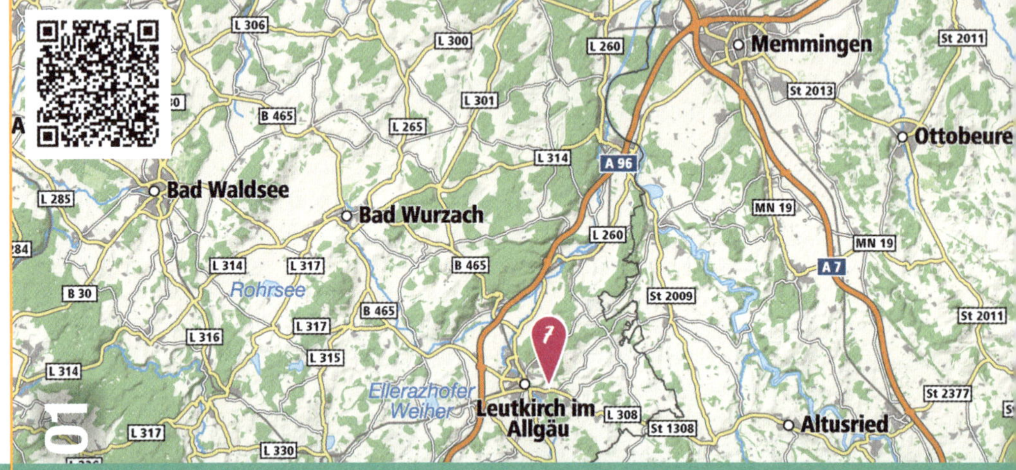

Tag 01

Start & Ziel & Anreise

Ausgangspunkt ist der große Parkplatz beim Freibad von Leutkirch. Er befindet sich direkt beim Stadtweiher. Mit dem eigenen PKW erreichen wir den hübschen Ort im Allgäu ganz unkompliziert über die A96. Wer mit den Öffis anreist, der kann ab München ohne umzusteigen mit dem RE96 direkt nach Leutkirch fahren.

Tourenbeschreibung

Wir starten unsere Radltour beim Stadtweiher, genauer gesagt dort beim Freibad. Ganz entspannt bringt uns der Radweg neben der L308 Richtung Osten aus dem Ort hinaus. Am Ortsende von Adrazhofen fahren wir dann über Land weiter. An der folgenden Kreuzung folgen wir den Schildern nach Allmishofen. Kurz darauf erreichen wir die L318. Wir folgen ihr südwärts, dann verlassen wir sie über Urlau am Regenrückhaltebecken vorbei bis zur L320. Wir begleiten sie ein kleines Stück, doch dann locken uns die Urseen. Gemeinsam mit dem Moor- und Naturschutzgebiet Taufach-Fetzach-Moos bilden sie ein Naturidyll mit zahlreichen seltenen Tier- und Pflanzenarten. Die Landschaft ist von den Eiszeiten geprägt und bietet offene und bewaldete Hochmoorflächen sowie viele verschiedene Übergangsstufen vom Niedermoor zum Hochmoor.

Hinter dem Schutzgebiet streifen wir die Ortschaft Beuren, dann gelangen wir gleich zum Badsee, bei dem wir den Sprung ins kühle Nass wagen können. Dann geht's über Felder und durch Wald Richtung Engelboldshofen. Hier schwenken wir wieder nach Südwesten und an einigen Weilern vorbei nach Merazhofen. Im Café Himmelreich gibt's tolle Kuchen und Torten! Nach einer Stärkung radeln wir weiter Richtung Waltershofen. Hier überqueren wir die die A96, fahren am Wuhrmühlweiher vorbei und hinauf über Gopertshofen nach Zaisenhofen. Parallel zur L265 gelangen wir nach Kißlegg. Hier schauen wir mal beim Neuen Schloss vorbei. Es wurde in den Jahren 1721–27 nach dem Entwurf des Füssener Baumeisters Johann Georg Fischer erbaut. Der Besuch ist ein Erlebnis: Reich stuckierte Barockräume und kostbare Fresken warten genauso auf Interessierte wie die acht Sybillenfiguren des Barockkünstlers Joseph Anton Feuchtmayer, die Schlosskapelle und das Heimatmuseum.

Nach Kißlegg fahren wir an Wiesen vorbei bald durch den Wald. Hier macht uns ein Kreuzer auf die Europäische Wasserscheide aufmerksam. Dann führt die Route wieder über Felder, an Wiesen vorbei und durch Wälder Richtung Nordosten. Wir streifen einsame Weiler und kleinere Ortschaften. Bei Tautenhofen nähern wir uns der A96. Wir folgen ihr kurz, dann queren wir sie mit dem Radweg. Am Rande der Kiesgrube von Leutkirch vorbei fahren wir dann direkt wieder ins Städtle Leutkirch zurück.

An der Europäischen Wasserscheide

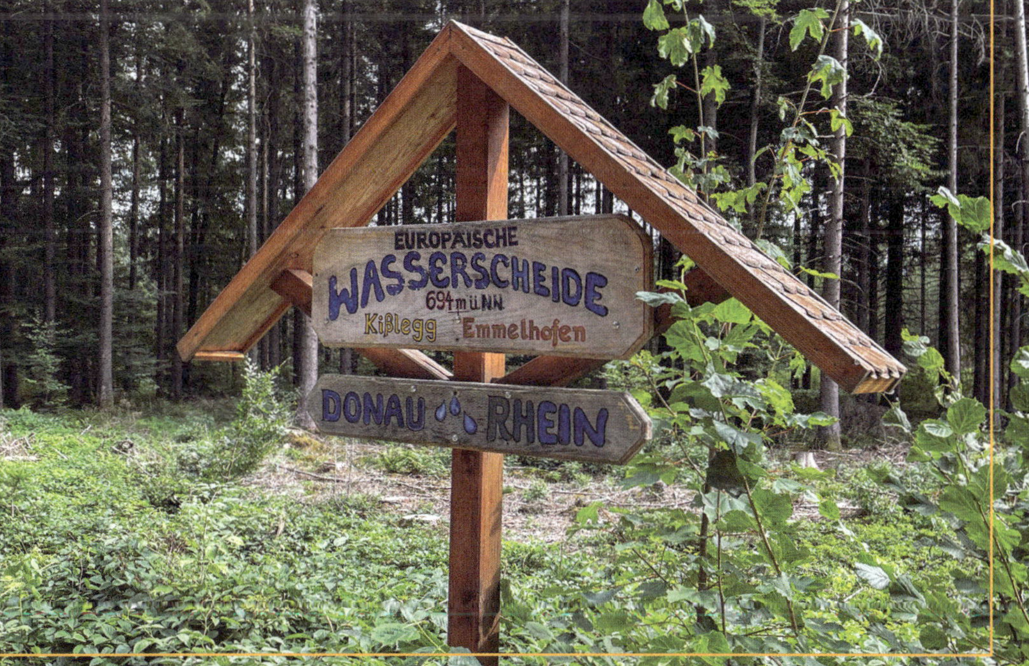

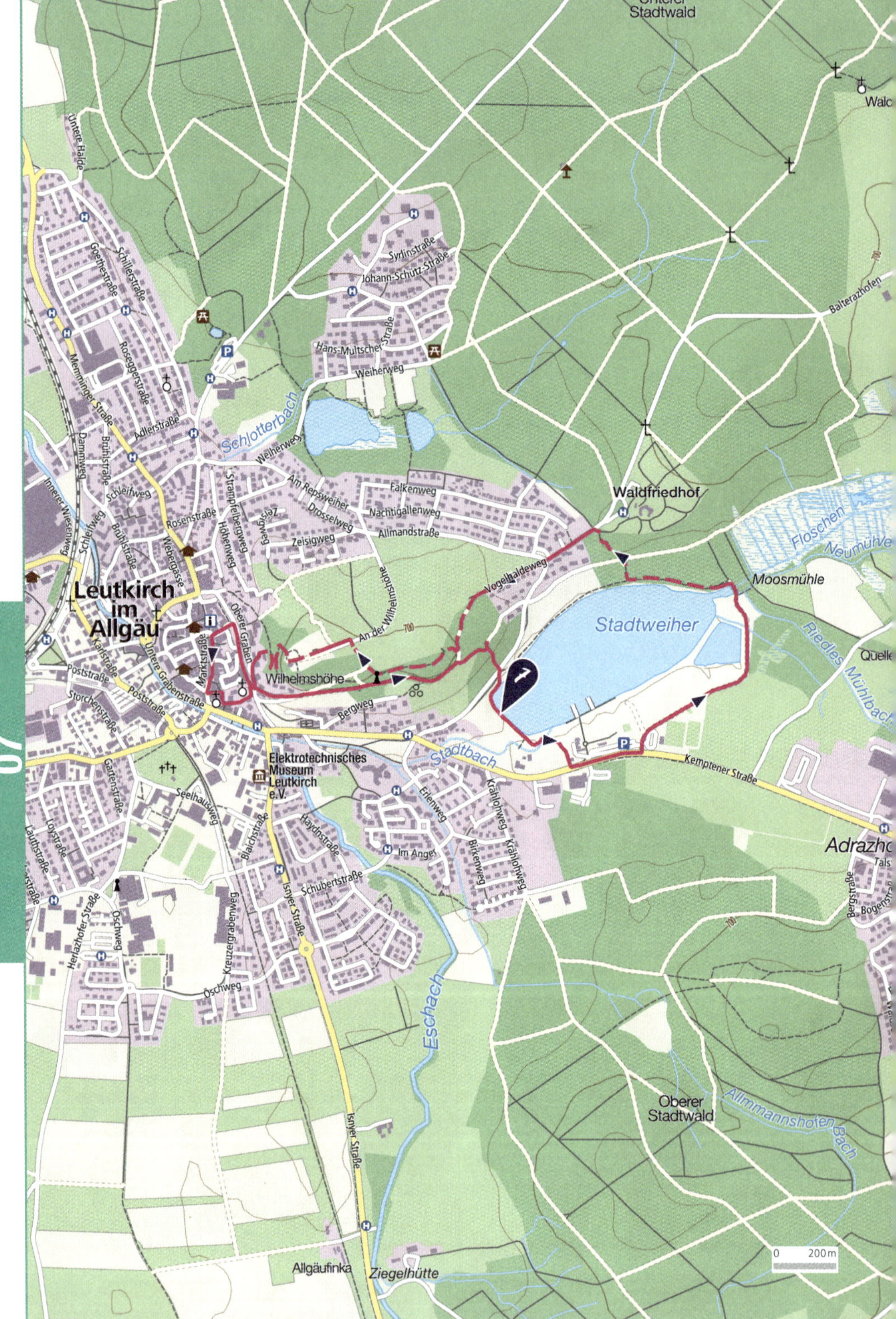

Unterer Stadtwald
Leutkirch im Allgäu
Wilhelmshöhe
Stadtweiher
Waldfriedhof
Moosmühle
Floschen
Neumühle
Riedles Mühlbach
Quelle
Adrazhofen
Elektrotechnisches Museum Leutkirch e.V.
Stadtbach
Schlotterbach
Eschach
Oberer Stadtwald
Allmmannshofer Bach
Allgäufinka
Ziegelhütte
Kemptener Straße
Isnyer Straße
Memminger Straße
Untere Halde
Goethestraße
Schillerstraße
Roseggerstraße
Adlerstraße
Weiherweg
Am Repsweiher
Drosselweg
Zeisigweg
Falkenweg
Nachtigallenweg
Allmandstraße
Vogelhaldeweg
An der Wilhelmshöhe
Bergweg
Syrlinstraße
Johann-Schütz-Straße
Hans-Multscher-Straße
Marktstraße
Oberer Graben
Poststraße
Karlstraße
Storchenstraße
Gartenstraße
Seelhausweg
Haydnstraße
Schubertstraße
Erlenweg
Krählohweg
Birkenweg
Im Anger
Öschweg
Kreuzergrabenweg
Herlazhofer Straße
Loystraße
Bahnhofstraße
Dammweg
Brühlstraße
Schleifweg
Rosenstraße
Höhenweg
Weihergasse
Bergstraße
Balterazhofen
0 200 m
07

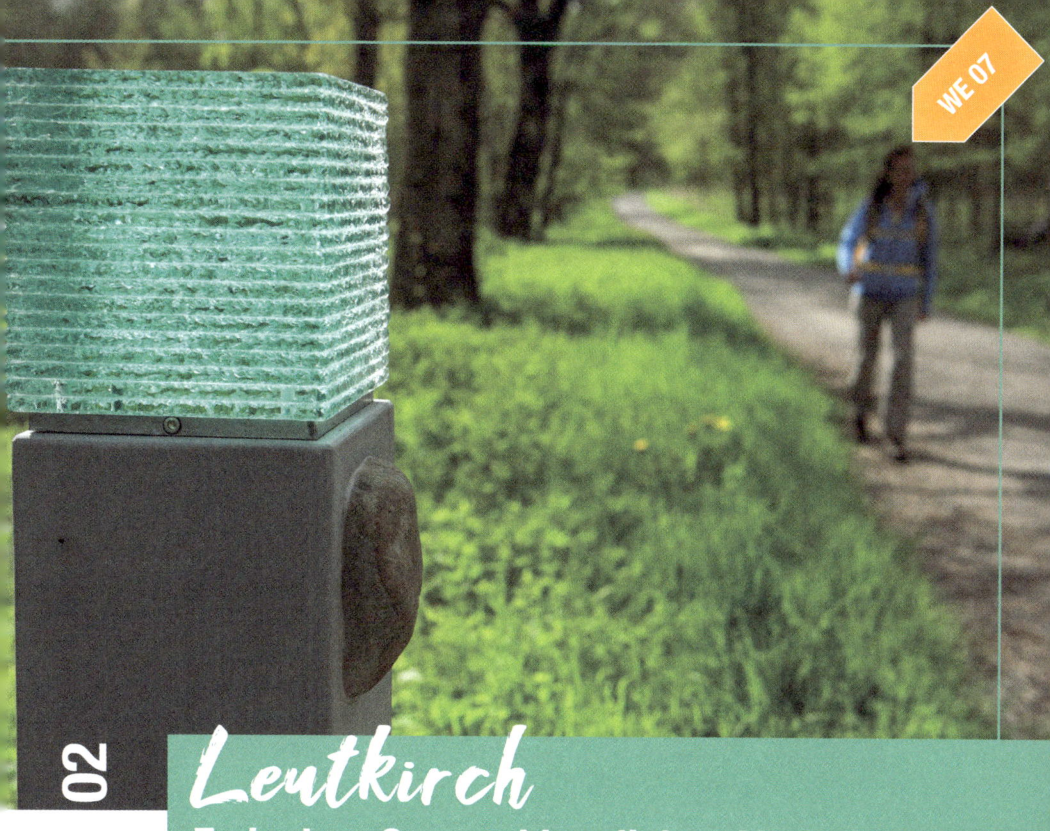

02

Tag

Leutkirch

Zwischen See und herrlicher Altstadt

TOURENART	Sightseeingtour
DAUER	1h 30min
LÄNGE	5,1 km
HÖHENMETER	81 hm
SCHWIERIGKEIT	LEICHT
MIT ÖPNV ERREICHBAR	ja

Das erwartet dich …

Heute machen wir uns auf zu einer Stadtwanderung im schönen Allgäuer Städtle Leutkirch, in dem lebendiges und städtisches Flair auf traditionelle, dörfliche Lebenswelten trifft. In der sehenswerten Altstadt erwarten uns malerische Gässchen und historische Fachwerkhäuschen. Daneben durchwandern wir viel Grün und erleben überraschend viele unterschiedliche Perspektiven.

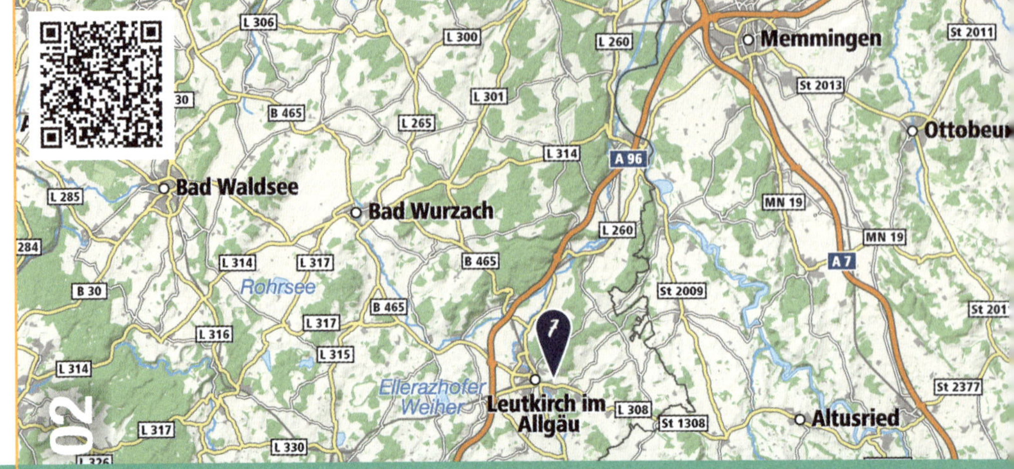

Tag 02

Start & Ziel & Anreise

Wir beginnen unsere kurze Runde durch das schöne Städtchen am Gänsebühl am Start- und Willkommensplatz in Leutkich. Der Ort ist mit dem privaten PKW gut über die A96 zu erreichen. In Leutkirch gibt es eine Bahnstation. Mit der Regionalbahn kann man den Ort gut ohne Umstiege von Memmingen oder Lindau aus erreichen.

Tourenbeschreibung

Die pfiffige Rundwanderung durch die Altstadt hat alles zu bieten: Stadt, Land, Wasser… Von unserem Ausgangspunkt, dem Gänsebühl, gehen wir zunächst am Gänselieslbrunnen vorbei bis zur Marktstraße. Hier biegen wir links ab, passieren den Martinsbrunnen und spazieren bis zur Spitalgasse. Sie führt nach links am ehemaligen Spital vorbei bis zur Leutekirche St. Martin. Wir lassen die Kirche links liegen und passieren den Marienplatz auf Treppen bis zum Oberen Graben hinauf. Der Hoherbergweg führt uns nach rechts, an einer schönen Allee wenden wir uns nach links. Danach geht es an der Thingstätte vorbei. Hier finden wir drei Trilogienadeln zum Thema Glas. Ein Pfad weist nach rechts zu einer Kneipp-Anlage und zum Stadtweiher hinunter. Wir überqueren die Balterazhofer Straße zum Naturpfad Stadtweiher. Dann passieren wir die Fokussierstele und eine Infotafel. Sie erläutert anschaulich die erste Erwähnung des Stadtweihers aus dem Jahr 1397 und seine Geschichte. Wir überqueren den Wasserabfluss über eine

Brücke und gelangen zur Kemptener Straße. Wir halten uns links über den Parkplatz des Stadtbades. Der Weg führt an Tennisplätzen vorbei wieder nach links in eine schöne Allee. Wir erreichen das östliche Weiherufer, an dem uns weitere Infotafeln über die ehemalige Pumpstation Moosmühle erwarten.

Der Weg leitet uns links weiter am Ufer entlang. Wir wandern zwischen dem Waldrand und dem Wasser, bis uns ein Naturweg nach rechts weist. Schließlich stehen wir an der Balterazhofer Straße – nur wenige Meter rechts von hier befindet sich ein sehr sehenswerter Friedhof. Wir gehen nach links, dann geradeaus in den von Alleebäumen gesäumten Vogelhaldenweg. Auf Höhe der Treppenanlage steigen wir zum Kneippbad hinunter. Nach rechts geht es dann wieder auf einem Pfad bergauf. Bald steigen wir über ein paar Treppen zum Waldrand mit einer Grillhütte. Wir halten uns links und wandern über einen Pfad am Waldsaum entlang. Bald stößt von rechts ein Fahrweg (An der Wilhelmshöhe) zu uns. Hier biegen wir links zur Festwiese ab. Von der Wilhelmshöhe leiten uns Treppenanlagen zum Oberen Graben hinunter. Dann halten wir uns rechts bis zur Grundschule. Im spitzen Winkel biegen wir links ab, daraufhin halten wir uns rechts in die Schneegasse hinab. Sie führt wieder zum Gänsebühl zurück zu unserem Ausgangspunkt.

Leutkirch: Glasmachermuseum

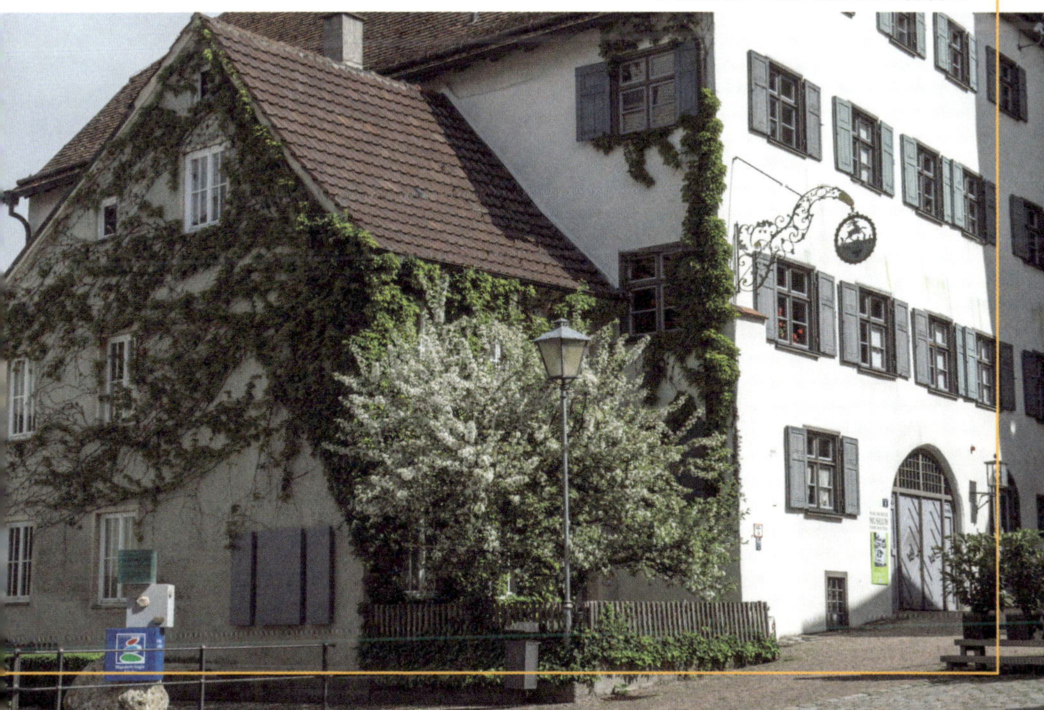

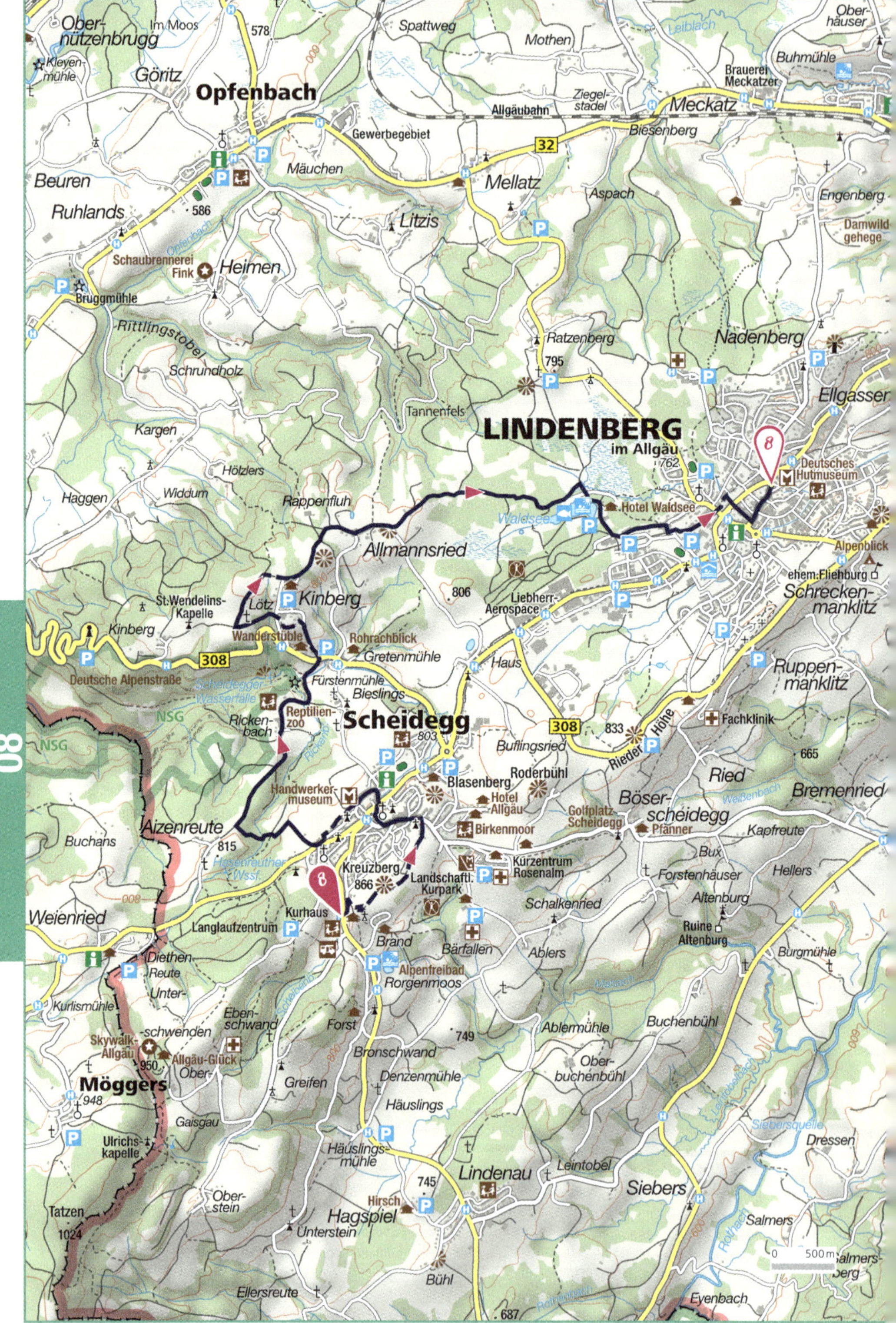

Ober-nützenbrugg
Im Moos
578
Spattweg
Mothen
Leiblach
Ober-häuser
Kleyen-mühle
Göritz
Opfenbach
Buhmühle
Brauerei Meckatzer
Ziegel-stadel
Meckatz
Allgäubahn
Gewerbegebiet
Biesenberg
32
Beuren
Mäuchen
Mellatz
Aspach
Engenberg
Ruhlands
586
Litzis
Damwild gehege
Schaubrennerei Fink
Heimen
Bruggmühle
Rittlingstobel
Ratzenberg
Nadenberg
795
Schrundholz
Tannenfels
Ellgasser
LINDENBERG
im Allgäu
Kargen
762
Deutsches Hutmuseum
Hölzlers
Haggen
Widdum
Rappenfluh
Hotel Waldsee
Waldsee
Allmannsried
Alpenblick
ehem. Fliehburg
806
Schrecken-manklitz
St. Wendelins-Kapelle
Lötz
Kinberg
Liebherr-Aerospace
Kinberg
Wanderstüble
Rohrachblick
308
Gretenmühle
Deutsche Alpenstraße
Fürstenmühle
Haus
Ruppen-manklitz
Scheidegger Wasserfälle
Bieslings
NSG
Reptilien-zoo
Scheidegg
Ricken-bach
803
308
833
Fachklinik
NSG
Riedel Höhe
Buflingsried
665
Roderbühl
Ried
Blasenberg
Hotel Allgäu
Bremenried
Handwerker-museum
Weißenbach
Böser-scheidegg
Golfplatz Scheidegg
Birkenmoor
Pfänner
Kapfreute
Aizenreute
Buchans
815
Bux
Kurzentrum Rosenalm
Hasenreuther Wssf.
Forstenhäuser
Hellers
Kreuzberg
866
Landschaftl. Kurpark
Schalkenried
Altenburg
Weienried
Kurhaus
Ruine Altenburg
Langlaufzentrum
Brand
Bärfallen
Ablers
Burgmühle
Diethen
Reute
Alpenfreibad
Rorgenmoos
Unter-
Kurlismühle
Eben-schwand
Forst
Ablermühle
Buchenbühl
-schwenden
749
Skywalk-Allgäu
Allgäu-Glück
950
Ober-
Bronschwand
Ober-buchenbühl
Möggers
948
Greifen
Denzenmühle
Gaisgau
Häuslings
Siebersquelle
Dressen
Ulrichs-kapelle
Häuslings-mühle
Leintobel
745
Lindenau
Siebers
Ober-stein
Hirsch
Hagspiel
Salmers
Tatzen
1024
Unterstein
Rothach
0 500 m
Salmers-berg
Bühl
Ellersreute
687
Eyenbach

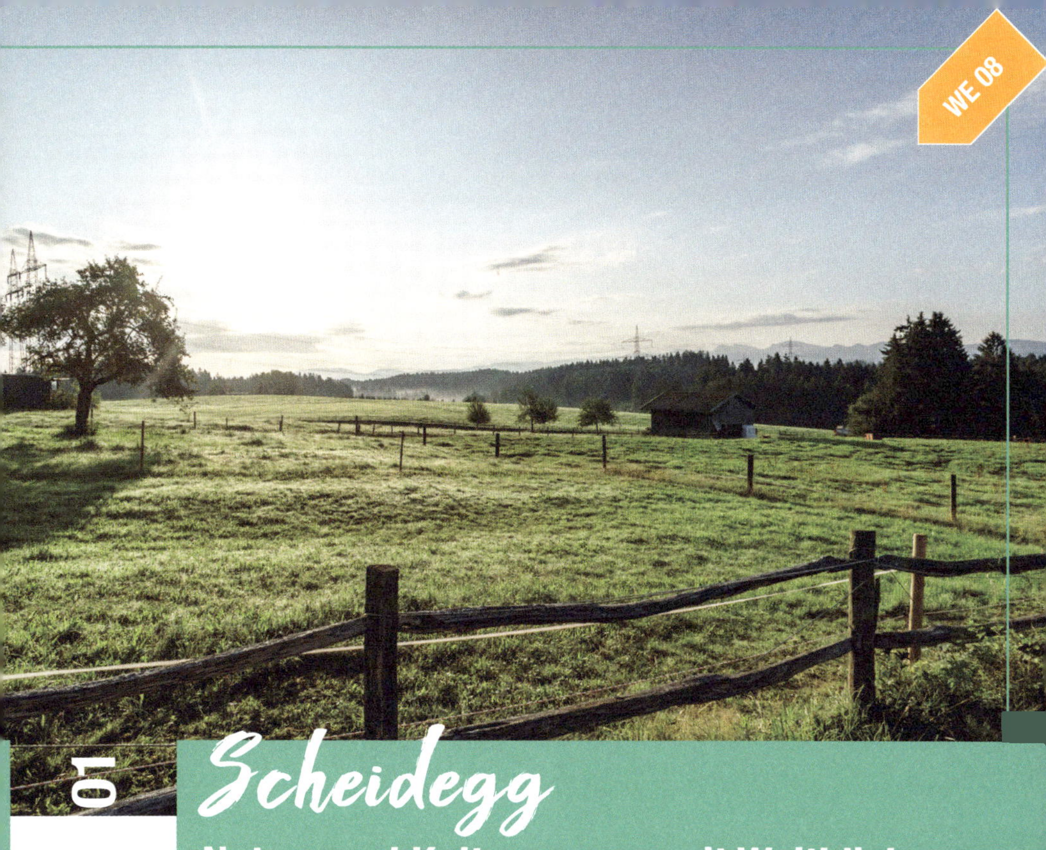

Tag 01

Scheidegg

Natur- und Kulturgenuss mit Weitblicken

TOURENART	Wandertour
DAUER	3h
LÄNGE	12 km
HÖHENMETER	175 hm
SCHWIERIGKEIT	LEICHT
MIT ÖPNV ERREICHBAR	ja

Das erwartet dich ...

Heute erwartet uns eine kurzweilige Wanderung, die uns mit Natur und Kultur verwöhnt. Mit Fug und Recht dürfen wir uns auf den heutigen Tag freuen; die Etappenwanderung ist nicht allzu lang und beansprucht uns auch nicht mit übermäßig vielen Höhenmetern. Die leichten Wege führen uns vorbei an tollen Aus- und Weitblicken, unter anderem auf ein Bad. Zudem erfahren wir einiges Wissenswerte über Hüte.

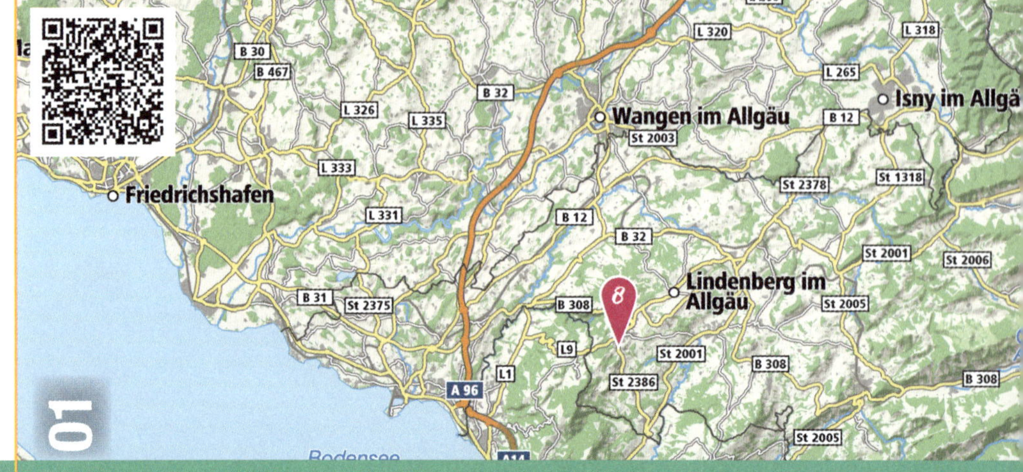

Tag 01

Start & Ziel & Anreise

In Scheidegg, unserem Ausgangsort, gibt es eine Bushaltestelle. Von Memmingen wie auch von Kempten erreichen wir den Ort mit Bahn und Busverbindungen jedoch nur mit mehrmaligem Umsteigen. Mit dem Auto erreichen wir den Ort von Lindau wie auch von Kempten aus über die B308. Los geht's am Kurhaus Scheidegg, beim Hammerweiher.

Tourenbeschreibung

Am Start- und Willkommensplatz vor dem Kurhaus von Scheidegg beginnt der gemütliche Weg, der uns schöne Wasserspiele beschert und grandiose Rundblicke bereithält. Dabei genießen wir den Wald, das Moor und den Lindenberger Waldsee. So quert unser Weg zunächst in Höhe des Hammerweihers die Straße. Dann zweigt er nach rechts ab; wir folgen der Hammerbühlstraße bis zur ersten Abzweigung, an der wir uns nach rechts wenden. Wir gewinnen an Höhe und halten uns am darauffolgenden Abzweig links, nun auf dem schönsten Höhenweg weit und breit. Das Panorama ist überwältigend. Unser Weg mündet in den Höhenweg, an der Galluskapelle vorüber und zweigt schließlich links in die Blasenbergstraße ab. Wir erreichen die Kirchstraße, passieren St. Gallus und folgen danach dem Pfarrweg. Auf Höhe der Tourismus-Information verlassen wir die Hauptverkehrsstraße über die Bräuhausstraße nach links. Am Allemannenweg biegen wir links ein. Dann leitet uns der Liddebihl hinter den Häusern Scheideggs

entlang, bis er über Stufen auf die Sonnenstraße trifft. Rechter Hand erwartet uns schon die Zollstraße, von der aus wir nach rechts auf einen Wiesenweg wechseln.

Nach der spannenden Überquerung des Riedbaches gehen wir über eine Wald- und Waldrandpassage nach Rickenbach. Ein großer Rechtsbogen und darauffolgend ein Linksbogen leitet uns wieder ins Riedbachtal. An einem Parkplatz bietet sich linker Hand die Möglichkeit, die spektakulären Scheidegger Wasserfälle zu besuchen. Mit diesen schönen Eindrücken geht es dann weiter zur Querung der B308. Wir halten uns geradeaus steil über einen Fahrweg bergan, an mehreren Häusern vorbei. Auf Höhe einer Linde mitsamt einer schönen Rastbank zweigt die Route unterhalb von Ostkinberg vom Fahrweg ab. Links herum erreichen wir eine weitere Fahrstraße, die uns geradewegs zum Ortsteil Lötz bringt. Hier halten wir uns rechts und wandern über Feld- und Waldwege zum Ortsteil Allmannsried, vorbei an einer Ferienhaussiedlung und einem Aussichtspunkt.Nach dem Örtchen geht es halb links wieder für längere Zeit durch den Wald. Wir folgen den Schildern Richtung Waldsee. Die Route führt uns dabei erst über das Lindenberger Moos. Danach erreichen wir den idyllisch gelegenen Waldsee. Vor dem Hotel Waldsee geht es rechts zum Parkplatz. Wir passieren das Eisstadion und einen Kreisverkehr, dann biegen wir links in die Austraße ein, dann nochmals links in die Martinsstraße. Bis zur Austraße geht es oberhalb von Lindenberg stadteinwärts, dann rechts kurz bergab und an der nächsten Kreuzung links auf dem Gehweg zur Stadtmitte. Eine Unterführung bringt uns in den Stadtpark und zur Themeninsel. Am Ende des Parks zweigen wir im rechten Winkel ab. Die Bismarckstraße queren wir zur Bahnhofstraße. Der Hauptstraße folgen wir dann nach links durch die Innenstadt stadtauswärts. Schließlich erreichen wir rechter Hand das Deutsche Hutmuseum und den Start- und Willkommensplatz.

Autoren Tipp

Das sehr interessante und sehenswerte Hutmuseum in Lindenberg ist seit 2014 im Gebäude der ehemaligen Hutfabrik untergebracht. In der neu konzipierten und modern gestalteten Dauerausstellung gibt es Hutgeschichte(n) zum Aufsetzen und Anfassen. 300 Jahre Hutmode werden hier mit kleinen und großen Geschichten ansprechend dargestellt. Im Mittelpunkt der Erzählungen stehen fleißige Heimarbeiterinnen, mutige Huthändler und mächtige Fabrikanten. Auf fast 1.000 m^2 werden Hutherstellung, Hutmode und Hutstadt dargestellt.

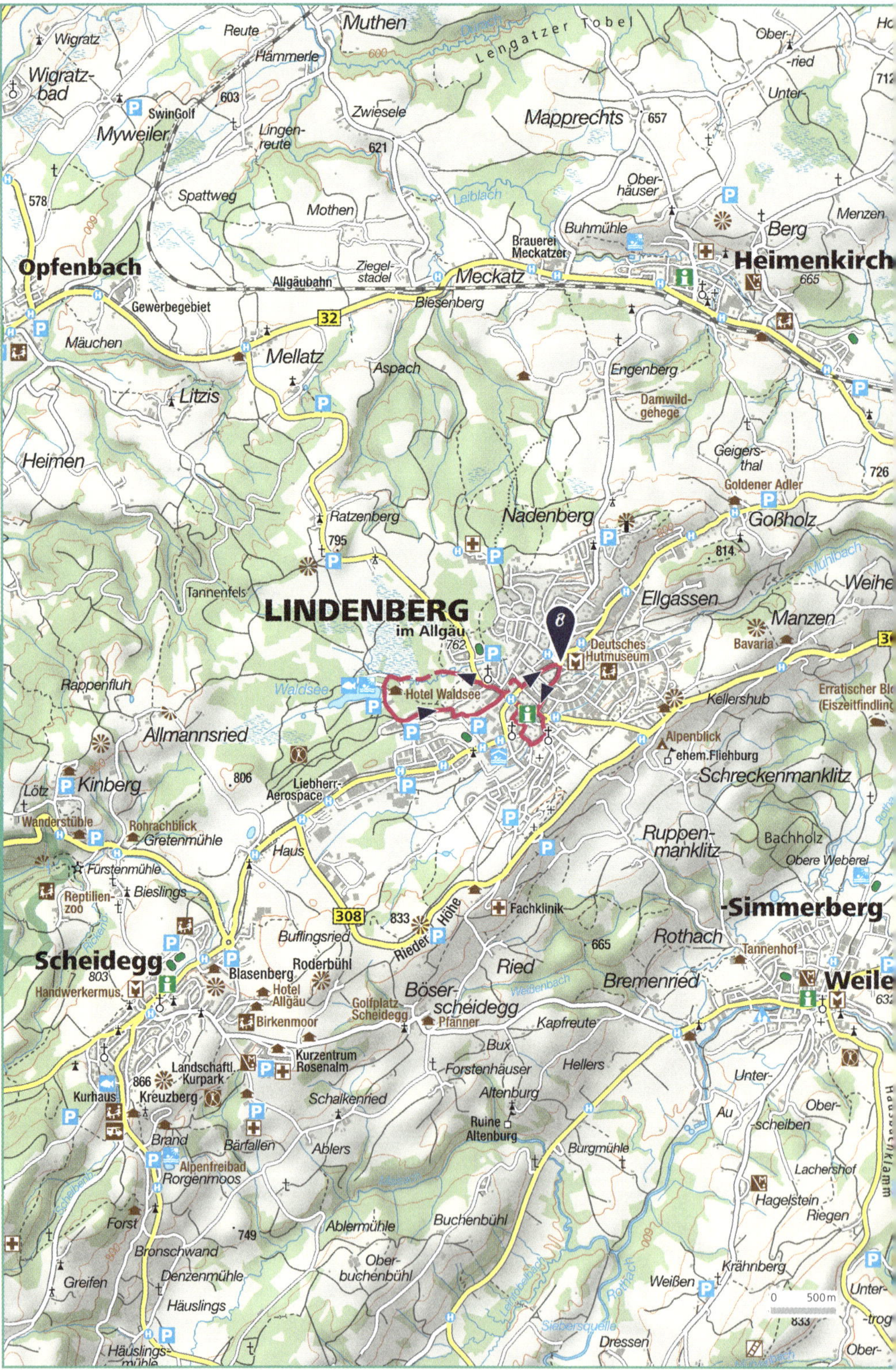

08

Muthen
Lengatzer Tobel
Ober-ried
Unter-
Wigratz
Wigratzbad
Reute
Hämmerle
SwinGolf
Myweiler
603
Lingenreute
Zwiesele
621
Mapprechts
657
Spattweg
Mothen
Leiblach
Oberhäuser
Berg
Menzen
578
Opfenbach
Buhmühle
Brauerei Meckatzer
Heimenkirch
Ziegelstadel
Allgäubahn
Meckatz
665
Gewerbegebiet
32
Biesenberg
Mäuchen
Mellatz
Aspach
Engenberg
Litzis
Damwildgehege
Heimen
Geigersthal
726
Goldener Adler
Ratzenberg
Nadenberg
Goßholz
795
814
Tannenfels
Ellgassen
Weihe
LINDENBERG
im Allgäu
762
Manzen
Deutsches Hutmuseum
Bavaria
Rappenfluh
Waldsee
Hotel Waldsee
Kellershub
Erratischer Bl
(Eiszeitfindling
Allmannsried
Alpenblick
ehem. Fliehburg
806
Liebherr-Aerospace
Schreckenmanklitz
Lötz
Kinberg
Wanderstüble
Rohrachblick
Gretenmühle
Ruppenmanklitz
Bachholz
Obere Weberei
Haus
Fürstenmühle
Reptilienzoo
Bieslings
308
833
Fachklinik
-Simmerberg
Buflingsried
Riedet Höhe
665
Rothach
Tannenhof
Scheidegg
803
Blasenberg
Roderbühl
Ried
Bremenried
Weile
Handwerkermus.
Hotel Allgäu
Böserscheidegg
Golfplatz Scheidegg
Weißenbach
Birkenmoor
Pfänner
Kapfreute
Kurzentrum Rosenalm
Bux
Landschaftl. Kurpark
Forstenhäuser
Hellers
Unter-
866
Kreuzberg
Schalkenried
Altenburg
Ober-
Kurhaus
Au
-scheiben
Ruine Altenburg
Brand
Bärfallen
Ablers
Burgmühle
Lachershof
Alpenfreibad
Rorgenmoos
Hagelstein
Riegen
Forst
Ablermühle
Buchenbühl
749
Bronschwand
Oberbuchenbühl
Krähnberg
Greifen
Denzenmühle
Weißen
Unter-
Häuslings
Rothach
Siebersquelle
0 500 m
-trog
833
Häuslingsmühle
Dressen
Ober-

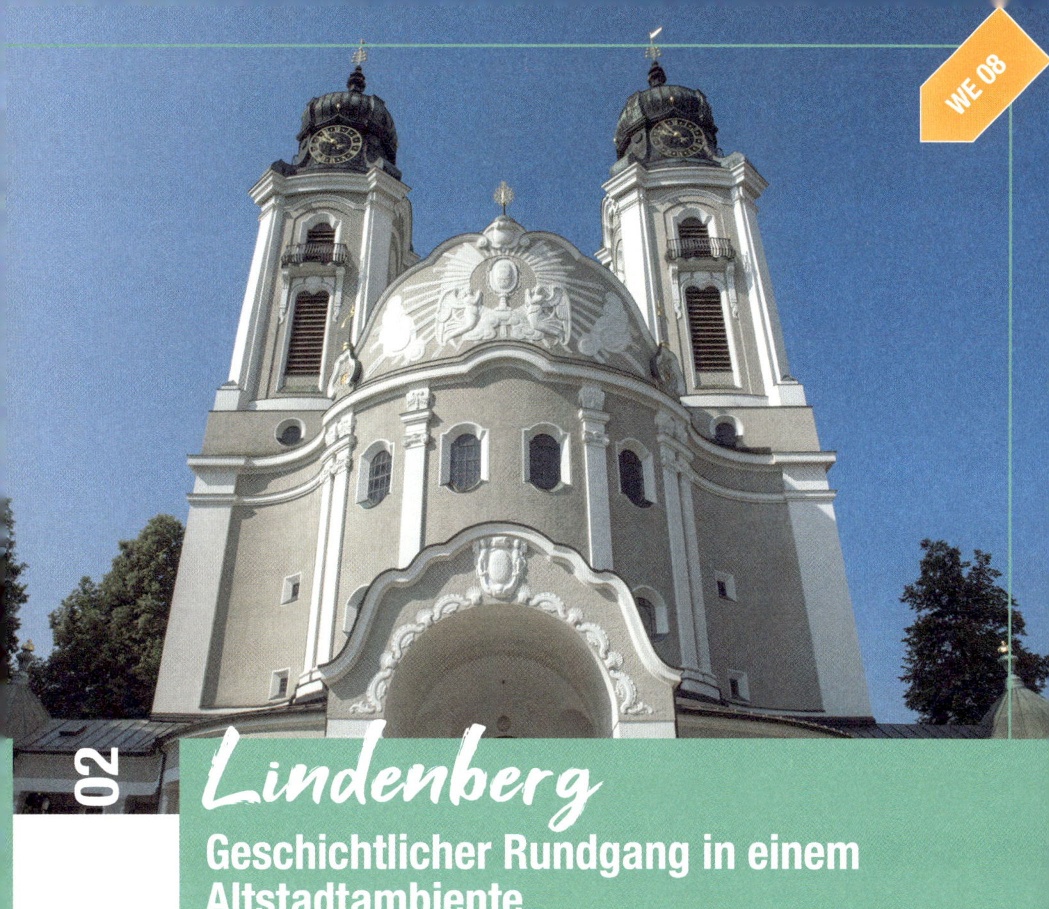

Tag 02

Lindenberg

Geschichtlicher Rundgang in einem Altstadtambiente

TOURENART	Sightseeingtour
DAUER	1h 15min
LÄNGE	4,2 km
HÖHENMETER	17 hm
SCHWIERIGKEIT	LEICHT
MIT ÖPNV ERREICHBAR	ja

Das erwartet dich ...

Heute machen wir einen ausgedehnten Spaziergang durch die Lindenberger Geschichte. Da gibt es eine Menge zu entdecken, nicht nur aufgrund des interessanten Umlandes. Die ausgewogene Runde erfreut uns mit viel Natur und Kultur. Seeblick und Altstadtkulisse sind ein weiteres Highlight bei dieser geschichtsträchtigen Wanderung.

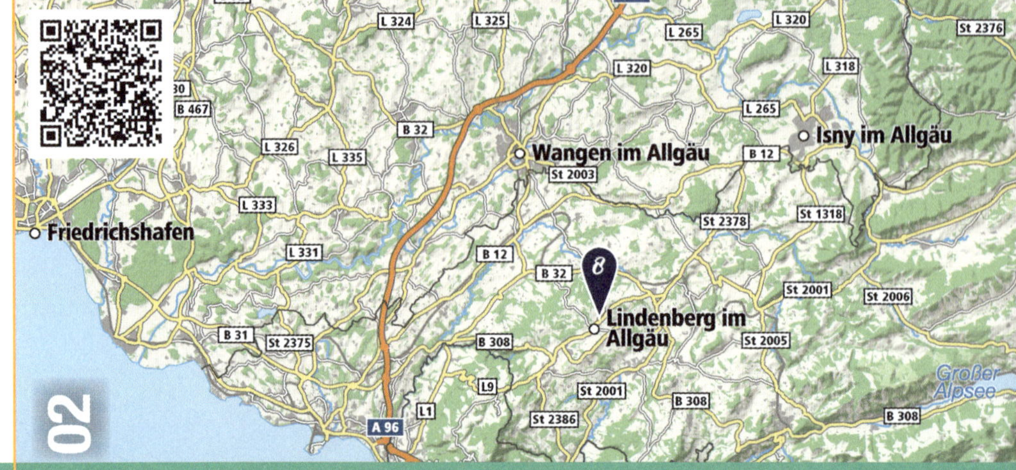

Tag 02

Start & Ziel & Anreise

Unser Ausgangspunkt ist heute das Deutsche Hutmuseum in der Hauptstraße in Lindenberg. Mit dem Auto fahren wir bequem über die A 7 und anschließend die A 96 Richtung Lindau bis zur Ausfahrt Wangen-Nord. Von dort ist es noch gut eine Viertelstunde bis nach Lindenberg. Bei Anreise per Bahn sind die nächstgelegenen Bahnstationen Röthenbach im Allgäu und Heimenkirch. Der Linienbus bringt uns mit der Linie 11, 12 oder 13 nach Lindenberg, Haltestelle Hutmacherplatz oder ZOB.

Tourenbeschreibung

Unseren kultur- und geschichtsträchtigen Lindenbergrundgang beginnen wir am Start- und Willkommensplatz der Wandertrilogie Allgäu beim Deutschen Hutmuseum von Lindenberg. Die Freiwillige Feuerwehr im Blick laufen wir erst einmal zur Hauptstraße. Ihr folgen wir ein gutes Stück Richtung Innenstadt und biegen dann links ab. An der Kreuzung folgen wir der Marktstraße bis zum Kreisel. Nach rechts passieren wir das Gasthaus zum Löwen und gelangen an die frühere Pfarrkirche St. Peter und Paul. Sie wurde seit dem Bau der neuen Pfarrkirche in Aureliuskirche umbenannt. Sie hatte bis zur Umbenennung gut 600 Jahre den Status der katholischen Pfarrkirche inne. Ihr Satteldach ist der älteste Teil des Bauwerks. Vor der Kirche halten wir uns rechts zum Antoniusplatz; hier finden wir rechts das ehemalige Volksschulgebäude. Es wurde 1910 eingeweiht und beherbergt ein schönes Wandgemälde von Luis Gurschler.

Links vor dem Friedhof finden wir auf der rechten Seite drei Trilogienadeln. Sie thematisieren den für Lindenberg einst bedeutsamen Pferdehandel, die Geschichte der Lindenberger Hutherstellung und die Geschichte des sehenswerten Alten Friedhofs. Eben jener beherbergt viele Gräber einst bedeutsamer Persönlichkeiten Lindenbergs. Unsere Runde leitet uns über den Aureliusplatz zur Hirschstraße. Hier biegen wir rechts ein und erhaschen dabei einen Blick auf die eindrucksvolle Pfarrkirche St. Peter und Paul. Wir gelangen an die Kreuzung mit der Hauptstraße. Wir biegen rechts ein, halten uns gleich darauf jedoch schon wieder links. Die Goethestraße bringt uns an die dreitürmige Kirche St. Peter und Paul. Unterhalb dieser Kirche bringt uns die Route wenige Meter weiter zur Rathausstraße. Wir halten uns rechts vorbei am Stadtplatz und am Lindenberger Rathaus. An der Sedanstraße biegen wir links ein und passieren die Schäfflerstraße. An der Hauptverkehrsstraße, der belebten Blumenstraße, bleiben wir geradeaus – an der Fußgängerampel können wir sie überqueren. Wir bleiben auf der Sedanstraße. Schließlich biegen wir auf Höhe des Stadtparks mit Blick auf die Aldi Filiale nach links ab. Der Geh- und Radweg leitet hier zu einem innerörtlichen, autofreien Verkehrsweg ab. Wir gehen geradewegs bis zur Austraße. Der Weg führt rechts leicht hinauf. Wir erreichen die Kreuzung mit der Martinstraße. Nach links treffen wir wieder auf die Austraße. Sie führt uns dann nach rechts weiter zum Waldsee, vorbei an einigen Parkplätzen und dem Eisstadion.

Schließlich erreichen wir den Waldsee; unsere Runde macht einen Rechtsschlenker am Ufer des Sees entlang. Rechter Hand erblicken wir das Hotel Waldsee. Wir umrunden es nach rechts, um gleich danach links abzubiegen. Der Wald empfängt uns und der Weg führt nun Richtung Kneipptretstelle. An den folgenden beiden Weggabelungen halten wir uns jeweils rechts. Der parkähnliche, strukturierte Wald beeindruckt uns mit seinem tollen Altbaumbestand. Der schöne Moosbach begleitet uns stets in Sicht- und Hörweite. Wir gehen geradeaus, vorbei am Abzweig zum Kneippbecken. Schließlich erreichen wir wieder ein paar Häuser von Lindenberg. Hier trifft der Rundweg auf den Waldseeweg. Er führt uns zur Sedanstraße. Nach rechts geht es vorbei an der Kreuzung Heinrich-Brauns-Straße und immerzu geradeaus, bis wir nach links in den Stadtpark hinein abbiegen.

Nach der Moosbachbrücke besuchen wir in einem kleinen Abstecher die Themeninsel mit den drei Trilogienadeln. Sie stehen unter den Themen Torf, Lindenbergs Wasserversorgung und dem Waldsee. Dann spazieren wir weiter geradeaus durch den Stadtpark. Vor dem Sportplatz und an der Rückseite des Einkaufszentrums biegen wir rechts ein bis zur Bismarckstraße. Der Trilogierundgang folgt ihr nach links bis zur Kreuzung mit der Hauptstraße. Noch einmal wenden wir uns nach links, ein kurzes Stück die Hauptstraße entlang. Schließlich schwenken wir nach rechts zum Start- und Willkommensplatz beim Deutschen Hutmuseum.

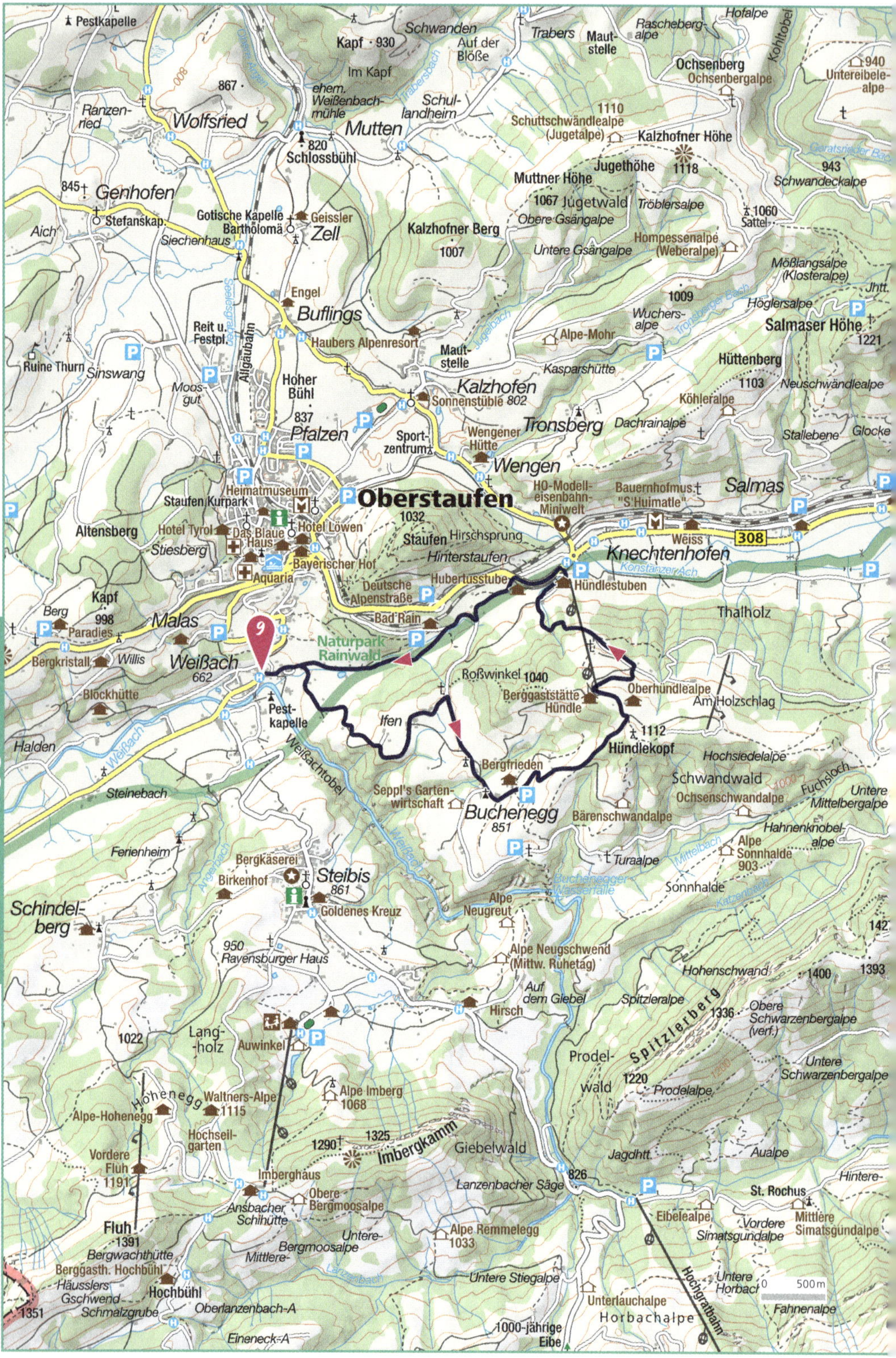

Pestkapelle
Kapf 930
Schwanden
Auf der Blöße
Trabers
Mautstelle
Rascheberg-alpe
Hofalpe
Kohltobel
Im Kapf
867
Ochsenberg
Ochsenbergalpe
940
Untereibele-alpe
Ranzenried
ehem. Weißenbachmühle
Schullandheim
Wolfsried
Mutten
1110
Schuttschwändlealpe (Jugetalpe)
Kalzhofner Höhe
1118
820
Schlossbühl
Jugethöhe
943
Schwandeckalpe
845
Genhofen
Muttner Höhe
1067
Jugetwald
Tröblersalpe
1060
Sattel
Gotische Kapelle Bartholomä
Geissler
Zell
Stefanskap.
Aich
Siechenhaus
Kalzhofner Berg
1007
Obere Gsängalpe
Untere Gsängalpe
Hompessenalpe (Weberalpe)
Mößlangsalpe (Klosteralpe)
Engel
1009
Jhtt.
Buflings
Wuchers-alpe
Höglersalpe
Salmaser Höhe
1221
Reit u. Festpl.
Allgäubahn
Haubers Alpenresort
Alpe-Mohr
Mautstelle
Ruine Thurn
Sinswang
Kasparshütte
Hüttenberg
Hoher Bühl
Kalzhofen
1103
Neuschwändlealpe
Moosgut
Sonnenstüble 802
Köhleralpe
837
Tronsberg
Dachrainalpe
Stallebene
Glocke
Pfalzen
Sportzentrum
Wengener Hütte
Wengen
Heimatmuseum
H0-Modelleisenbahn-Miniwelt
Bauernhofmus. "S'Huimatle"
Salmas
Staufen Kurpark
Oberstaufen
1032
Altensberg
Hotel Tyrol
Das Blaue Haus
Hotel Löwen
Staufen
Hirschsprung
Weiss
308
Stiesberg
Bayerischer Hof
Hinterstaufen
Knechtenhofen
Aquaria
Konstanzer Ach
Deutsche Alpenstraße
Hubertusstube
Hündlestuben
Kapf
Berg
998
Paradies
Malas
Bad Rain
Thalholz
Bergkristall
Willis
Weißbach
662
Naturpark Rainwald
9
Roßwinkel 1040
Oberhündlealpe
Blockhütte
Pestkapelle
Berggaststätte Hündle
Am Holzschlag
Ifen
1112
Hündlekopf
Halden
Weißach
Weißachtobel
Hochsiedelalpe
Bergfrieden
Schwandwald
Steinebach
Seppl's Gartenwirtschaft
Buchenegg
851
Ochsenschwandalpe
Fuchsloch
Untere Mittelbergalpe
Bärenschwandalpe
Hahnenknobelalpe
Ferienheim
Alpe Sonnhalde 903
Turalpe
Mittelbach
Bergkäserei
Steibis
861
Buchenegger Wasserfälle
Sonnhalde
Birkenhof
Goldenes Kreuz
Schindelberg
Alpe Neugreut
950
Ravensburger Haus
Alpe Neugschwend (Mittw. Ruhetag)
Hohenschwand
1400
1393
Auf dem Giebel
Spitzlerberg
Spitzlealpe
1336
Obere Schwarzenbergalpe (verf.)
Hirsch
Langholz
Auwinkel
1022
Prodelwald
Untere Schwarzenbergalpe
Alpe Imberg 1068
1220
Prodelalpe
Hohenegg
Waltners-Alpe 1115
Alpe-Hohenegg
Hochseilgarten
1290
1325
Imbergkamm
Giebelwald
Vordere Fluh 1191
Jagdhtt.
Aualpe
Imberghaus
826
Hintere-
Lanzenbacher Säge
St. Rochus
Ansbacher Schihütte
Obere Bergmoosalpe
Eibelealpe
Vordere Simatsgundalpe
Mittlere Simatsgundalpe
Fluh 1391
Untere-
Bergmoosalpe
Alpe Remmelegg 1033
Mittlere-
Bergwachthütte
Berggasth. Hochbühl
Hochgratbahn
Lanzenbach
Untere Stiegalpe
Untere Horbach
0 500 m
Häusslers Gschwend
Hochbühl
Schmalzgrube
Oberlanzenbach-A
Unterlauchalpe
Horbachalpe
Fahnenalpe
1351
1000-jährige Eibe
Eineneck-A

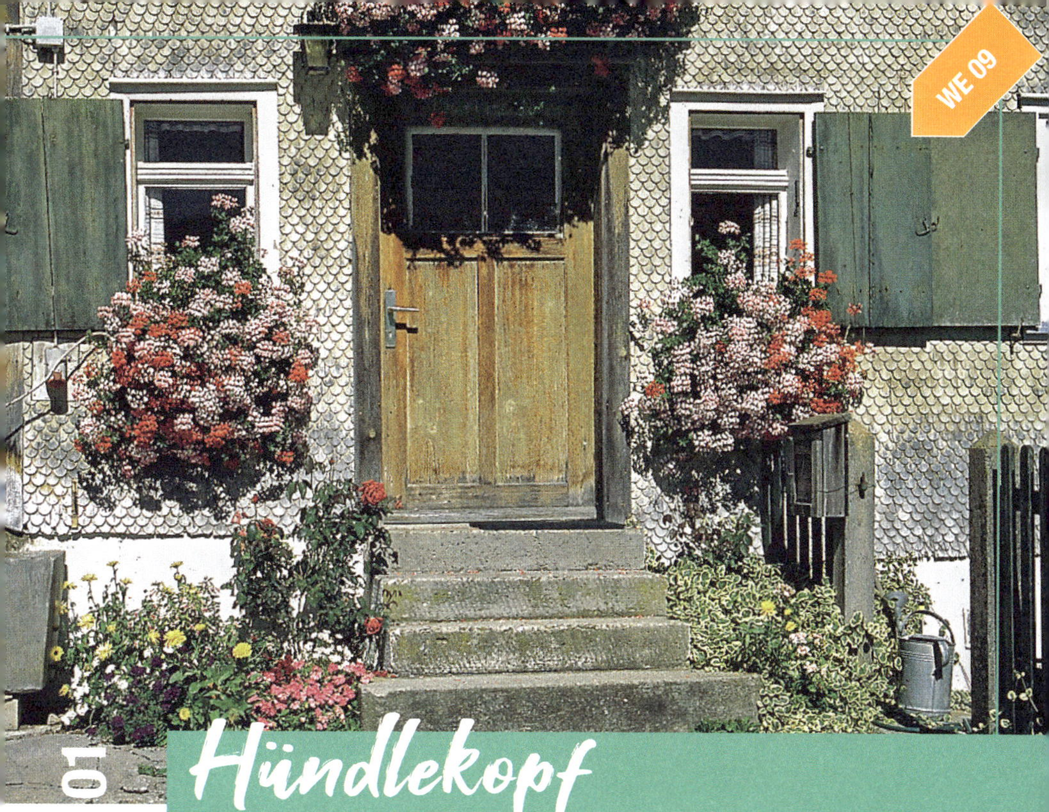

WE 09

Tag 01

Hündlekopf

Leicht erreichbares Bergziel mit „Wirtshausbegleitung“

TOURENART	Wandertour
DAUER	3h 45min
LÄNGE	11,5 km
HÖHENMETER	450 hm
SCHWIERIGKEIT	LEICHT
MIT ÖPNV ERREICHBAR	ja

Das erwartet dich ...

Die abwechslungsreiche, kleine Rundwanderung hält nur mäßig steile Aufstiege für uns bereit. Die zumeist Zieh- und Alpenwege sind ausreichend beschildert, mancherorts wandern wir auch über ruhige Sträßchen und Pfade. Dabei erfreuen wir uns fast ununterbrochen an wunderschönen Panoramaaussichten. Eine angenehme Begleiterscheinung auf dieser einfachen Bergrunde sind die vielen Wirtshäuser auf unserem Weg.

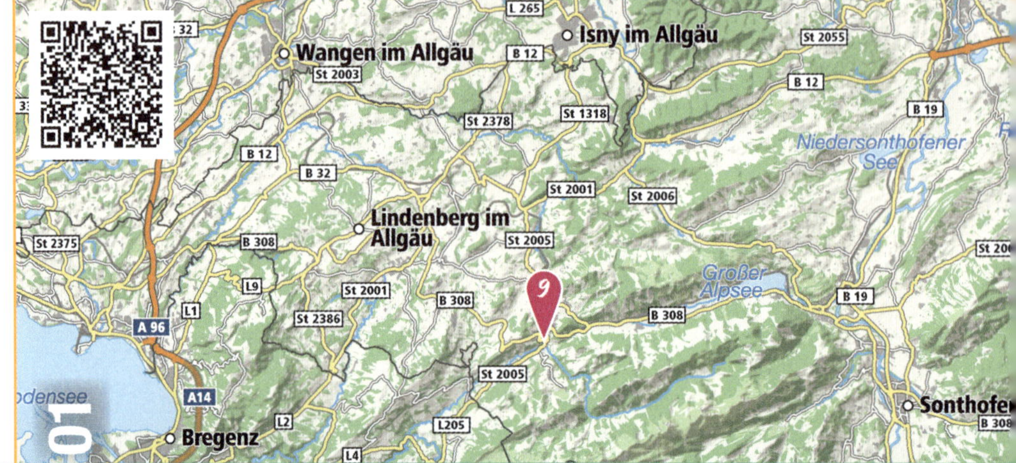

Tag 01

Start & Ziel & Anreise

Unsere kleine Rundtour startet in Oberstaufen bei der Bushaltestelle an der Weißachmühle in der Mühlenstraße. Hier befinden sich auch einige Parkplätze. Von Lindau fährt fast stündlich eine Regionalbahn nach Oberstaufen. Mit dem Auto erreichen wir den Ort über die B 308 aus westlicher und östlicher Richtung.

Tourenbeschreibung

Heute können wir den Rucksackproviant mal getrost zu Hause lassen. Beschwingten Fußes und ohne schweres Gepäck machen wir uns auf, das „liebenswerte Gipfelchen" unserer Tour zu erklimmen. Es liegt dem Prodelkamm vorgelagert zwischen dem Konstanzer Tal und dem Weißachtal. An der Weißachmühle an der quickfidelen Weißach starten wir auf den Sennereiweg. An einer Weggabelung achten wir auf das Wegschild „Ifen". Am Ortsende beginnt ein Ziehwegaufstieg, der einen herrlichen Blick nach Oberstaufen gewährt. Ein wenig weiter oben wechseln wir auf einen Pfad am Waldrand entlang hinauf. Wir erreichen den abgelegenen Weiler Ifen. Hier bringt uns ein verkehrsfreies Sträßchen eine kleine Strecke am tief eingeschnittenen Weißachtobel entlang. Bei einer Weißtanne teilt sich die Straße. Hier halten wir auf den Hochgrat zu bis zur alten Bauernsiedlung Buchenegg, von der aus wir uns weiter Richtung Hündlealpe richten.

Wir spazieren über einen geteerten Alpweg und passieren eine Schranke. Dann windet sich der Weg bergan über die Weidehänge und zeichnet ein hübsches Bild an den Weidehängen entlang. Noch vor Ende des Weges erblicken wir über Steibis den mächtigen Säntis. Kurz darauf erreichen wir über einen schmalen Pfad den Hündlekopf. Wir schauen auf den Alpsee und die idyllische Landschaft des Westallgäus hinab. Südlich erhebt sich der Nagelfluhkamm. Wir genießen es hier ganz in Ruhe zu sitzen und die Blicke über Höhen und Täler schweifen zu lassen. Schließlich machen wir uns auf zur Hündlealpe, zu der ein Ziehweg führt. An der Gaststätte Hündlealpe befindet sich auch die Bergstation des Sesselliftes. Ein Schild mit der Aufschrift „Talstation" leitet uns auf einen Pfad. Er führt gemütlich über Viehweiden bergab. Bei einem Schlepplift stoßen wir auf einen Alpweg. Er schlängelt sich in Kehren zum Wirtshaus Hündle-Stuben im Konstanzer Tal. Hinter der Unterführung der Bundesstraße wandern wir auf eine stillen, flachen Sträßchen an den Häusern von Hinterstaufen vorbei. Im Ortsteil Bad Rain zweigen wir auf einen Waldweg ab. Er bringt uns, von einem Bächlein begleitet, talwärts zurück nach Weißach.

Herrlicher Ausblick von der Hündlebahn-Bergstation

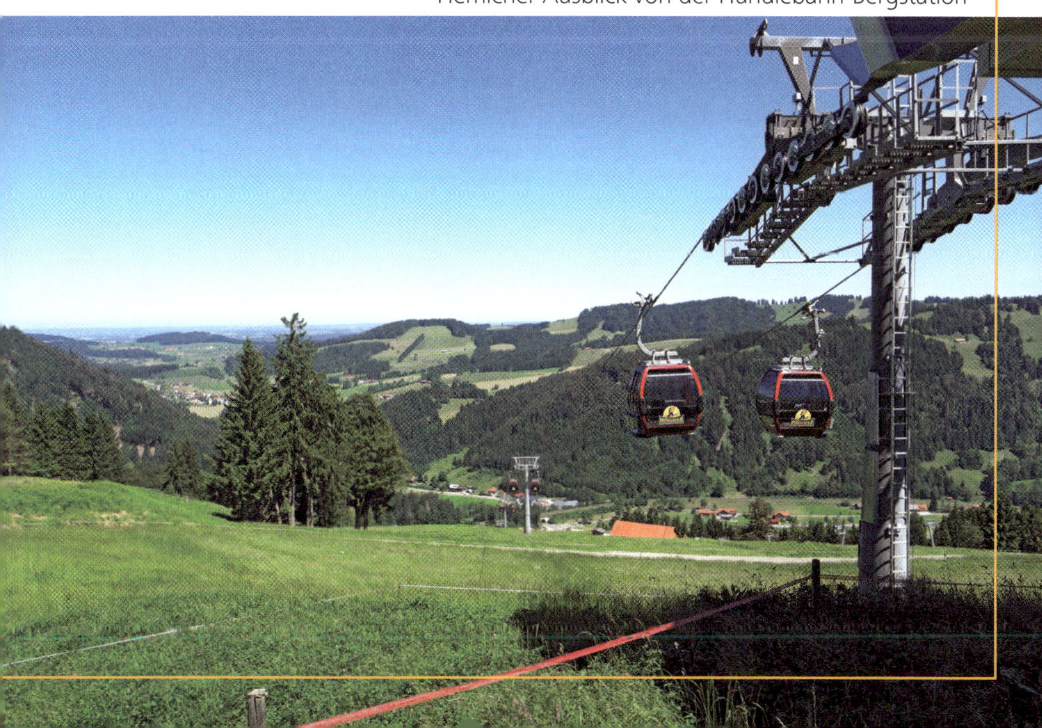

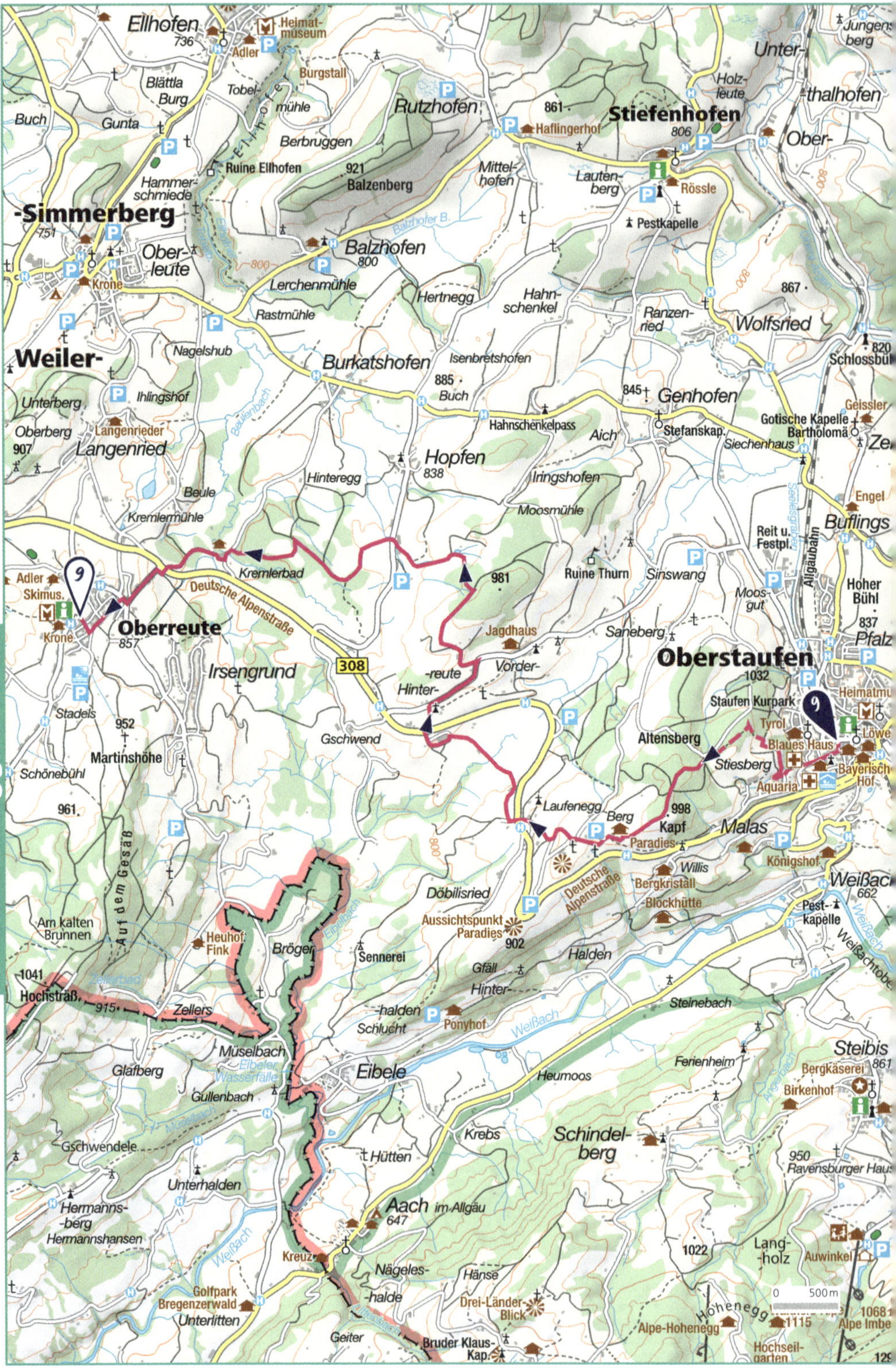

Ellhofen 736
Heimatmuseum
Adler
Burgstall
Blättla Burg
Tobelmühle
Rutzhofen
861
Haflingerhof
Stiefenhofen 806
Unterthalhofen
Holzleute
Jungensberg
Ober-
Buch
Gunta
Berbruggen
Ruine Ellhofen
921 Balzenberg
Mittelhofen
Lautenberg
Rössle
Pestkapelle
Hammerschmiede
-Simmerberg 751
Oberleute
Krone
Balzhofen 800
Balzhofer B.
Lerchenmühle
Hertnegg
Hahnschenkel
Ranzenried
867
Wolfsried
820 Schlossbühl
Rastmühle
Weiler-
Nagelshub
Burkatshofen
Isenbretshofen
885 Buch
845 Genhofen
Unterberg
Ihlingshof
Hahnschenkelpass
Stefanskap.
Gotische Kapelle Bartholomä
Geissler
Oberberg 907
Langenrieder
Langenried
Aich
Siechenhaus
Hopfen 838
Hinteregg
Iringshofen
Engel
Beule
Moosmühle
Buflings
Kremlermühle
Reit u. Festpl.
Allgäubahn
Kremlerbad
Ruine Thurn
Sinswang
Adler
Skimus.
Krone
Oberreute 857
Deutsche Alpenstraße
981
Moosgut
Hoher Bühl 837
Jagdhaus
Saneberg
Pfalz
Irsengrund
308
Vorder-
-reute
Hinter-
Oberstaufen 1032
Heimatmu
Staufen Kurpark
Tyrol
Löwe
Stadels
952
Gschwend
Altensberg
Blaues Haus
Martinshöhe
Stiesberg
Bayerisch Hof
Aquaria
Schönebühl
961
Laufenegg
Berg
998 Kapf
Malas
Paradies
Willis
Königshof
Weißach 662
Auf dem Gesäß
Döbilisried
Deutsche Alpenstraße
Bergkristall
Blockhütte
Pest-kapelle
Am kalten Brunnen
Heuhof Fink
Bröger
Elbelbach
Aussichtspunkt Paradies 902
Halden
Weißachtobel
Sennerei
Gfäll
Hinter-
1041 Hochsträß 915
Zellers
-halden
Schlucht
Ponyhof
Steinebach
Müselbach
Weißach
Steibis 861
Glafberg
Eibeler Wasserfälle
Eibele
Heumoos
Ferienheim
Bergkäserei
Birkenhof
Gullenbach
Gschwendele
Krebs
Schindelberg
Hütten
Unterhalden
950 Ravensburger Haus
Hermannsberg
Hermannshansen
Aach im Allgäu 647
1022
Langholz
Auwinkel
Kreuz
Nägeleshalde
Hänse
Golfpark Bregenzerwald
Unterlitten
Drei-Länder-Blick
Hohenegg
1115
1068 Alpe Imberg
Alpe-Hohenegg
Geiter
Bruder Klaus-Kap.
Hochseilgarten
0 500 m

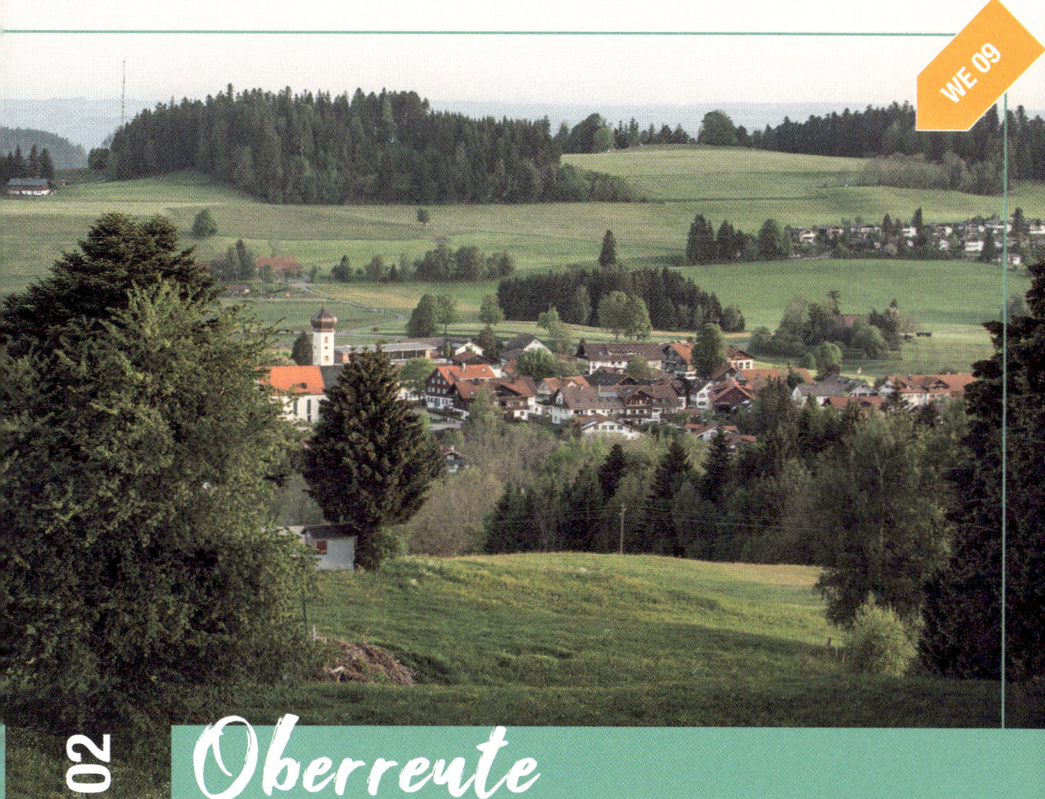

WE 09

02 Tag

Oberreute

Einsame Wanderung mit Weitblick

TOURENART	Wandertour
DAUER	3h 15min
LÄNGE	10,8 km
HÖHENMETER	407 hm
SCHWIERIGKEIT	LEICHT
MIT ÖPNV ERREICHBAR	ja

Das erwartet dich ...

Wie in einem Segelflug bringt uns die heutige Wanderung erst mit Weitblicken, dann über allen Dingen schwebend, im „Gleitflug" nach Oberreute. Das Örtchen haben wir schon eine ganze Weile im Visier. Angenehme, einfache Wege machen den Ausflug noch entspannter. Im Auf und Ab begegnen uns viele Weiler, bieten sich herrliche Aussichten, erwarten uns einige Kapellen und empfängt uns eine stille Waldeinsamkeit.

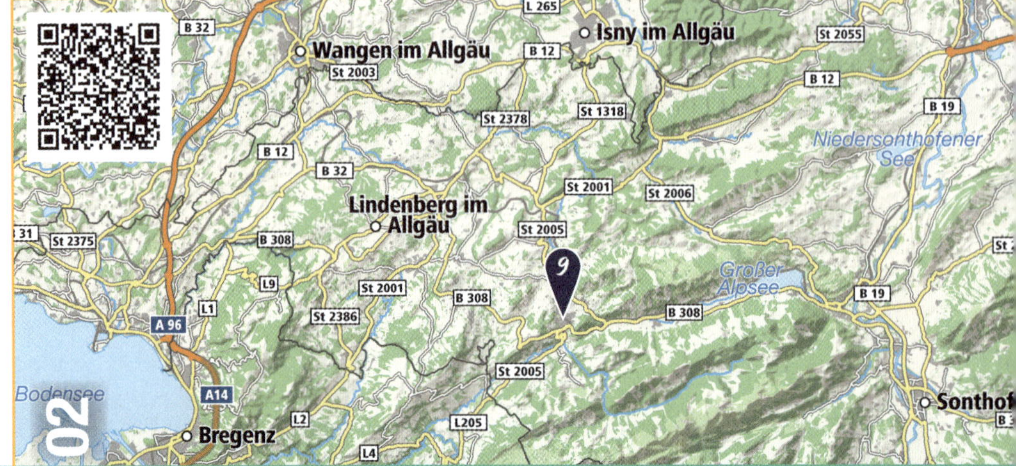

Tag 02

Start & Ziel & Anreise

Los geht's heute in der Hugo-von-Königsegg-Straße in Oberstaufen, direkt beim Haus des Gastes. Von Lindau fährt fast stündlich eine Regionalbahn nach Oberstaufen. Mit dem Auto erreichen wir den Ort über die B308 aus westlicher und östlicher Richtung.

Tourenbeschreibung

Vom Start- und Willkommensplatz in Oberstaufen spazieren wir durch den kleinen Park. Rechter Hand nimmt uns die Johann-Schroth-Straße auf, dann halten wir uns nochmals rechts durch die Schlossstraße. Auf der linken Seite erreichen wir das Hotel Diana. Etliche Stufen steigen wir dann auf einem Kreuzweg zur Kapelle auf den Kalvarienberg hinauf. Bei der nächsten Kreuzung halten wir uns links und stoßen auf einen asphaltierten Fahrweg. Auf ihm wandern wir nach rechts, zuerst an der Fokussierstele mit einem schönen Blick auf St. Peter und Paul vorbei. Eine erste Abzweigung ignorieren wir, doch schon kurz drauf halten wir uns links und folgen einem steilen Pfad hinauf. Er bringt uns bald am Waldrand entlang bis an eine T-Kreuzung, an der wir links abbiegen, doch gleich darauf wieder rechts einbiegen um weiter durch den Wald zu laufen. Nach mäßigem Anstieg erreichen wir den Waldrand.

Linker Hand geht es wenige Meter zum 998 Meter hoch gelegenen Aussichtspunkt Kapf. Wir wandern rechts auf einem steil abfallenden Weg über ein paar Wiesen. Am Weiler Berg erwartet uns schon das Hotel und Café Berghof am Paradies. Der Fahrweg endet an einer T-Kreuzung, an der wir rechts einbiegen. An der folgenden Weggabelung halten wir uns nochmals rechts und gehen hinab bis zur B 308. Geradeaus hinüber gelangen wir an einen Fahrweg. Wir halten uns rechts vorbei an einer hübsch verschindelten Kapelle und dem Weiler Hinterreute. Nach einer Linkskurve halten wir uns scharf links und wandern auf dem Fahrweg zu zwei Gehöften mit einem schönen Lindenbaum. Wir passieren dieses Ensemble und kommen zu einem Wiesenweg. Nach einem aussichtsreichen Bogen nähern wir uns dem Waldrand. An der nächsten Kreuzung halten wir uns links und laufen mäßig steil hinab. Nach zwei Fischteichen und einer Skiliftanlage erreichen wir die Landstraße.

Hier wenden wir uns kurz nach rechts. Bei einer Rastanlage mit Infotafeln geht es jedoch schon wieder links über Wiesen zum Waldrand hinüber. Bald darauf befindet sich links ein Zuweg zum Kräutergarten Artemisia. Dort empfangen uns ein Hofladen, eine Gärtnerei und eine Gaststube. Unsere Hauptroute führt uns geradeaus weiter. Wir biegen an der nächsten Kreuzung rechts ab und halten uns dann im spitzen Winkel links, erst durch den Wald, dann über eine herrliche Waldwiese und anschließend einer Waldpassage. An der folgenden Weggabelung halten wir uns links bis zur Fahrstraße, an der wir nochmals links einbiegen, bis wir am Kremlerbad stehen. Die Route führt nun nach rechts durch den Wald bis zur Eingangsstele von Oberreute. Wir unterqueren die B 308 und gelangen an die Staufener Straße. Ihr folgen wir nach links bis zur Irsengrunder Straße hinauf. Wir überqueren eine Straße und spazieren auf einem ausgewiesenen Fußgängerweg bis zur Hirschbergstraße. Sie bringt uns weiter zur Sonnenhalde und rechts durch den Kurpark zum Start- und Willkommensplatz vor der Kirche St. Martin.

Autoren Tipp

In Oberstaufen lässt sich hervorragend der Schrothkur frönen. Das Naturheilverfahren, das auf den Fuhrmann Johann Schroth (1798–1856) zurückgeht, beruht auf vier Säulen: Diät, reinigende Wickel, Trink- und Trockentage, Ruhe und Bewegung. Sie alle greifen ineinander und haben so manchen Kurgast wieder in Balance gebracht. Das Verfahren wird in vielen Kurkliniken in Oberstaufen angeboten.

10

Gosbolz
Burst
Riesentanne
Dorfweiher
Ritzenschattenhalb
Gerholz
854
861
886
Widdum
Rieder
Rochus-
kapelle
Waldgrotte
Lohwegkapelle
Lüßeck
948
Höllanger
960
Waldkapelle
Freundpolz
1014
1244
Thalhofer
Alpe
Trettenbach
Alpkönigblick
1242
Klings Hütte (nur Sommer)
Ristalpe
1235
Schwabenberg
Kirchholz
Höflealpe
H a u c h e n b e r g
St.Blasius
Kräuter-
garten
Schrofenalp
1219
Allgäuer
Bergbauernmuseum
-Wilhams
886
Diepolz
1037
Ferienpark
Oberallgäu
Alpe
Schwabenberg
1127
Rauber-
höhle
Börlas
959
Untere
Argen
Berg
Börlasbach
St. Oswald
Bergstätter
Hof
10
Missen-
Stixner Wald
Carl-Hirnbein-Mus.
859
Kühberg
1035
Knottenried
1003
Schäffler
Hinterhaselbachalpe
Westenried
Feriendorf
Sonnenhalde
Stixner
Wald
Mautstelle
Oberstixner
Luitharz
872
1032
Unterstixner
Schletter-
moos
Stixner Joch
Goldberg
Alpe
Stixnerbach
Juget-Alpe
Tuffenmoos
Im Blöckach
Alpe
Tuffenmoos
Holdalpe
1024
Siedelalpe
900
Hirsch
Städelealpe
Pfarralpe
1060
Jugetach
ZAUMBERG
834
Huhnermoosholz
Alpseeblick
NSG
Hofackeralpe
Wirtsalpe
1108
Langholzer Alpe
(verf.)
Alpe
Schönesreuth
Hochreute
Alpseewies
Kiosk
Hauserbad
1166
Thaler Höhe
Hohenschwandalpe
Trieblinger Tobel
1121
Neuschwandalpe
Trieblings
In der Au
IMMENSTADT
i. Allgäu
728
Gaiskopf
Großer Alpsee
Eggersalpe
Reuter
Sange
Maria Loreto
NSG
Kiosk
Gschwendalpe
Bleichgut
Rieder
Bleichgut
Teufelssee
Hintersee
Gschwend
Theurer
BÜHL
a. Alpsee
Hornstuben
Allgäubahn
Hölle
Jägerhaus
Rathölzer
Tobel
Pionierhütte
Hochbergalpe
1023
Alte Brände
Hub
Alpsee
Coaster
Stadtwald
Hüttenbichel
Gschwenderberg-
Alpe
1075
308
Deutsche Alpenstraße
Mühltobel
Rabennestalpe
Konstanzer
736
Ganzjahresrodelbahn
(längste Rodelbahn Dtl.)
Starketsgund-
alpe
Hornklause
Immenstädter Horn
Alter Hof-Alpe
Kletterwald
Bärenfalle
Roßhütte
Bergwachthütte
Bierleinhütte
Katzenbuckel
Rauhgrundalpe
Kleine
Starketsgundalpe
0
500 m
Hubertobel
Abenteuer
Alpe
1450
Schwingundalpe
Untere Kalle
Gschwender Horn
Kesselalpe
Wildschutz-
gebiet
Obere Kalle
Ochsenhofalpe

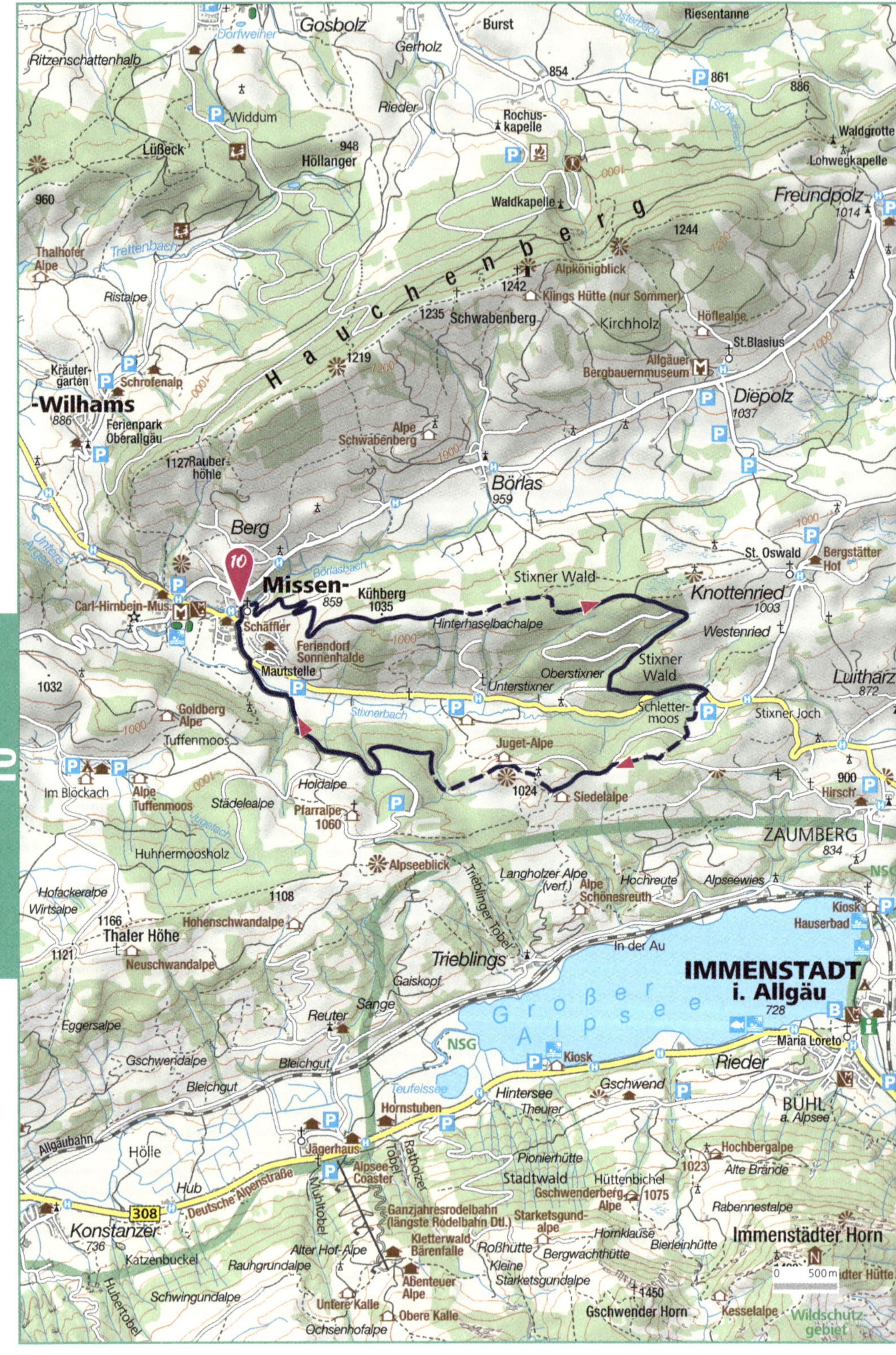

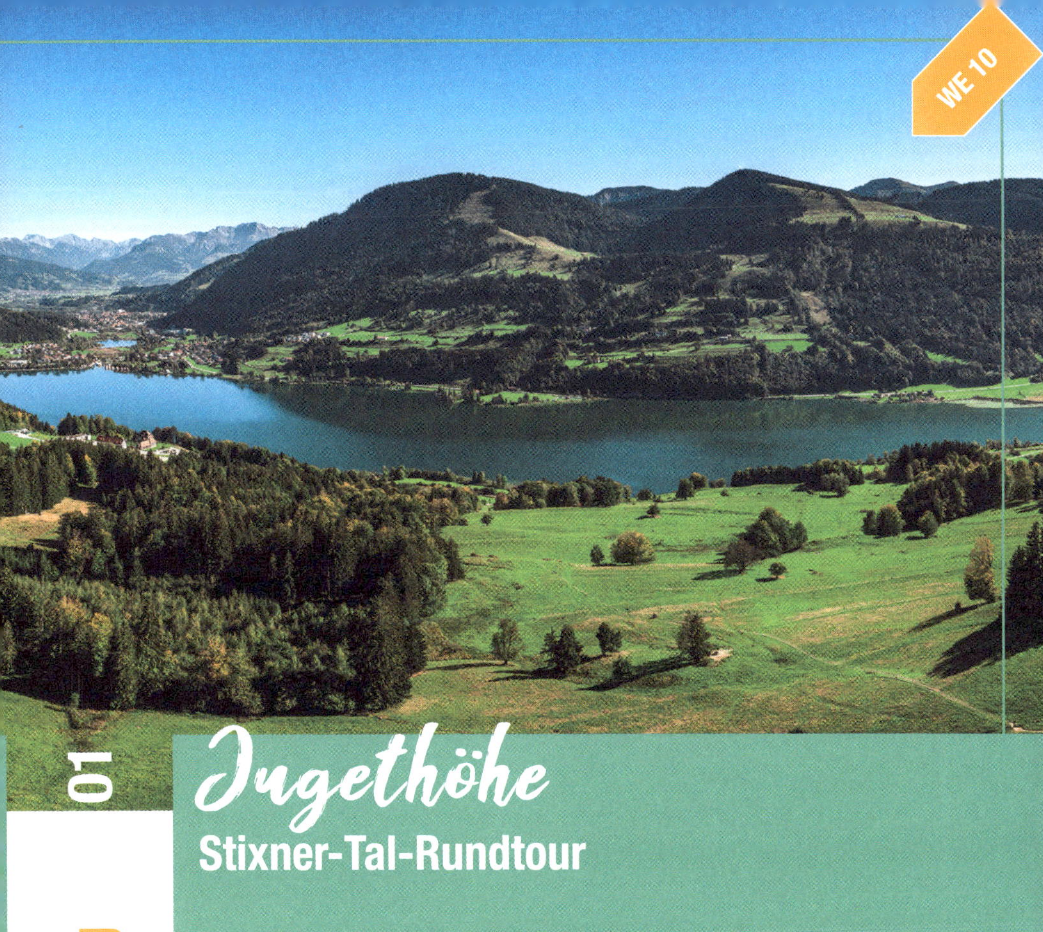

Tag 01

Jugethöhe

Stixner-Tal-Rundtour

TOURENART	Wandertour
DAUER	3h 30min
LÄNGE	11,8 km
HÖHENMETER	305 hm
SCHWIERIGKEIT	LEICHT
MIT ÖPNV ERREICHBAR	ja

Das erwartet dich …

Die beschauliche Runde führt uns über zumeist gut beschilderte Forst- und Feldwege. Auch kurze Wanderwege und Pfade sind dabei, wobei wir immer wieder kleinere Abschnitte lediglich auf Pfadspuren begehen. Zurück bringt uns dann ein Mautsträßchen. Unterwegs bereichern immer wieder tolle Weit- und Tiefblicke unsere Wanderung.

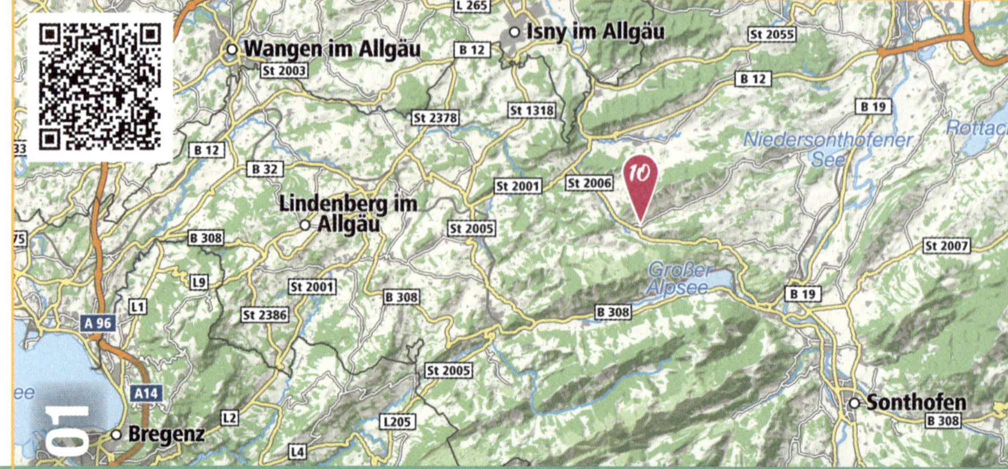

Tag 01

Start & Ziel & Anreise

Ausgangspunkt der Wanderung ist die Bushaltestelle in der Ortsmitte von Missen. Von Immenstadt pendelt der Bus der Linie 82 über Missen-Wilhams nach Kempten. Mit dem PKW erreichen wir das Örtchen über die B308.

Tourenbeschreibung

Wir starten in Missen bei der Bushaltestelle und wandern zunächst über einen geteerten Wirtschaftsweg vom Parkplatz bei der Ortsmitte Richtung Kühberg. Da wartet schon der erste Höhepunkt auf uns: Ein außerordentlich schöner Tiefblick, nicht der letzte, auf dieser herrlichen Aussichtstour. Ein Routentäfelchen schickt uns vor einem Einödhof auf einen zwischenzeitlich undeutlichen Feldweg. Dann folgt ein kleiner, wegloser Abschnitt über eine Kuhweide. Genussvoll folgen wir dem Kurs stets auf dem Kühbergrücken, der etwa parallel zum Hauchenberg verläuft. In südlicher Richtung sehen wir die Nagelfluhberge. Bei der Hinterhaselbachalpe, die immer wieder auch Kaplanalpe genannt wird, eröffnet sich uns das gesamte Panorama über den klotzigen Daumen zu den Hintersteiner Bergen. Bald schlendern wir über einen flachen Forstweg Richtung Knottenried. Der Forstweg zum Schlettermoos ist vorbildlich ausgeschildert und so fällt es uns leicht, dem abfallenden Kurs stetig zu folgen. Nach einem kurzen Wanderweg und der Querung der Staatsstraße von Missen stehen wir am Moos. Eine Beschilderung Richtung Siedelalpe schickt uns erneut auf einen Wanderweg und an einer Wollgraswiese entlang.

Wir erreichen den Wald und überqueren einen Forstweg. Ein Täfelchen „Waldweg zur Siedelalpe" weist uns die Richtung; ein leicht ansteigender Wurzelpfad, der in einen Waldweg mündet. Hinter einem Pfadabschnitt führt uns ein Alpweg schließlich bergauf zur Siedelalpe, in der uns eine behagliche Einkehr erwartet. Nach der Rast folgen wir einer Pfadspur, die mit Jugetalpe beschildert ist. Sie bringt uns rasch bergan zu einem warzenartigen Aussichtsbuckel mit einem Kreuz: Wir sind auf der Jugethöhe angekommen. Der Blick ins Tal bietet ein pittoreskes Bild: Der wunderschöne Alpsee in der Immenstädter Talsenke. Auf der Rückseite des „niedlichen Voralpen-Gipfelchens" steigen wir hinunter zur Jugetalpe mit einer einfachen Hütte. An ihrer Rückseite schickt uns ein Pfad an der Bergstation des Sixner Skiliftes vorbei. Wir wandern weiter talwärts über einen bewaldeten Höhenzug. Hinter einem Bachsteg führt uns der Waldweg mit der Beschilderung Pfarralpe zu einem leichten Gegenanstieg. Danach wandern wir auf einem Mautsträßchen in ein paar Schleifen zu einer Kneippanlage und nach Missen.

Vom „Aussichtsbuckel" bei der Siedelalpe bietet sich ein schöner Rundblick

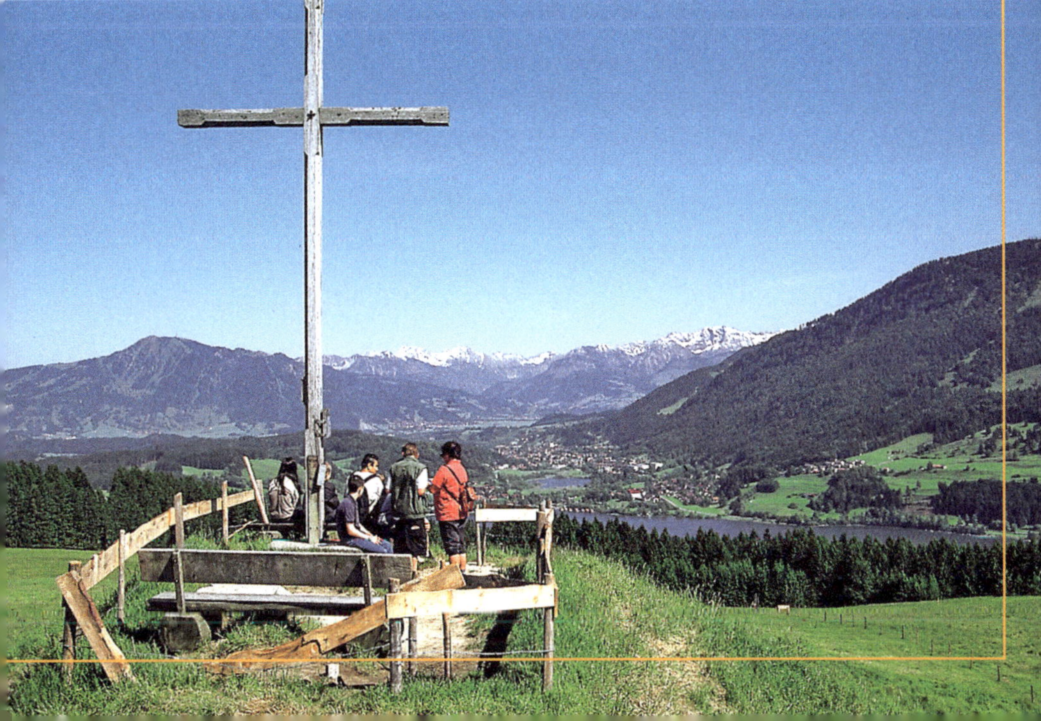

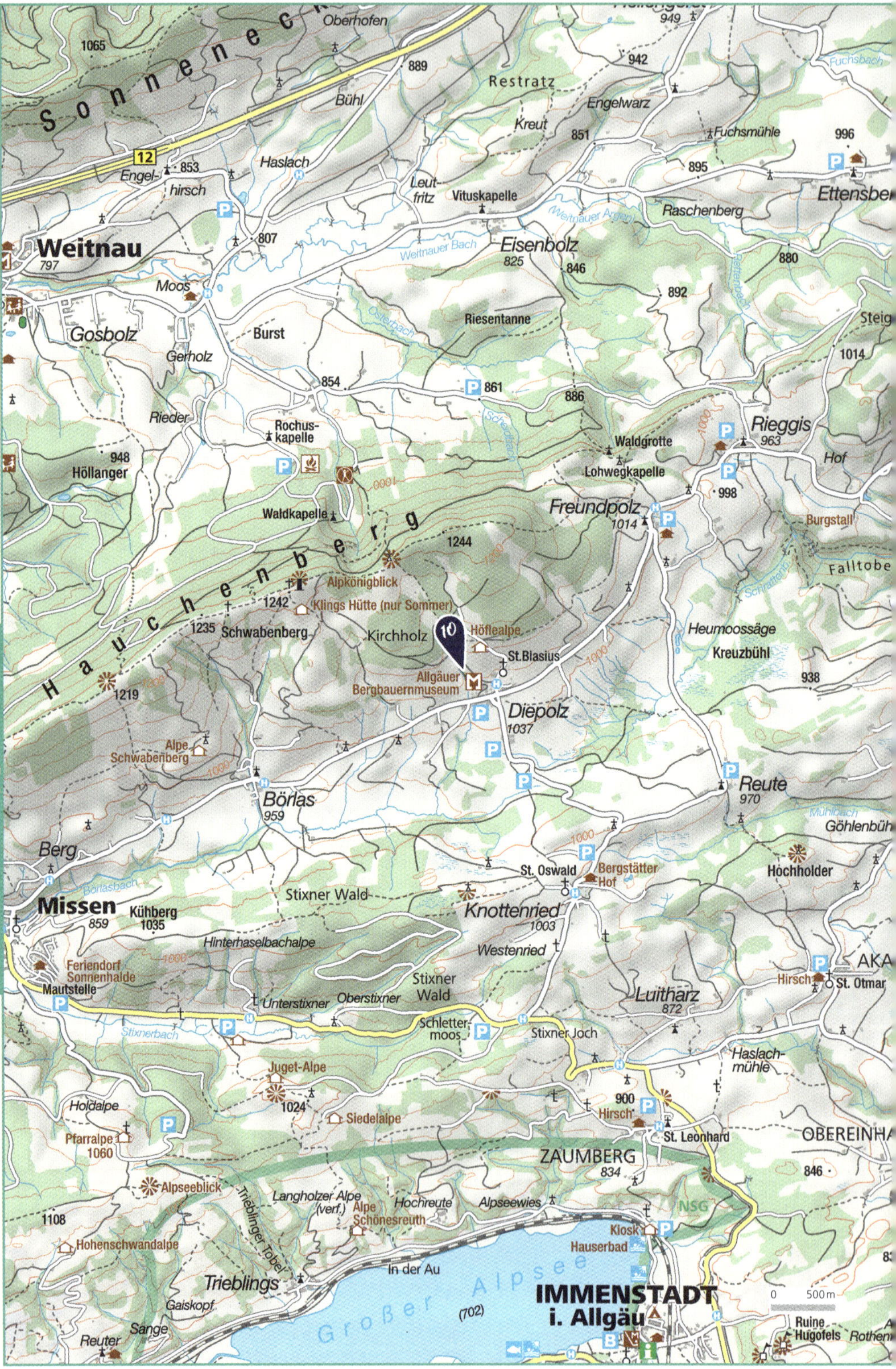

10

Sonneneck
Oberhofen
1065
889
949
942
Restratz
Bühl
Engelwarz
Kreut
851
Fuchsmühle
996
12
Engel-hirsch
853
Haslach
Leut-fritz
Vituskapelle
895
Ettensberg
Raschenberg
(Weitnauer Argen)
Weitnau
797
807
Weitnauer Bach
Eisenbolz
825
846
880
Moos
892
Gosbolz
Osterbach
Riesentanne
Burst
Steig
Gerholz
1014
854
861
886
Rieder
Rochus-kapelle
Rieggis
963
Waldgrotte
948
Höllanger
Lohwegkapelle
Hof
998
Waldkapelle
Freundpolz
1014
Burgstall
Hauchenberg
1244
Alpkönigblick
Falltobel
1242
Klings Hütte (nur Sommer)
Schrattenb.
1235
Schwabenberg
Kirchholz
Höflealpe
Heumoossäge
St. Blasius
Kreuzbühl
938
Allgäuer Bergbauernmuseum
1219
Diepolz
1037
Alpe Schwabenberg
Reute
970
Börlas
959
Mühlbach
Göhlenbühl
Berg
Börlasbach
St. Oswald
Bergstätter Hof
Hochholder
Missen
859
Kühberg
1035
Stixner Wald
Knottenried
1003
Hinterhaselbachalpe
Westenried
Feriendorf Sonnenhalde
AKA
Mautstelle
Stixner Wald
Hirsch
St. Otmar
Unterstixner
Oberstixner
Luitharz
872
Schletter-moos
Stixnerbach
Stixner Joch
Haslach-mühle
Juget-Alpe
1024
Holdalpe
900
Hirsch
Siedelalpe
St. Leonhard
Pfarralpe
1060
OBEREINHA
ZAUMBERG
834
846
Alpseeblick
Langholzer Alpe (verf.)
Alpe Schönesreuth
Hochreute
Alpseewies
NSG
1108
Trieblinger Tobel
Kiosk
Hauserbad
Hohenschwandalpe
In der Au
Trieblings
Großer Alpsee
IMMENSTADT i. Allgäu
0 500 m
Gaiskopf
(702)
Sange
Reuter
Ruine Hugofels
Rothen

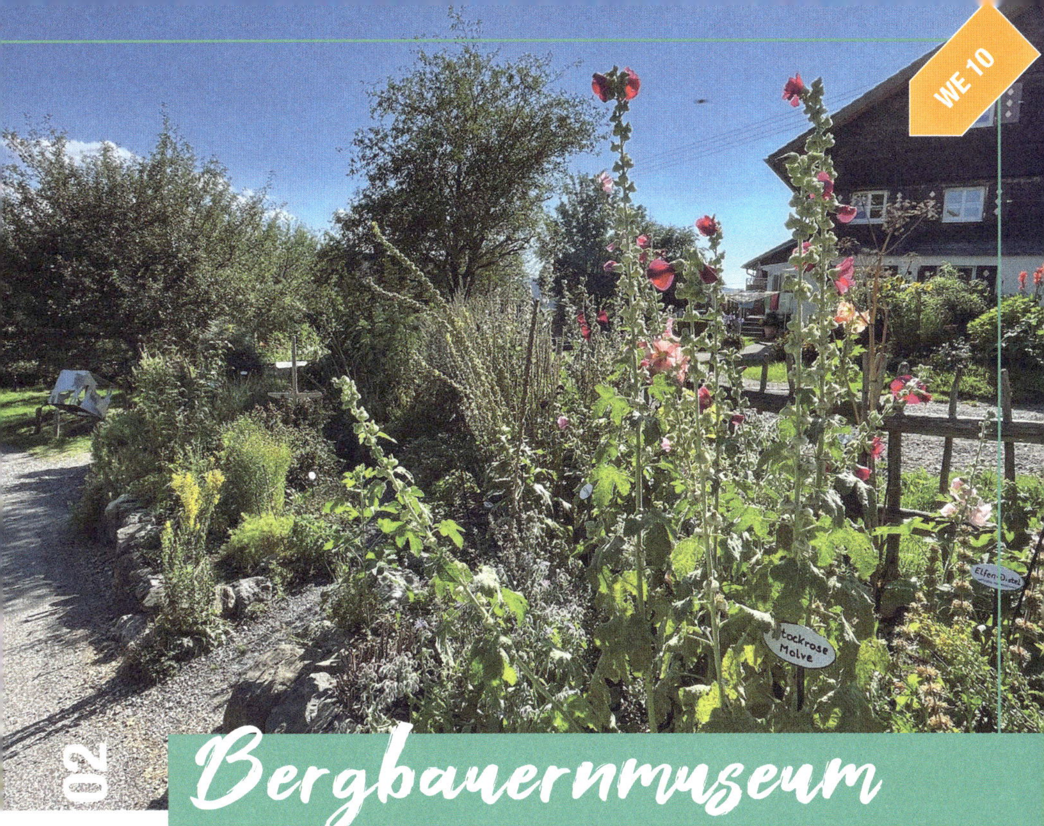

Tag 02

Bergbauernmuseum

Ein Museum zum Anfassen

TOURENART	Museumstour
DAUER	4h
LÄNGE	-
HÖHENMETER	-
SCHWIERIGKEIT	-
MIT ÖPNV ERREICHBAR	ja

Das erwartet dich ...

Heute geht's mal nicht auf einen Gipfel oder durch die Wälder. Bewegen müssen wir uns allerdings trotzdem. Und zwar im Allgäuer Bergbauernmuseum. Das Museum befindet sich auf einem weitläufigen Areal im Immenstädter Ortsteil Diepolz. Spannend und abwechslungsreich erfahren wir neben dem entbehrungsreichen Leben der Bergbauern damals und heute auch viele ganz allgemeine, aber hochinteressante Informationen über die Bergbauernregionen. Da sollten wir uns schon einen ganzen Tag Zeit nehmen.

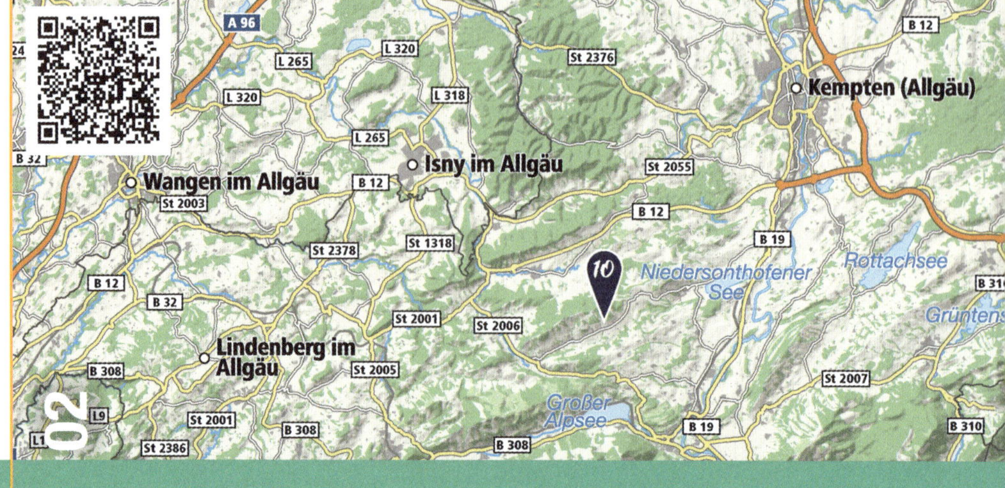

Tag 02

Start & Ziel & Anreise

Ausgangspunkt ist das Allgäuer Bergbauernmuseum in Diepolz. Von Immenstadt aus fahren wir über die St 2006 bis Missen-Wilhams. Die Bergstätter Straße bringt uns dann zum Freilichtmuseum. Parkplätze gibt es ein wenig unterhalb des Museums. Vom Bahnhof Immenstadt aus stehen öffentliche Busverbindungen zur Verfügung.

Tourenbeschreibung

Das Allgäuer Bergbauernmuseum liegt auf einer Höhe von über 1.000 Metern hoch über Immenstadt an den Hängen des Hauchenbergs. Bereits beim Eingang werden wir aufs Herzlichste begrüßt. Das Museumsteam ist extrem freundlich und offen und nimmt sich für alle Fragen mehr als genug Zeit, um uns interessierten Besuchern den Aufbau der Anlage bis ins Detail zu erläutern und für jeden Geschmack einen besonderen Tipp zu geben.

Im Obergeschoss befindet sich ein erster, kleiner Rundgang. Gleich am Anfang begrüßt uns eine – natürlich nicht echte – Kuh. Viel zu lesen gibt es nun. Die ersten Räume erzählen uns einiges über die Bergbauern im Allgäu und wie sie die Landschaft mitgestalteten. Untermalt mit Bildern aus der ersten Hälfte des 20. Jahrhunderts erfahren wir, wie sich das gemeinsame Leben mehrerer Generationen gestaltete, über Umgang und Bedeutung von Holz und Heu und das Arbeiten mit den Jahreszeiten. Im hinteren Bereich zeigt sich dann der Wandel der heutigen bergbäuerlichen Wirtschaft sowie die Rolle der Bergbauern im globalen Zeitalter.

Weiter geht's im Außenbereich: Dort erwarten uns mehrere historische Gebäude, in denen das entbehrungsreiche Leben der Bergbauern nochmals aufgegriffen wird. Gleich beim nächsten, großen Gebäude oberhalb des Abenteuerspielplatzes begrüßen uns Hühner, Schafe und Rinder. Anschaulich und mittendrin sind wir dort im begehbaren Kuhmagen. Aus nächster Nähe verfolgen wir den Weg vom Gras zur Milch mit. Auf der Westseite des Geländes befindet sich die Panoramatenne, in der sich die Kleinen wie auch die Großen beim Traktorenparcours austoben können. Ein wenig oberhalb besichtigen wir dann den Sattlerhof. Hier fühlt man sich sofort ins Jahr 1920 zurückversetzt. Die Runde nach Norden und ostwärts wieder zurück hält noch ein paar andere Highlights bereit, von denen wir uns überraschen lassen.

Neben einer Besichtigung können wir im Allgäuer Bergbauernmuseum auch selbst aktiv werden. Das Angebot reicht von Führungen zu Themen wie „Leben und Arbeiten der Bergbauern" über allgäuspezifische pädagogische Angebote bis hin zu Aktivitäten unter dem Motto „Mitmachen und Begreifen". So kann man hier „Buttern und Käsen" wie in alten Zeiten. Infos unter www.bergbauernmuseum.de

Elternschlafzimmer im historischen Bauernhaus

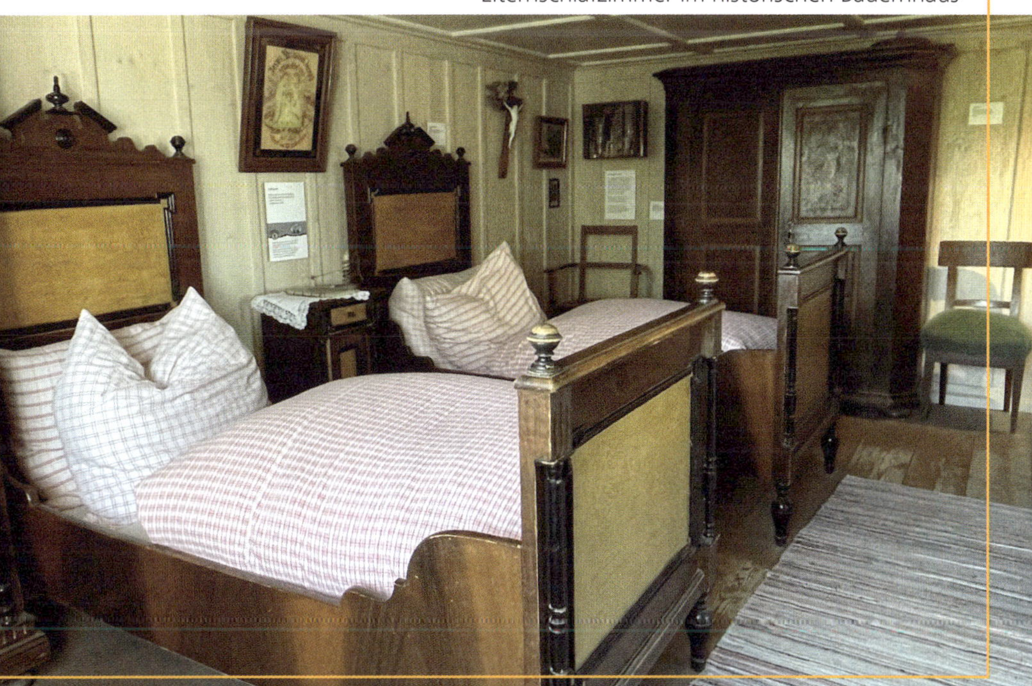

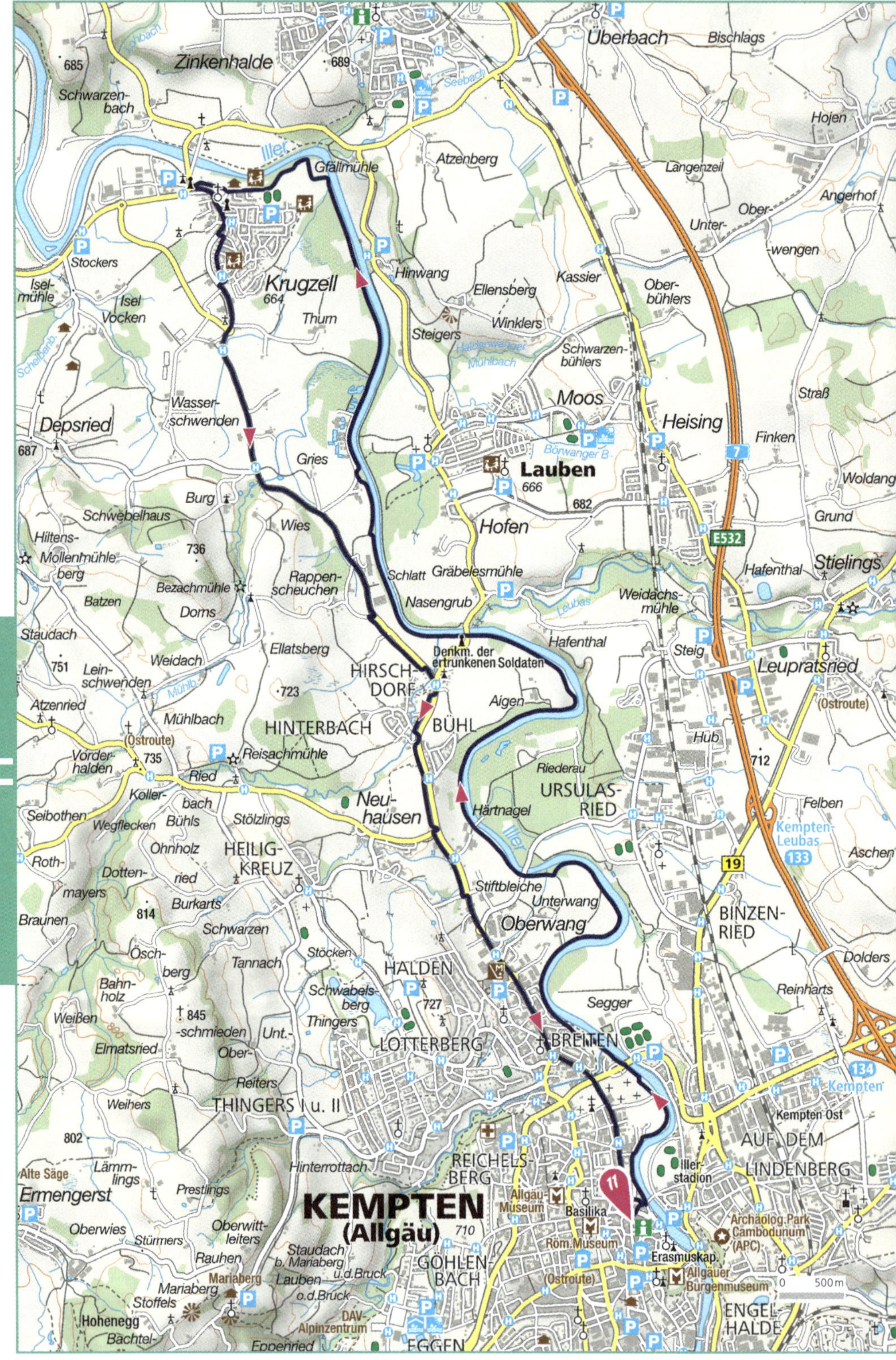
Überbach
Bischlags
Zinkenhalde
685
689
Seebach
Schwarzen-
bach
Hojen
Iller
Gfällmühle
Atzenberg
Langenzeil
Angerhof
Ober-
Unter-
-wengen
Stockers
Isel-
mühle
Isel
Vocken
Krugzell
664
Thurn
Hinwang
Ellensberg
Kassier
Ober-
bühlers
Winklers
Steigers
Schwarzen-
bühlers
Straß
Depsried
687
Wasser-
schwenden
Moos
Heising
Finken
Lauben
666
Gries
Börwanger B.
Woldang
682
Burg
Hofen
Grund
Schwebelhaus
Wies
Hiltens-
berg
Mollenmühle
736
E532
Rappen-
scheuchen
Schlatt
Gräbelesmühle
Hafenthal
Stielings
Bezachmühle
Batzen
Doms
Nasengrub
Weidachs-
mühle
Leubas
Staudach
Hafenthal
Ellatsberg
Steig
Denkm. der
ertrunkenen Soldaten
751
Lein-
schwenden
Weidach
HIRSCH-
DORF
Leupratsried
Mühlb.
·723
Aigen
(Ostroute)
Atzenried
Mühlbach
HINTERBACH
BÜHL
Hub
(Ostroute)
Vorder-
halden
735
Reisachmühle
712
Ried
Riederau
Koller-
bach
Neu-
hausen
URSULAS-
RIED
Felben
Seibothen
Wegflecken
Bühls
Stölzlings
Härtnagel
Kempten-
Leubas
133
Roth-
mayers
Ohnholz
HEILIG-
KREUZ
Iller
Aschen
Dotten-
ried
19
Stiftbleiche
Burkarts
Unterwang
814
BINZEN-
RIED
Braunen
Schwarzen
Oberwang
Ösch-
berg
Tannach
Stöcken
HALDEN
Dolders
Bahn-
holz
Schwabels-
berg
727
Reinharts
Weißen
845
-schmieden
Thingers
Segger
Unt.-
LOTTERBERG
BREITEN
Elmatsried
Ober-
134
Kempten
Reiters
Weihers
THINGERS I u. II
Kempten Ost
802
AUF DEM
Alte Säge
Lämm-
lings
Hinterrottach
REICHELS-
BERG
Iller-
stadion
LINDENBERG
Ermengerst
Prestlings
Allgäu-
Museum
Basilika
Oberwies
KEMPTEN
(Allgäu)
710
Röm.Museum
Archäolog.Park
Cambodunum
(APC)
Oberwitt-
leiters
Stürmers
Staudach
b. Mariaberg
u.d.Bruck
GÖHLEN-
BACH
Erasmuskap.
Rauhen
Allgäuer
Burgenmuseum
Mariaberg
Lauben
o.d.Bruck
(Ostroute)
0
500 m
Mariaberg
Stoffels
ENGEL-
HALDE
Hohenegg
DAV-
Alpinzentrum
Bachtel-
Eppenried
EGGEN

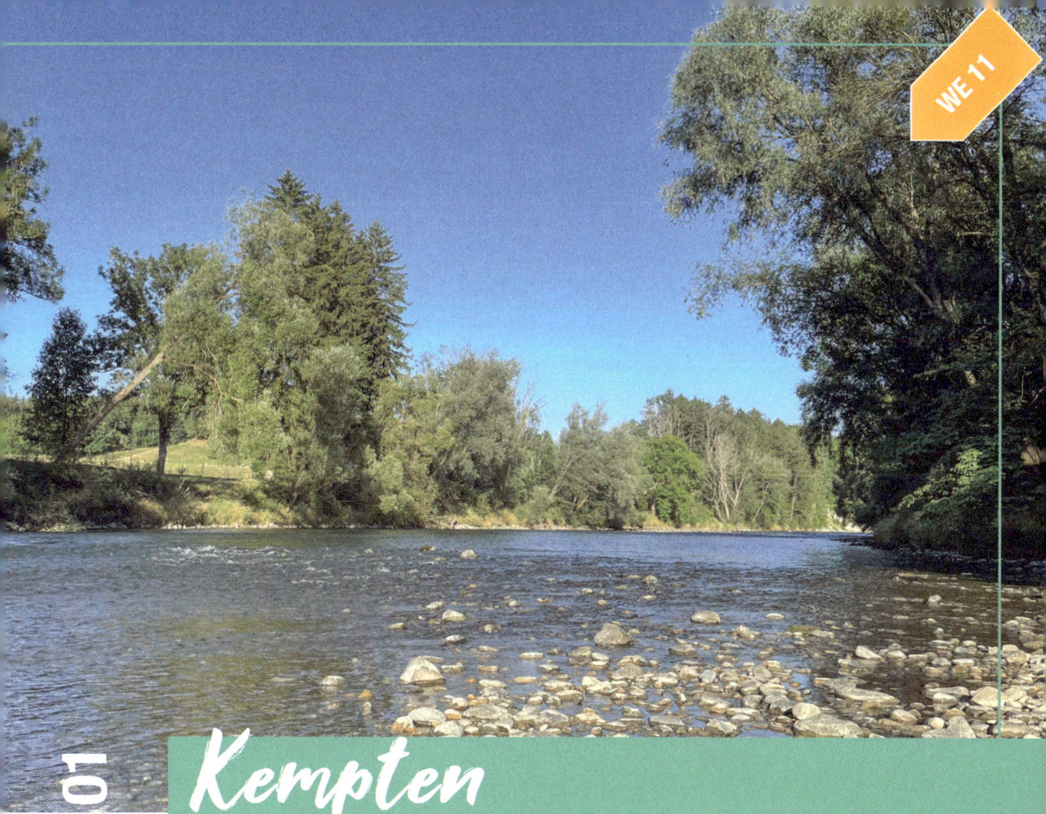

Tag 01

Kempten

Feierabendradeln an der Iller

TOURENART	Radtour
DAUER	2h 30min
LÄNGE	22,2 km
HÖHENMETER	37 hm
SCHWIERIGKEIT	LEICHT
MIT ÖPNV ERREICHBAR	ja

Das erwartet dich ...

Heute machen wir uns mit dem Rad auf, um die Umgebung Kemptens zu entdecken. Die Route führt uns an der Iller entlang nach Krugzell, das im Norden und Osten von der Iller begrenzt wird. Der Rückweg erfolgt an Wiesen vorbei über das Örtchen Hirschdorf, dem Kirchdorf von Kempten. Schnurgerade bringt uns die Altusrieder Straße zurück ins Städtle. Unterwegs gibt es mehrere Möglichkeiten, sich in der Iller zu erfrischen. Also Badesachen nicht vergessen.

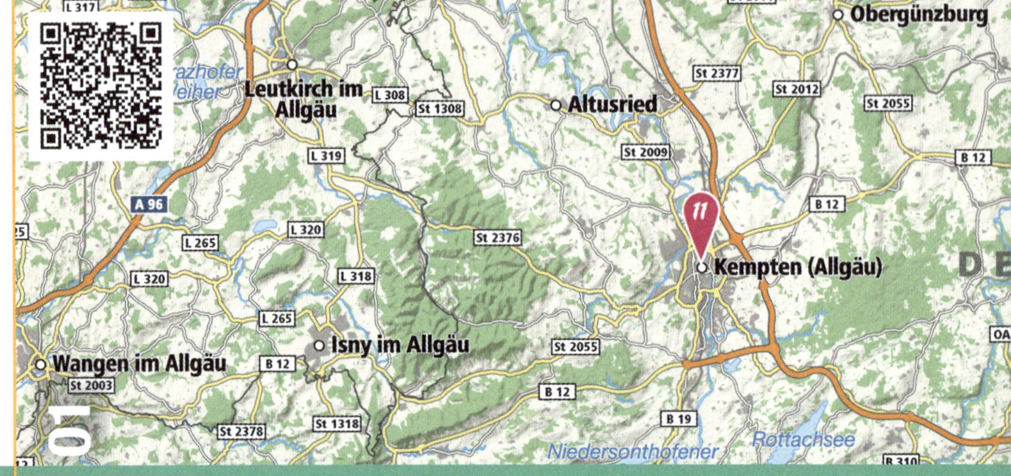

Tag 01

Start & Ziel & Anreise

Ausgangspunkt ist der Rathausplatz in Kempten bei der Tourismus-Information. Kempten liegt direkt an der A7, ist als hervorragend mit dem PKW zu erreichen. Parkplätze gibt es in der Rottacherstraße oder am Pfeilergraben. Von München fahren zwei bis dreimal pro Stunde Regionalzüge Richtung Kempten. Umstieg ist in Buchloe.

Tourenbeschreibung

Kempten kann auf eine über 2.000 Jahre währende Geschichte zurückblicken. In der Antike unter dem römischen Namen Cambodunum bekannt, ist sie heute ein Anziehungspunkt für Kulturbegeisterte und – eingebettet in die schöne Allgäuer Natur – ebenso ein Ort für Wanderer und Radfahrer. Einen Spaziergang nach der kurzen Radrunde sollten wir nicht verpassen, denn dabei gibt es viel zu entdecken: Die Prunkräume der Residenz, eine Multivisionsshow in der unterirdischen Erasmuskapelle oder die Ausgrabungen im Archäologischen Park Cambodunum. Zudem bietet die Stadt eine Menge an abwechslungsreichen Veranstaltungen wie die Allgäuer Festwoche oder im jährlichen Wechsel Römerfest oder Kunstnacht.

Bei der Tourismus-Information am Kemptener Rathausplatz schwingen wir uns aufs Rad. Die Grabengasse bringt uns ans Ufer der Iller, wo wir auf den schönen Illerradweg wechseln. Nordwärts bringt er uns nun am Zentralfriedhof vorbei und über den Andenauerring hinüber schnell nach der Illerbrücke bei Ursulasried aus der Stadt hinaus. Immer wieder laden die Schotterbänke des Flussufers oder die Bänke entlang des Weges zur Rast ein, zum Beispiel beim Illerdenkmal. Es erinnert an das Unglück vor über 65 Jahren, als 15 Grundwehrdienstleistende bei einer Übung die Iller mit voller Ausrüstung durchqueren sollten. Sie wurden im nur eineinhalb Meter tiefen, doch eiskalten Wasser von den Fluten der Iller fortgerissen.

Wir radeln noch gut fünf Kilometer am Ufer entlang, dann schwenkt der Weg nach links und bringt uns direkt ins Örtchen Krugzell. Hier wurde bis Anfang des 20. Jahrhunderts noch auf der Iller geflößt. Das hübsche Pfarrdorf ist umgeben von Wiesen und Feldern. Um 1500 wurde die Vorgängerkirche der heutigen Pfarrkirche St. Michael erbaut. Die Kirche steht unter Denkmalschutz. Im Inneren ist sie mit einigen jahrhundertealten Kleinoden ausgestattet, darunter eine gefasste, aus Holz gefertigte Pietà aus der Zeit um 1510. Die Figur des heiligen Sebastian entstammt um 1500, das Vortragekreuz im Chor ist aus dem dritten Viertel des 17. Jahrhunderts. Die Route führt über die Altusrieder Straße wieder Richtung Süden nach Hirschdorf. An der Kapelle St. Magdalena und dem Burgstall – er war Sitz der Truchsessen von 1239 bis 1451 – vorbei gelangen wir geradewegs, bald über die Rottachstraße, hinein ins Zentrum von Kempten.

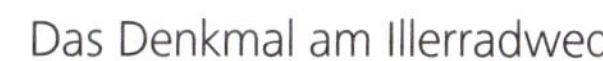

Das Denkmal am Illerradweg

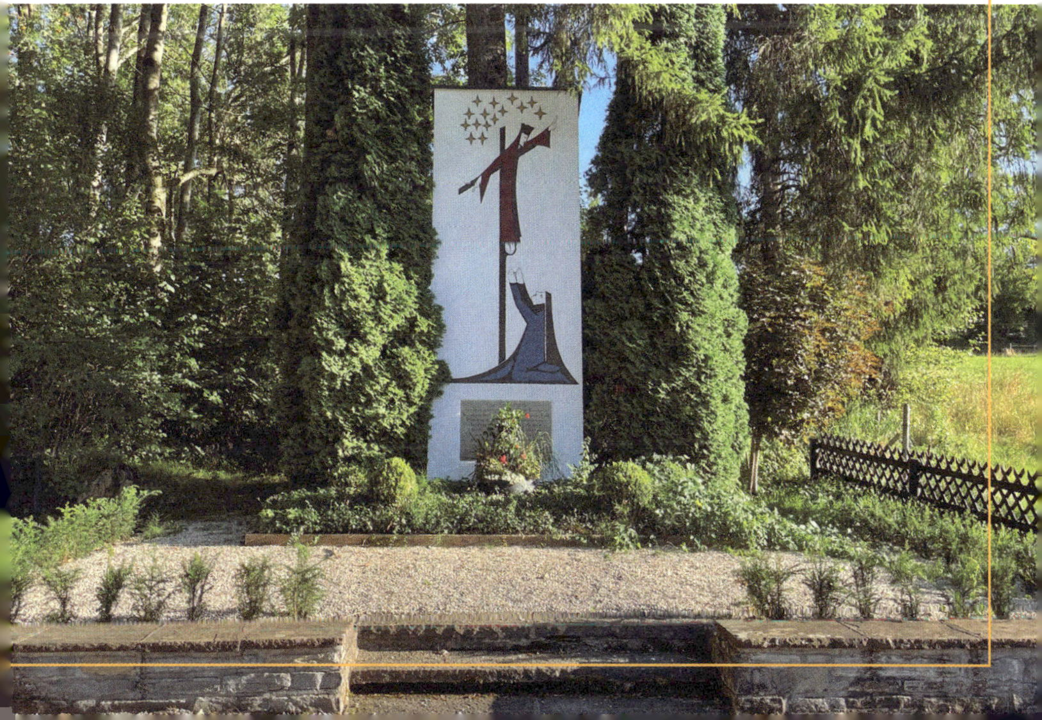

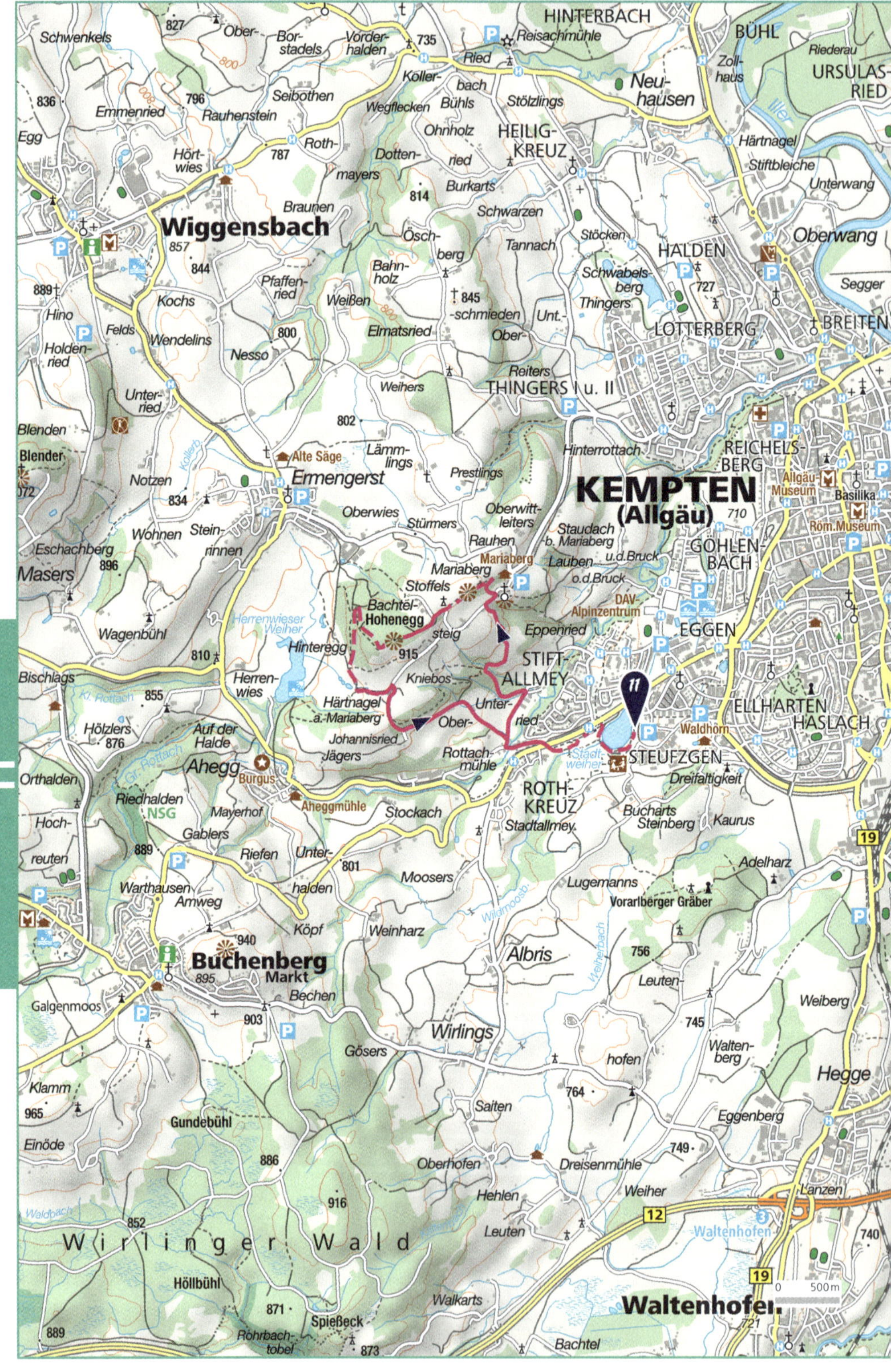

Schwenkels
827
Ober-
Bor-
stadels
Vorder-
halden
735
HINTERBACH
Reisachmühle
BÜHL
Riederau
Ried
Köller-
bach
Zoll-
haus
Neu-
hausen
URSULAS-
RIED
836
796
Emmenried
Seibothen
Wegflecken
Bühls
Stölzlings
Egg
Rauhenstein
Ohnholz
HEILIG-
KREUZ
Iller
Hört-
wies
787
Roth-
Dotten-
ried
Härtnagel
mayers
Stiftbleiche
Burkarts
Unterwang
814
Braunen
Schwarzen
Wiggensbach
Oberwang
857
Ösch-
berg
Stöcken
HALDEN
844
Tannach
Schwabels-
berg
Bahn-
holz
889
Pfaffen-
ried
727
Segger
Weißen
845
Thingers
Hino
Kochs
-schmieden
Unt.-
BREITEN
Feld
800
LOTTERBERG
Holden-
ried
Wendelins
Elmatsried
Ober-
Nesso
Reiters
Weihers
THINGERS I u. II
Unter-
ried
Blenden
802
Hinterrottach
REICHELS-
BERG
Blender
Lämm-
lings
Alte Säge
Allgäu-
Museum
Basilika
Prestlings
Notzen
Ermengerst
KEMPTEN
(Allgäu)
834
710
Röm.Museum
Oberwies
Oberwitt-
leiters
Wohnen
Stein-
rinnen
Stürmers
Staudach
b. Mariaberg
GÖHLEN-
BACH
Eschachberg
Rauhen
Lauben
u.d.Bruck
896
Mariaberg
Mariaberg
o.d.Bruck
Masers
Stoffels
DAV-
Alpinzentrum
Bachtel-
Hohenegg
Herrenwieser
Weiher
Eppenried
EGGEN
Wagenbühl
steig
Hinteregg
915
810
STIFT-
ALLMEY
Bischlags
Herren-
wies
Kniebos
11
Kl. Rottach
855
Härtnagel
a. Mariaberg
Unter-
ELLHARTEN
HASLACH
Ober-
ried
Hölzlers
876
Auf der
Halde
Johannisried
Waldhorn
Jägers
Rottach-
mühle
Stadt-
weiher
STEUFZGEN
Orthalden
Gr. Rottach
Ahegg
Burgus
Dreifaltigkeit
Riedhalden
NSG
Aheggmühle
ROTH-
KREUZ
Mayerhof
Stockach
Bucharts
Steinberg
Kaurus
Hoch-
reuten
Gablers
Stadtallmey
19
889
Riefen
Unter-
halden
801
Adelharz
Moosers
Warthausen
Amweg
Lugemanns
Vorarlberger Gräber
Wildmoosb.
Köpf
Weinharz
940
Albris
756
Buchenberg
Markt
895
Leuten-
Bechen
Weiberg
Galgenmoos
903
745
Wirlings
Walten-
berg
Gösers
hofen
Hegge
Klamm
764
965
Saiten
Eggenberg
Gundebühl
Einöde
886
Oberhofen
Dreisenmühle
749
Hehlen
Weiher
Lanzen
916
Waldbach
852
12
Leuten
Waltenhofen
740
Wirlinger Wald
Höllbühl
19
0
500 m
Walkarts
Waltenhofen
871
Spießeck
889
Röhrbach-
tobel
873
721
Bachtel

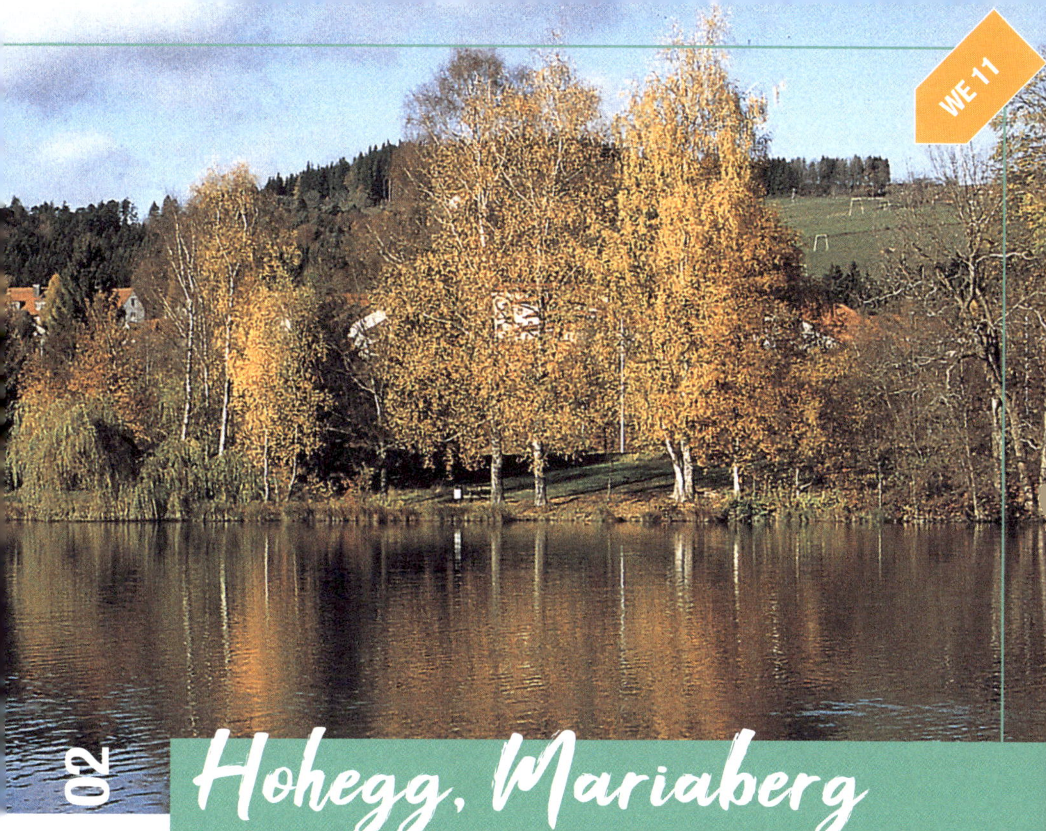

Tag 02

Hohegg, Mariaberg

Zwei feine Aussichtsberge

TOURENART	Wandertour
DAUER	3h
LÄNGE	10 km
HÖHENMETER	185 hm
SCHWIERIGKEIT	LEICHT
MIT ÖPNV ERREICHBAR	ja

Das erwartet dich ...

Die kleine Bergrunde erwartet uns mit einem leichten Aufstieg; teilweise begleiten uns dabei bezeichnete Spazierwege und Pfade. Aber auch Anliegersträßchen und kurze Wirtschaftswege liegen auf der Route. Vom 900 m hohen Mariaberg mit der Mulzer Föhre haben wir eine gute Sicht über die Stadt und das südliche Allgäu. Mit dem Hohegg besuchen wir einen zweiten Aussichtspunkt an diesem Tag. Im Anschluss bietet sich ein Besuch im Freizeitbad CamboMare an.

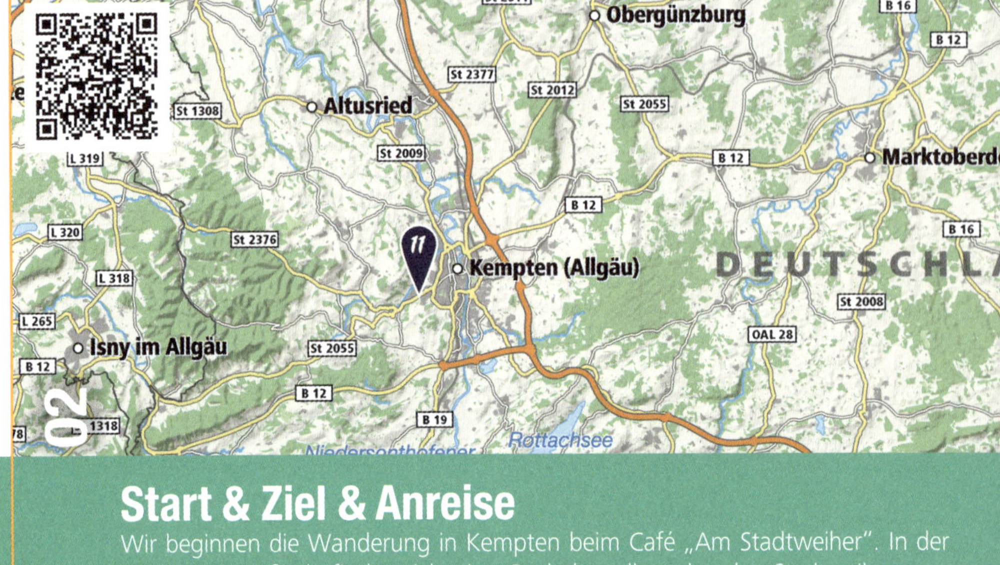

Tag 02

Start & Ziel & Anreise

Wir beginnen die Wanderung in Kempten beim Café „Am Stadtweiher". In der Feichtmayrstraße befindet sich eine Bushaltestelle nahe des Stadtweihers am westlichen Ortsrand. Parkplätze befinden sich gleich in der Nähe in der Straße „Im Allmey". Mit den öffentlichen Verkehrsmitteln erreichen wir die Stadt bequem aus München, Memmingen oder Lindau. Mit dem Auto gelangen wir aus Norden wie aus Süden über die A 7 nach Kempten.

Tourenbeschreibung

Heute wandern wir durch eine bewegte Landschaft im Westen von Kempten ubd started beim Café „Am Stadtweiher". Über den Uferspazierweg schlendern wir am Weiher entlang, dann genießen wir den lockeren Auwald und den Wildmoosbach, der uns ein Stück begleitet. Am Beginn des Stadtteils Rothkreuz überqueren wir die Staatsstraße; ein Radweg bringt und durch das Siedlungsgebiet „Im Rothkreuz". Hinter der Rottachbrücke halten wir uns rechts und wählen an einer Weggabelung den Pulvermühlenweg. Schon bald wechseln wir auf ein steigendes Anliegersträßchen; es führt uns zum Anwesen Unterried. Der Weg überwindet in einer Schleife einen Bachtobel und den ehemaligen Skilifthang. Hinter der Illerstadt zieht uns das Alpenpanorama mit dem beeindruckenden Zugspitzmassiv in seinen Bann. Eine schmale Fahrbahn windet sich vom Einödhof Eppenried teils recht eng hinauf zu den Häusern von Mariaberg. Dabei bieten sich uns anregende Tiefblicke in zwei weitere Tobel. Wir erreichen das gleichnamige Landgasthaus;

von hier aus mühen wir uns auf einem Waldpfad über Holztreppen zum Aussichtspunkt Mariaberg. Wir rasten an ein paar Ruhebänken unter einer gedrungenen Kiefer, von wo aus wir sogar noch das untere Illertal erblicken können. Über einen Wiesenpfad wandern wir danach dem Höhenzug entlang und an einer Panoramatafel vorbei.

Der markanteste Blickfang ist der Hochvogel. Er erhebt sich direkt neben den Oberstdorfer Bergspitzen. Wir bleiben stetig geradeaus und erreichen auf einem Forstweg den Aussichtspunkt Hohegg. Ein weiterer Pfad leitet uns Richtung Herrenwieser Weiher hinab ins Tal. An einer Verzweigung im Fichtenjungwald richten wir uns nach dem Rautezeichen. Danach spazieren wir über die prächtige Senke des Badesees am Zaun entlang zum Weiler Hinteregg. Wir bummeln kurz gemütlich auf einem Wirtschaftsweg hinan, bis wir noch einmal auf einen mit „Herrenwieser Weiher" beschilderten Feldweg stoßen. An einer Weggabelung halten wir uns auf dem Fußgängerweg hinunter Richtung Pulvermühle. Dann kommen wir linker Hand über ein schmales Sträßlein nach Oberried. Wenig später stoßen wir wieder auf die Anfangsroute, die uns auf bekanntem Weg zurück nach Kempten bringt.

Autoren Tipp

Das CamboMare in Kempten ist ein riesiges Freizeitbad. Hier kann man so richtig entspannen, denn das Bad bietet alles, was man sich von einem Erlebnisbad erhofft. Nicht nur Rutschen und Attraktionen verwöhnen hier vor allem Kinder, das Freibad lockt auch mit weiten Liegeflächen, Sprudelbecken, Tischtennis und Volleyballplätzen. Die Saunalandschaft bietet elf verschiedene Saunen. Weitere Infos unter: www.cambomare.de

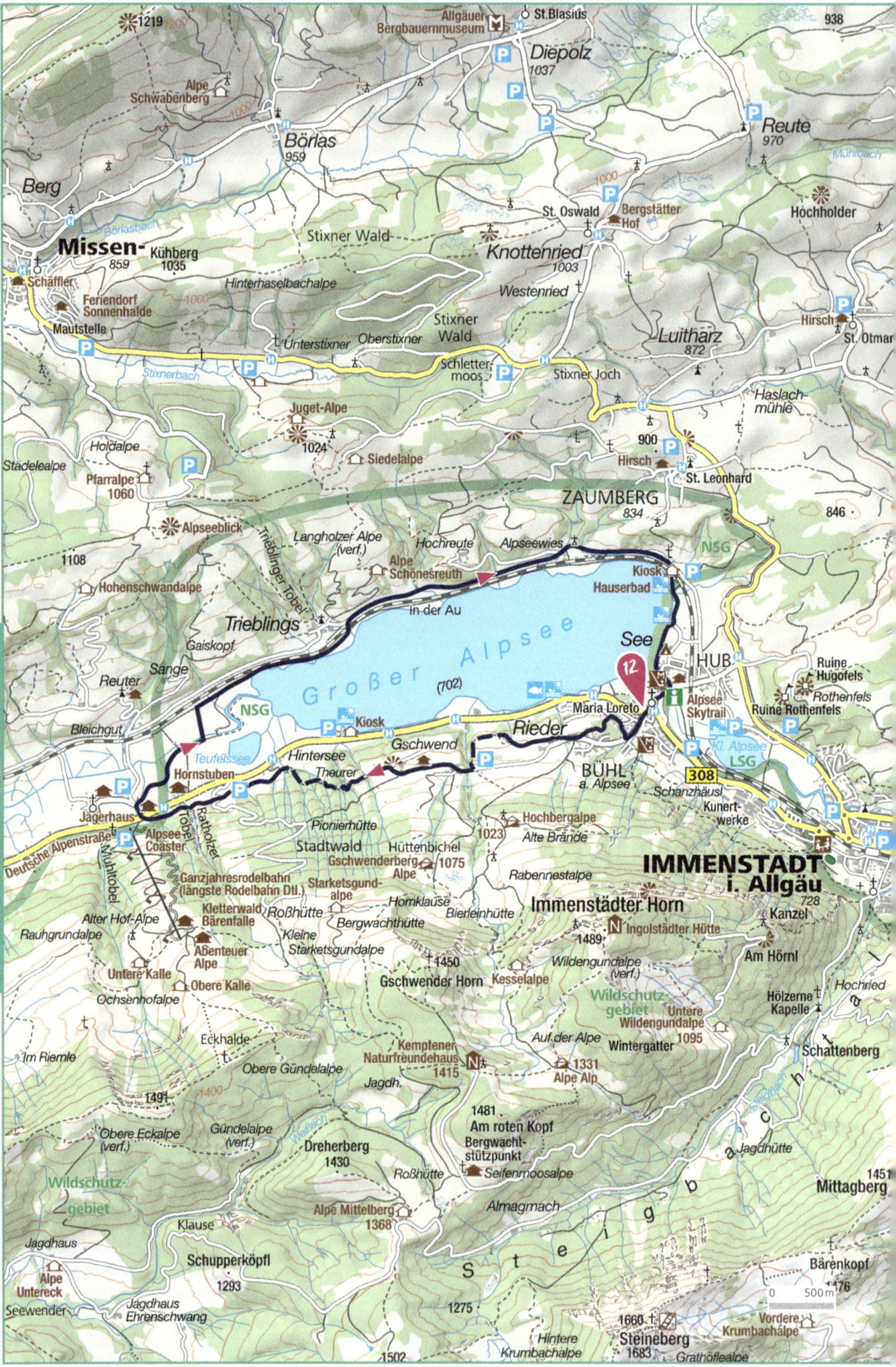

1219
Allgäuer Bergbauernmuseum
St.Blasius
938
Alpe Schwabenberg
Diepolz
1037
Börlas
959
Reute
970
Mühlbach
Berg
St. Oswald
Bergstätter Hof
Hochholder
Börlasbach
Missen-
Kühberg
1035
859
Stixner Wald
Knottenried
1003
Schäffler
Hinterhaselbachalpe
Westenried
Feriendorf Sonnenhalde
Stixner Wald
Luitharz
872
Hirsch
St. Otmar
Mautstelle
Unterstixner
Oberstixner
Schletter-moos
Stixner Joch
Stixnerbach
Haslach-mühle
Juget-Alpe
1024
Siedelalpe
900
Holdalpe
Hirsch
St. Leonhard
Städelealpe
Pfarralpe
1060
ZAUMBERG
834
846
Alpseeblick
Langholzer Alpe (verf.)
Hochreute
Alpseewies
NSG
1108
Trieblinger Tobel
Alpe Schönesreuth
Kiosk
Hohenschwandalpe
Hauserbad
In der Au
Trieblings
Gaiskopf
See
HUB
Sange
Großer Alpsee
(702)
12
Ruine Hugofels
Reuter
Rothenfels
NSG
Alpsee Skytrail
Ruine Rothenfels
Bleichgut
Kiosk
Maria Loreto
Rieder
Gschwend
Hintersee
Teufelssee
Theurer
Kl. Alpsee
LSG
Hornstuben
BÜHL a. Alpsee
308
Schanzhäusl
Jägerhaus
Ratholz
Kunert-werke
Tobel
Pionierhütte
1023
Hochbergalpe
Alte Brände
Alpsee Coaster
Stadtwald
Hüttenbichel
Deutsche Alpenstraße
Mühltobel
Gschwenderberg Alpe
1075
Rabennestalpe
IMMENSTADT i. Allgäu
728
Ganzjahresrodelbahn (längste Rodelbahn Dtl.)
Starketsgund-alpe
Kletterwald Bärenfalle
Roßhütte
Hornklause
Immenstädter Horn
Kanzel
Alter Hof-Alpe
Bergwachthütte
Bierleinhütte
Ingolstädter Hütte
Rauhgrundalpe
Kleine Starketsgundalpe
1489
Am Hörnl
Abenteuer Alpe
1450
Wildengundalpe (verf.)
Untere Kalle
Obere Kalle
Gschwender Horn
Kesselalpe
Hochried
Ochsenhofalpe
Wildschutz-gebiet
Untere Wildengundalpe
1095
Hölzerne Kapelle
Eckhalde
Auf der Alpe
Wintergatter
Schattenberg
Im Riemle
Kemptener Naturfreundehaus
1415
1331
Alpe Alp
Obere Gündelalpe
Jagdh.
1491
1400
Steigbach
1481
Am roten Kopf
Obere Eckalpe (verf.)
Gündelalpe (verf.)
Weißach
Dreherberg
1430
Bergwacht-stützpunkt
Jagdhütte
Roßhütte
Seifenmoosalpe
1451
Wildschutz-gebiet
Mittagberg
Almagmach
Alpe Mittelberg
1368
Klause
Steigbachtal
Jagdhaus
Schupperköpfl
Bärenkopf
Alpe Untereck
1293
1476
0 500 m
Seewender
Jagdhaus Ehrenschwang
1275
1660
Vordere Krumbachalpe
Hintere Krumbachalpe
Steineberg
1683
1502
Grathöflealpe

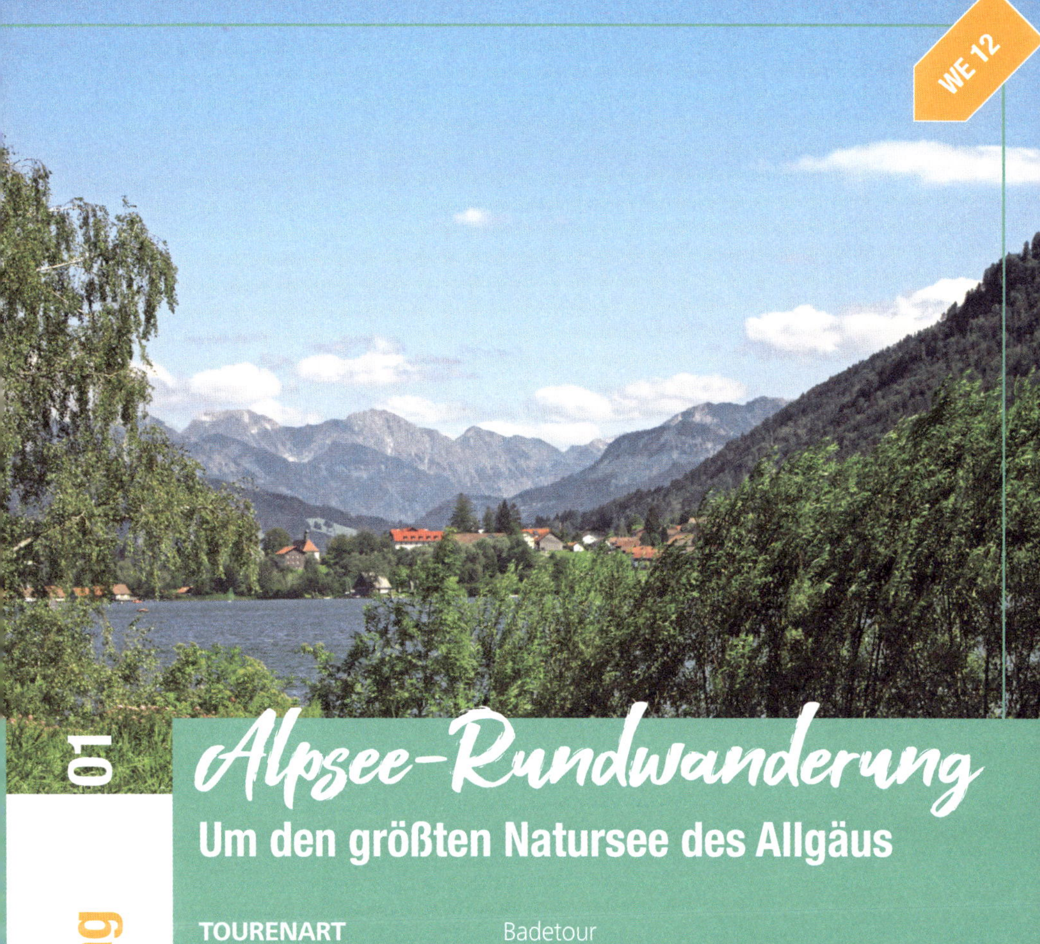

WE 12

Tag 01

Alpsee-Rundwanderung

Um den größten Natursee des Allgäus

TOURENART	Badetour
DAUER	3h 15min
LÄNGE	11,5 km
HÖHENMETER	200 hm
SCHWIERIGKEIT	LEICHT
MIT ÖPNV ERREICHBAR	ja

Das erwartet dich ...

Eine wunderschöne Rundwanderung um den Großen Alpsee im Allgäu. Auf der Südseite gehen wir über Gschwend am Hochufer entlang zur Sesselbahn Alpsee Bergwelt. Auf der anderen Seite beim Teufelssee am Ufer des Großen Alpsees zurück nach Immenstadt. In Immenstadt liegt das Naturparkzentrum Alpseehaus. Es informiert unter anderem über den Naturpark Nagelfluhkette, zu dem auch der Große Alpsee gehört.

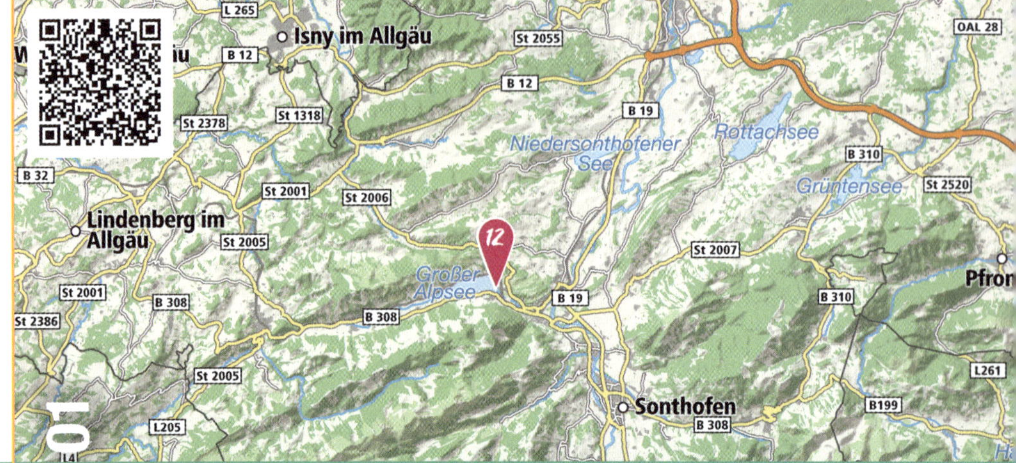

Start & Ziel & Anreise

Los geht's in der Bühler Innenstadt bei der Bushaltestelle Bühl an der B 308. Mit dem Auto fahren wir auf der B 19 von Kempten Richtung Oberstdorf bis nach Immenstadt im Allgäu. Am Abzweig geht es zur B 308 nach Immenstadt, dann bis zum Stadtteil Bühl am Alpsee. Parkplätze befinden sich an der B 308/Kirchsteige zur Seeseite hin. Mit der Bahn geht es bis zum Bahnhof Immenstadt. Nach Immenstadt fahren zahlreiche Intercity- und Regionalzüge. Vom Bahnhof dann mit dem Bus der Linie 39 nach Bühl zur Haltestelle an der B 308.

Tourenbeschreibung

Unser Genießerausflug beginnt bei der Bushaltestelle in Bühl auf dem Gehweg der Rieder Steige. Nach rechts weist das Schild „Ergelweg n. Rieder" zu einem ansprechenden Wanderweg, der in ein paar Windungen über dem Alpsee zur Straße in Rieder führt. Dort gehen wir wenige Meter Richtung Gschwend und biegen dann rechts auf den Fahrweg von der Straße ab. Später zieht sich ein Pfad durch den Mischwald zum Wasserfall, der über zwei hohe Felsstufen in eine Tobelkerbe prasselt. Ein Treppenanstieg bringt uns nach Gschwend.

Das Sträßchen Richtung Hintersee führt nun an einer Kapelle vorbei zu einem Einödhof. Dort lenkt die Eisvogel-Markierung des Alpsee-Rundwanderwegs auf einen Feldweg. Beim nächsten Einzelanwesen beginnt ein Waldpfad, der in reizvoller Anlage über zwei Bachstege und Stufen hinunter zum Weiler Hintersee am Ende des Alpsees führt. Am Waldrand gehen wir links über die Wiese oberhalb

der Bundesstraße und des Teufelssees nach Ratholz. Vor der B 308 halten wir uns links zum Landgasthof Jägerhaus und zur Talstation der Sesselbahn Alpsee Bergwelt.

Wir benutzen die Unterführung der B 308 zum Landgasthaus Jägerhaus. Über den Parkplatz erreichen wir den Wanderweg zur Brücke an der Konstanzer Ach. Am anderen Ufer nehmen wir rechts den Weg zur Bahnlinie und gehen an ihr entlang nach Trieblings. Am Bahnübergang wechseln wir die Bahnseite und schlendern auf dem Sträßchen über die Einöde Alpseewies zur Unterführung am Strandbad Hauser.

Wir gehen zur Seeseite und auf der stimmungsvollen Seepromenade zur Mündung der Konstanzer Ach in den See. Am Hafen Santa Maria Loreto kommen wir zur Seestraße und biegen rechts ein. Linker Hand liegt das Naturparkzentrum Alpseehaus. Kurz dahinter zweigt die Kirchsteige ab, die uns zu unserem Parkplatz zurückbringt. Wer etwas Zeit mitgebracht hat kann das Alpseehaus besuchen und sich über den Naturpark Nagelfluhkette informieren. Das Baden darf natürlich auch nicht zu kurz kommen; öffentliche Badeplätze gibt es an der B 308 zwischen Immenstadt und Oberstaufen. Im Südosten des Sees befinden sich immer wieder kleinere Buchten, wo man ins Wasser kann. In Richtung Trieblings kann man an verschiedensten Parkbuchten parken und durch Unterführungen zum See gelangen.

Autoren Tipp

Das Naturparkzentrum Nagelfluhkette versucht, das Zusammenspiel von Schutz und Nutzen der Natur- und Kulturlandschaft wieder in das Bewusstsein der Menschen zu rücken. Seine Ausstellung soll dem Besucher landschaftliche Zusammenhänge näherbringen. Das naturverträglich gebaute Haus besteht komplett aus Allgäuer Holz, gedämmt mit Holzfaser und Zellulose, sämtliche Baustoffe gewonnen aus nachwachsenden Rohstoffen, giftfrei, recyclingfähig, umweltschonend und wohngesund. Infos unter nagelfluhkette.info

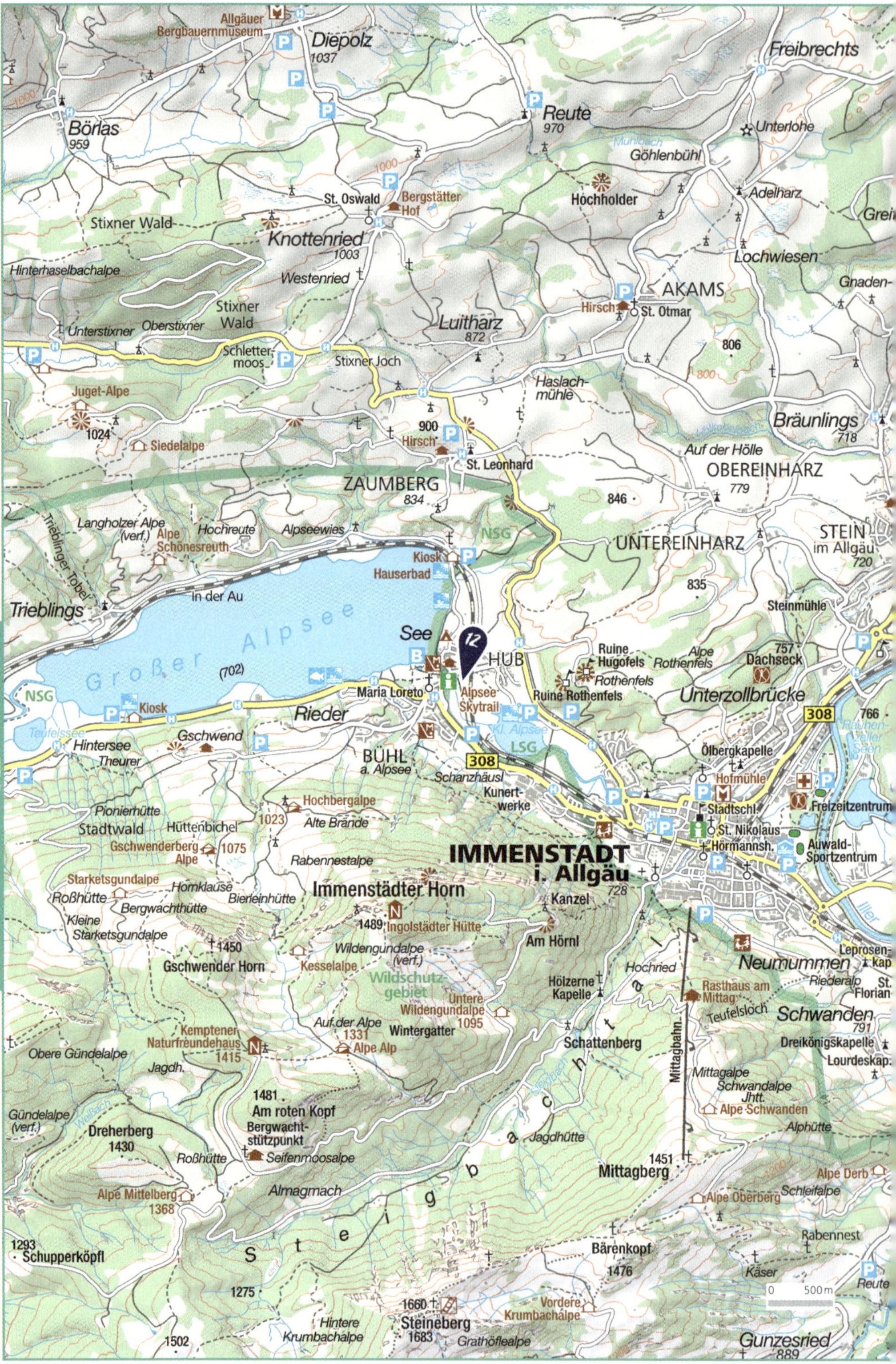

12

Allgäuer Bergbauernmuseum
Diepolz 1037
Freibrechts
Börlas 959
Reute 970
Unterlohe
Mühlbach
Göhlenbühl
Höchholder
Adelharz
St. Oswald
Bergstätter Hof
Stixner Wald
Knottenried 1003
Lochwiesen
Hinterhaselbachalpe
Westenried
Gnaden-
Stixner Wald
Luitharz 872
AKAMS
Hirsch
St. Otmar
Unterstixner
Oberstixner
Schlettermoos
Stixner Joch
806
Haslachmühle
Juget-Alpe
1024
Bräunlings 718
Siedelalpe
900
Hirsch
St. Leonhard
Auf der Hölle
OBEREINHARZ 779
ZAUMBERG 834
846
Langholzer Alpe (verf.)
Alpe Schönesreuth
Hochreute
Alpseewies
NSG
UNTEREINHARZ
STEIN im Allgäu 720
Trieblinger Tobel
Kiosk
Hauserbad
Trieblings
In der Au
835
Steinmühle
Großer Alpsee
(702)
See
HUB
Ruine Hugofels
Alpe Rothenfels
757
Dachseck
Rothenfels
Ruine Rothenfels
Unterzollbrücke
NSG
Kiosk
Maria Loreto
Rieder
Alpsee Skytrail
Kl. Alpsee
LSG
308
766
Rauhenzeller Seen
Teufelssee
Hintersee
Gschwend
Theurer
BÜHL a. Alpsee
308
Schanzhäusl
Ölbergkapelle
Hofmühle
Kunertwerke
Stadtschl.
Freizeitzentrum
Pionierhütte
Hochbergalpe
Stadtwald
Hüttenbichel
1023
Alte Brände
St. Nikolaus
Hörmannsh.
Auwald-Sportzentrum
Gschwenderberg Alpe
1075
Rabennestalpe
IMMENSTADT i. Allgäu
728
Starketsgundalpe
Hornklause
Immenstädter Horn
Roßhütte
Bierleinhütte
Kanzel
Bergwachthütte
Kleine Starketsgundalpe
1489
Ingolstädter Hütte
Iller
Am Hörnl
1450
Wildengundalpe (verf.)
Leprosenkap.
Gschwender Horn
Kesselalpe
Neumummen
Hochried
Riederalp
St. Florian
Wildschutzgebiet
Untere Wildengundalpe 1095
Hölzerne Kapelle
Rasthaus am Mittag
Teufelsloch
Schwanden 791
Auf der Alpe 1331
Alpe Alp
Wintergatter
Kemptener Naturfreundehaus 1415
Schattenberg
Dreikönigskapelle
Obere Gündelalpe
Lourdeskap.
Jagdh.
Mittagbahn
Mittagalpe
Schwandalpe
Jhtt.
1481
Am roten Kopf
Alpe Schwanden
Gündelalpe (verf.)
Weißach
Steigbach
Dreherberg 1430
Bergwachtstützpunkt
Jagdhütte
Alphütte
Roßhütte
Seifenmoosalpe
1451
Mittagberg
Alpe Derb
Alpe Mittelberg 1368
Almagmach
Schleifalpe
Alpe Oberberg
Steigbachtal
1293
Schupperköpfl
Rabennest
Bärenkopf 1476
Käser
Reute
1275
0 500 m
1660
Vordere Krumbachalpe
Hintere Krumbachalpe
Steineberg 1683
1502
Grathöflealpe
Gunzesried 889

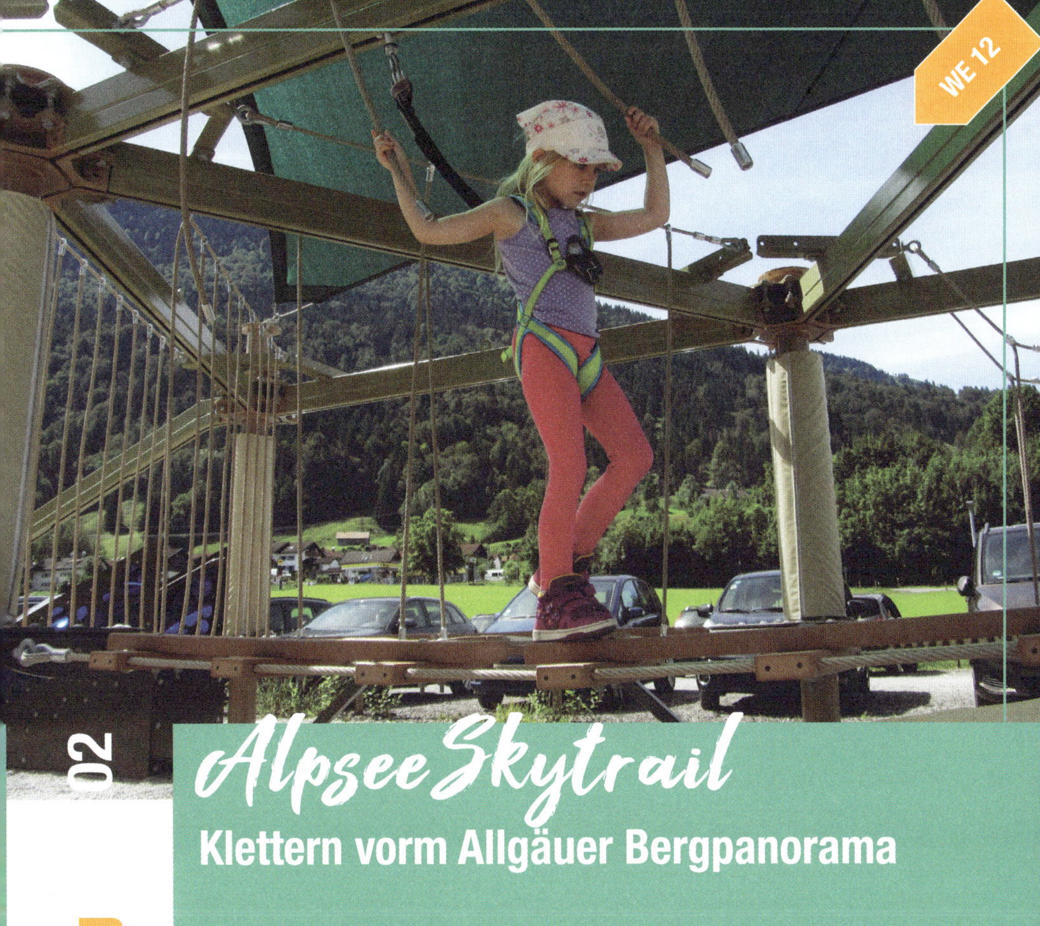

Tag 02

AlpseeSkytrail

Klettern vorm Allgäuer Bergpanorama

TOURENART	Hochseilgarten
DAUER	-
LÄNGE	-
HÖHENMETER	-
SCHWIERIGKEIT	alle Schwierigkeitsgrade
MIT ÖPNV ERREICHBAR	nein

Das erwartet dich ...

Heute zieht es uns mal nicht hinaus aufs Land; wir besuchen am Stadtrand von Immenstadt gelegen den AlpseeSkytrail. Aber trotz Pause von Radfahren, Bergsteigen und Wandern bleiben wir dennoch aktiv. Mit viel frischer Luft „unter den Füßen" probieren wir unsere Kletterkünste im Hochseilgarten. Er befindet sich direkt beim Naturparkzentrum Nagelfluhkette und der Tourist-Information. Vor seinen Toren liegt der Große Alpsee, der uns nach eifrigen Klettereien eine willkommene Erfrischung bereithält.

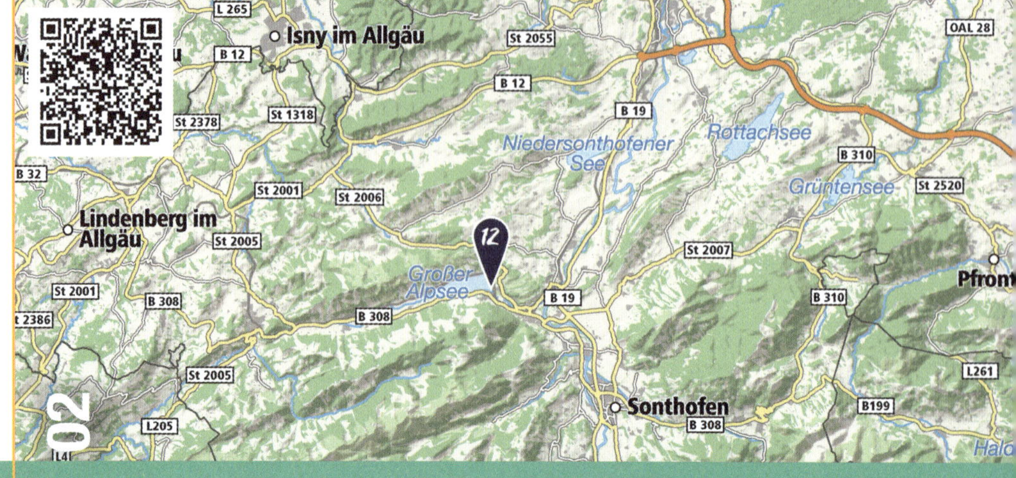

Tag 02

Start & Ziel & Anreise

Der AlpseeSkytrail befindet sich beim Naturparkzentrum in der Seestraße 10 in Immenstadt. Immenstadt selbst erreichen wir über die B 308. Bei Bühl am Alpsee zweigt direkt die Seestraße hinab zum Naturparkzentrum. Parkplätze gibt es beim Naturparkzentrum. Von München gibt es mehrmals am Tag Direktverbindungen nach Immenstadt. Von dort geht es weiter mit dem Bus Nr. 39 nach Bühl.

Tourenbeschreibung

Direkt beim Naturparkzentrum wartet heute der AlpseeSkytrail auf uns. Doch bevor wir unsere Kletterkünste ausprobieren können, statten wir dem Naturparkzentrum erst einmal einen Besuch ab. Die immense Artenvielfalt des Naturparks wird in der multimedialen Erlebnisausstellung im Naturparkzentrum anschaulich dargestellt. Sie bietet einen ungewöhnlichen Blick in die einmalige Natur- und Kulturlandschaft des Naturparks und seiner Bewohner. Wir gehen auf eine weitläufige Entdeckungsreise, die das gesamte Gebiet des Naturparks Nagelfluhkette, zu dem auch der Große Alpsee zählt, beschreibt. Das angegliederte Infozentrum gibt uns Besuchern einen informativen Einstieg in die Bergwelt rund um Immenstadt. Dazu gehören natürlich auch Ausrüstungskunde und weitreichende Kenntnisse der Umgebung. Sogar regionale Produkte wie Käse, Schnaps, Kräuter und Souvenirs werden hier angeboten. Interessant für Radler: Beim Naturparkzentrum

Nagelfluhkette befindet sich eine E-Bike-Akkuladestation für insgesamt sechs Räder.

Der Hochseilgarten führt über drei Stockwerke von drei, sieben und bis hinauf in eine Höhe von elf Metern. Dabei können wir auf 42 verschiedenen Möglichkeiten ausprobieren, wie es sich auf Seilen, wackeligen Trittstufen, Schwebebalken, Flachleitern und in Netzen gehen und balancieren lässt. Geschicklichkeit ist da schon von Vorteil, aber an manchen Stellen müssen wir auch einfach mal mutig voranschreiten beziehungsweise klettern. Anders als bei herkömmlichen Klettergärten, wo man mit zwei Sicherungen ausgestattet wird und die Karabiner bei jeder Richtungsänderung aus- und umgehängt werden müssen, fährt beim „Skytrail" die Sicherungsleine immer mit, sodass wir uns damit völlig frei im Parcours bewegen können. So kann man einem langsameren Kletterkollegen auch ganz einfach mal ausweichen. Speziell für Kinder gibt es auch eine Anlage: Die Kids, die noch nicht größer als 1,20 Meter sind, dürfen sich auf dem Kiddy Parcours austoben. Der Skytrail hat das ganze Jahr über geöffnet. Seit diesem Jahr gibt es sogar ein Höhenangst-Training. So kann dem ultimativen Kletterspaß nichts mehr im Wege stehen.

Im Naturparkzentrum erhalten wir Infos über den Naturpark

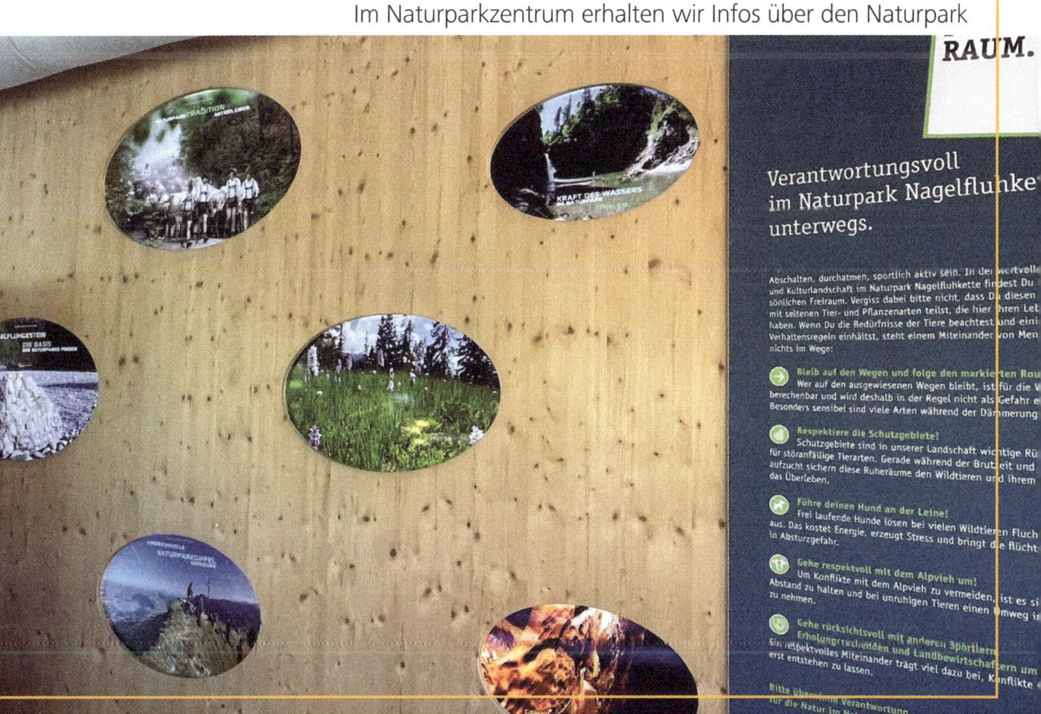

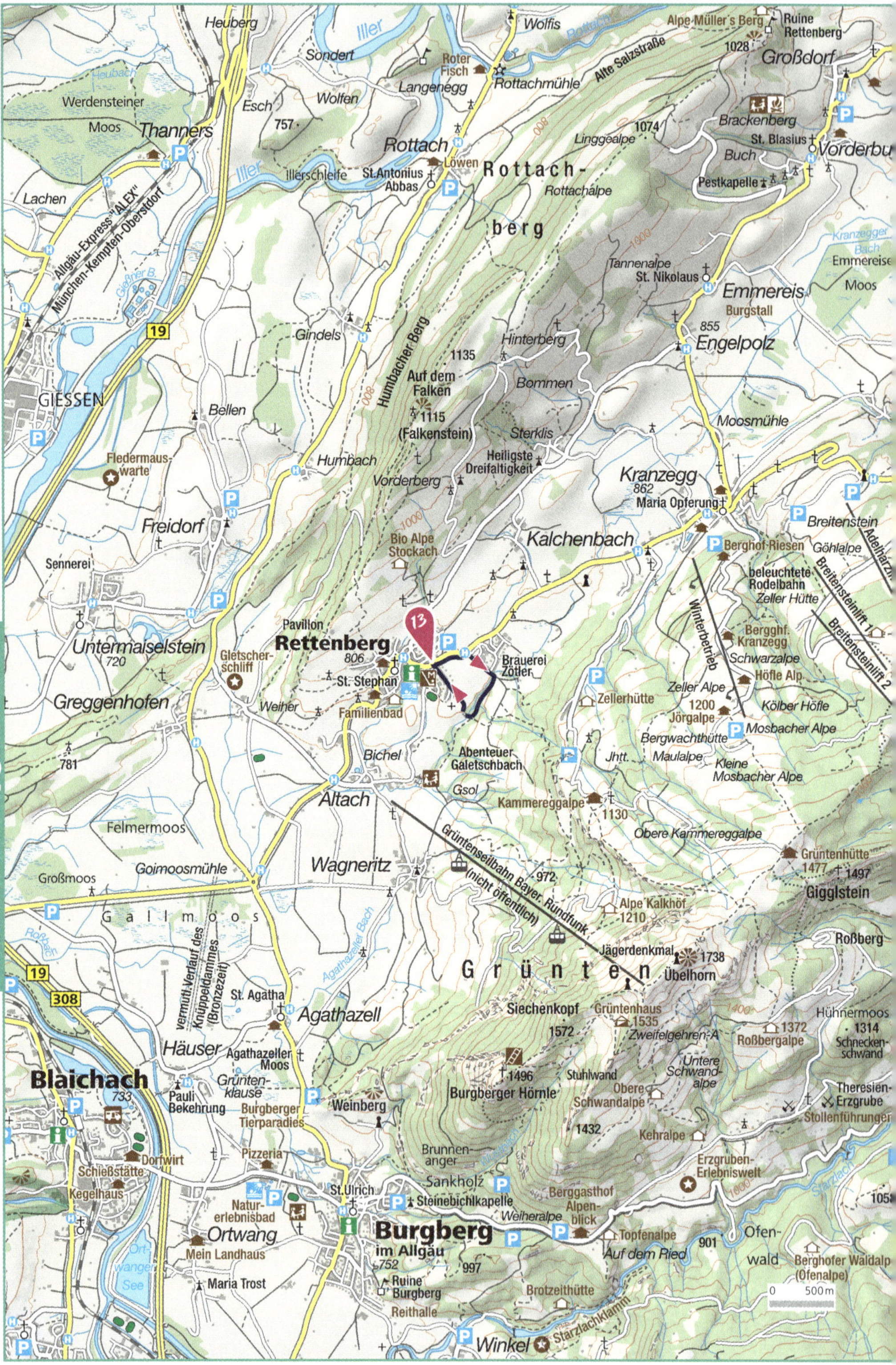

13

Heuberg
Iller
Sondert
Wolfis
Alpe Müller's Berg
Ruine Rettenberg
1028
Großdorf
Roter Fisch
Langenegg
Rottachmühle
Alte Salzstraße
Haubach
Werdensteiner Moos
Esch
Wolfen
757
Thanners
Rottach
Löwen
1074
Linggealpe
Brackenberg
St. Blasius
Vorderbu
Buch
Pestkapelle
Iller
Illerschleife
St. Antonius Abbas
Rottach-berg
Rottachalpe
Lachen
Allgäu-Express "ALEX"
München-Kempten-Oberstdorf
Gießner B.
Kranzegger Bach
Emmereis
Moos
Tannenalpe
St. Nikolaus
Emmereis
Burgstall
855
Engelpolz
19
Gindels
Humbacher Berg
1135
Hinterberg
Auf dem Falken
1115
(Falkenstein)
Bommen
GIESSEN
Bellen
Sterklis
Moosmühle
Humbach
Heiligste Dreifaltigkeit
Fledermaus-warte
Vorderberg
Kranzegg
862
Maria Opferung
Breitenstein
Adelharz
Freidorf
Bio Alpe Stockach
Kalchenbach
Berghof-Riesen
Göhlalpe
Sennerei
beleuchtete Rodelbahn
Zeller Hütte
Breitensteinlift 1
Breitensteinlift 2
Winterbetrieb
Pavillon
13
Rettenberg
806
St. Stephan
Brauerei Zötler
Bergghf. Kranzegg
Schwarzalpe
Untermaiselstein
720
Gletscher-schliff
Höfle Alp
Greggenhofen
Weiher
Familienbad
Zellerhütte
Zeller Alpe
1200
Jörgalpe
Kölber Höfle
Mosbacher Alpe
Bergwachthütte
Maulalpe
Kleine Mosbacher Alpe
Jhtt.
781
Bichel
Abenteuer Galetschbach
Altach
Gsol
Kammereggalpe
1130
Felmermoos
Obere Kammereggalpe
Grüntenhütte
1477
1497
Gigglstein
Wagneritz
Grünten seilbahn Bayer. Rundfunk (nicht öffentlich)
972
Goimoosmühle
Großmoos
Alpe Kalkhöf
1210
Gallmoos
Roßberg
Jägerdenkmal
1738
Übelhorn
Grünten
vermutl. Verlauf des Knüppeldammes (Bronzezeit)
19
308
St. Agatha
Agathazell
Agathazeller Bach
Siechenkopf
1572
Grüntenhaus
1535
Zweifelgehren-A
1372
Roßbergalpe
Hühnermoos
1314
Schnecken-schwand
Häuser
Agathazeller Moos
Untere Schwand-alpe
Blaichach
733
Pauli Bekehrung
Grünten-klause
1496
Burgberger Hörnle
Stuhlwand
Obere Schwandalpe
Theresien-Erzgrube
Stollenführungen
Burgberger Tierparadies
Weinberg
1432
Kehralpe
Dorfwirt
Schießstätte
Kegelhaus
Pizzeria
Brunnen-anger
Erzgruben-Erlebniswelt
Sankholz
Starzlach
St. Ulrich
Steinebichlkapelle
Berggasthof Alpen-blick
105
Natur-erlebnisbad
Ortwang
Weiheralpe
Topfenalpe
Burgberg im Allgäu
752
901
Ofen-wald
Mein Landhaus
Ort-wanger See
Auf dem Ried
997
Berghofer Waldalp (Ofenalpe)
Maria Trost
Ruine Burgberg
Brotzeithütte
0 500 m
Reithalle
Starzlachklamm
Winkel

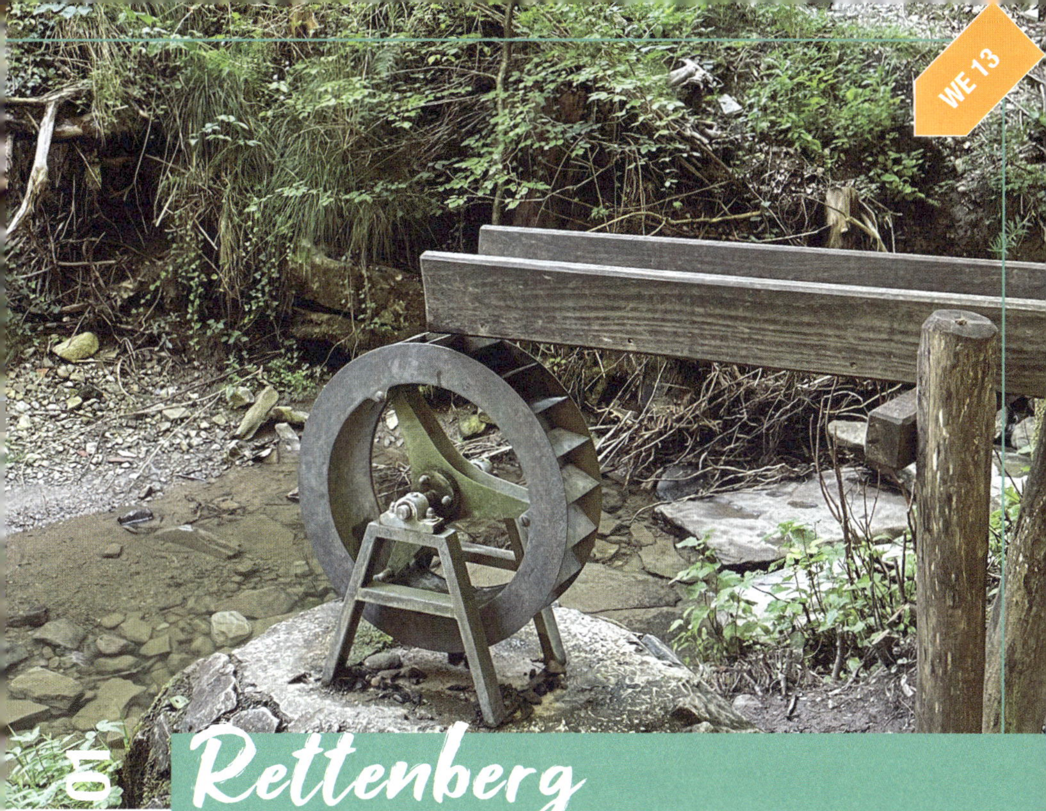

Tag 01

Rettenberg

Wanderung am Galetschbach

TOURENART	Themenweg
DAUER	2h 30min
LÄNGE	2,7 km
HÖHENMETER	50 hm
SCHWIERIGKEIT	LEICHT
MIT ÖPNV ERREICHBAR	nein

Das erwartet dich ...

Die Runde am Galetschbach bei Rettenberg ist sehr kurz, daher auch hervorragend für jüngere Besucher geeignet. Aber auch die Großen können auf dem Erlebniswanderweg zu Füßen des Grünten noch einiges lernen. 13 Erlebnisstationen führen rund um die Wasseramsel in Rettenberg. Direkt am Weg kommen wir an der Zötler Brauerei vorbei. Nur eine von drei Brauereien des Ortes, weshalb er auch als südlichstes Brauereidorf Deutschlands gilt.

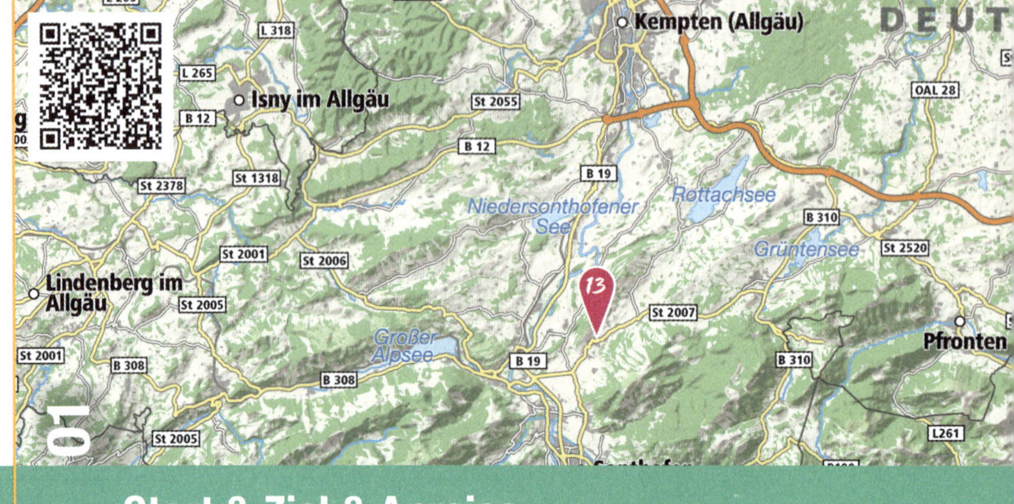

Tag 01

Start & Ziel & Anreise

Rettenberg erreicht man am besten mit dem eigenen PKW über die B 19 oder die B 308. Parkplätze gibt es beim Freibad oder auch am Startpunkt des Erlebnisweges zwischen Bichel und Altach.

Tourenbeschreibung

In dem kleinen Örtchen wird auf die naturnahe Bewirtschaftung von Wiesen und Alpen großer Wert gelegt. Rettenberg liegt auf 806 Meter in einem Hochtal und hat sich mit seinen zahlreichen idyllischen Ortsteilen seine Ursprünglichkeit bewahrt. Die ruhige Panoramalage über dem Illertal und der fantastische Ausblick auf den Alpenhauptkamm südlich von Oberstdorf garantieren einen genussreichen Spaziergang; los geht's beim Freibad. Wir spazieren zur Kranzegger Straße und folgen ihr Richtung Osten. Kurz vor den nächsten Häusern geht's bei der Brauerei Zötler rechts hinab. Hier trifft bayerische Braukultur auf heimische Gemütlichkeit und Allgäuer Lifestyle. „Die Älteste" Zötler Braurei, „Die Himmlischte" Engelbräu, „Die Höchste" BernardiBräu, so heißen die 3 Privatbrauereien im Brauereidorf Rettenberg. Dabei reicht die Brautradition hier schon mehr als ein halbes Jahrtausend zurück. Brauereiführungen und Vollmond-Partys im Sudhaus machen dem Brauereidorf alle Ehre.

An der Brauerei vorbei wandern wir hinab zum Wald- und Wiesenrand. Am Parkplatz vorbei und über den Galetschbach hinüber geht's an der Scheune vorbei auf den Wasseramselweg in den Wald hinein. Kurz darauf erreichen wir eine der vielen Stationen des Weges, die die Bedeutung der Wasserkraft für den Antrieb von Sägen erläutert und generell über Trinkwasser als unser höchstes Gut informiert. Eine Konstruktion mit Schaumühlenrad veranschaulicht die Funktionsweise dieser Wassernutzung. Weiter wandern wir stets geradeaus am Bach entlang. An den folgenden Stationen können Naturinteressierte spannende Rätsel lösen. An einer Station muss man mit Gummistiefeln und Matschhose entlang eines Drahtseiles gut hundert Meter durch den Gebirgsbach waten. Am Ende erwartet uns ein toller Naturspielplatz, der „Hasengarten". Das hübsche Plätzchen lädt zum Spielen, Toben, Ausruhen und Entspannen ein.

In der Tourismus-Information in Rettenberg kann man sich einen Forscherrucksack mit Becherlupe, Sieb, Pinsel, Wasserbehälter, Kosmos-Naturführer, Insektenbestimmungstafel und Fernglas ausleihen. Für das Abenteuer im Galetschbach bietet das Tourismusbüro Wathose, Klettergurt, Sicherungsseil und Audioguide an. Beides gibt's für eine Leihgebühr von je 6,50 Euro. Zurück geht's über Bichel und den Bichelweg zum Freibad.

Die Privatbrauerei Zötler

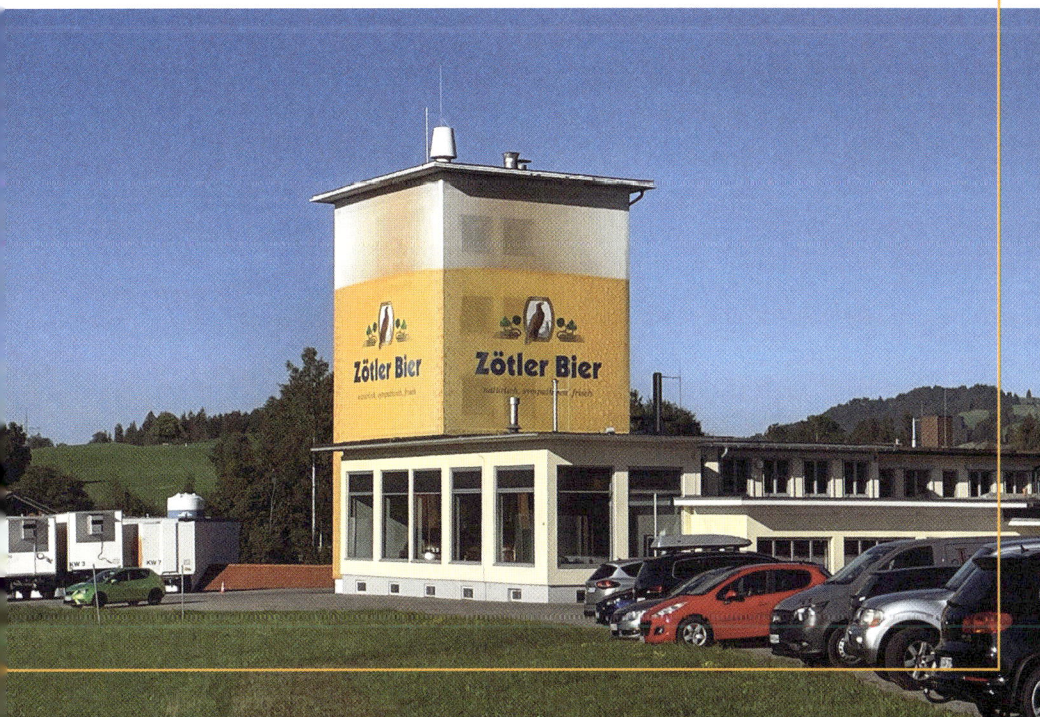

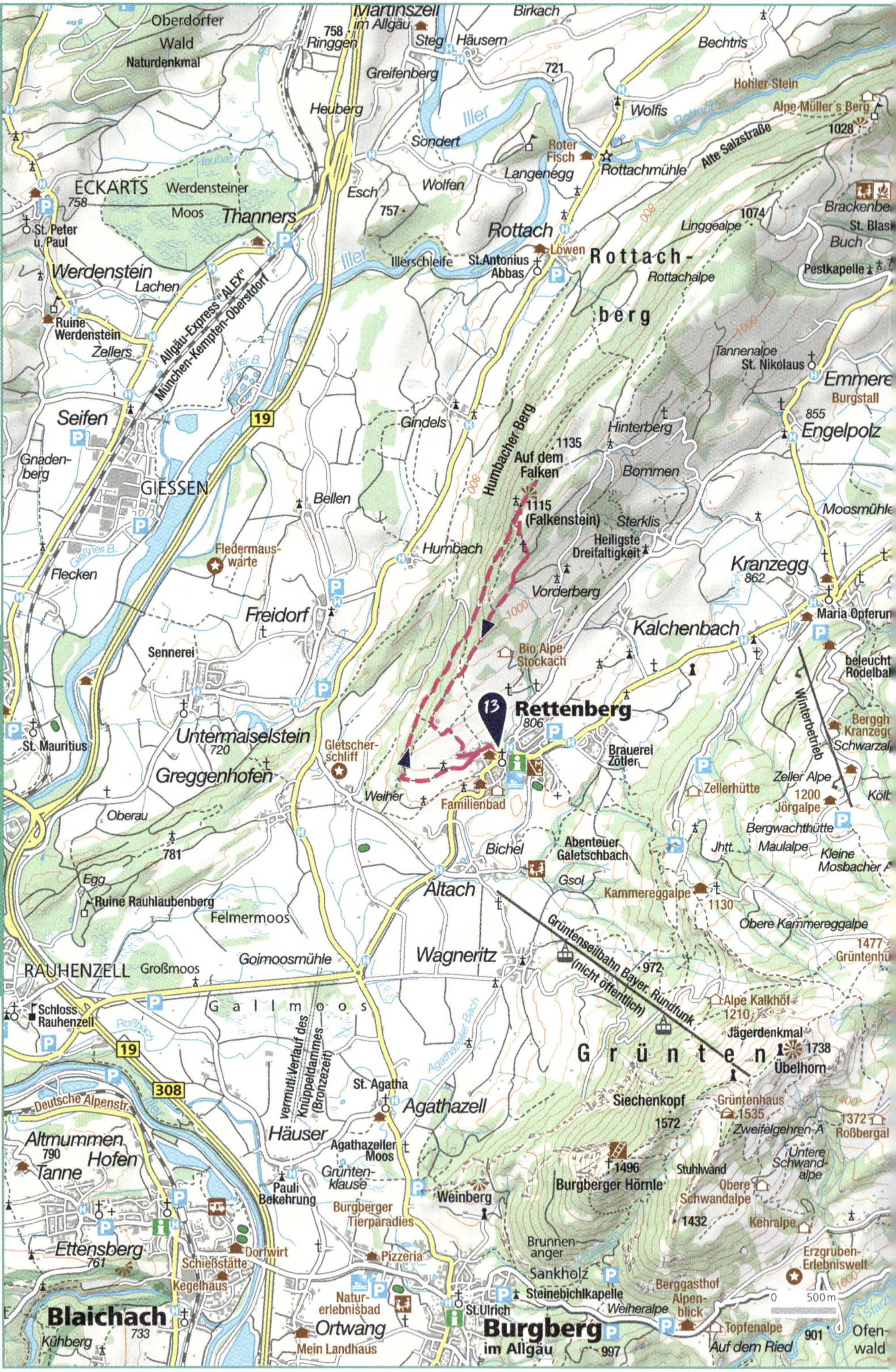

13

Oberdorfer Wald
Naturdenkmal
Martinszell im Allgäu
758 Ringgen
Birkach
Steg Häusern
Bechtris
Greifenberg
721
Iller
Heuberg
Hohler Stein
Wolfis
Alpe Müller's Berg
1028
Sondert
Roter Fisch
Rottachmühle
Alte Salzstraße
Heubach
Langenegg
ECKARTS
758
Werdensteiner Moos
Esch
Wolfen
Thanners
Brackenberg
St. Peter u. Paul
757
1074
Linggealpe
St. Blasius
Buch
Rottach
Löwen
Werdenstein
Iller
Illerschleife
St. Antonius Abbas
Rottach-
Rottachalpe
berg
Pestkapelle
Lachen
Allgäu-Express "ALEX" München-Kempten-Oberstdorf
Ruine Werdenstein
Zellers
Gießner B.
Tannenalpe
St. Nikolaus
Emmereis
Burgstall
Seifen
19
Gindels
Humbacher Berg
855
Engelpolz
Hinterberg
Gnadenberg
1135
Auf dem Falken
GIESSEN
Bommen
Bellen
1115 (Falkenstein)
Moosmühle
Sterklis
Heiligste Dreifaltigkeit
Gießner B.
Fledermauswarte
Humbach
Kranzegg
862
Flecken
Vorderberg
Maria Opferung
Freidorf
1000
Kalchenbach
Sennerei
Bio Alpe Stockach
beleuchtete Rodelbahn
13
Rettenberg
806
Wintertrieb
Berggh. Kranzegg
St. Mauritius
Untermaiselstein
720
Gletscherschliff
Brauerei Zötler
Schwarzalpe
Greggenhofen
Zellerhütte
Zeller Alpe
1200
Jörgalpe
Kölb
Weiher
Familienbad
Oberau
Bergwachthütte
781
Bichel
Abenteuer Galetschbach
Jhtt.
Maulalpe
Kleine Mosbacher Alpe
Egg
Altach
Gsol
Kammereggalpe
1130
Ruine Rauhlaubenberg
Felmermoos
Obere Kammereggalpe
1477
Grüntenhütte
Grüntenseilbahn Bayer. Rundfunk (nicht öffentlich)
Goimoosmühle
Wagneritz
972
RAUHENZELL
Großmoos
Alpe Kalkhöf
1210
Schloss Rauhenzell
Gallmoos
vermutl. Verlauf des Knüppeldammes (Bronzezeit)
Jägerdenkmal
1738
Übelhorn
Grünten
Roßbach
19
308
Agathazeller Bach
Deutsche Alpenstr.
St. Agatha
Agathazell
Siechenkopf
Grüntenhaus
1535
1400
1572
1372
Roßbergalpe
Zweifelgehren-Alpe
Altmummen
790
Hofen
Tanne
Häuser
Agathazeller Moos
Untere Schwandalpe
1496
Grüntenklause
Stuhlwand
Burgberger Hörnle
Obere Schwandalpe
Pauli Bekehrung
Weinberg
1432
Burgberger Tierparadies
Kehralpe
Ettensberg
761
Dorfwirt
Brunnenanger
Erzgruben-Erlebniswelt
Schießstätte
Pizzeria
Kegelhaus
Sankholz
Berggasthof Alpenblick
Naturerlebnisbad
Steinebichlkapelle
St. Ulrich
0 500 m
Weiheralpe
Blaichach
733
Ortwang
Burgberg im Allgäu
Topfenalpe
901
Ofenwald
Kühberg
Mein Landhaus
997
Auf dem Ried
Starzl.

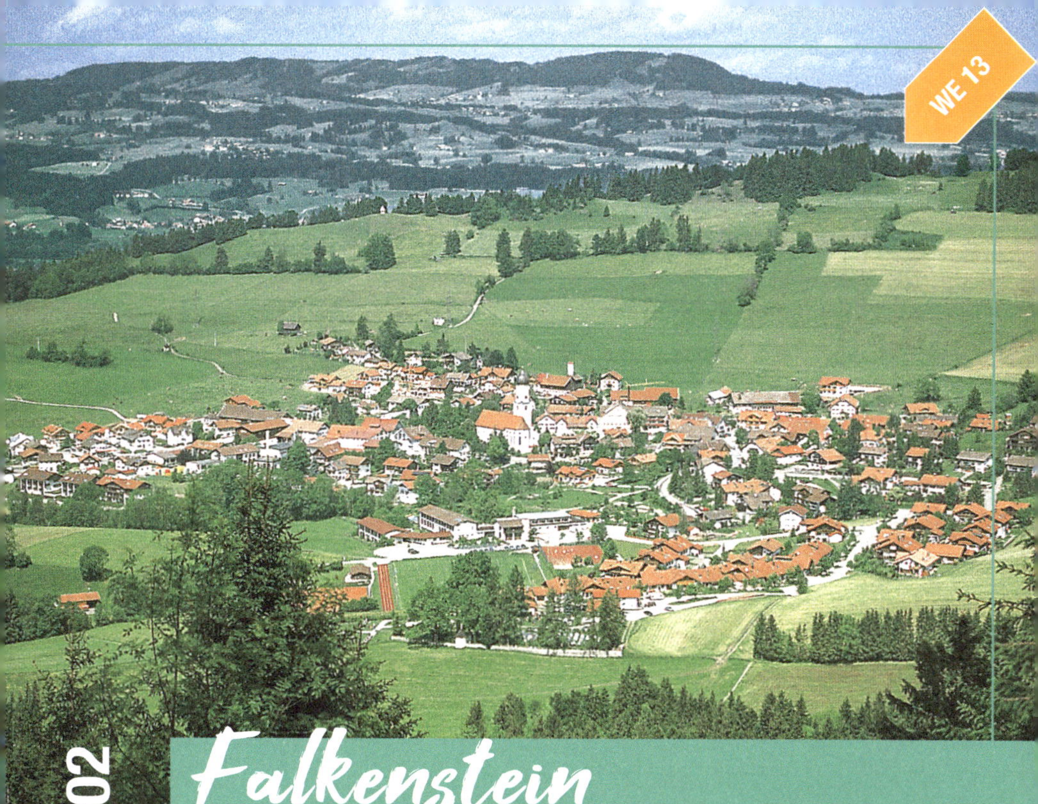

Tag 02

Falkenstein

Kitzliger Felsenthron über der Iller

TOURENART	Wandertour
DAUER	2h
LÄNGE	6 km
HÖHENMETER	309 hm
SCHWIERIGKEIT	MITTEL
MIT ÖPNV ERREICHBAR	ja

Das erwartet dich ...

Heute erwartet uns eine kurze, aber knackige Wanderung. Zum Gipfelaufstieg leitet uns ein kurzzeitig steilerer, wiederholt mit Drahtseilen gesicherter und etwas ausgesetzter Gipfelaufstieg. Die Pfade und Pfadspuren sind jedoch gut markiert. Kleine Abschnitte bringen uns auch über Steige, Wald- und auch Feldwege. Der Falkenstein selbst ist ein schöner Aussichtsfelsen in überraschend exponierter Lage.

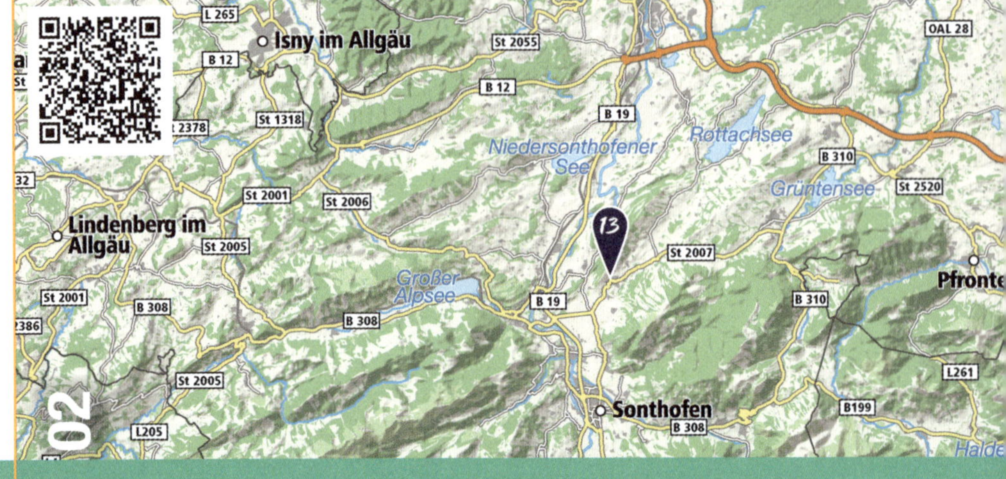

Tag 02

Start & Ziel & Anreise

Heute wandern wir in Rettenberg los, und zwar an der Bushaltestelle beim Rathaus. Von Kempten fahren wir mit dem Auto über die B 19, von Lindau über die B 308 jeweils Richtung Immenstadt. Von hier aus fahren wir über die St 2006 nur knapp 8 km bis nach Rettenberg. Von Kempten und Lindau fahren Züge bis nach Immenstadt. Hier verbindet der Ringbus der Linie 11 die Orte Sonthofen, Immenstadt, Rettenberg, Blaichach und Burgberg stündlich im Ringverkehr

Tourenbeschreibung

Vom kleinen Örtchen Rettenberg führen gleich mehrere Wanderwege auf den lang gezogenen Rottachberg-Höhenzug mit seinem 400 Meter über dem Illertal thronenden Falkenstein. Rettenberg selbst entpuppt sich als kleine Ansammlung von Häusern am Bergfuß des Grünten. Der Gipfel seines Hausberges wird gern auch „Auf dem Falken" genannt. Es erwartet uns für die Besteigung des doch recht exponierten Aussichtsfelsens eine Kombination aus wildromantischen Waldwegen und einem pfiffigen Gratweg, die die Runde durchaus schon zu einer mittelschweren Wanderung werden lässt.

Zunächst spazieren wir in Rettenberg den Gehsteig am Rathaus entlang Richtung Ortsmitte. Hinter dem Gasthof Adler-Post, an einem bewahrten alten Holzhaus vorbei, nehmen wir den ansteigenden Falkensteinweg, bis der Wanderwegweiser „Kleiner Rundweg – Gebhardshöhe" uns zur Bergstraße weist. Am Ende des

Ortes erwartet uns ein flacher Feldweg, der uns freie Sicht ins obere Illertal und in den Formenreichtum der Allgäuer Hochalpen gewährt. Ein Wiesenpfad leitet von einem Flurkreuz zu einer Rastbank unter einer ausladenden Eiche. Die Route teilt sich auf dem Waldweg Richtung Falkenstein. Hier verlassen wir den Kurs zur Gebhardshöhe. Sanft steigen wir durch den Mischwald hinauf. Bald führt uns wieder ein Pfad, der sich erst über, dann unter den Nagelfluhabstürzen deutlicher emporschwingt. An der Kreuzung folgen wir weiter unserer Markierung.

Der Aufstiegsweg ist mit zahlreichen Drahtseilen gesichert und gestaltet sich gelegentlich etwas ausgesetzt. Wir erreichen eine Weggabelung bei einer kleinen Hochmulde. Nun ist es nicht mehr weit zum Falkenstein. Die Blicke vom Gipfel lassen deutlich die Landschaft erkennen. Unter uns schimmert ein Mosaik aus Wiesen und Waldflecken herauf; der Anblick zieht sich mit eingestreuten Siedlungen bis weit nach Kempten hinaus. Wieder an der Weggabelung bei der Hochmulde stehen wir erneut an der Tafel „Gebhardshöhe". Wir überwinden einen kleinen Gegenanstieg mit kurzer Felsstufe, dann setzt der reizvolle Abstiegssteig ein. Der sogenannte Gratweg folgt einem schmalen, bewaldeten Bergkamm. Weiter unten führt uns ein schlecht erkennbarer Pfad über einen Rücken mit Weidelichtungen zum Pavillon auf der Gebhardshöhe. Nach einem Viehbetrieb wandern wir auf direktem Dorfabstieg nach Rettenberg hinein.

In der Ortsmitte von Rettenberg

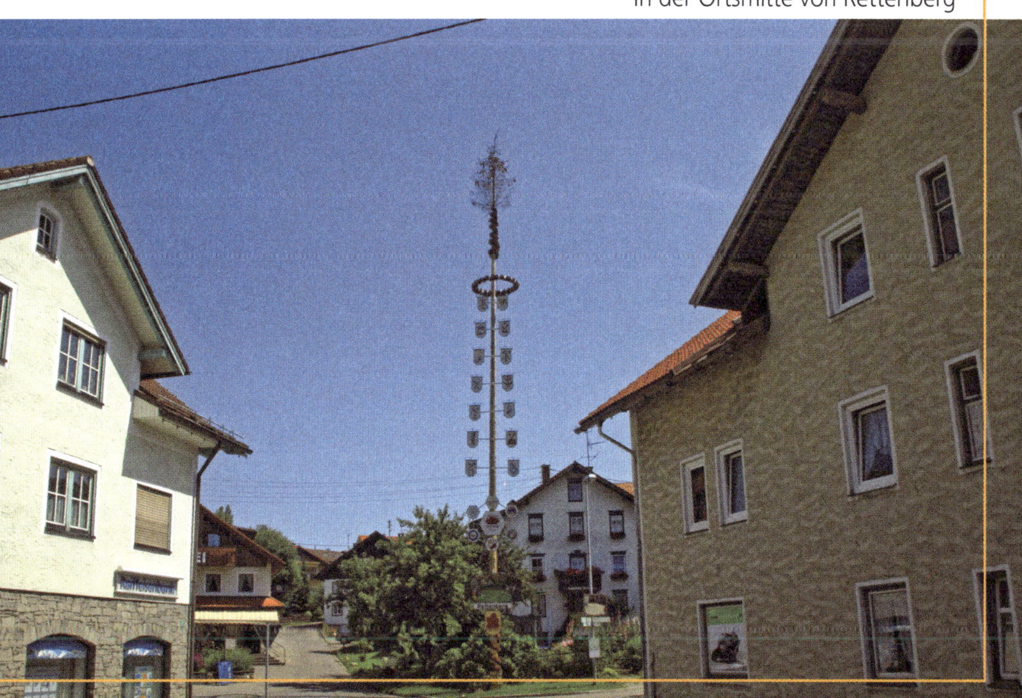

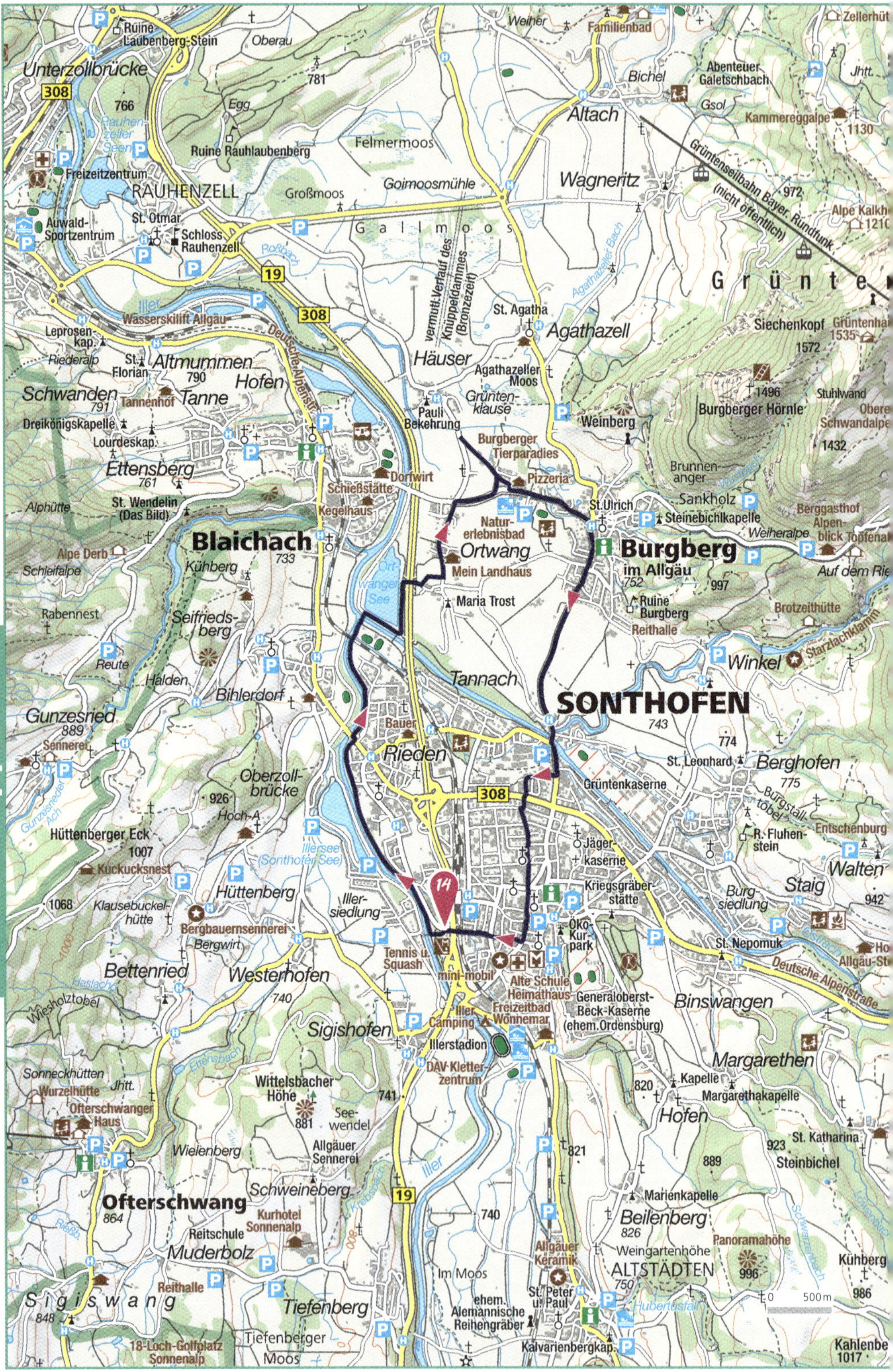

14

Ruine Laubenberg-Stein
Oberau
Weiher
Familienbad
Zellerhüt
Unterzollbrücke
781
Bichel
Abenteuer Galetschbach
Jhtt.
308
766
Egg
Altach
Gsol
Kammereggalpe
1130
Rauhenzeller Seen
Felmermoos
Ruine Rauhlaubenberg
Grüntenseilbahn Bayer. Rundfunk (nicht öffentlich)
Freizeitzentrum
RAUHENZELL
Goimoosmühle
Wagneritz
972
Alpe Kalkh
1210
Großmoos
Auwald-Sportzentrum
St. Otmar
Schloss Rauhenzell
G a l m o o s
Roßbach
19
Agathazeller Bach
G r ü n t e
vermutl. Verlauf des Knüppeldammes (Bronzezeit)
Iller
Wasserskilift Allgäu
308
St. Agatha
Agathazell
Siechenkopf
Grüntenha
1535
1572
Leprosenkap.
Riederalp
Deutsche Alpenstr.
St. Florian
Altmummen
790
Hofen
Häuser
Agathazeller Moos
Schwanden
791
Tannenhof
Tanne
Grüntenklause
1496
Stuhlwand
Burgberger Hörnle
Obere Schwandalpe
Dreikönigskapelle
Lourdeskap.
Pauli Bekehrung
Weinberg
1432
Ettensberg
761
Burgberger Tierparadies
Dorfwirt
Pizzeria
Brunnenanger
Alphütte
St. Wendelin (Das Bild)
Schießstätte
Kegelhaus
Sankholz
Berggasthof Alpenblick Töpfenal
St. Ulrich
Naturerlebnisbad
Steinebichlkapelle
Weiheralpe
Blaichach
733
Alpe Derb
Ortwang
Burgberg im Allgäu
752
Schleifalpe
Kühberg
Mein Landhaus
Ortwanger See
997
Auf dem Rie
Maria Trost
Ruine Burgberg
Rabennest
Seifriedsberg
Reithalle
Brotzeithütte
Starzlachklamm
Reute
Winkel
Halden
Bihlerdorf
Tannach
SONTHOFEN
Gunzesried
889
743
Bauer
774
Senneref
Rieden
St. Leonhard
Berghofen
Oberzollbrücke
Grüntenkaserne
775
926
308
Burgstall-tobel
Gunzesrieder Ach
Hoch-A
R. Fluhenstein
Entschenburg
Hüttenberger Eck
Jägerkaserne
1007
Illersee (Sonthofer See)
Walten
Kuckucksnest
Staig
Hüttenberg
Kriegsgräberstätte
942
1068
Klausebuckelhütte
Illersiedlung
Burgsiedlung
14
Bergbauernsennerei
Ökokurpark
Bergwirt
St. Nepomuk
Tennis u. Squash
Ostrach
Allgäu-St
Bettenried
Deutsche Alpenstraße
Westerhofen
mini-mobil
Haslach
Alte Schule Heimathaus
Binswangen
Wiesholztobel
740
Freizeitbad Wonnemar
Generaloberst-Beck-Kaserne (ehem. Ordensburg)
Iller Camping
Sigishofen
Illerstadion
Margarethen
Ettensbach
DAV-Kletterzentrum
Sonneckhütten
Wurzelhütte
Jhtt.
Wittelsbacher Höhe
820
Kapelle
Margarethakapelle
Offterschwanger Haus
741
Seewendel
Hofen
881
St. Katharina
Wielenberg
Allgäuer Sennerei
821
923
889
Steinbichel
Schweineberg
Iller
19
Marienkapelle
Ofterschwang
864
Kurhotel Sonnenalp
740
Beilenberg
826
Reitschule
Kreuzbach
Rießb
Panoramahöhe
Muderbolz
Weingartenhöhe
Allgäuer Keramik
996
ALTSTÄDTEN
750
Kühberg
Reithalle
Im Moos
986
S i g i s w a n g
848
St. Peter u. Paul
Hubertusfall
0 500 m
Tiefenberg
ehem. Alemannische Reihengräber
18-Loch-Golfplatz Sonnenalp
Tiefenberger Moos
Kalvarienbergkap.
Kahlenbe
1017

WE 14

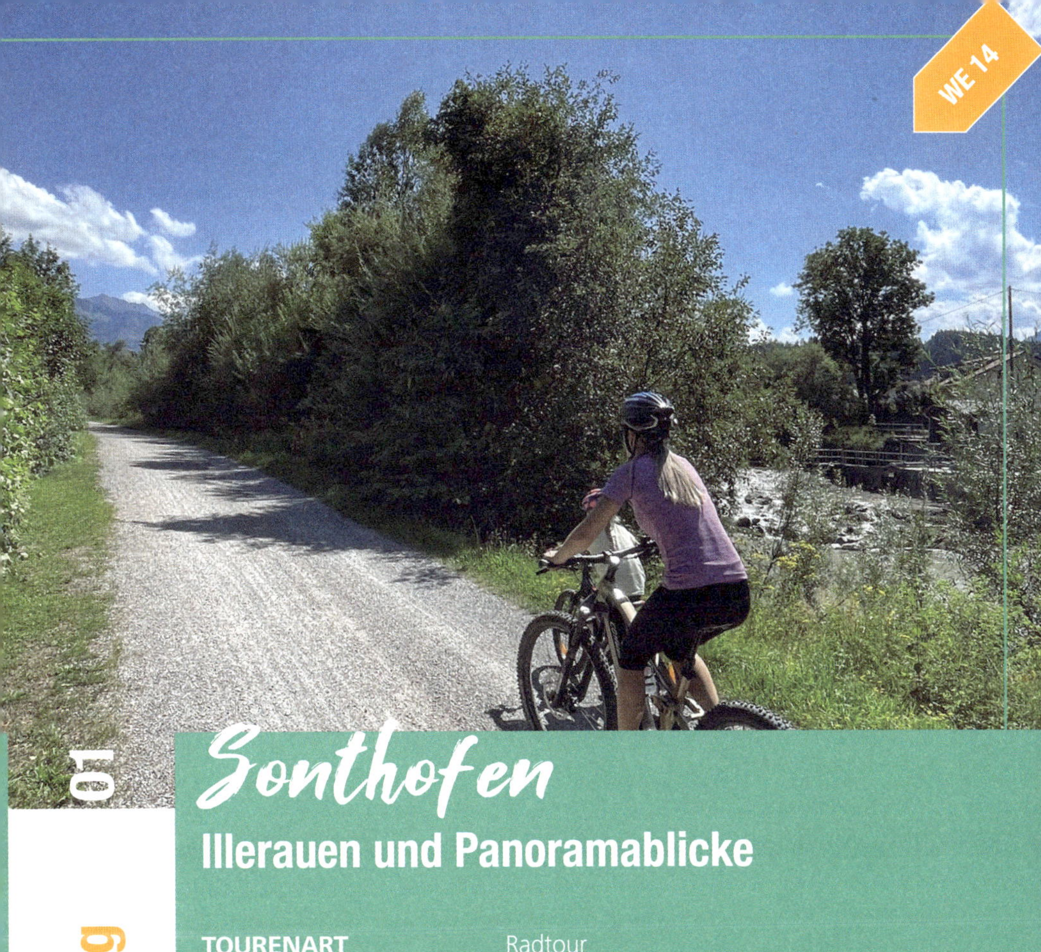

Tag 01

Sonthofen

Illerauen und Panoramablicke

TOURENART	Radtour
DAUER	1h
LÄNGE	10,8 km
HÖHENMETER	51 hm
SCHWIERIGKEIT	LEICHT
MIT ÖPNV ERREICHBAR	ja

Das erwartet dich ...

Der heutige Ausflug führt uns mit dem Rad von Sonthofen am Illerradweg entlang. Über die Dörfer und an Wiesen vorbei geht's dann nach Burgberg. Der Ort lockt mit seiner wunderschönen Natur mitten im Illertal und erwartet uns mit einem hübschen Ortszentrum. Ein kurzer „Radlride" bringt uns Richtung Süden wieder zurück nach Sonthofen. Die Strecke ist kurz und weist kaum Höhenunterschiede auf, eignet sich daher hervorragend für eine kleine Feierabendrunde.

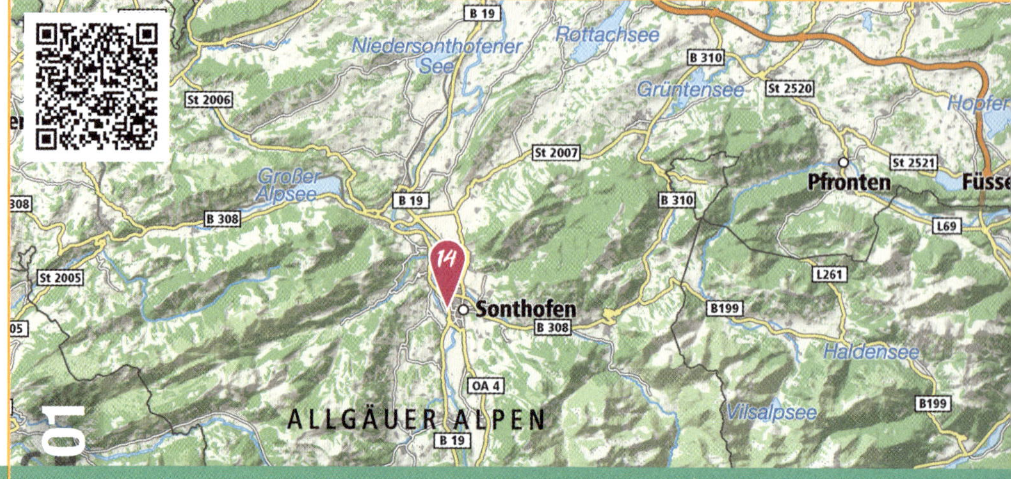

Tag 01

Start & Ziel & Anreise

Ausgangspunkt ist der Minigolfplatz in Sonthofen in der Albert-Schweitzer-Straße 20. Hier gibt es auch Parkmöglichkeiten. Von der A 7 Richtung Kempten geht es über die B 19 über Immenstadt nach Sonthofen. Gleich in der Nähe befindet sich der Bahnhof Sonthofen. Von München aus ist er mit dem Regionalexpress 76 ohne Umstieg zu erreichen.

Tourenbeschreibung

Wir starten beim Minigolfplatz in Sonthofen. Von hier aus sind wir gleich auf dem Illerradweg, der uns nun nach Norden führt. Wir unterqueren die Brücke der Illerstraße und erreichen nach knapp zweieinhalb Kilometern die Mündung der Ostrach in die Iller. Ein Brücklein bringt uns hinüber, dann fahren wir kurz am Ortwanger Baggersee entlang. Durch die Unterführung der B 19 hindurch, dann radeln wir geradewegs durch die Ortwanger Au und das Örtchen Ortwang. An der Blaichacher Straße führt uns der Radweg nach rechts. Kurz darauf machen wir am Moosweg einen Abstecher nach links zum Burgberger Tierparadies, in dem einheimische und auch exotische Tiere erleben zu sehen sind.

Unser Weiterweg führt uns direkt nach Burgberg hinein. Lange geprägt von Handwerk und Landwirtschaft ist Burgberg heute noch tief verbunden mit altem Brauchtum. Es hat den Beinamen „Knappendorf", der aus der Zeit des Eisenerz-

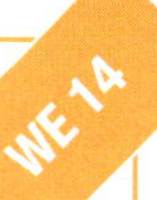

abbaus stammt. Dunkel war die Zeit für die Bergbauleute, die ihr Brot hart unter Tage erwerben mussten. Der Eisenerzabbau war bis ins 19. Jahrhundert einer der wichtigsten Wirtschaftszweige des Dorfes. Aus den ehemaligen Erzgruben tief im Inneren des Grünten ist heute mit der „Erzgruben Erlebniswelt am Grünten" ein Museum zum Anfassen und Erleben geworden. In Burgberg gibt es auch ein Naturbad, das im Sommer Badespass und eine feine Abkühlung garantiert.

An der Ampelkreuzung beim Gasthof Löwen und der Kirche biegen wir nach rechts ab. Die Sonthofer Straße bringt uns aus dem Ort hinaus, an Wiesen vorbei wieder zurück an den Ortsrand von Sonthofen. Wir überqueren die Ostrach und folgen der Nordstraße nach rechts „In die Reite" nach links. Wir passieren die B 308 und folgen der Schillerstraße geradewegs an der Täufer-Johannes-Kirche vorbei bis zur Schlossstraße. Von ihr zweigt nach rechts die Immenstädter Straße ab. Nochmal geht's über die B 19, gleich darauf haben wir unseren Ausgangspunkt erreicht.

Sonthofen liegt direkt vor dem Naturschutzgebiet Allgäuer Hochalpen. Viehzucht und Milchwirtschaft haben den Ort in der Vergangenheit geprägt. Davon zeugen das lebendige Heimatmuseum, Markthalle und Marktanger. In Sonthofen gibt es unzählige Sakral- und Profanbauten sowie Natur- und Kulturdenkmäler. So sollte man auch einen Ortsrundgang nicht verpassen.

Der Grünten in seiner ganzen Pracht

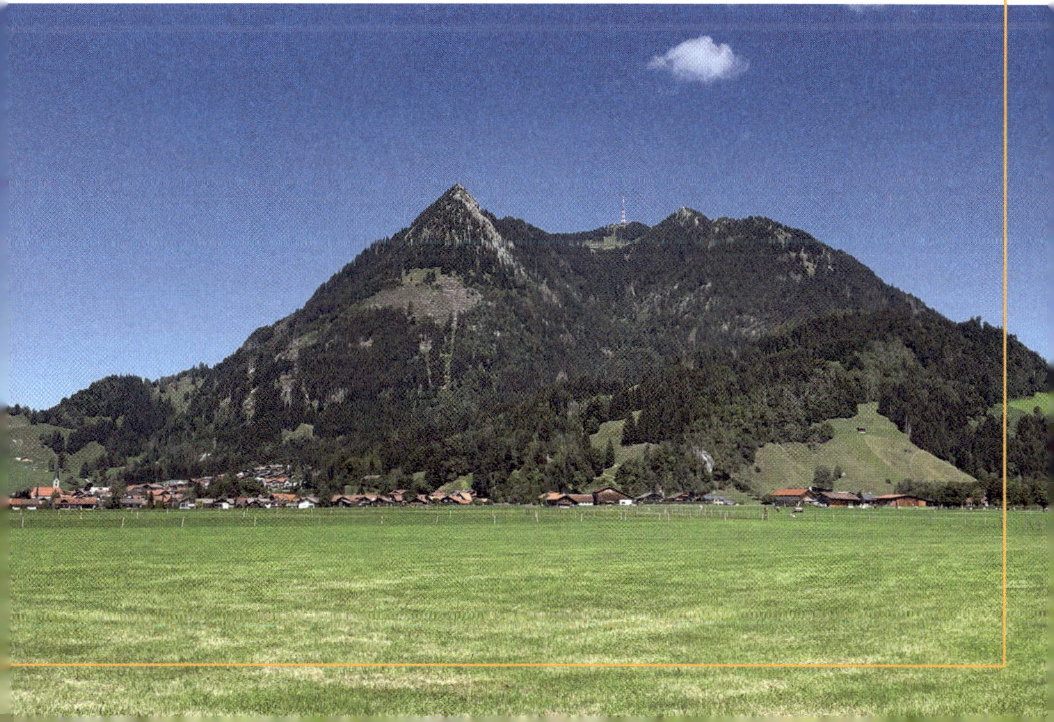

14

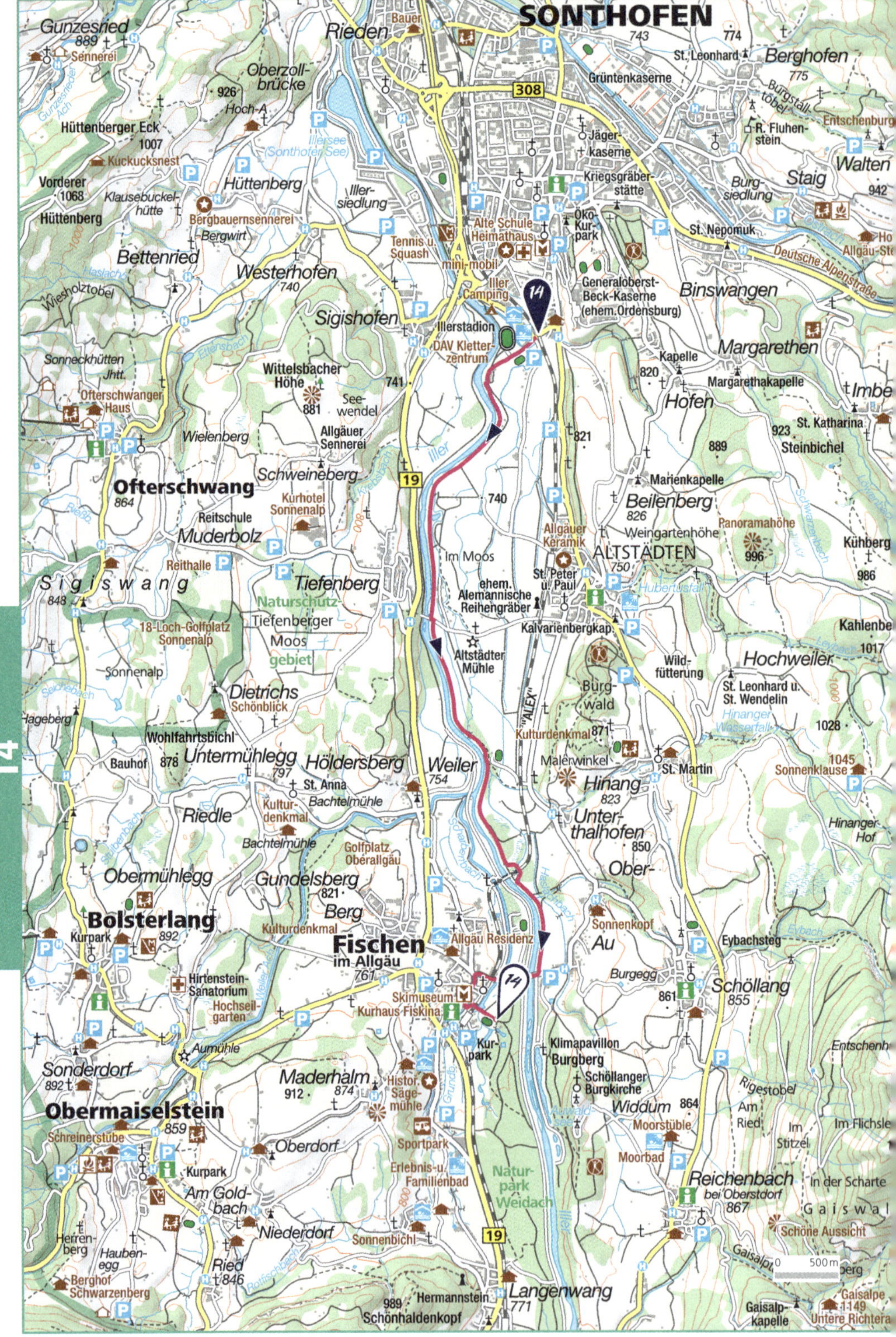

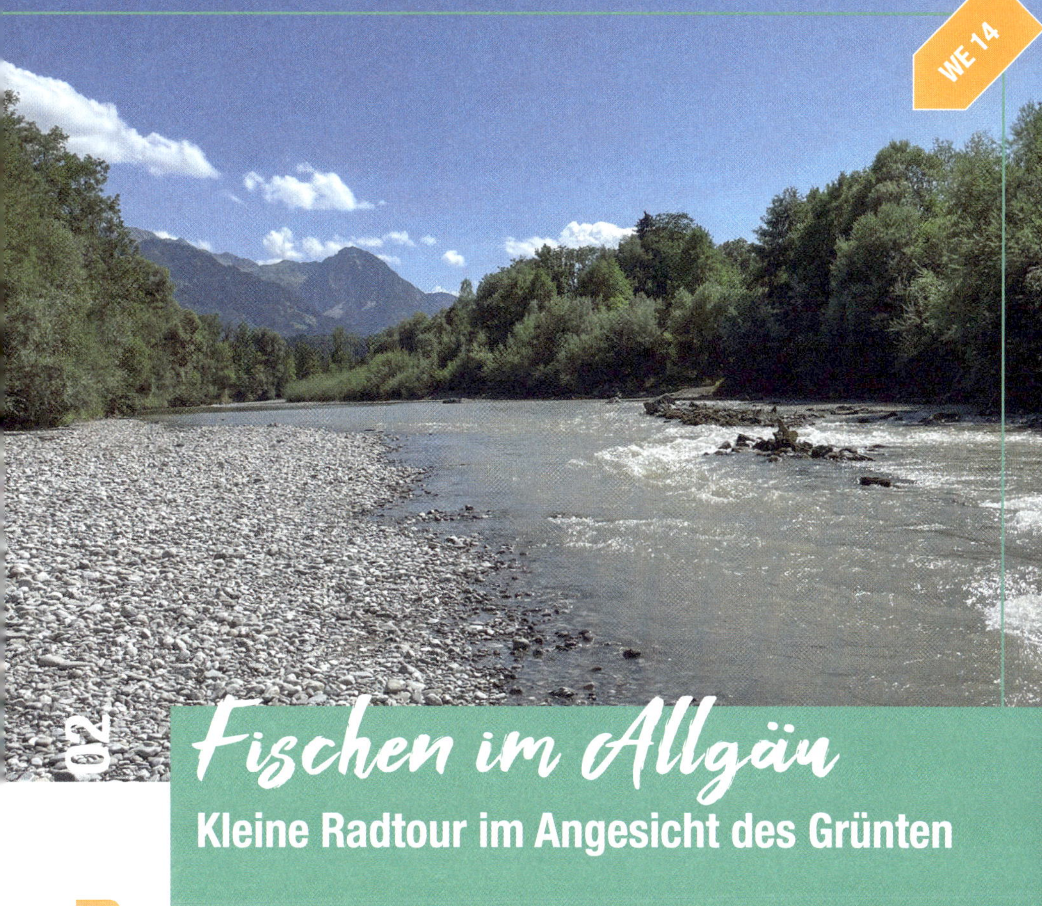

SONTHOFEN
743
774
St. Leonhard
Berghofen
775
Grüntenkaserne
308
Burgstalltobel
R. Fluhenstein
Entschenburg
Walten
942
Staig
Burgsiedlung
Jägerkaserne
Kriegsgräberstätte
Öko-Kurpark
St. Nepomuk
Deutsche Alpenstraße
Binswangen
Generaloberst-Beck-Kaserne (ehem. Ordensburg)
Margarethen
Kapelle
820
Margarethakapelle
Hofen
923
St. Katharina
Steinbichel
889
Marienkapelle
Beilenberg
826
Weingartenhöhe
Panoramahöhe
996
Kühberg
986
ALTSTÄDTEN
750
Hubertusfall
Kahlenberg
1017
Hochweiler
St. Leonhard u. St. Wendelin
Hinanger Wasserfall
1028
Wildfütterung
Burgwald
871
Kulturdenkmal
Malerwinkel
St. Martin
Hinang
823
1045
Sonnenklause
Hinanger-Hof
Unterthalhofen
850
Ober-
Sonnenkopf
Au
Eybachsteg
Burgegg
861
Schöllang
855
Klimapavillon
Burgberg
Schöllanger Burgkirche
Widdum
864
Moorstüble
Moorbad
Rigestobel
Am Ried
Im Stitzel
Im Flichsle
Reichenbach bei Oberstdorf
867
In der Scharte
Gaiswal
Schöne Aussicht
Gaisalpe
1149
Untere Richtera
Gaisalp-kapelle
0
500 m
Langenwang
771
Hermannstein
989
Schönhaldenkopf
Natur-park Weidach
Iller
19
Sonnenbichl
Erlebnis-u. Familienbad
Sportpark
Histor. Sägemühle
Maderhalm
912
874
Kurpark
Kurhaus Fiskina
Skimuseum
Fischen im Allgäu
761
Allgäu Residenz
Berg
Gundelsberg
821
Golfplatz Oberallgäu
Kulturdenkmal
Bachtelmühle
Riedle
Kultur-denkmal
St. Anna
Höldersberg
Weiler
754
Untermühlegg
797
Wohlfahrtsbichl
Bauhof
878
Obermühlegg
Bolsterlang
Kurpark
892
Hirtenstein-Sanatorium
Hochseilgarten
Aumühle
Sonderdorf
892
Obermaiselstein
859
Schreinerstube
Oberdorf
Kurpark
Am Goldbach
Niederdorf
Herrenberg
Haubenegg
Ried
846
Berghof Schwarzenberg
Rottachbach
Dietrichs
Schönblick
Sonnenalp
18-Loch-Golfplatz Sonnenalp
Hageberg
Sigiswang
848
Reithalle
Naturschutz-gebiet
Tiefenberger Moos
Tiefenberg
Muderbolz
Reitschule
Ofterschwang
864
Kurhotel Sonnenalp
Schweineberg
Wielenberg
Allgäuer Sennerei
Wittelsbacher Höhe
881
Seewendel
741
740
Im Moos
ehem. Alemannische Reihengräber
St. Peter u. Paul
Allgäuer Keramik
Kalvarienbergkap.
Altstädter Mühle
"ALEX"
821
Sonneckhütten Jhtt.
Ofterschwanger Haus
Wiesholztobel
Bettenried
Westerhofen
740
Sigishofen
Illerstadion
DAV Kletterzentrum
Iller Camping
mini-mobil
Tennis u. Squash
Alte Schule Heimathaus
Illersiedlung
Hüttenberg
Bergbauernsennerei
Bergwirt
Klausebuckelhütte
Vorderer 1068
Hüttenberg
Kuckucksnest
Hüttenberger Eck
1007
Hoch-A
926
Oberzollbrücke
Illersee (Sonthofer See)
Rieden
Bauer
Gunzesried
889
Sennerei
14

Tag 02

Fischen im Allgäu

Kleine Radtour im Angesicht des Grünten

TOURENART	Radtour
DAUER	30min
LÄNGE	6,7 km
HÖHENMETER	23 hm
SCHWIERIGKEIT	LEICHT
MIT ÖPNV ERREICHBAR	ja

Das erwartet dich ...

Die kurze Radtour bringt uns an der Iller entlang von Sonthofen nach Fischen im Allgäu. Die Strecke ist eben und daher auch sehr gut für kleine Radfreunde geeignet. Unterwegs können wir immer wieder ein paar vergnügliche Pausen einlegen. So erwarten uns auf der Strecke das WONNEMAR in Sonthofen sowie das Kletterzentrum. Fischen im Allgäu lädt am Schluss der Strecke zu einem gemütlichen Bummel ein.

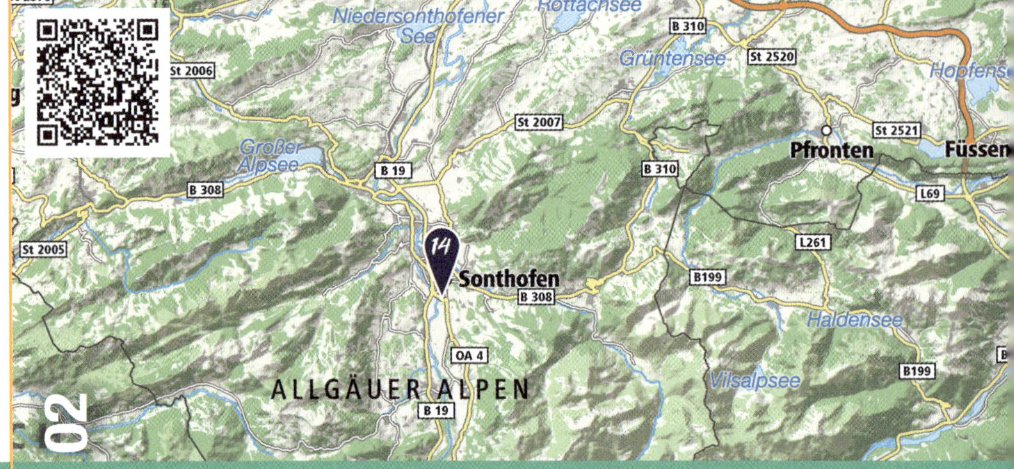

Tag 02

Start & Ziel & Anreise

Los geht's in Sonthofen direkt beim WONNEMAR am Stadionweg. Von der A 7 Richtung Kempten geht es mit dem Auto über die B 19 über Immenstadt nach Sonthofen. Beim WONNEMAR gibt es ausreichend Parkmöglicheiten. Von München aus ist der Bahnhof Sonthofen mit dem Regionalexpress 76 ohne Umstieg zu erreichen.

Tourenbeschreibung

Am Ortsrand von Sonthofen radeln wir beim WONNEMAR los. Der Stadionweg bringt uns beim Kletterzentrum vorbei direkt zu den Illerauen. Hier tun sich die ersten grandiosen Blicke auf das Bergpanorama im Osten auf. Weite Kiesbänke laden hier zum Baden und Picknicken ein – falls wir nicht mit dem Zug zurückfahren, ist hier ein idealer Ort für eine abschließende Rast an der Iller. Die Route führt uns nun auf dem Illerdamm Richtung Oberstdorf und Altstädten. Bei Fischen erreichen wir die Illerbrücke. Hier geht's nach rechts auf der Radrunde Allgäu ins Zentrum von Fischen 0,6 km. Nördlich vom Kurhaus und vom Bahnhof haben wir die Möglichkeit, dem Eichhörnchenwald einen Besuch abzustatten. Dafür folgen wir der Wanderwegweisung in Richtung Minigolf. Die Route führt auf demselben Weg wieder zurück nach Sonthofen.

Fischen wartet mit einem hübschen Ortskern und bäuerlichem Ambiente auf. Das idyllische Dorf mit sieben Weilern liegt am Fuße der Hörnerkette. Abkühlung lockt mit dem nahe gelegenen Auwaldsee oder der Freizeitlandschaft im Erlebnis- und Familienbad Fischen. Im liebevoll gepflegten Kurpark samt Kräutergarten und Kneipp-Tretbecken lässt sich ein prima Bummel machen. Aber auch am Startpunkt unserer Tour finden sich Orte mit abwechslungsreichen Aktivitäten. Das WONNEMAR in Sonthofen bietet neben Spaß und Sportbad auch Entspannung, Ruhe und Wellness. In der Saunawelt stehen finnische Sauna, Steinbad, Erdsauna, Vitalsauna oder die Allgäuer Latschenkiefer-Panoramasauna mit Blick auf die Allgäuer Alpen zur Verfügung. Verschiedene Kneippbecken, ein Solestollen, das Sole-Außenbecken, Thalassobecken und ein Dampfbad sind der Gesundheit und Entspannung zuträglich. Nur einen Steinwurf entfernt wartet vor herrlicher Bergkulisse das Kletterzentrum des DAV auf uns. Im Innen- und Außenbereich gibt es insgesamt über 150 Kletterrouten. Auf 800 m² Kletterfläche und 140 m² Boulderfläche sind sie in überwiegend moderaten Schwierigkeitsgraden bis zu 15 m Kletterhöhe gehalten. Im Outdoor-Bereich gibt es Routen in verschiedenen Schwierigkeitsgraden auf 360 m².

Das WONNEMAR garantiert Abkühlung an heißen Tagen

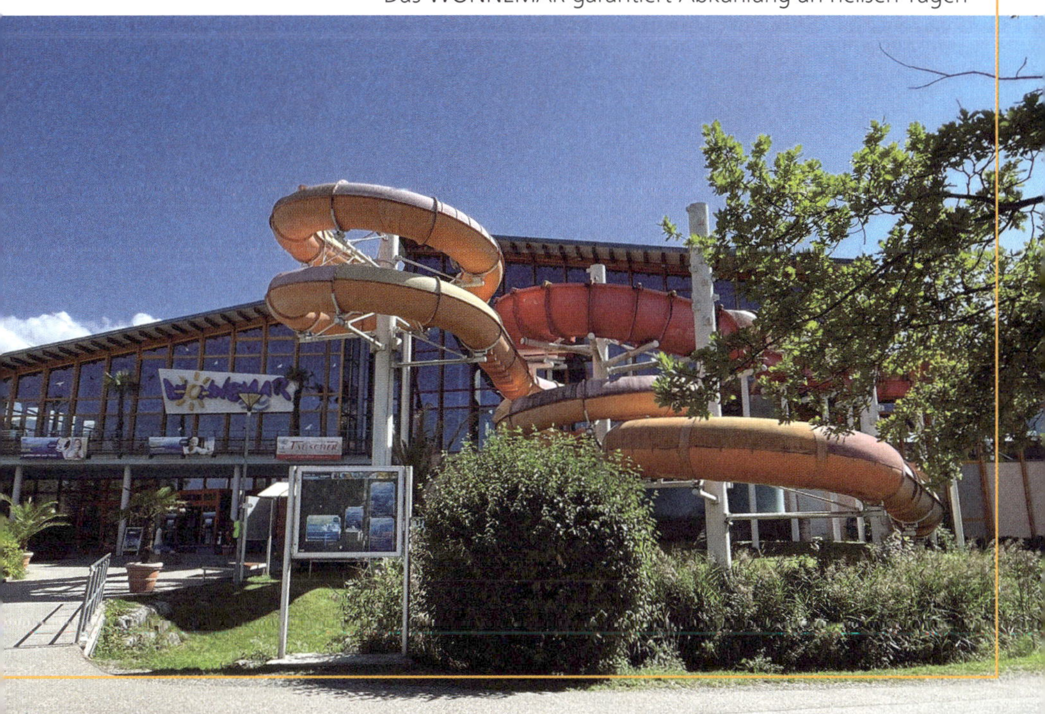

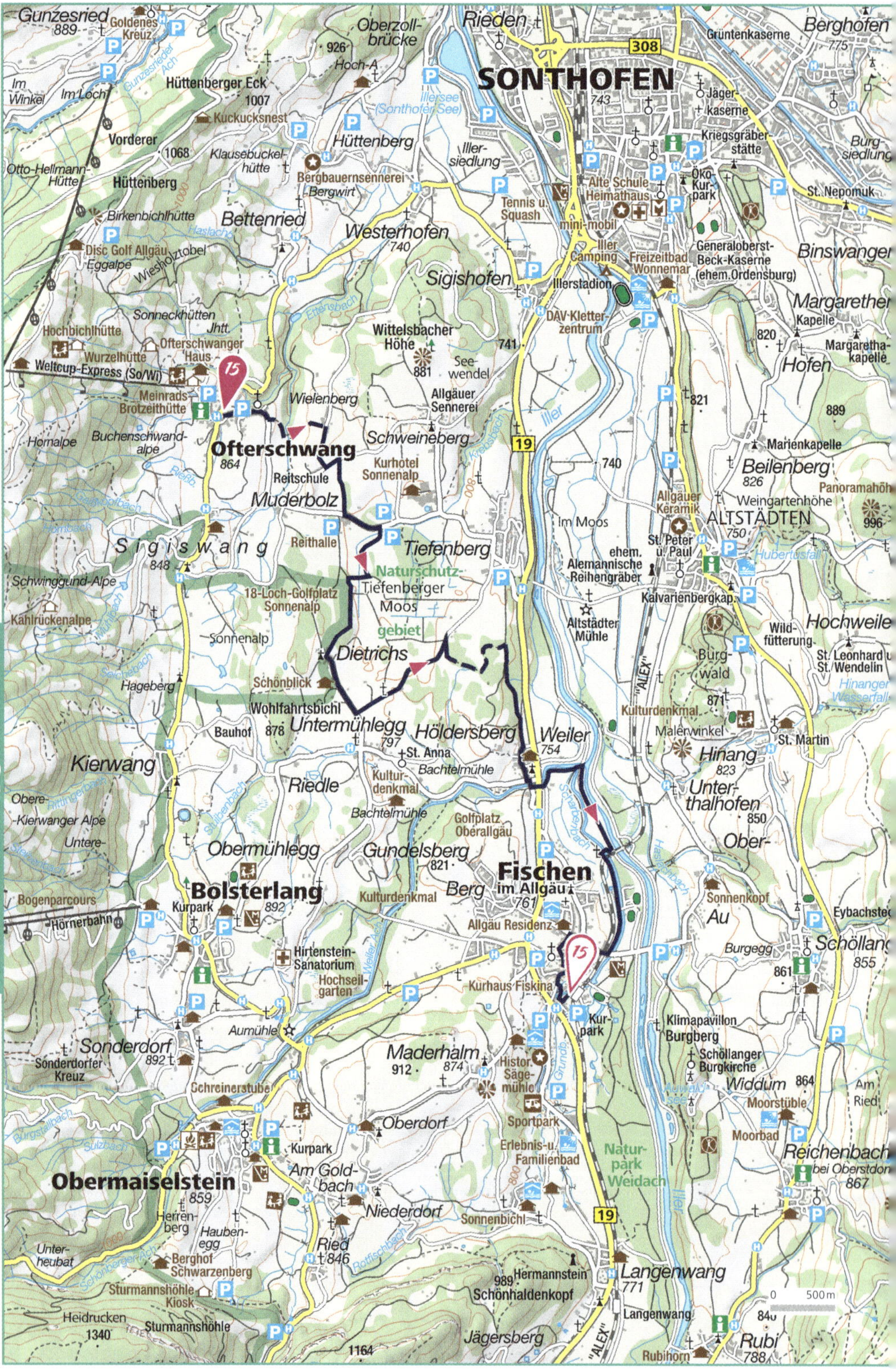

15

Gunzesried
889
Goldenes Kreuz
Oberzollbrücke
Rieden
308
Grüntenkaserne
Berghofen
775
Im Winkel
Im Loch
Hüttenberger Eck
1007
Hoch-A
926
SONTHOFEN
743
Jägerkaserne
Kuckucksnest
Illersee (Sonthofer See)
Vorderer
Hüttenberg
Kriegsgräberstätte
Burgsiedlung
Otto-Hellmann-Hütte
1068
Klausebuckelhütte
Illersiedlung
Hüttenberg
Bergbauernsennerei
Bergwirt
Öko-Kurpark
St. Nepomuk
Birkenbichlhütte
Bettenried
Tennis u. Squash
Alte Schule
Heimathaus
mini-mobil
Disc Golf Allgäu
Eggalpe
Wiesholztobel
Westerhofen
740
Iller Camping
Freizeitbad Wonnemar
Generaloberst-Beck-Kaserne (ehem. Ordensburg)
Binswangen
Sigishofen
Illerstadion
Margarethen
Sonneckhütten
Jhtt.
Ettensbach
DAV Kletterzentrum
Kapelle
Hochbichlhütte
Wittelsbacher Höhe
881
741
820
Margarethakapelle
Wurzelhütte
Ofterschwanger Haus
Seewendel
Hofen
Weltcup-Express (So/Wi)
15
Meinrads-Brotzeithütte
Wielenberg
Allgäuer Sennerei
821
889
Homalpe
Buchenschwandalpe
Ofterschwang
864
Schweineberg
19
Iller
Marienkapelle
Kurhotel Sonnenalp
740
Beilenberg
826
Panoramahöhe
Reitschule
Muderbolz
Allgäuer Keramik
Weingartenhöhe
996
Im Moos
ALTSTÄDTEN
750
Sigiswang
848
Reithalle
Tiefenberg
St. Peter u. Paul
ehem. Alemannische Reihengräber
Hubertusfall
Schwingund-Alpe
Naturschutzgebiet
Tiefenberger Moos
18-Loch-Golfplatz Sonnenalp
Kalvarienbergkap.
Kährückenalpe
Altstädter Mühle
Hochweiler
Sonnenalp
Dietrichs
Wildfütterung
Burgwald
St. Leonhard u. St. Wendelin
Hageberg
Hinanger Wasserfall
Schönblick
"ALEX"
871
Wohlfahrtsbichl
Kulturdenkmal
Bauhof
878
Untermühlegg
Höldersberg
Weiler
754
Malerwinkel
St. Martin
797
Kierwang
St. Anna
Hinang
823
Bachtelmühle
Kulturdenkmal
Riedle
Unterthalhofen
Obere-Kierwanger Alpe
850
Untere-
Bachtelmühle
Golfplatz Oberallgäu
Ober-
Obermühlegg
Gundelsberg
821
Fischen im Allgäu
761
Sonnenkopf
Bolsterlang
892
Berg
Kulturdenkmal
Au
Eybachstein
Bogenparcours
Kurpark
Allgäu Residenz
Hörnerbahn
Burgegg
Schöllang
855
Hirtenstein-Sanatorium
861
Hochsellgarten
Kurhaus Fiskina
15
Kurpark
Klimapavillon
Aumühle
Burgberg
Sonderdorf
892
Sonderdorfer Kreuz
Maderhalm
912
874
Histor. Sägemühle
Schöllanger Burgkirche
Widdum
864
Am Ried
Schreinerstube
Oberdorf
Sportpark
Moorstüble
Moorbad
Auwaldsee
Natur-park Weidach
Reichenbach bei Oberstdorf
867
Kurpark
Erlebnis- u. Familienbad
Obermaiselstein
859
Am Goldbach
Niederdorf
Sonnenbichl
19
Herrenberg
Haubenegg
Unterheubat
Ried
846
Berghof Schwarzenberg
989
Hermannstein
Langenwang
771
Schönhaldenkopf
Sturmannshöhle Kiosk
0
500 m
Heidrucken
1340
Sturmannshöhle
Langenwang
840
Jägersberg
1164
"ALEX"
Rubihorn
Rubi
788

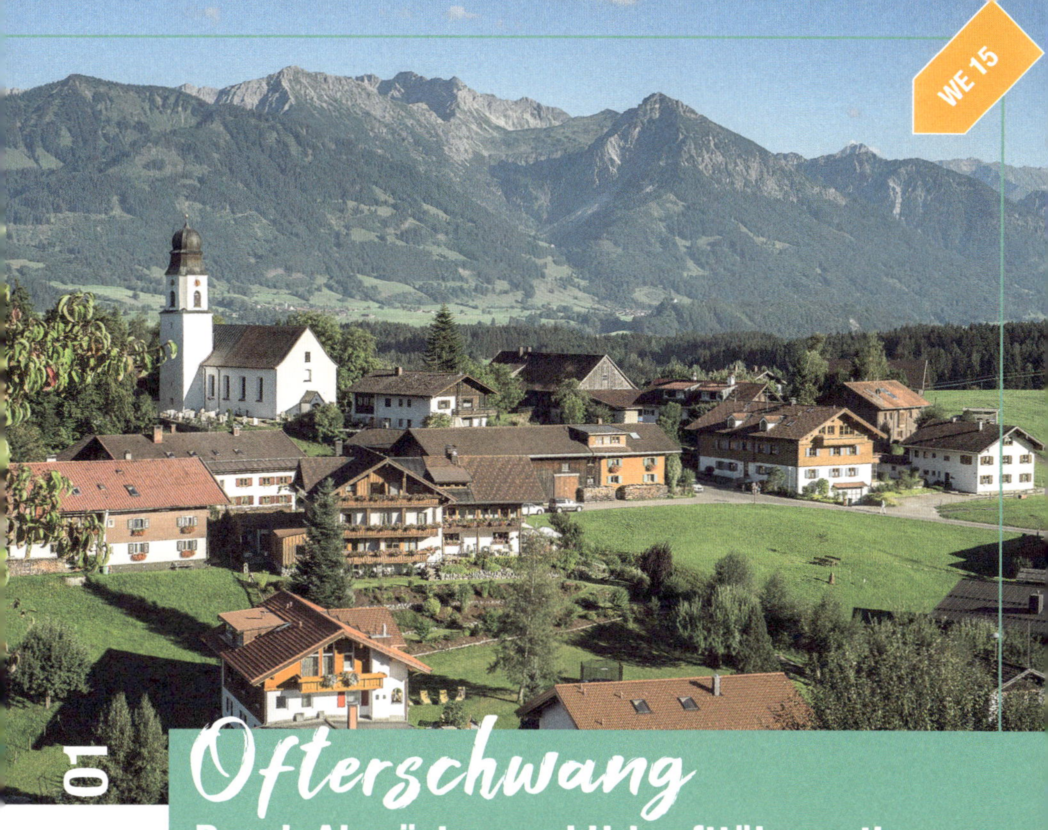

WE 15

Tag 01

Ofterschwang

Durch Alpgärten und Urkrafttäler entlang der Hörnerdörfer

TOURENART	Wandertour
DAUER	2h 30min
LÄNGE	10 km
HÖHENMETER	105 hm
SCHWIERIGKEIT	LEICHT
MIT ÖPNV ERREICHBAR	ja

Das erwartet dich ...

Die schöne Tour führt uns zwischen zwei eindrucksvollen Gebirgsketten hindurch. Rechts die Hörnerkette, links und geradeaus lassen die Allgäuer Alpen unser Herz höherschlagen. Mittendrin begegnen wir der Lebensader Iller, die wir durch Moor und Buckelwiesen erreichen. Immer wieder wandern wir auf aussichtsreichen Wegen nach Fischen.

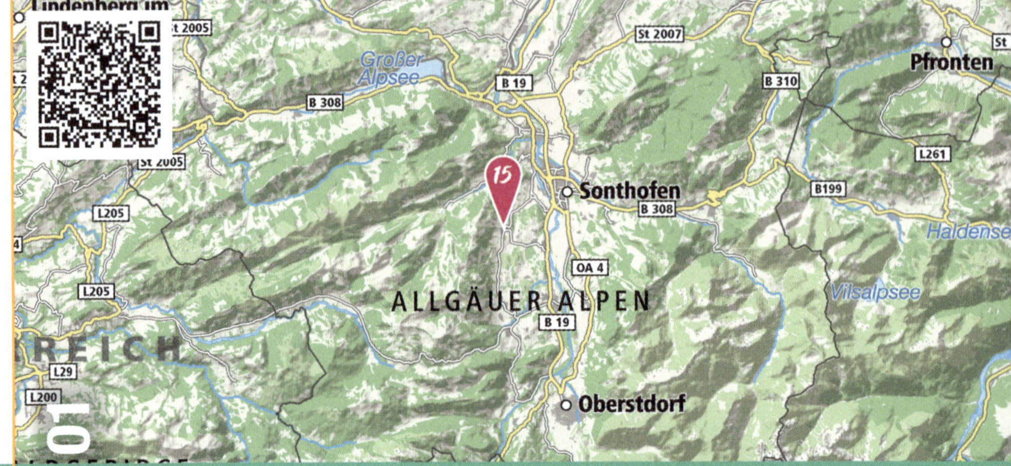

Tag 01

Start & Ziel & Anreise

Heute beginnen wir die Tour bei der Gästeinformation von Ofertschwang in der Kirchgasse 1. Mit dem PKW gelangen wir am besten über die A 7 Ulm–Kempten und dann sowohl von Norden wie auch von Süden über die B 19 nach Ofterschwang. Zwischen Kempten und Sonthofen folgen wir den Schildern nach Ofterschwang. Von Sonthofen fährt der Bus der Linie 47 stündlich Richtung Bolsterlang, Haltestelle Ofterschwang-Ortsmitte.

Tourenbeschreibung

Los geht's an der Ecke Dorfstraße und Kirchstraße. Von der Gästeinformation Ofterschwang gehen wir geradewegs über die Hauptstraße und folgen der Kirchstraße, vorbei an der St.-Alexander-Kirche und dem Friedhof aus dem Ort hinaus. Bald neigt sich die Straße in einer langen Rechtskurve abwärts. Hier führt ein Weg linker Hand über die Wiesen auf den Waldrand zu. Noch bevor wir ihn jedoch erreichen macht der Weg eine Rechtskurve und zweigt dann links ab in die kleine Schlucht des Ettersbaches. Auf der gegenüberliegenden Seite führt der Weg über Wiesen empor zum Weiler Wielenberg.

An der Fahrstraße halten wir uns rechts und biegen an der darauffolgenden T-Kreuzung links ab. Ein geschotterter Feldweg leitet uns nach rechts zum Golfplatz Sonnenalp und den anliegenden Gebäuden. Unsere Route trifft auf eine Straße. Nach links passieren wir den Reitverein Oberallgäu. Danach queren wir auf Höhe des Parkplatzes die Straße nach rechts. Ein Feldweg lenkt uns rechts zum Krebsbach und begleitet daraufhin nach rechts gewandt den westlichen Rand des Tiefenberger Mooses.An der nächsten Weggabelung halten wir uns rechts über Wiesen auf einen Wald zu. Wir wandern auf dem Waldweg nach links und steigen allmählich über einen waldigen Höhenzug hinüber zum Weiler Dietrichs. An der Kreuzung erwartet uns rechter Hand die hübsche Marienkapelle. Unser Weg lässt uns jedoch links abbiegen, nun ein gutes Stück an einem Fahrweg entlang. Wir passieren einige Wiesen, bis ein weiterer Fahrweg im rechten Winkel nach links abzweigt. Er berührt mehrere Waldränder und führt uns in einer Linkskurve an einen spitzen Rechtsabzweig. Ab hier begleitet uns ein Feldweg bis an eine Fichte mit Sitzbank; links führt ein Pfad zu einer wunderschönen Waldpartie. Die beiden folgenden Kreuzungen schicken uns jeweils nach rechts, bis sich vor dem Dorf Weiler der Waldvorhang öffnet. Wir erreichen die 1985 eingeweihte Kapelle zur Heiligen Familie.

Munter wandern wir geradeaus aus dem Örtchen Weiler hinaus und über die Weiler Ach hinüber. Gleich danach bringt uns eine Unterführung unter der B19 hindurch. Wir wenden uns nach links, dann nacheinander im Rechsschwung zur Mündung der Weiler Ach und des Grundbaches in die Iller beim Drei-Flüsse-Eck. Wir folgen dem Flusslauf nach rechts, überqueren den Grundbach und unterqueren danach die Eisenbahnbrücke. Die Route bringt uns durch den Grundbachweg zum Burgweg. Wir überqueren die Bahngleise nach rechts und folgen dem Burgweg bis zur Straße Sankt-Florians-Weg. Hier geht es nach links bis zur Bolgenstraße. Sie führt uns halb links über einen Fußweg gegenüber zur Rathausgasse und kurz danach zur Straße Am Anger. Wir halten uns rechts, dann links zum Kurpark. Ein Weg leitet uns links in den Park, dann rechts am Kurhaus vorbei zu einem Bouleplatz. Der Start- und Willkommensplatz befindet sich beim Bahnhof.

Autoren Tipp

Die Fischinger Obermühle und ihre Säge sind über 500 Jahre alt. Ihre Geschichte reicht bis ins Jahr 1451 zurück. Sie wurde zuerst als Mahlmühle betrieben, schon im 17. Jahrhundert soll eine Sägemühle vorhanden gewesen sein. Seit 1985 wird sie nach einigen Renovierungen einmal wöchentlich in den Sommermonaten in Betrieb genommen. Sie zeigt wie die Baumstämme in der Vergangenheit zu Brettern verarbeitet wurden. Führungen finden von Mai bis Mitte Oktober jeden Freitag um 17 Uhr statt.

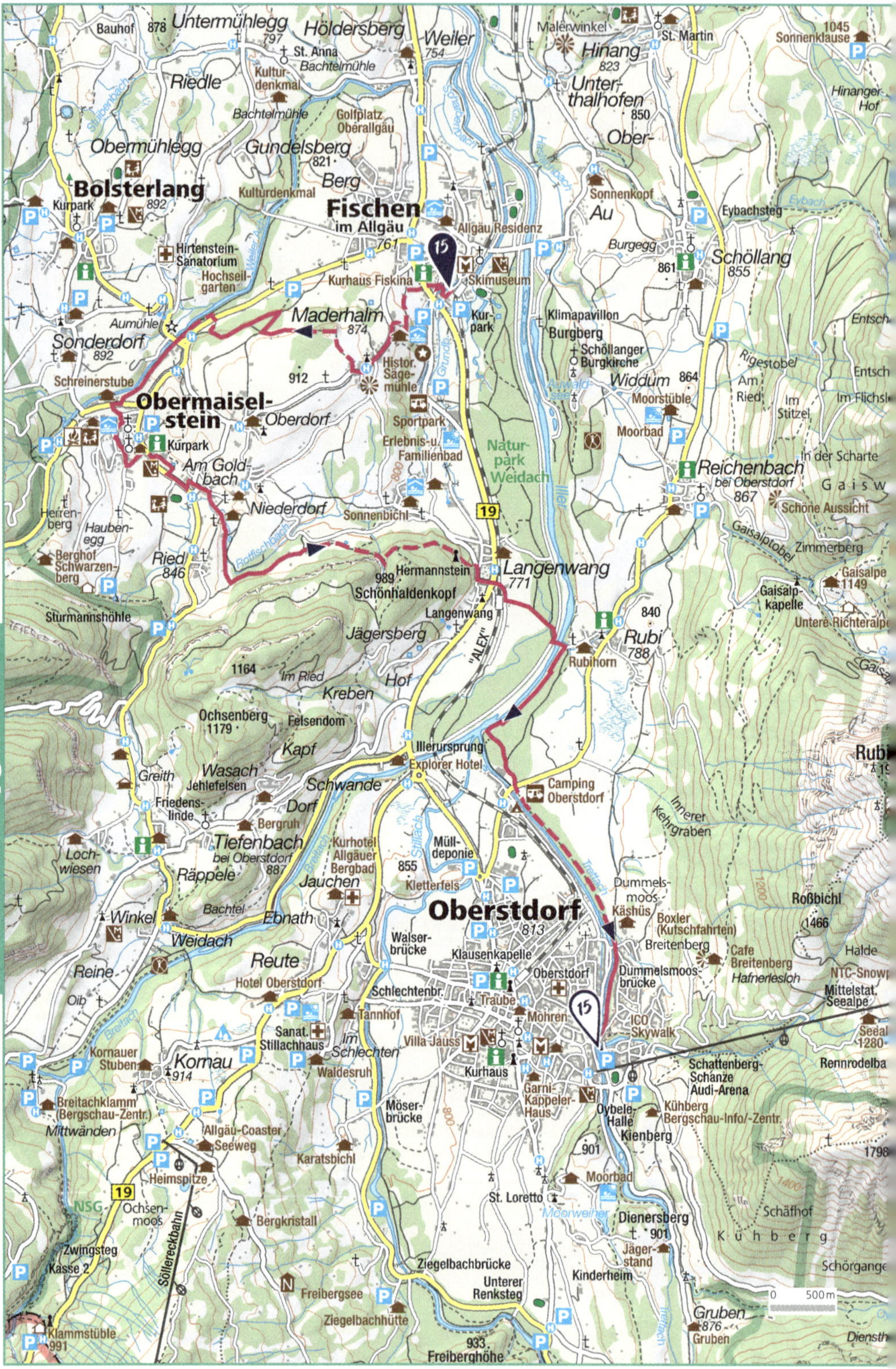

Untermühlegg
Höldersberg
Weiler
Hinang
St. Martin
Sonnenklause
Riedle
Unterthalhofen
Obermühlegg
Gundelsberg
Bolsterlang
Fischen im Allgäu
Allgäu Residenz
Kurhaus Fiskina
Skimuseum
Schöllang
Maderhalm
Sonderdorf
Obermaiselstein
Oberdorf
Burgberg
Widdum
Reichenbach bei Oberstdorf
Niederdorf
Langenwang
Schönhaldenkopf
Hermannstein
Rubi
Ochsenberg
Illerursprung
Camping Oberstdorf
Tiefenbach bei Oberstdorf
Winkel
Weidach
Reute
Oberstdorf
Kornau
Mittwänden
Heimspitze
Söllereckbahn
Klammstüble
Freibergsee
Ziegelbachhütte
Freiberghöhe
Kühberg
Gruben
0 500 m

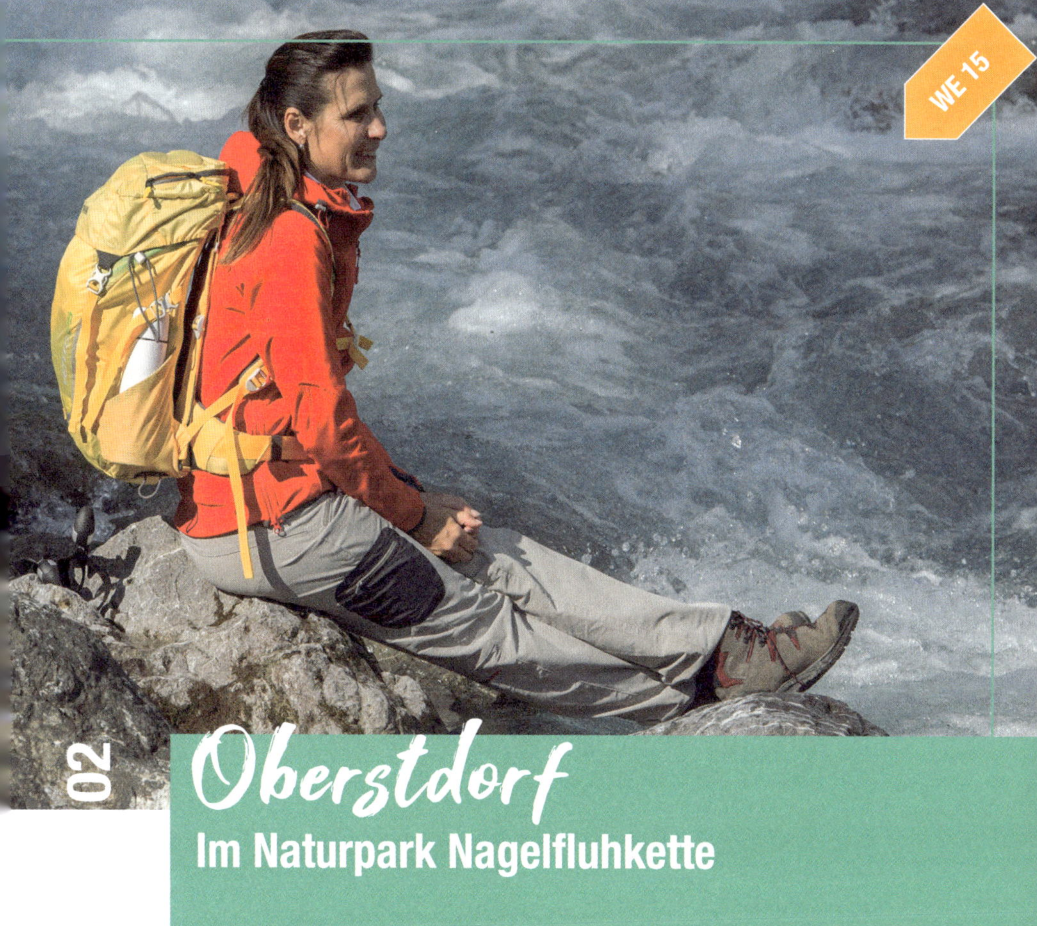

Tag 02

Oberstdorf

Im Naturpark Nagelfluhkette

TOURENART	Wandertour
DAUER	3h 45min
LÄNGE	13,5 km
HÖHENMETER	369 hm
SCHWIERIGKEIT	LEICHT
MIT ÖPNV ERREICHBAR	ja

Das erwartet dich ...

Unsere heutige Etappenwanderung verläuft relativ flach zwischen zwei Gebirgsketten hindurch. Uns erwarten das hübsche Obermaiselstein, ebenso wie Fischen ein Hörnerdorf; zwei von fünf gastlichen Bergdörfern inmitten der faszinierenden Bergwelt des Naturparks Nagelfluhkette. Darüber hinaus dürfen wir uns auf einen Kaskadenwasserfall, den Illerursprung und das Zentrum der Eiskunstläufer und Skiflieger in Oberstdorf freuen.

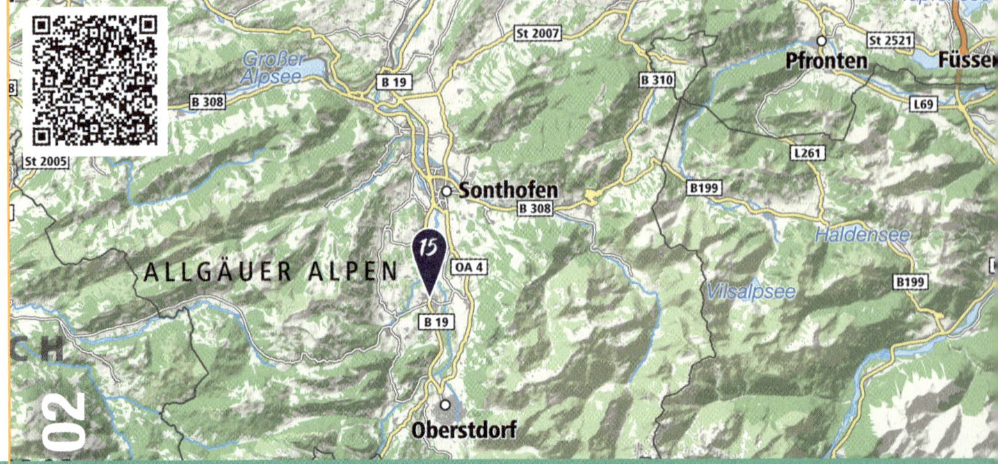

Tag 02

Start & Ziel & Anreise

Unser Ausgangspunkt ist der Bahnhof Fischen in der Bahnhofstraße. Mit dem PKW gelangen wir am besten über die A 7 Ulm–Kempten und dann sowohl von Norden wie auch von Süden über die B 19 nach Fischen. Der Ort besitzt einen Bahnhof, die Anreise per Zug bietet sich also an. Regelmäßig fahren Regionalzüge von Kempten und Immenstadt nach Fischen im Allgäu.

Tourenbeschreibung

Der Start- und Willkommensplatz der Wandertrilogie ist auch heute wieder Ausgangspunkt. Wir gehen in Fischen vom Bahnhof durch die Bahnhofstraße nach links zum Busbahnhof. Am Ende der Bahnsteige zweigt der Weg nach rechts in den Kurpark ab. Am Bouleplatz wenden wir uns nach links zur Straße Am Anger und schon befinden wir uns wieder auf der Trilogie-Route. Wir folgen der Straße nach rechts, passieren ein Autohaus und spazieren dann links auf dem Geh- und Radweg unter der B 19 hindurch. Nach der sogenannten „Buckelwiese" bringt uns ein Pfad hinauf zu einem Feldweg, dem wir nach links folgen. Er leitet in Serpentinen zu einer breiten Fahrstraße. Wir schwenken nach links zum Weiler Maderhalm.

Geradeaus hinauf biegen wir an der nächsten Kreuzung rechts ab. Am Grünen Weg halten wir uns noch einmal rechts und gelangen so auf offenes Gelände.

Nach einem Waldstück wandern wir mit herrlichen Weitblicken auf Grünten und Allgäuer Alpen dahin. Vor einem Wald biegen wir rechts ab und schwenken an der nächsten T-Kreuzung wieder nach links. An der Landstraße geht's links hinüber und über den Gehweg bis zum Ortsschild von Obermaiselstein-Aumühle. Die Route knickt hier nach rechts zum Ufer der Weiler Ach. Wir wandern links leicht bergan, queren alsbald eine Straße und folgen dem Weg bis in den Ort hinein. Auf Höhe der Passstraße erreicht unsere Route die Häuser. Wir folgen der Straße kurz nach rechts und wechseln dann links auf die Weidachstraße. Noch vor dem Haus Sonnenhof halten wir uns rechts auf einen schmalen Gehweg zwischen den Häusern hindurch. Wir erreichen die Straße Hoistaig, die in den Burgschrofenweg übergeht und schließlich an der St.-Katharina-Kirche vorbeiführt. An der Ecke Am Scheid weist uns die Route nach links und stößt auf die Durchgangsstraße an einer T-Kreuzung. Erst rechts, dann links erreichen wir die Gästeinformation und das Gemeindeamt. Danach durchqueren wir den Kurpark und halten uns an seinem Ende rechts der Hauptstraße zu. Wir wenden uns nach links, um auf Höhe der Bushaltestelle nochmals links abzubiegen bis zur Straße Am Goldbach. Geradeaus zweigt unser Wegverlauf auf Höhe des Gästehauses Breyer rechts ab. Wir überqueren den Rotfischbach und gehen links um die Pension Forelle herum ins lauschige Rotfischbachtal. Nach einer Wiesenpassage biegen wir an einer T-Kreuzung links ab. Hinter einem Wald beschreibt der Fahrweg einen Linksknick, wir wandern jedoch geradewegs auf Höhe einer Scheune über einen Wiesenpfad nahe eines Waldrandes entlang. Dann knickt der Pfad nach rechts und taucht steil ansteigend in den Wald ein. Wir passieren einen dreistufigen Kaskadenwasserfall; links geht es über seinen Oberlauf hinüber bis zu einem Querweg.

Wir gehen nach links Richtung Langenwang. Vorbei am Hermannsteiner Abzweig führt bald wieder ein Pfad bis zu einer Forststraße. Es geht nach links, in einer Linkskurve steigen wir rechts über einen Pfad in den Ort Langenwang hinunter. An der Dorfstraße halten wir uns rechts zum Kipfelerweg. Dann queren wir die B 19 nach links. Wir passieren die Gleise, begleiten sie ein Stück nach rechts und laufen dann links über Wiesen und Weiden zum Auwald und zur Iller. Wir überqueren den Fluss und halten uns am anderen Ufer rechts auf breitem Rad- und Fahrweg nach der Eingangsstele von Oberstdorf. Die Route zweigt bald nach links ab; wir verpassen hier nicht den kurzen Abstecher zum Illerursprung. Dann folgen wir der Rubinger Straße nach rechts; vor der Brücke halten wir uns links hinab zum Uferweg der Trettach. An der Kreuzung Plattenbichlstraße/Ecke Am Dummelsmoos gehen wir kurz durch Wohngebiet, dann spazieren wir wieder in Ufernähe. Noch vor dem Zufluss des Faltenbaches wechseln wir auf einen Gehweg nach links, unterqueren die Plattenbichlstraße und begleiten den Faltenbach auf einem links abzweigenden Fußweg. Gleich darauf überqueren wir den Faltenbach nach rechts zum Start- und Willkommensplatz.

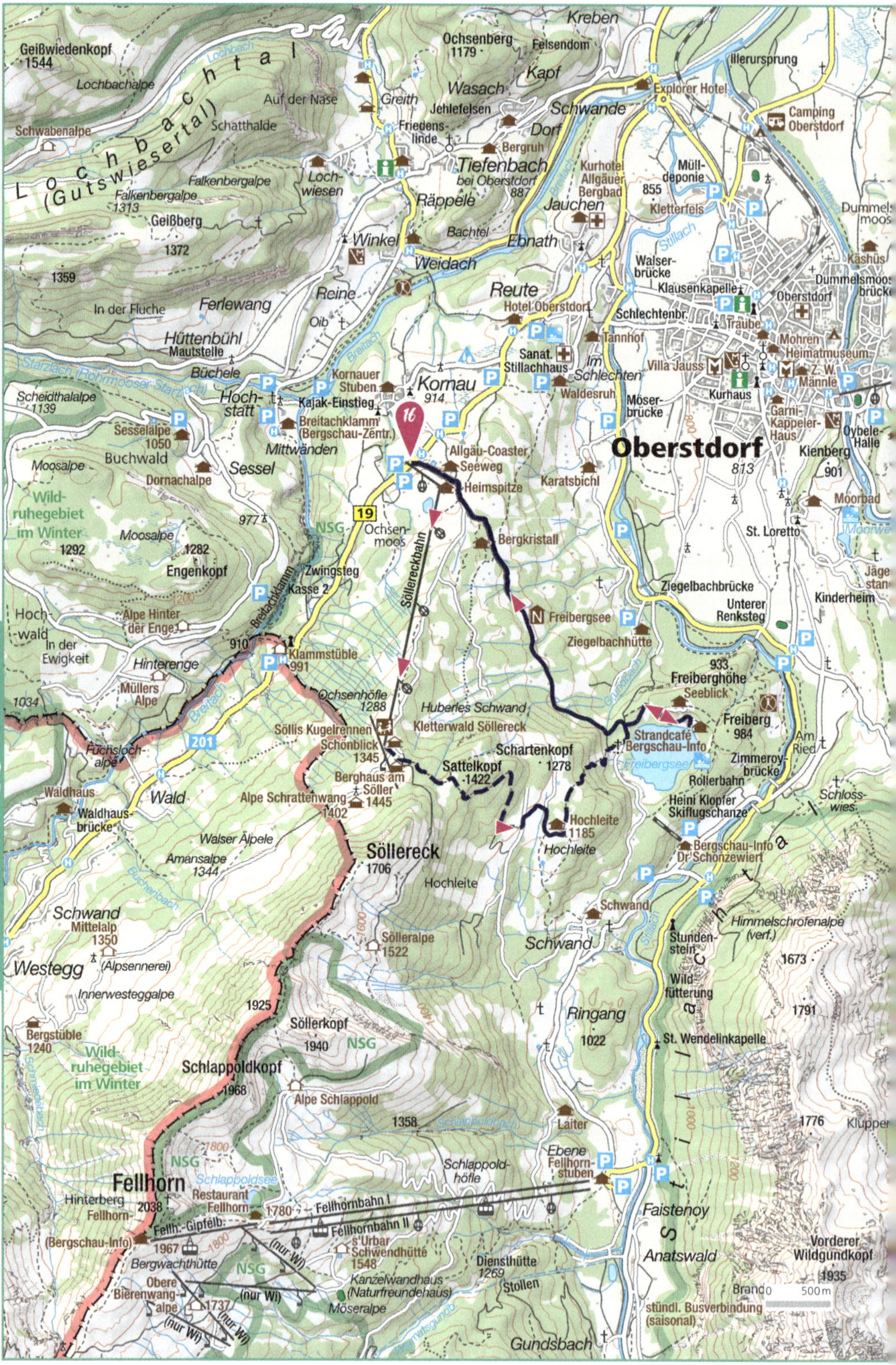

16

Geißwiedenkopf 1544
Lochbachalpe
Lochbach
Lochbachtal (Gutswiesertal)
Auf der Nase
Schatthalde
Schwabenalpe
Falkenbergalpe
Falkenbergalpe 1313
Geißberg
1372
1359
In der Fluche
Ferlewang
Hüttenbühl
Mautstelle
Büchele
Starzlach (Rohrmooser Starzlach)
Scheidthalalpe 1139
Sesselalpe 1050
Buchwald
Moosalpe
Dornachalpe
Sessel
Wild-ruhegebiet im Winter
Moosalpe
977
1292
1282
Engenkopf
Hoch-wald
In der Ewigkeit
Alpe Hinter der Enge
Hinterenge
Müllers Alpe
1034
Fuchsloch-alpe
Waldhaus
Waldhaus-brücke
Wald
201
Walser Älpele
Amansalpe 1344
Schwand
Mittelalp 1350 (Alpsennerei)
Westegg
Innerwesteggalpe
Bergstüble 1240
Wild-ruhegebiet im Winter
1925
Schlappoldkopf 1968
Fellhorn 2038
Hinterberg
Fellhorn-
(Bergschau-Info)
Felh.-Gipfelb.
1967
Bergwachthütte
Obere Bierenwang-alpe
1737
(nur Wi)
Kreben
Ochsenberg 1179
Felsendom
Kapf
Wasach
Greith
Jehlefelsen
Schwande
Friedens-linde
Dorf
Bergruh
Tiefenbach bei Oberstdorf 887
Loch-wiesen
Räppele
Jauchen
Bachtel
Winkel
Ebnath
Weidach
Reine
Reute
Oib
Hotel Oberstdorf
Breitach
Hoch-statt
Kornauer Stuben
Kornau 914
Kajak-Einstieg
Breitachklamm (Bergschau-Zentr.)
Mittwänden
16
Allgäu-Coaster
Seeweg
Heimspitze
Karatsbichl
Sanat. Stillachhaus
Waldesruh
Im Schlechten
19
NSG
Ochsen-moos
Söllereckbahn
Bergkristall
Zwingsteg
Kasse 2
Breitachklamm
910
Klammstüble 991
Freibergsee
Ziegelbachhütte
Ochsenhöfle 1288
Huberles Schwand
Söllis Kugelrennen
Kletterwald Söllereck
Schönblick 1345
Sattelkopf 1422
Schartenkopf 1278
Berghaus am Söller 1445
Alpe Schrattenwang 1402
Hochleite 1185
Hochleite
Söllereck 1706
Hochleite
Sölleralpe 1522
Söllerkopf 1940
NSG
Alpe Schlappold
1358
Schlappoldbach
Schlappoldsee
Restaurant Fellhorn
1780
Fellhornbahn I
Fellhornbahn II
s'Urbar Schwendhütte 1548
Kanzelwandhaus (Naturfreundehaus)
Möseralpe
Dienst-hütte 1269
Stollen
Gundsbach
Schlappold-höfle
Ebene Fellhorn-stuben
Laiter
Ringang 1022
Schwand
Schwand
Explorer Hotel
Illerursprung
Camping Oberstdorf
Kurhotel Allgäuer Bergbad
Müll-deponie
855
Kletterfels
Stillach
Walser-brücke
Klausenkapelle
Oberstdorf
Schlechtenbr.
Traube
Tannhof
Villa Jauss
Mohren
Heimatmuseum
Z. W. Männle
Kurhaus
Garni-Kappeler-Haus
Möser-brücke
Oberstdorf 813
Kienberg 901
Oybele-Halle
Dummels-moos
Käshus
Dummelsmoos-brücke
Moorbad
St. Loretto
Jäge-stan
Kinderheim
Ziegelbachbrücke
Unterer Renksteg
933
Freiberghöhe
Seeblick
Freiberg 984
Am Ried
Strandcafé Bergschau-Info
Zimmeroy-brücke
Rollerbahn
Heini Klopfer Skiflugschanze
Schloss-wies
Bergschau-Info Dr. Schönzeweirt
Himmelschrofenalpe (verf.)
Stunden-stein
Wild-fütterung
1673
1791
St. Wendelinkapelle
Stillachtal
1776
Klupper
Faistenoy
Anatswald
Vorderer Wildgundkopf 1935
Brando
500 m
stündl. Busverbindung (saisonal)

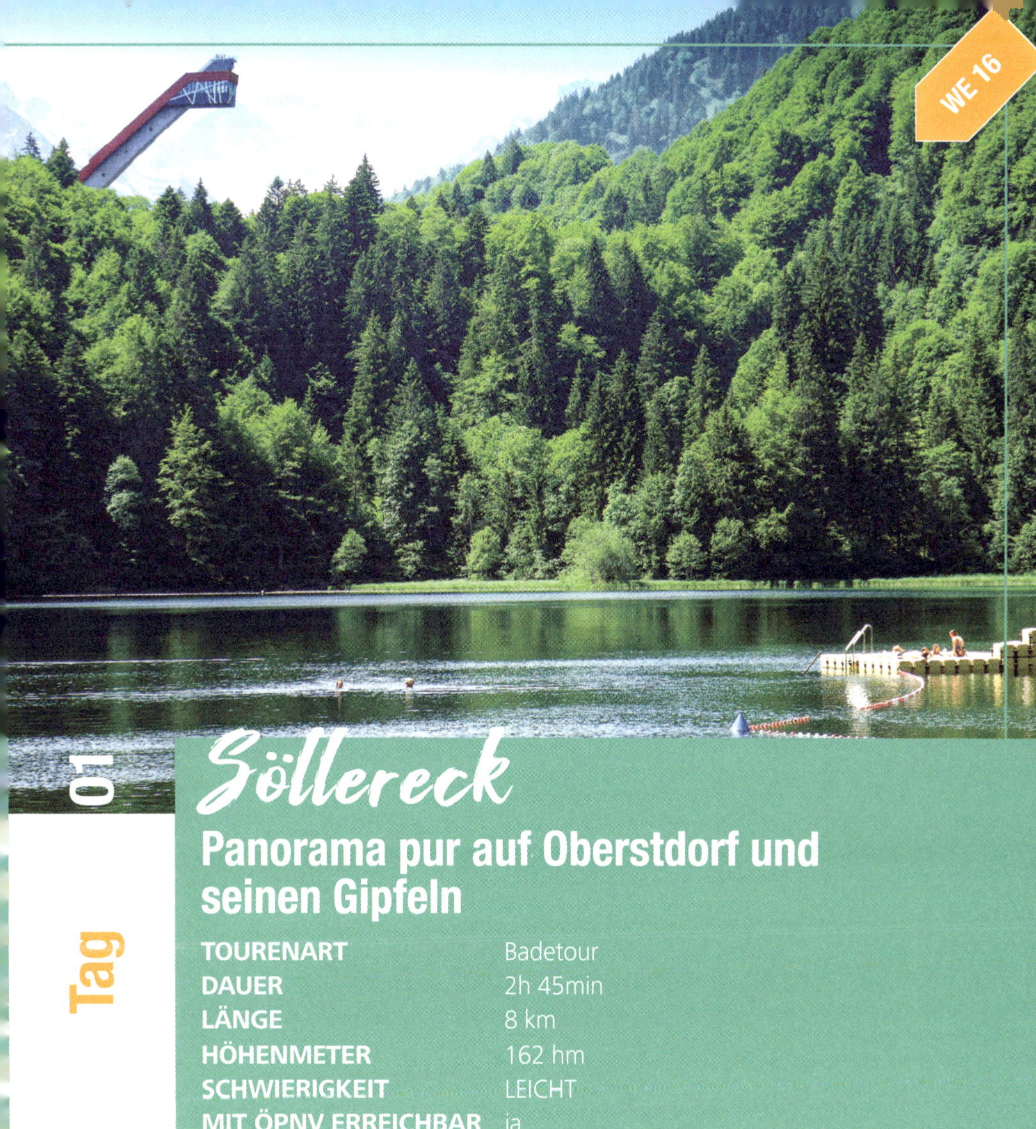

Tag 01

Söllereck

Panorama pur auf Oberstdorf und seinen Gipfeln

TOURENART	Badetour
DAUER	2h 45min
LÄNGE	8 km
HÖHENMETER	162 hm
SCHWIERIGKEIT	LEICHT
MIT ÖPNV ERREICHBAR	ja

Das erwartet dich ...

Die perfekte Wanderung an einem heißen Sommertag! Hinauf mit der Bergbahn zum Berghaus Söllereck auf 1.400 Meter und über den Sattelkopf durch Schatten spendenden Wald zum Freibergsee, ein erfrischender Badesee auf rund 900 Metern Höhe. Wenn wir Mitte September in Oberstdorf weilen, können wir den Alpabtrieb miterleben. Nach rund 100 Tagen auf Bergeshöh' beginnt der Alpabtrieb, dessen Höhepunkt die Viehscheide in Oberstdorf und Schöllang ist.

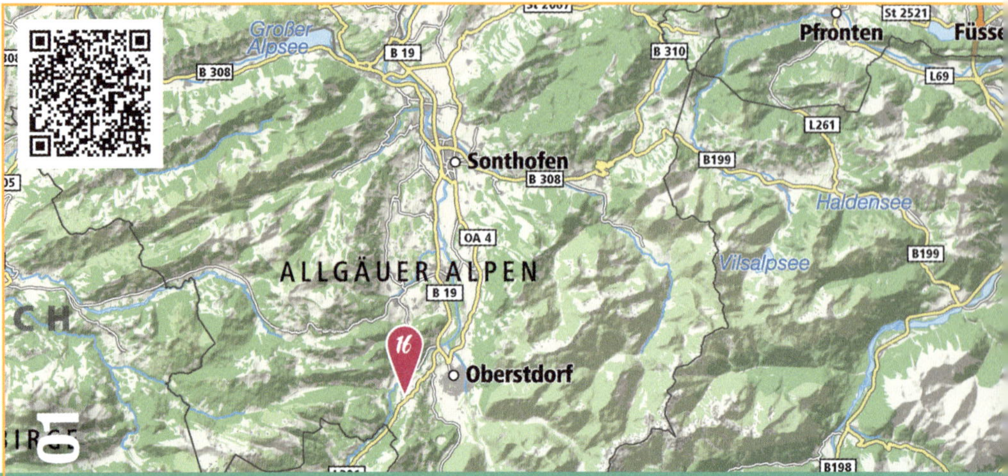

Tag 01

Start & Ziel & Anreise

Mit dem Auto geht es auf der B 19 von Kempten Richtung Oberstdorf. Vor Oberstdorf dann weiter auf der B 19, zur Landesgrenze abbiegen und zu den Parkplätzen bei der Talstation Söllereckbahn. Die Talstation liegt auf 980 m, die Bergstation auf 1358 m. Mit der Bahn erreichen wir den Bahnhof Oberstdorf, z. B. mit dem IC2084 von Augsburg oder mit dem Regionalexpress RE76 von München nach Oberstdorf. Dort steigen wir in den Bus der Linie 1 zur Söllereckbahn um.

Tourenbeschreibung

Einen schweißtreibenden Aufstieg erspart uns die Söllereckbahn, mit der wir bereits in luftige Höhe schweben. Bei der Bergstation wandern wir geradeaus bergauf der Wegmarkierung „Freibergsee/Hochleite" folgend am „Berghaus am Söller" vorbei und weiterhin geradeaus ansteigend zum Hühnermoos, einem Flachmoor, durch das ein Bohlenweg leitet. Bis zum Sattelkopf mit schönen Ausblicken auf Oberstdorf mit seinen Gebirgstälern und umliegenden Gipfeln geht es noch bergauf. Danach senkt sich der Wanderweg zuerst durch Wald, später über freie Flächen abwärts. Beim Berggasthof Hochleite hoch über dem Stillachtal können wir schon mal eine Brotzeit einlegen.

Anschließend gehen wir auf den scharf nach links abzweigenden Pfad, bezeichnet mit „ Freibergsee, steiler Abstieg". Anfangs alles andere als steil führt er durch Fichtenwald und kleine Bergwiesen. Aber dann geht es doch noch los, wirklich steil hinunter über unzählige Stufen bis auf Höhe des Freibergsees. Hier wenden wir uns nach links Richtung Naturbad Freibergsee. Den kleinen Abstecher zum Schluss rechts hinunter direkt zum tannengrünen Wasser des größten Allgäuer Hochgebirgssees lassen wir uns nicht entgehen, belohnt mit einer Erfrischung im Restaurant. Beeindruckend ragt hier der Anlaufturm der bekannten Heini-Klopfer-Skisprungschanze über den Wäldern des Freibergsees empor.

Nach einer Erfrischung im kühlen Nass oder im herrlich gelegenen Strandcafé gehen wir die Abstecher-Etappe zurück und dort nach rechts auf den Edmund-Probst-Weg. Als Naturlehrpfad angelegt hält dieser zahlreiche Informationen bereit und steigt gemächlich durch Mischwald an. Der breite Forstweg lässt freie Durchblicke auf Oberstdorf sowie seine umliegenden Täler und Berge zu. Vorbei am Naturfreundehaus Freibergsee kommt als nächste Anlaufstelle der Berggasthof Bergkristall. Lediglich 15 Gehminuten auf Asphaltsträßchen sind dann noch bis zur Talstation der Söllereckbahn zurückzulegen.

Der Freibergsee mit dem Gaisalp- und Rubihorn sowie dem Grünten im Hintergrund

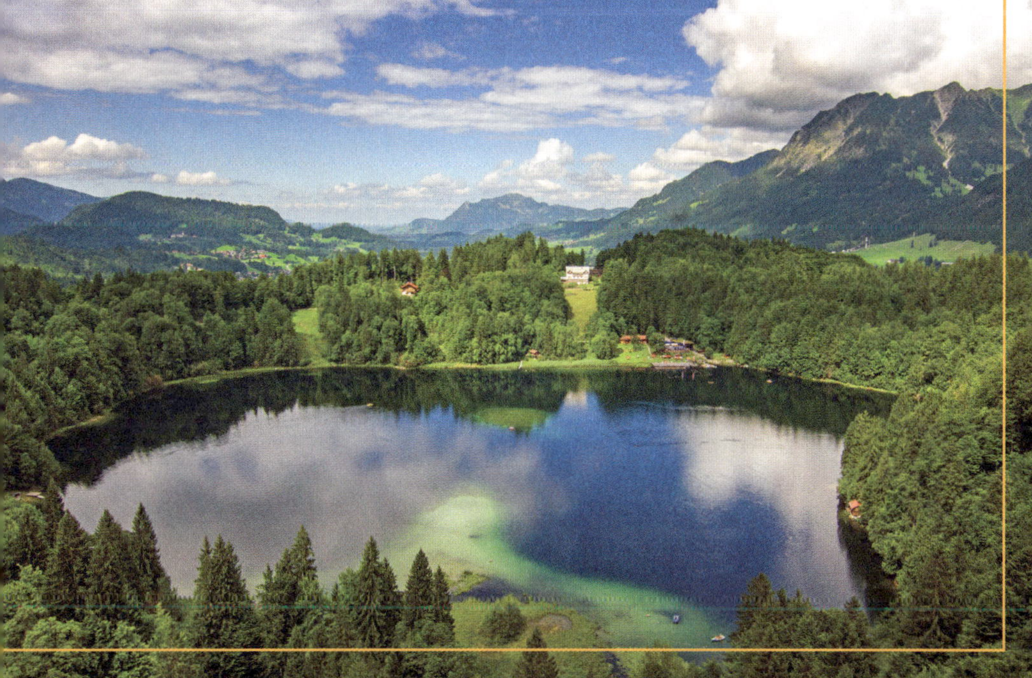

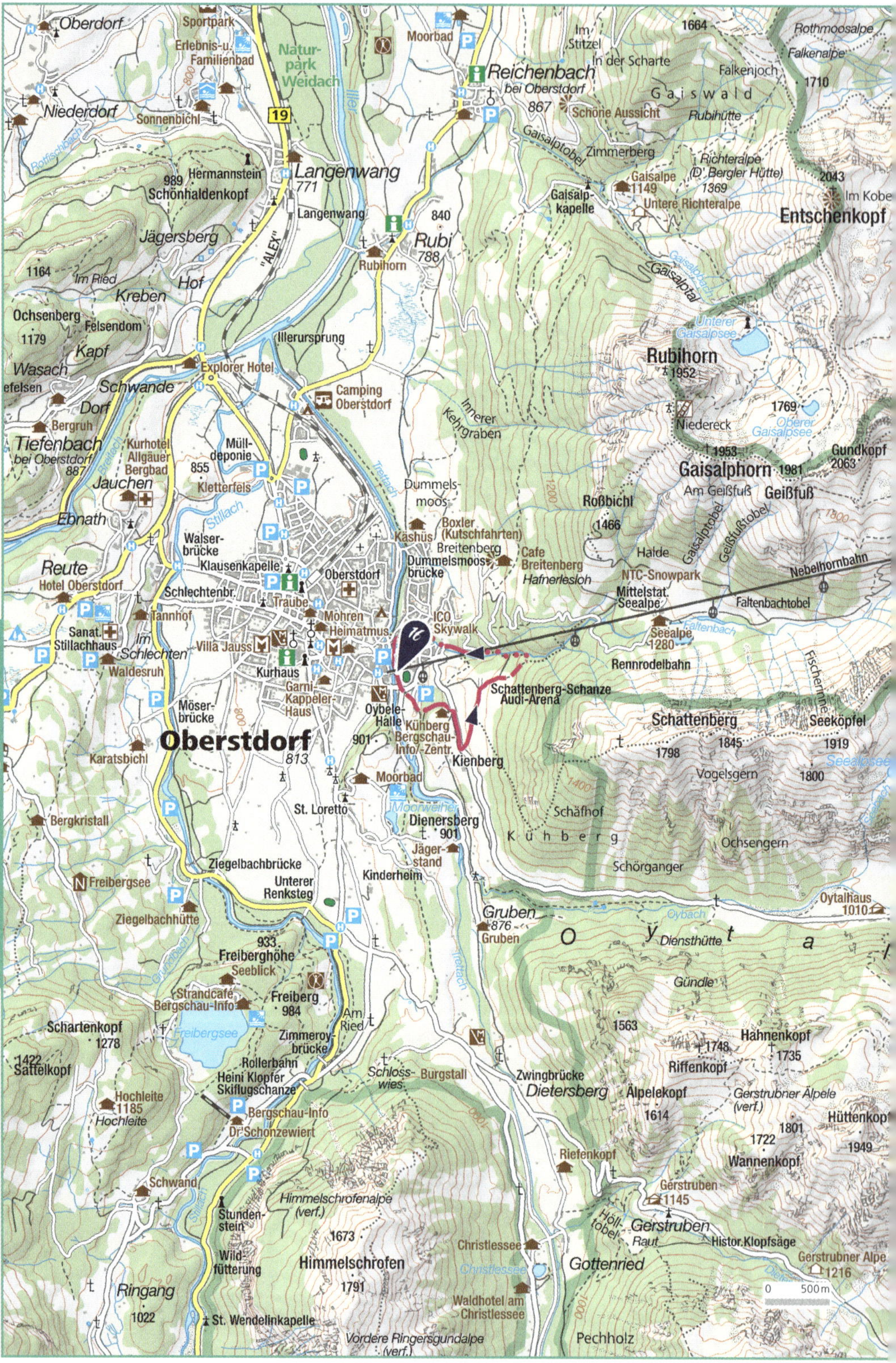

Oberdorf
Sportpark
Erlebnis-u. Familienbad
Natur-park Weidach
Moorbad
Reichenbach bei Oberstdorf
867
Im Stitzel
In der Scharte
1664
Rothmoosalpe
Falkenalpe
Falkenjoch
1710
Niederdorf
Sonnenbichl
19
Iller
Schöne Aussicht
Gaiswald
Rubihütte
Rotfischbach
Gaisalptobel
Zimmerberg
989 Hermannstein
Schönhaldenkopf
Langenwang
771
Langenwang
840
Gaisalp-kapelle
Gaisalpe 1149
Richteralpe (D. Bergler Hütte) 1369
Untere Richteralpe
2043
Im Kobel
Entschenkopf
Jägersberg
"ALEX"
Rubi
788
Rubihorn
1164
Im Ried
Hof
Kreben
Gaisalptal
Gaisalpbach
Ochsenberg
1179
Felsendom
Kapf
Wasach
Illerursprung
Unterer Gaisalpsee
Rubihorn
1952
Explorer Hotel
efelsen
Schwande
Camping Oberstdorf
Dorf
Bergruh
Innerer Kehrgraben
Niedereck
1769
Oberer Gaisalpsee
Tiefenbach bei Oberstdorf
887
Kurhotel Allgäuer Bergbad
855
Müll-deponie
Trettach
1953
Gundkopf
2063
Gaisalphorn
1981
Jauchen
Kletterfels
Dummels-moos
Am Geißfuß
Geißfuß
Ebnath
Stillach
Roßbichl
1466
1200
Gaisalptobel
Geißfußtobel
1800
Boxler (Kutschfahrten)
Käshus
Breitenberg
Cafe Breitenberg
Hafnerlesloh
Walser-brücke
Dummelsmoos-brücke
Halde
Reute
Klausenkapelle
Oberstdorf
Nebelhornbahn
Hotel Oberstdorf
NTC-Snowpark
Schlechtenbr.
Traube
Mittelstat. Seealpe
Faltenbachtobel
Tannhof
Mohren
ICO Skywalk
Heimatmus.
Seealpe 1280
Faltenbach
Sanat. Stillachhaus
Im Schlechten
Villa Jauss
Fischernne
Waldesruh
Kurhaus
Rennrodelbahn
Garni Kappeler Haus
Schattenberg-Schanze Audi-Arena
Möser-brücke
800
Oybele-Halle
Kühberg
Bergschau-Info-Zentr.
Schattenberg
Seeköpfel
1845
1919
Oberstdorf
1798
Karatsbichl
813
901
Kienberg
Seealpsee
Vogelsgern
1800
Moorbad
1400
Moorweiher
St. Loretto
Schäfhof
Diener sberg
901
Bergkristall
Kühberg
Ochsengern
Jäger-stand
Schörganger
Ziegelbachbrücke
Freibergsee
Kinderheim
Unterer Renksteg
Oytalhaus 1010
Ziegelbachhütte
Gruben
876
Gruben
Oybach
Oytal
Dienstfhütte
933
Freiberghöhe
Seeblick
Gündle
Trettach
Strandcafé
Bergschau-Info
Freiberg
984
Schartenkopf
1278
Am Ried
1563
Hahnenkopf
Freibergsee
Zimmeroy-brücke
1748
1735
1422
Sattelkopf
Riffenkopf
Rollerbahn
Heini Klopfer Skiflugschanze
Schloss-wies
Burgstall
Zwingbrücke
Dietersberg
Älpelekopf
Gerstrubner Älpele (verf.)
Hochleite 1185
Hochleite
1614
Bergschau-Info
Dr.Schonzewiert
1801
Hüttenkopf
1722
1949
Riefenkopf
Wannenkopf
Schwand
Gerstruben 1145
Himmelschrofenalpe (verf.)
Stunden-stein
Höll-tobel
Gerstruben
Raut
Histor.Klopfsäge
1673
Christlessee
Gerstrubner Alpe 1216
Wild-fütterung
Himmelschrofen
Christlessee
Gottenried
1791
Ringang
1022
Waldhotel am Christlessee
0 500m
St. Wendelinkapelle
Vordere Ringersgundalpe (verf.)
Pechholz
1000

16

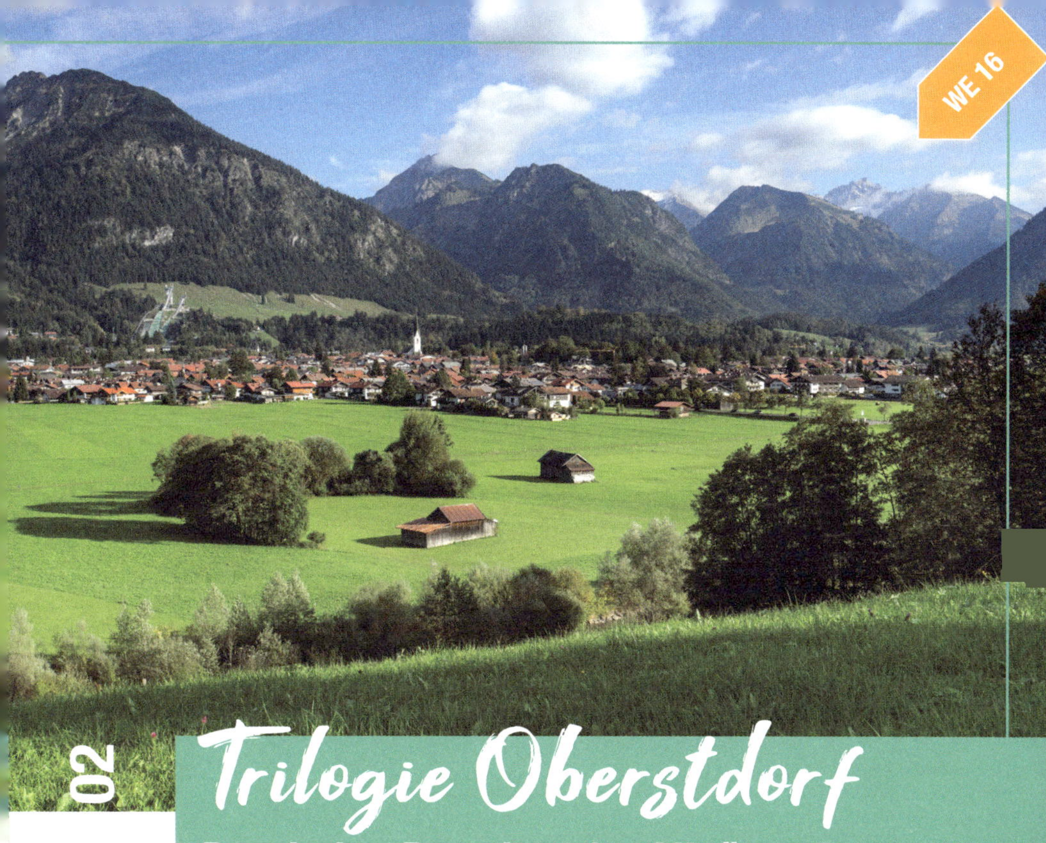

WE 16

Tag 02

Trilogie Oberstdorf

Durch den Portalort der Allgäuer Bergwelt

TOURENART	Sightseeingtour
DAUER	1h 45min
LÄNGE	3,8 km
HÖHENMETER	202 hm
SCHWIERIGKEIT	LEICHT
MIT ÖPNV ERREICHBAR	ja

Das erwartet dich ...

Heute geht es hoch hinauf mit tollen Blicken in die Allgäuer Bergwelt und auf Oberstdorf, vorbei an der Skisprungschanze und hinein in den Steigbachtobel. An der Schattenbergschanze kommen wir auf dieser kleinen Städtlerunde den „Adlern" sehr nahe, steigen durch eine bizarre Schlucht ab und wandern am Leistungszentrum der Eiskunstläufer vorbei – eine wahrlich sportliche Runde erwartet uns heute also.

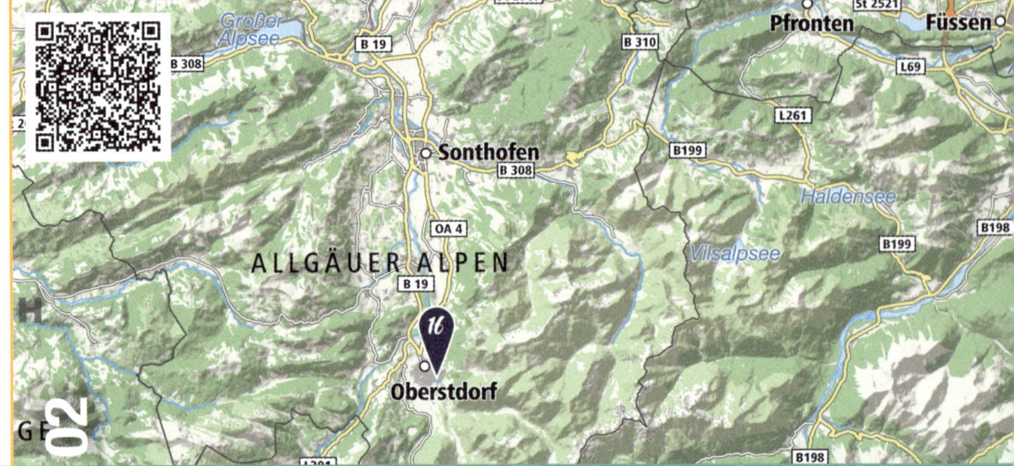

Tag 02

Start & Ziel & Anreise

Nach Oberstdorf fahren wir mit dem eigenen PKW über die A 7 Ulm–Kempten, dann weiter auf der B 19 nach Oberstdorf. Parkmöglichkeiten gibt es beim Eissportzentrum Oberstdorf. Von Kempten fahren in regelmäßigen Abständen Regionalzüge und Intercitys nach Oberstdorf. Von Immenstadt fährt stündlich ein Regionalzug. Der Ausgangspunkt ist das Eissportzentrum in der Rossbichlstraße.

Tourenbeschreibung

Der heilklimatische Kur- und Kneipport Oberstdorf liegt im breiten, grünen Talkessel der Iller. Hier erheben sich die Allgäuer Alpen ohne Vorwarnung aus dem Boden und bieten den Wanderern schon von dem beschaulichen Örtchen aus einen beeindruckenden Blick. Wir beginnen die kleine, aber abenteuerliche Runde am Start- und Willkommensplatz beim Eissportzentrum. Hier trainieren die Eiskunstläufer und man kann ihnen sogar dabei zuschauen.

Den Faltenbach im Rücken wandern wir zuerst durch die Roßbichlstraße an der Trettach entlang. Rechts der Straße bringt uns der Gehweg bald vorbei an den Trilogienadlen auf der anderen Straßenseite über dem Trettachufer. Sie behandeln die Themen Wasser und Urkraft, Ökonomie und Ökologie. An der Straße Am Faltenbach halten wir uns kurz links und dann gleich wieder rechts auf einem schmalen Weg Richtung Café Kühberg. Halb rechts erblicken wir unübersehbar das gläserne Gebäude des Wasserkraftwerkes Faltenbach. Wir passieren die Oybelehalle; hier schwenkt die Route links auf einen schmalen Bergweg in den Wald. Sie steigt erst sanft, dann allmählich immer steiler in Serpentinen empor, bis wir rechter Hand den Abzweig Café Kühberg erreichen.

Ein freier Blick ermöglicht uns die Sicht weit über Oberstdorf bis ins Kleinwalsertal. Vor uns der Asphaltweg zweigt nach rechts vorbei am Gästehaus Bergfrieden und drei weiteren Trilogienadeln; sie beschäftigen sich mit den Themen „Unten im Tal" und „Auf halber Höhe" sowie der Wandertrilogie. Am nächsten Abzweig halten wir uns links. Dann führt der Weg im spitzen Winkel links über einen wiesengesäumten Feldweg auf die Skisprungschanzen und die gewaltigen 140 m beziehungsweise 108 m hohen Anlagen zu. In leichtem Anstieg bringt uns der Weg, fast vis-à-vis der Schanzen zu einer Fokussierstele, die den Lawinenschutz unter die Lupe nimmt. Beeindruckt blicken wir hier auch auf die Turmkanzel und die 108 m bzw. 95,5 m langen Anlaufbahnen.

Der Weg wird gerölliger, dann steigt er steil empor und bringt uns auf stark geschottertem Weg in den Wald hinauf. Dort folgen wir einem Pfad, der linker Hand Richtung Faltenbachtobel abzweigt. Bald erreichen wir den Faltenbach, der sich hier tosend und spektakulär in die Tiefe stürzt. Talwärts bewegen wir uns nun auf einem wahrhaft spektakulären Abstieg. Stege, Treppen und Stufen und sogar einige Seilversicherungen leisten uns dabei eine willkommene Hilfe. Begleitet wird der aufregende Abstieg vom lauten Rauschen des Faltenbaches. So verfolgen wir den „Sturzflug" des Gebirgsbaches hautnah. Dann passieren wir eine Infostation des geologischen Lehr- und Wanderpfades Oberstdorf-Nebelhorn und queren den Faltenbach nach rechts. Auf der anderen Seite wandern wir nun immer am Bach entlang ins Tal; dort stürzt er sich ein weiteres Mal sehr beeindruckend von einer Felskante. Wieder führt der Weg dabei über Stege, Stufen und Serpentinen hinab, teils mit Seilversicherungen. An einem asphaltierten Fahrweg folgen wir weiter der Route geradeaus bergab.

Bald gehen wir am riesigen Skisprungstadion vorbei und unter den gewaltigen Tribünenanlagen hindurch. Der Wegverlauf führt durch die Schanzenstraße weiter bergab. Auf Höhe einer Brücke über den Faltenbach halten wir uns rechts, ein kurzes Stück in die Straße An der Flachsröste. Ein Fußweg führt uns dann links weiter bis zum Aussichtspunkt Katharinenruhe. Hier finden wir die Themeninsel mit einer herrlichen Aussicht, einem Pavillon und einer tollen Trilogiebank. Dann steigt der Weg geradeaus zur Plattenbichlstraße an. Wir gehen im spitzen Winkel nach links über Treppen hinunter zur Plattenbichlstraße. Noch bevor wir den Faltenbach überqueren, weist uns der Wegverlauf nach links und dann rechts über die Brücke zum Start- und Willkommensplatz.

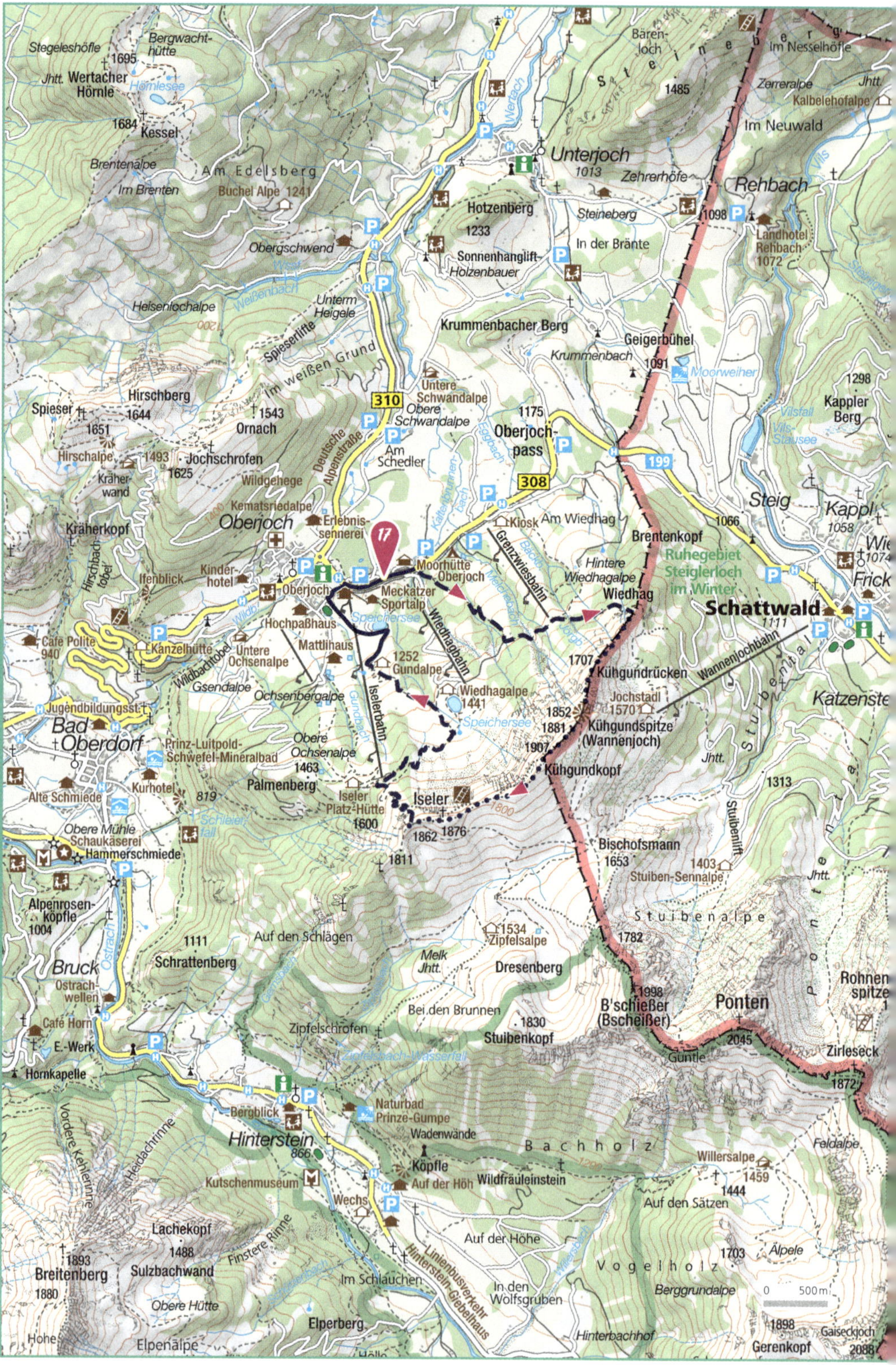

17

Stegeleshöfle
Bergwacht-hütte
1695
Jhtt. Wertacher Hörnle
Hörnlesee
1684
Kessel
Brentenalpe
Am Edelsberg
Buchel Alpe 1241
Im Brenten
Obergschwend
Weißenbach
Helsenlochalpe
Unterm Heigele
Spieserlifte
Im weißen Grund
Hirschberg
Spieser
1651
1644
1543
Ornach
Hirschalpe
1493
Jochschrofen
1625
Kräher-wand
Wildgehege
Kematsriedalpe
Oberjoch
Kräherkopf
Hirschbachtobel
Ifenblick
Kinder-hotel
Oberjoch
Cafe Polite
940
Kanzelhütte
Wildbachtobel
Untere Ochsenalpe
Gsendalpe
Jugendbildungsst.
Bad Oberdorf
Prinz-Luitpold-Schwefel-Mineralbad
Alte Schmiede
Kurhotel
819
Schleierfall
Obere Mühle Schaukäserei
Hammerschmiede
Alpenrosen-köpfle
1004
Bruck
Ostrach
Ostrach-wellen
Cafe Horn
E.-Werk
Hornkapelle
Vordere Kehlerinne
Heidachrinne
Bergblick
Hinterstein
866
Kutschenmuseum
Wechs
Lachekopf
1488
1893
Breitenberg
1880
Sulzbachwand
Finstere Rinne
Obere Hütte
Elpenalpe
Hohe
Im Schlauchen
Elperberg
Linienbusverkehr Hinterstein-Giebelhaus
In den Wolfsgruben
Auf der Höhe
Hinterbachhof
Hochpaßhaus
Mattlihaus
1252 Gundalpe
Ochsenbergalpe
Obere Ochsenalpe
1463
Palmenberg
Iseler Platz-Hütte
1600
Iselerbahn
Gundbach
Iseler
1862
1876
1811
Auf den Schlägen
1111
Schrattenberg
Zipfelschrofen
Zipfelsbach-Wasserfall
Naturbad Prinze-Gumpe
Wadenwände
Köpfle
Auf der Höh
Wildfräuleinstein
Bachholz
Melk Jhtt.
1534 Zipfelsalpe
Dresenberg
Bei den Brunnen
1830
Stuibenkopf
Erlebnis-sennerei
Meckatzer Sportalp
Speichersee
Moorhütte Oberjoch
Wiedhagbahn
Wiedhagalpe
1441
Kiosk
Am Wiedhag
Grenzwiesbahn
Hintere Wiedhagalpe
Wiedhag
1707
Kühgundrücken
Jochstadl 1570
1852
1881
Kühgundspitze (Wannenjoch)
1907
Kühgundkopf
1800
Bischofsmann
1653
1403
Stuiben-Sennalpe
Stuibenalpe
1782
1998
B'schießer (Bschießer)
Ponten
2045
Güntle
Zirleseck
1872
Rohnenspitze
Feldalpe
Willersalpe
1459
1444
Auf den Sätzen
1703
Älpele
Vogelholz
Berggrundalpe
1898
Gerenkopf
Gaiseckjoch
2088
0 500 m
Deutsche Alpenstraße
310
Untere Schwandalpe
Obere Schwandalpe
Am Schedler
1175
Oberjoch-pass
308
Kaltenbrunnenbach
Krummenbacher Berg
Krummenbach
Geigerbühel
1091
Moorweiher
Sonnenhanglift-Holzenbauer
Hotzenberg
1233
Steineberg
In der Bränte
Unterjoch
1013
Zehrerhöfe
Wertach
Bärenloch
Steineberg
1485
Im Nesselhöfle
Zerreralpe
Jhtt.
Kalbelehofalpe
Im Neuwald
Rehbach
1098
Landhotel Rehbach
1072
199
Vilsfall
Vils-Stausee
1298
Kappler Berg
Steig
Kappl
1058
1066
Brentenkopf
Ruhegebiet Steigerloch im Winter
Schattwald
1111
Frick
1074
Wannenjochbahn
Katzenste
Stuibental
Jhtt.
1313
Stuibenlift
Ponten

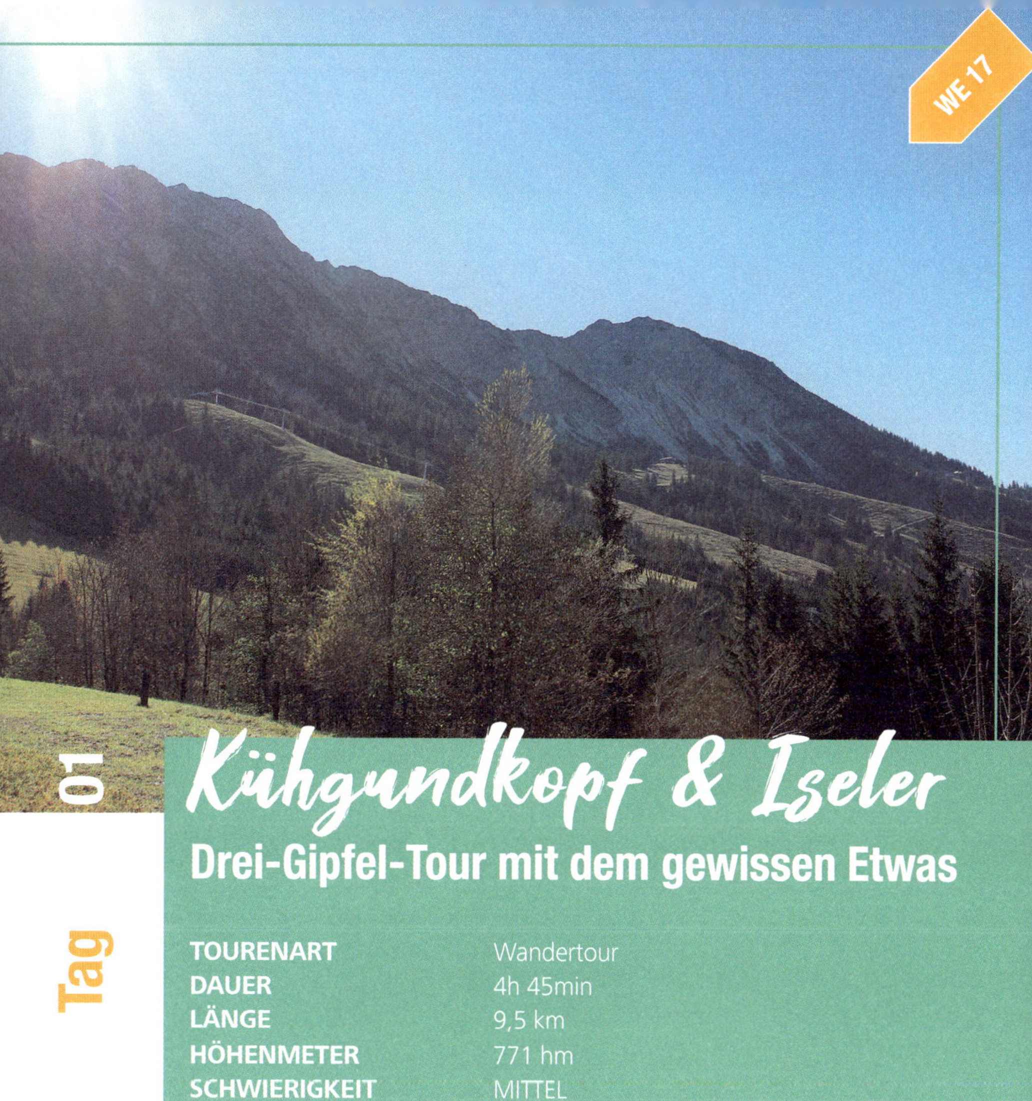

WE 17

Tag 01

Kühgundkopf & Iseler

Drei-Gipfel-Tour mit dem gewissen Etwas

TOURENART	Wandertour
DAUER	4h 45min
LÄNGE	9,5 km
HÖHENMETER	771 hm
SCHWIERIGKEIT	MITTEL
MIT ÖPNV ERREICHBAR	ja

Das erwartet dich ...

Auf der Runde erwarten uns unterschiedlich steile Anstiege. Trittsicherheit sollte man auf jeden Fall mitbringen bei immer wieder abschüssigen, aber auch einfacheren Felspassagen. Die Steige sind durchwegs gut bezeichnet, ab und an wandern wir über kurze Alpwege. Bei dieser schönen alpinen Wanderung passieren wir drei imposante Gipfel – den Iseler, den Kühgundkopf und die Kühgundspitze.

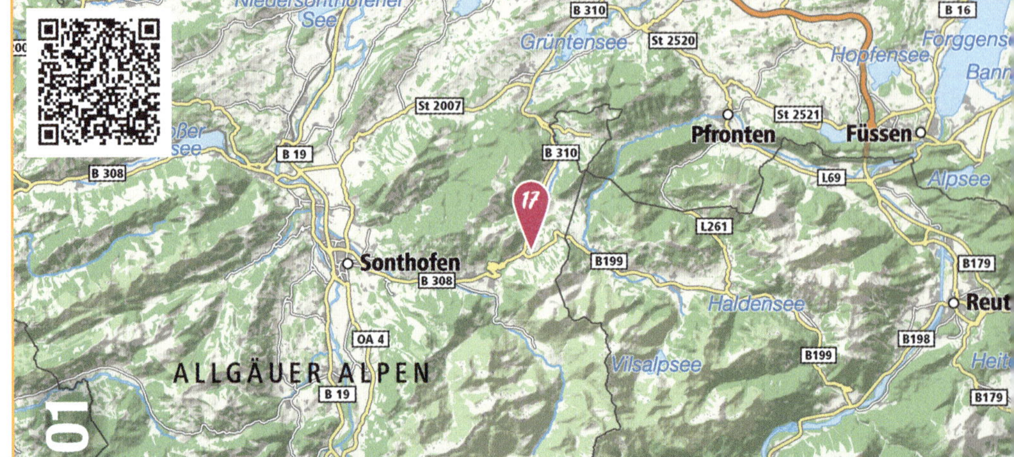

Tag 01

Start & Ziel & Anreise

Oberjoch erreichen wir aus nördlicher Richtung über die A7 bis Kempten, dann fahren wir weiter über die B310. Aus westlicher Richtung gelangen wir am schnellsten über die B308 über Immenstadt im Allgäu nach Oberjoch. Im Ort gibt es einen Großparkplatz. EMMI MOBIL verstärkt das Netz des ÖPNV durch einen elektrischen Kleinbus in den Gebieten „Hindelang, Bad Oberdorf, Vorderhindelang und Hinterstein" sowie „Oberjoch und Unterjoch".

Tourenbeschreibung

Für die spannende Kammüberschreitung wählen wir heute als Ausgangspunkt Oberjoch. Wir können vom Großparkplatz in Oberjoch oder alternativ vom Parkplatz an der beliebten Moorhütte loswandern. Zunächst gehen wir auf dem Grenzweg, der parallel zur B308 ins Tannheimer Tal zum Wiedhaglift führt. Nach der Brücke über den Kaltenbrunnenbach weist das Schild „Wiedhaghütte" auf einen durch lockeren Bergwald leitenden Ziehweg. Er wird bald schon von einem gemütlichen Steig abgelöst. Bei einer Weggabelung richten wir uns nach dem Wegschild, dann kreuzen wir eine Schutzrinne. Ab hier steigt der Weg stärker an. Bei der Wiedhag-Skiabfahrt verlassen wir die Route. Wir laufen nicht zur Wiedhaghütte sondern wechseln in die Melchebachrinne. Bei der Grenzwies-Bergstation geht es unter dem Schlepplift hindurch und unterschiedlich steil durch Latschen zum Kühgundrücken.

Schlagartig zieht der Rücken kräftig an und verschmälert sich zu einem Grat. Zwischendurch müssen wir immer wieder mal ein steiles Stück bewältigen. Leichte Felsstufen mit Blick zu den Tannheimer Kalkspitzen verlangen ein gelegentliches Handanlegen. Wir überqueren einen abschüssigen Schrofenhang und kommen auf die Kühgundspitze, die von den Tirolern „Wannenjoch" genannt wird. Wir wandern weiter empor über ein paar begrünte Erhebungen, dann stehen wir am etwas höheren Kühgundkopf. Über Schuttreissen und an Felsenfenstern vorbei fällt der Südwestkamm kaum ab.

Der weitere Verlauf des Weges führt durch Latschen und ist deutlich einfacher als der Aufstieg. Wir erreichen in einen Sattel, von hier aus müssen wir nochmal einen kurzen Gegenanstieg bewältigen. Zu guter Letzt bringen uns ein paar felsige Stufen zum Iseler. Ein breiter Steig leitet uns im weiteren Verlauf durch Latschengassen, anfangs über einen Gratrücken, später im Zickzack Richtung Oberjoch über die Nordseite. Bei der Bergstation des Sesselliftes haben wir die Wahl: Entweder wir steigen in den Lift oder wir lassen uns wieder vom bekannten Wegweiser „Wiedhaghütte" den Kurs vorgeben. Nach einem Schuttkar nehmen wir kurz vor der Vorderen Wiedhagalpe die Abzweigung über ein Weidegebiet zur Gundalpe. Ein geteerter Alpweg bringt uns in Kürze zurück ins Örtchen Oberjoch.

Die Moorhütte ist eine beliebte Ausflugsgaststätte

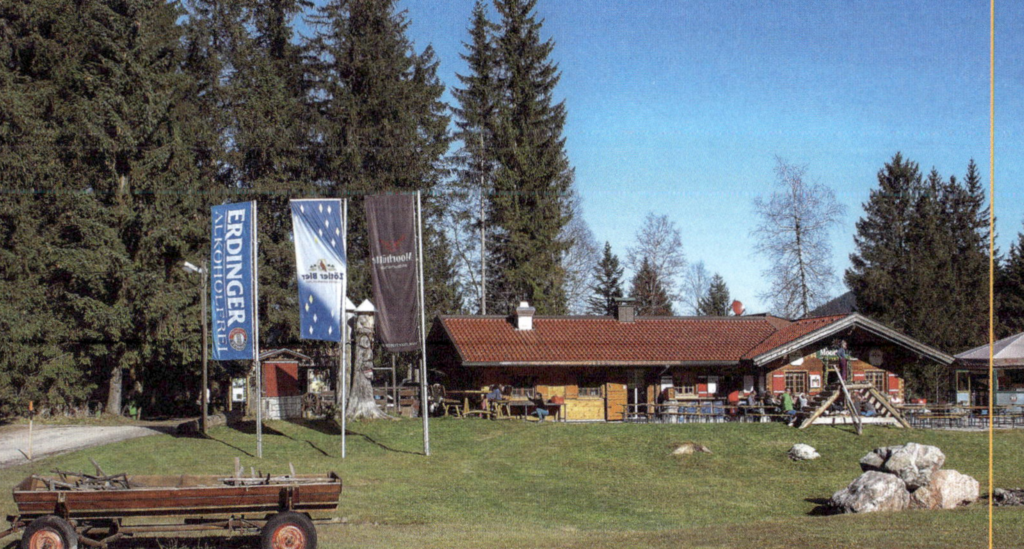

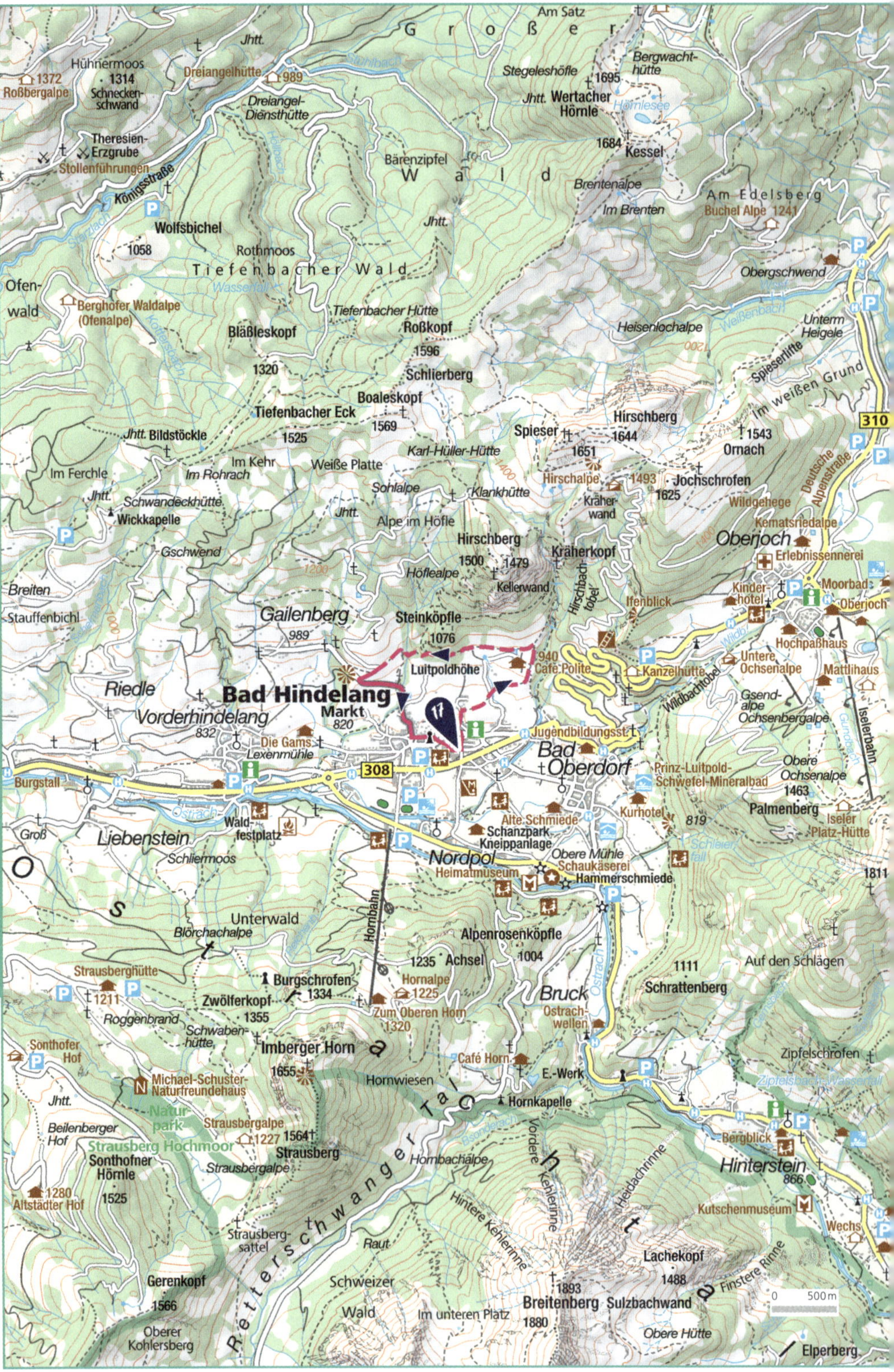

17

Am Satz
Großer Wald
Jhtt.
Hühnermoos
1372 Roßbergalpe
1314 Schneckenschwand
Dreiangelhütte 989
Stegeleshöfle
1695
Bergwachthütte
Jhtt. Wertacher Hörnle
Hörnlesee
Dreiangel-Diensthütte
Theresien-Erzgrube
Stollenführungen
1684 Kessel
Bärenzipfel
Königsstraße
Brentenalpe
Im Brenten
Am Edelsberg
Buchel Alpe 1241
Wolfsbichel
1058
Rothmoos
Tiefenbacher Wald
Wasserfall
Obergschwend
Ofenwald
Berghofer Waldalpe (Ofenalpe)
Tiefenbacher Hütte
Roßkopf
1596
Bläßleskopf
Heisenlochalpe
Weißenbach
Unterm Heigele
1320
Schlierberg
Spieserlifte
Im weißen Grund
Boalskopf
1569
Tiefenbacher Eck
1525
Hirschberg
Spieser
1644
1651
1543
Ornach
310
Jhtt. Bildstöckle
Im Kehr
Im Rohrach
Weiße Platte
Karl-Hüller-Hütte
Deutsche Alpenstraße
Im Ferchle
Sohlalpe
Hirschalpe
1493
Jochschrofen
1625
Jhtt.
Schwandeckhütte
Wickkapelle
Jhtt.
Klankhütte
Krähewand
Wildgehege
Alpe im Höfle
Kematsriedalpe
Oberjoch
Gschwend
Hirschberg
1500
1479
Kräherkopf
Erlebnissennerei
Breiten
Höflealpe
Kellerwand
Hirschbachtobel
Kinderhotel
Moorbad
Oberjoch
Stauffenbichl
Gailenberg
Steinköpfle
Ifenblick
989
1076
Hochpaßhaus
Luitpoldhöhe
940
Café Polite
Kanzelhütte
Untere Ochsenalpe
Mattlihaus
Riedle
Bad Hindelang
Markt
820
Wildbachtobel
Gsendalpe
Ochsenbergalpe
Vorderhindelang
832
Jugendbildungsst.
Bad Oberdorf
Iselerbahn
Die Gams
Lexenmühle
Burgstall
308
Prinz-Luitpold-Schwefel-Mineralbad
Obere Ochsenalpe
1463
Ostrach
Groß
Wald-festplatz
Alte Schmiede
Schanzpark
Kneippanlage
Kurhotel
819
Palmenberg
Iseler Platz-Hütte
Liebenstein
Schliermoos
Obere Mühle
Schaukäserei
Nordpol
Heimatmuseum
Hammerschmiede
Schleierfall
1811
Unterwald
Blörchachalpe
Hornbahn
Alpenrosenköpfle
1004
Strausberghütte
Burgschrofen
1334
1235 Achsel
Auf den Schlägen
1111
Schrattenberg
1211
Zwölferkopf
1355
Hornalpe
1225
Bruck
Roggenbrand
Schwabenhütte
Zum Oberen Horn
1320
Ostrachwellen
Sonthofer Hof
Imberger Horn
1655
Café Horn
E.-Werk
Zipfelschrofen
Ostertal
Michael-Schuster-Naturfreundehaus
Hornwiesen
Zipfelsbach-Wasserfall
Jhtt.
Naturpark
Hornkapelle
Beilenberger Hof
Strausbergalpe
1227
1564
Strausberg
Strausberg Hochmoor
Bergblick
Hinterstein
866
Sonthofner Hörnle
Strausbergalpe
Hornbachalpe
Vordere Kehlerinne
Heidachrinne
1525
1280 Altstädter Hof
Hintere Kehlerinne
Kutschenmuseum
Wechs
Strausberg-sattel
Retterschwanger Tal
Ostrachtal
Raut
Lachekopf
1488
Finstere Rinne
Gerenkopf
1566
Schweizer Wald
1893
Breitenberg
1880
Sulzbachwand
0 500 m
Im unteren Platz
Oberer Kohlersberg
Obere Hütte
Elperberg

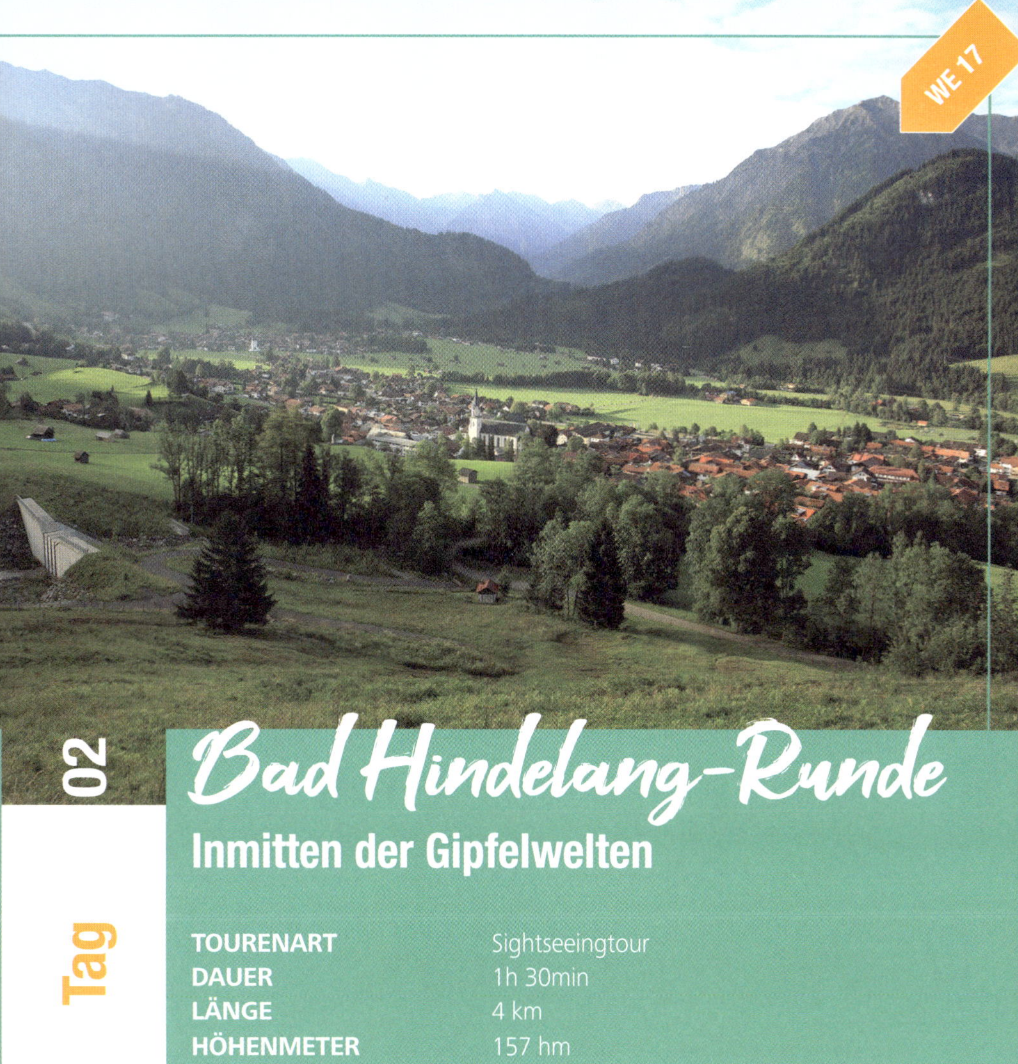

WE 17

Tag 02

Bad Hindelang-Runde

Inmitten der Gipfelwelten

TOURENART	Sightseeingtour
DAUER	1h 30min
LÄNGE	4 km
HÖHENMETER	157 hm
SCHWIERIGKEIT	LEICHT
MIT ÖPNV ERREICHBAR	ja

Das erwartet dich ...

Die kleine Trilogie-Runde erwartet uns mit vielen, tollen Panoramen. Darunter mischen sich ein Kreuzweg und einige historische Gebäude mit sehr spannenden Geschichten. Der Ort selbst ist vollkommen eingehüllt von würzigen Wiesen und umrahmt von Bergen; immer wieder treffen wir auf sprudelnde Bäche und Kühe auf einer Weide – idyllische Bilder – einfach grandios! Vor uns liegt eine wundervolle Rundtour durch und über Bad Hindelang.

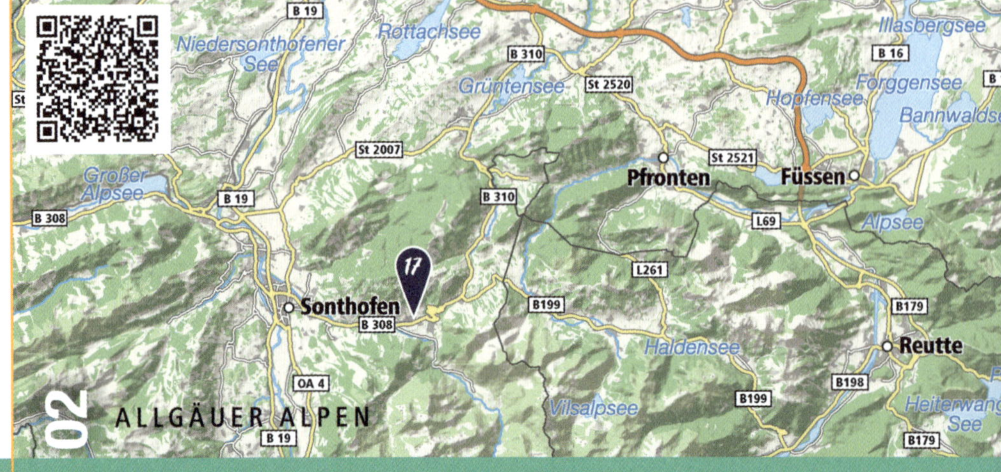

Tag 02

Start & Ziel & Anreise

Tourismus-Information Bad Hindelang; der nächstgelegene Bahnhof ist in Sonthofen, 7 Kilometer von Bad Hindelang entfernt. Mit dem öffentlichen Linienbus geht es dann im Halbstundentakt weiter nach Bad Hindelang. Mit dem Auto geht's über die A 7 bis zur Ausfahrt „Bad Hindelang-Oberjoch" bei Oy-Mittelberg und ab da über die B 310 über Wertach nach Oberjoch. Alternativ bietet sich auch die A 980 bis Waltenhofen an, und ab da über die B 19 nach Sonthofen und dann weiter über die B 308 bis nach Bad Hindelang.

Tourenbeschreibung

Wir beginnen unseren Rundgang am Start- und Willkommensplatz beim Kurhaus von Bad Hindelang. Zunächst gehen wir mit dem Kurhaus im Rücken am Wahrzeichen Bad Hindelangs vorbei bis zum Fuggerweg beziehnungsweise der Kreuzung Fuggerweg/Bad Oberdorfer Straße. Hier biegen wir links auf die Bad Oberdorfer Straße ab und spazieren Richtung Ortszentrum. Die Straße macht bald einen Knick nach links, wir wählen die Engelgasse geradeaus. Auch sie bezeichnet eine Rechtskurve, in der wir weiterhin geradeaus bleiben und auf einen Fußweg wechseln. An der Jochstraße biegen wir links ab, und gehen kurz darauf rechts in die Rossgasse. Hier geht es hinauf zur ersten Kreuzwegstation rechter Hand. Wir sind am Einstieg zum Kreuzweg auf den Kalvarienberg angekommen.

Nun spazieren wir an den Kreuzwegstationen entlang und passieren oben die aussichtsreich gelegene Kalvarienbergkapelle. Nun empfängt uns offenes Wiesengelände mit zahlreichen Heuschobern. Nach der Wiesenpassage treffen wir auf einen asphaltierten Fahrweg, den Schindackerweg. Wir wenden uns nach links, doch nur kurze Zeit später geht's wieder nach rechts über ein kleines, namenloses Bächlein. Ein Wiesenweg leitet uns Richtung Café Polite. Erst steigen wir sanft bergan, dann ein wenig steiler, bis wir nach einem Weidedurchlass das Café und Bergrestaurant Polite erreichen. Hier gibt es einen schönen Kinderspielplatz und der schattige Biergarten lädt zu einer Rast ein. Wir wandern weiter geradeaus auf einen Steilhang zu. Dabei ergeben sich wundervolle Blicke auf Bad Hindelang und die imposante Kulisse der Allgäuer Alpen. Auf der Luitpoldhöhe stoßen wir auf einen asphaltierten Weg mit der Themeninsel.

Die Wegführung schickt uns hangparallel nach links. Durch ein Metalltor zweigt wenig später ein Pfad halb rechts ab. Er bringt uns wieder auf den asphaltierten Fahrweg und noch eine Themeninsel mit den Themen „Reine Luft", „Schwefelquelle Bad Oberdorf" und „Bad Hindelang als Gesundheitsoase". Parallel zum Hang passieren wir geradewegs ein weiteres Tor zu einem breiteren Fahrweg. Auf diesem gehen wir geradeaus in den Wald hinein. Am Steinköpfle wenden wir uns nach links. Ein Pfad bringt uns am Infostand des geologischen Lerpfades Bad Hindelang vorbei hinab zum rauschenden Zillenbach. Wir überschreiten die Metallbrücke und queren den Bergbach nach rechts. Dann zweigen wir nochmals rechts ab. Ein Alpweg führt uns gleich noch einmal etwas steiler bergan, ehe die Route links durch einen Weidedurchlass führt. In gleicher Richtung erreichen wir zwei Trilogiebänke und drei Trilogienadeln. Hier werden die beiden dramaturgisch eindrucksvollen Facetten der Bergbauernlandschaft und der schroffen Hochalpenlandschaft sowie die Bergdörfer mit ihren eigenen Traditionen und der Naturschutz be- und umschrieben.

Weiter geht es über das Sträßchen nach links und hinab, bis wir eine querende Fahrstraße erreichen. Wir wenden uns wieder nach links und wandern hinunter nach Bad Hindelang und über die Gailenbergstraße in den Ort hinein. Der Straßenverlauf bringt uns zur Kirchstraße, an der es links weitergeht. Dabei passieren wir das Geburtshaus von Vera Waibel; sie war eine enge Mitarbeiterin des berühmten Sebastian Kneipp. Bei der Pfarrkirche St. Johannes der Täufer führt uns der Rundgang nach rechts. Die Kirche wurde 1435 erbaut und in den Jahren 1865 bis 1867 im neugotischen Stil neu errichtet. Auf der Marktstraße halten wir uns links bis zum Schloss. Es wurde im Jahr 1640 erbaut und war ehemals Jagdschloss der Fürstbischöfe von Augsburg, danach Brauerei und Rathaus. Nach seinen geschichtsträchtigen Mauern biegen wir rechts auf den Schlossplatz ein. Am Ende der Straße folgen wir dem Fuggerweg geradeaus; er bringt uns zurück zum Kurhaus und somit zum Ende dieses Rundganges.

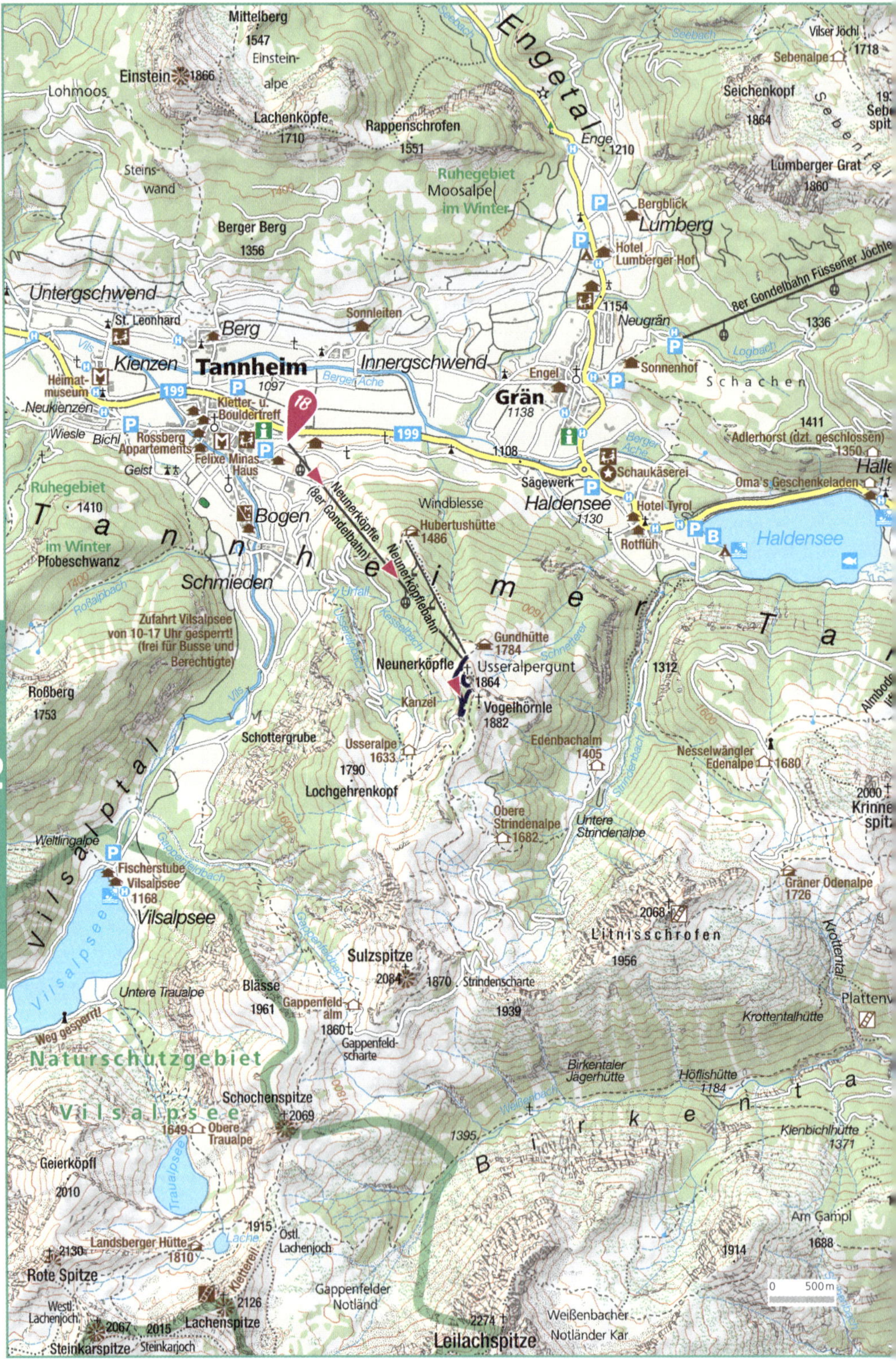

18

Mittelberg
1547
Einstein-
alpe
Einstein 1866
Lohmoos
Lachenköpfe
1710
Rappenschrofen
1551
Engetal
Seebach
Vilser Jöchl
1718
Sebenalpe
Seichenkopf
1864
Sebental
Enge 1210
Steins-
wand
Ruhegebiet
Moosalpe
im Winter
Lümberger Grat
1860
Berger Berg
1356
Bergblick
Lumberg
Hotel
Lumberger Hof
Untergschwend
St. Leonhard
Berg
Sonnleiten
1154
Neugrän
8er Gondelbahn Füssener Jöchle
1336
Logbach
Kienzen
Tannheim
Innergschwend
Berger Ache
Engel
Gran
1138
Sonnenhof
Schachen
Heimat-
museum
199
1097
18
Neukienzen
Kletter- u.
Boulderreff
Wiesle
Bichl
Rossberg
Appartements
Felixe Minas
Haus
199
1108
1411
Adlerhorst (dzt. geschlossen)
1350
Berger Ache
Schaukäserei
Geist
Sägewerk
Haldensee
1130
Oma's Geschenkeladen
Hotel Tyrol
Rotflüh
Haldensee
Ruhegebiet
1410
im Winter
Pfobeschwanz
Bogen
Neunerköpfle
(8er Gondelbahn)
Windblesse
Hubertushütte
1486
Neunerköpflebahn
Tannheimer Tal
Schmieden
Roßalpbach
Urfall
Usseralpbach
Kesselbach
Zufahrt Vilsalpsee
von 10-17 Uhr gesperrt!
(frei für Busse und
Berechtigte)
Gundhütte
1784
Schneetalbach
Neunerköpfle
Usseralpergunt
1864
1312
Roßberg
1753
Vils
Kanzel
Vogelhörnle
1882
Schottergrube
Usseralpe
1633
Edenbachalm
1405
Nesselwängler
Edenalpe 1680
1790
Lochgehrenkopf
Obere
Strindenalpe
1682
Untere
Strindenalpe
Strindenbach
2000
Krinnenspitze
Vilsalptal
Weltlingalpe
Fischerstube
Vilsalpsee
1168
Gappenfeldbach
Gräner Ödenalpe
1726
Vilsalpsee
2068
Litnisschrofen
Krottental
1956
Vilsalpsee
Sulzspitze
2084
1870
Strindenscharte
Blässe
1961
Untere Traualpe
Gappenfeld-
alm
1860
Gappenfeld-
scharte
1939
Plattenwald
Krottentalhütte
Weg gesperrt!
Naturschutzgebiet
Vilsalpsee
Schochenspitze
2069
1649
Obere
Traualpe
Birkentaler
Jägerhütte
Höflishütte
1184
Birkental
Weißenbach
1395
Klenbichlhütte
1371
Geierköpfl
2010
Traualpsee
Am Gampl
1915
Lache
Ostl.
Lachenjoch
2130
Landsberger Hütte
1810
Rote Spitze
1914
1688
Kletterei
2126
Gappenfelder
Notland
0 500 m
Westl.
Lachenjoch
2067
2015
Lachenspitze
Steinkarspitze
Steinkarjoch
2274
Leilachspitze
Weißenbacher
Notländer Kar

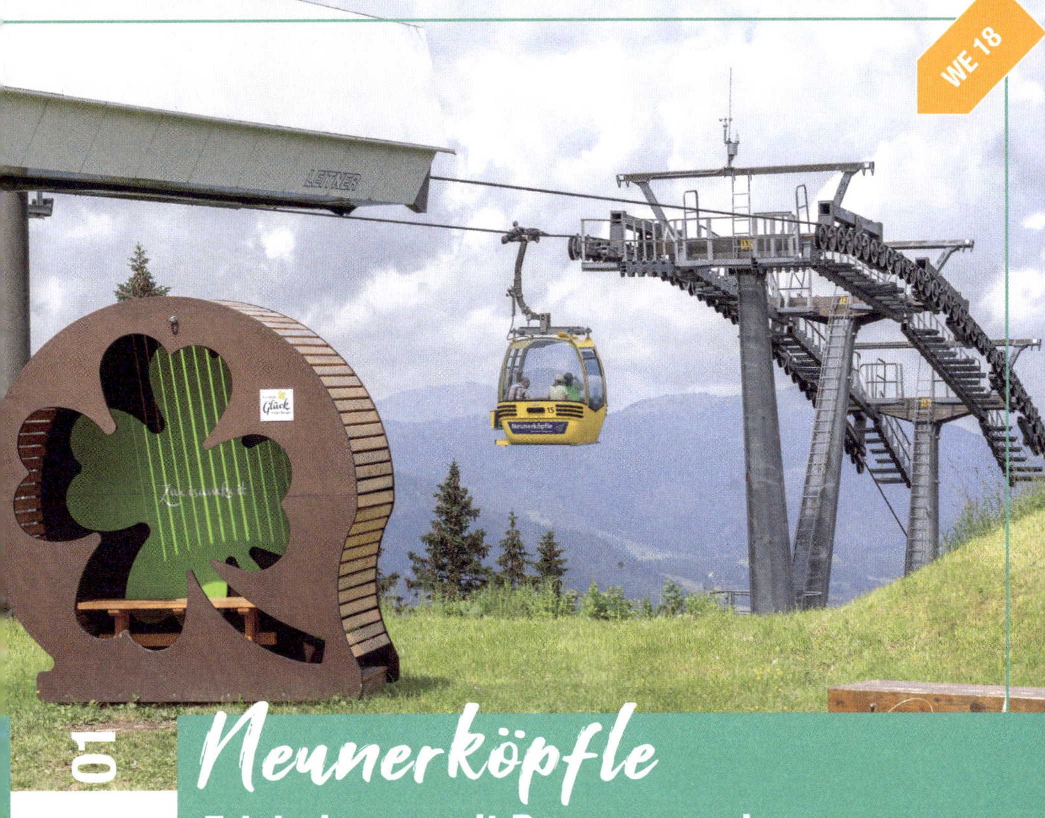

Tag 01

Neunerköpfle

Erlebnisweg mit Panoramaschau

TOURENART	Themenweg
DAUER	1h 15min
LÄNGE	1,3 km
HÖHENMETER	79 hm
SCHWIERIGKEIT	LEICHT
MIT ÖPNV ERREICHBAR	ja

Das erwartet dich ...

Heute haben wir einen kleinen, gemütlichen aber sehr spannenden Ausflug vor uns. Wir machen uns auf zum Erlebnisweg auf dem Neunerköpfle oberhalb von Tannheim. Auf zwei Kilometern informieren elf Stationen zu den Themen Bergwelt, Natur und Tiere. Nicht nur deshalb ist der Weg für Kinder sehr interessant. Highlight ist das drei Meter hohe Gipfelbuch direkt auf dem 1.862 Meter hohen Neunerköpfle.

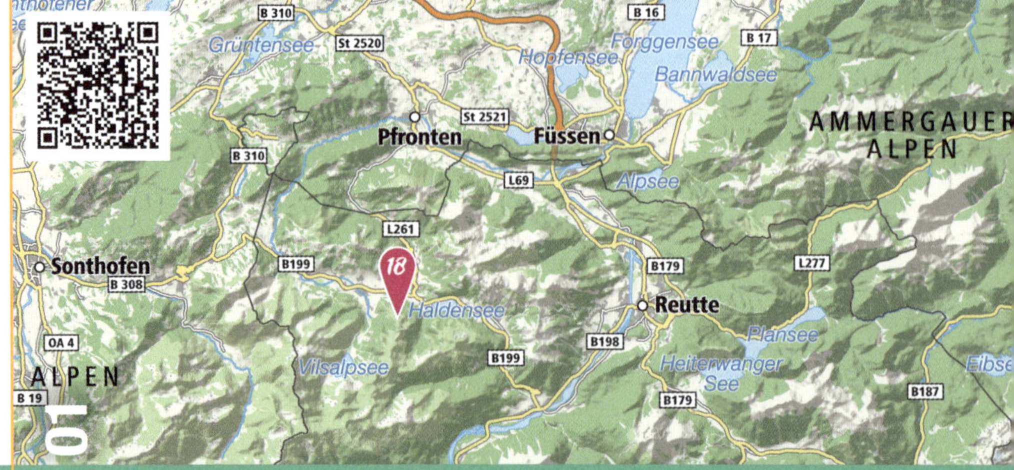

Tag 01

Start & Ziel & Anreise

Ausgangspunkt der Erlebnisrunde ist die Talstation der Allgäuer Bergbahnen in Tannheim. Mit ihr schweben wir hinauf dem Gipfel entgegen. Sie liegen direkt an der B 19 zwischen Bad Hindelang und Weißenbach am Lech. Parkmöglichkeiten gibt es an der Talstation.

Tourenbeschreibung

Los geht's in Tannheim, dem Ort im Zentrum des Tannheimer Tals. Unmittelbar davor liegt das Naturschutzgebiet Vilsalpsee. Zudem kann man hier auch die Paragleiter beobachten, die hier ideale Bedingungen für ihren Flug finden. Kulturelle Abwechslung bieten das Heimatmuseum und das Felixé Mina's Haus. Im Heimatmuseum erfahren wir etwas über das meist harte und karge Leben und Schaffen unserer Vorfahren. Zahlreiche Exponate, Geräte, Maschinen und unzählige Fotos sind hier auf 700 m² untergebracht. Das denkmalgeschützte Bauernhaus von Felix und Mina ist über 300 Jahre alt und stand lange Zeit leer. 1698 erbaut war es bis 1990 von vielen Generationen der Familie Zobl bewohnt. Der Ausbau zum Kulturzentrum erfolgte bis 2010. In einer Führung lässt sich das Kleinod bäuerlichen Lebens entdecken. Im Giebel befindet sich ein bemerkenswertes Marienbild, das im Original von Lukas Cranach im Innsbrucker Dom hängt. Ein Rundgang ist grundsätzlich im Rahmen einer Führung möglich. Diese finden montags um 10.45 Uhr sowie dienstags und freitags um 16.00 Uhr statt. Infos unter www.tannheimertal.at/felixe-minas-haus/.

Zunächst dürfen wir uns an einer gemütlichen Bergfahrt mit den Allgäuer Bergbahnen erfreuen. Sie lassen uns in einer gut zwölfminütigen Fahrt auf den Gipfel schweben. An der Bergstation der 8er-Gondelbahn geht's dann schon los. In südlicher Richtung unterhalb des Neunerköpfles (1.862 Meter) wandern wir auf das Gipfelkreuz zu. Der Weg ist hervorragend ausgeschildert, gut gesichert und bringt uns auf einer Strecke von über einem Kilometer über einen gut geschotterten Bergweg. Nach und nach informieren uns unterschiedliche Stationen über die vielfältige Flora und Fauna dieser einzigartigen Bergwelt. Am größten Gipfelbuch der Welt können wir uns eintragen. Es erläutert ganz allgemein die Entstehung der Gipfelbücher und enthält lustige Gipfelsprüche. Am Ende der netten Runde lockt die Gundhütte zu einer Einkehr. Die gastfreundliche Hütte bietet hervorragende Tiroler Hausmannskost.

Die Gundhütte lockt mit Tiroler Hausmannskost

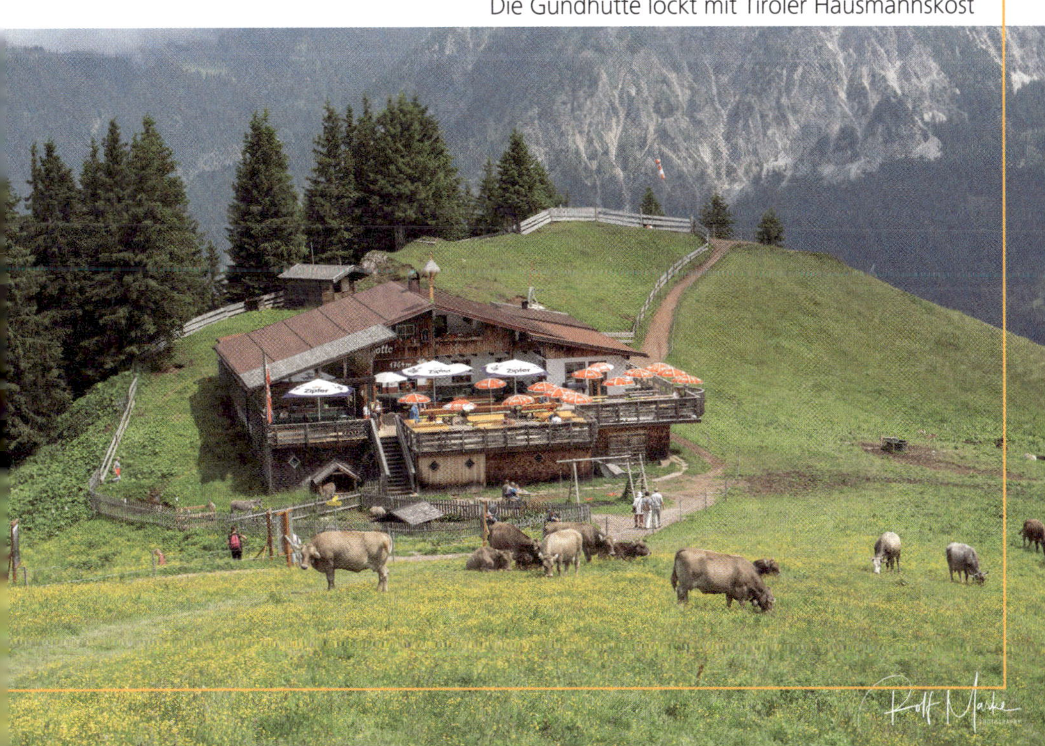

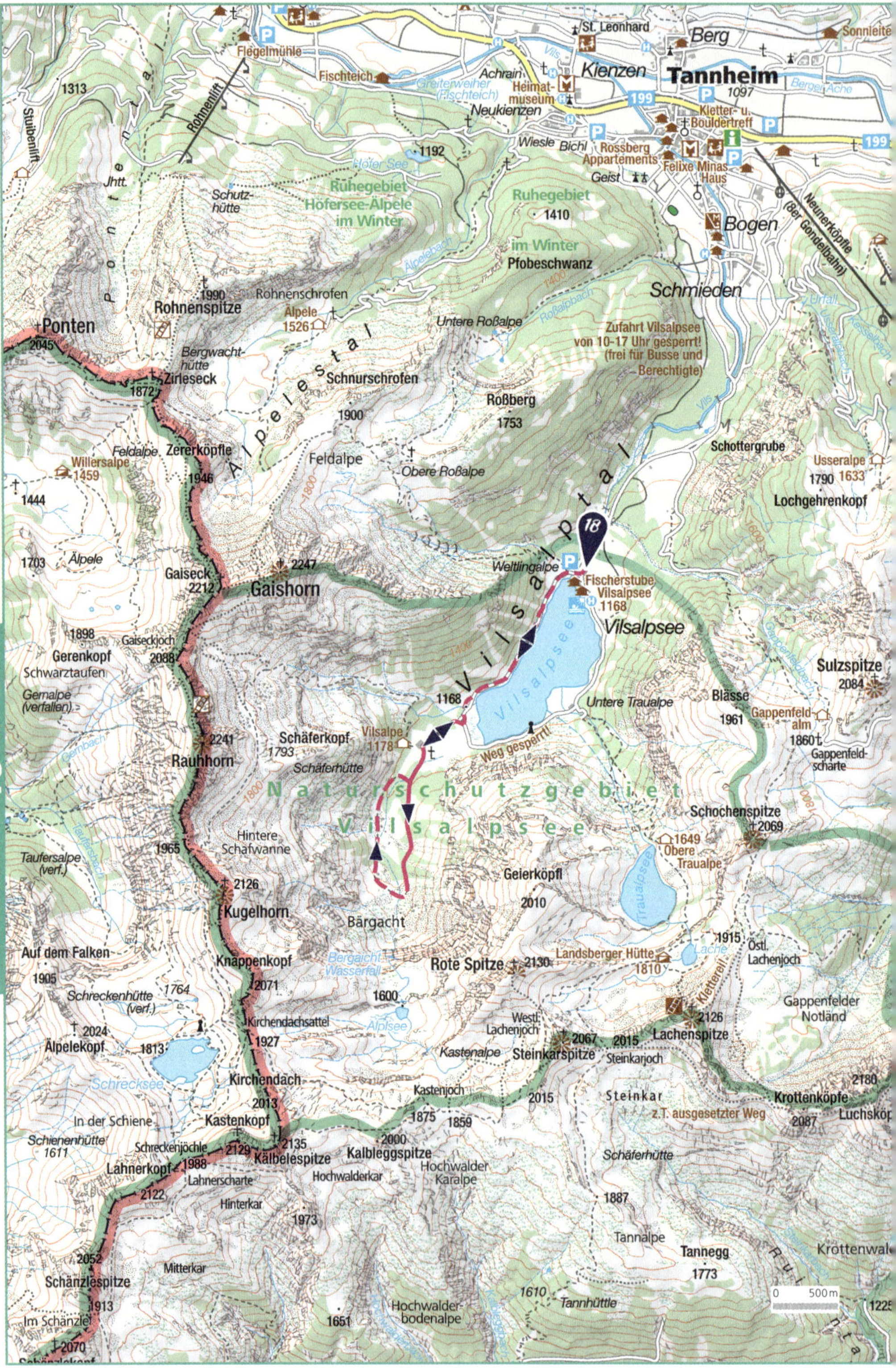

18

St. Leonhard
Berg
Sonnleite
Flegelmühle
Fischteich
Achrain
Kienzen
Tannheim
1097
Greiterweiher (Fischteich)
Heimatmuseum
Neukienzen
Bergen Ache
Kletter- u. Bouldertreff
199
1313
Stuibenlift
Rohnenlift
Wiesle
Bichl
Rossberg Appartements
Felixe Minas Haus
1192
Hofer See
Geist
Jhtt.
Ponten tal
Ruhegebiet Hofersee-Älpele im Winter
Ruhegebiet im Winter
1410
Schutzhütte
Bogen
Neunerköpfle (8er Gondelbahn)
Pfobeschwanz
Älpelebach
1990
Rohnenschrofen
Rohnenspitze
Schmieden
Älpele 1526
Ponten
2045
Untere Roßalpe
Roßalpbach
Zufahrt Vilsalpsee von 10-17 Uhr gesperrt! (frei für Busse und Berechtigte)
Bergwacht-hütte
Zirleseck
1872
Schnurschrofen
Älpelestal
Roßberg
1753
1900
Feldalpe
Zererköpfle
Willersalpe 1459
Feldalpe
Obere Roßalpe
Schottergrube
Usseralpe
1633
1790
1946
1444
Lochgehrenkopf
1800
1703
Älpele
Vilsalptal
18
Weltlingalpe
Gaiseck
2212
2247
Gaishorn
Fischerstube Vilsalpsee 1168
Vilsalpsee
1898
Gaiseckjoch
2088
Gerenkopf
Schwarztaufen
Gernalpe (verfallen)
1168
Vilsalpsee
Untere Traualpe
Blässe
1961
Sulzspitze
2084
Gappenfeldalm
1860
Gappenfeldscharte
2241
Rauhhorn
Schäferkopf
1793
Vilsalpe 1178
Schäferhütte
Weg gesperrt!
Naturschutzgebiet Vilsalpsee
Schochenspitze
2069
1649 Obere Traualpe
Traualpsee
Hintere Schafwanne
1965
Taufersalpe (verf.)
2126
Kugelhorn
Geierköpfl
2010
Bärgacht
Auf dem Falken
1905
Knappenkopf
2071
Bergaicht Wasserfall
Rote Spitze
2130
Landsberger Hütte 1810
Lache
1915
Östl. Lachenjoch
Kletterst.
Schreckenhütte (verf.)
1764
1600
2126
Gappenfelder Notland
Lachenspitze
Kirchendachsattel
2024
Älpelekopf
1813
1927
Alpsee
Westl. Lachenjoch
Kastenalpe
2067
Steinkarspitze
2015
Steinkarjoch
Schrecksee
Kirchendach
Kastenjoch
2015
Steinkar
Krottenköpfe
2180
2013
z.T. ausgesetzter Weg
2087
Luchskopf
In der Schiene
Kastenkopf
1875
1859
Schienenhütte 1611
Schreckenjöchle
2129
2135
2000
Kalbeleспitze
Kalbleggspitze
Hochwalder Karalpe
Schäferhütte
Lahnerkopf
1988
Lahnerscharte
Hochwalderkar
2122
Hinterkar
1887
1973
Tannalpe
Tannegg
1773
2052
Mitterkar
Krottenwal
Schänzlespitze
1610
Tannhüttle
0 500 m
1913
Hochwalderbodenalpe
1225
Im Schänzle
1651
2070

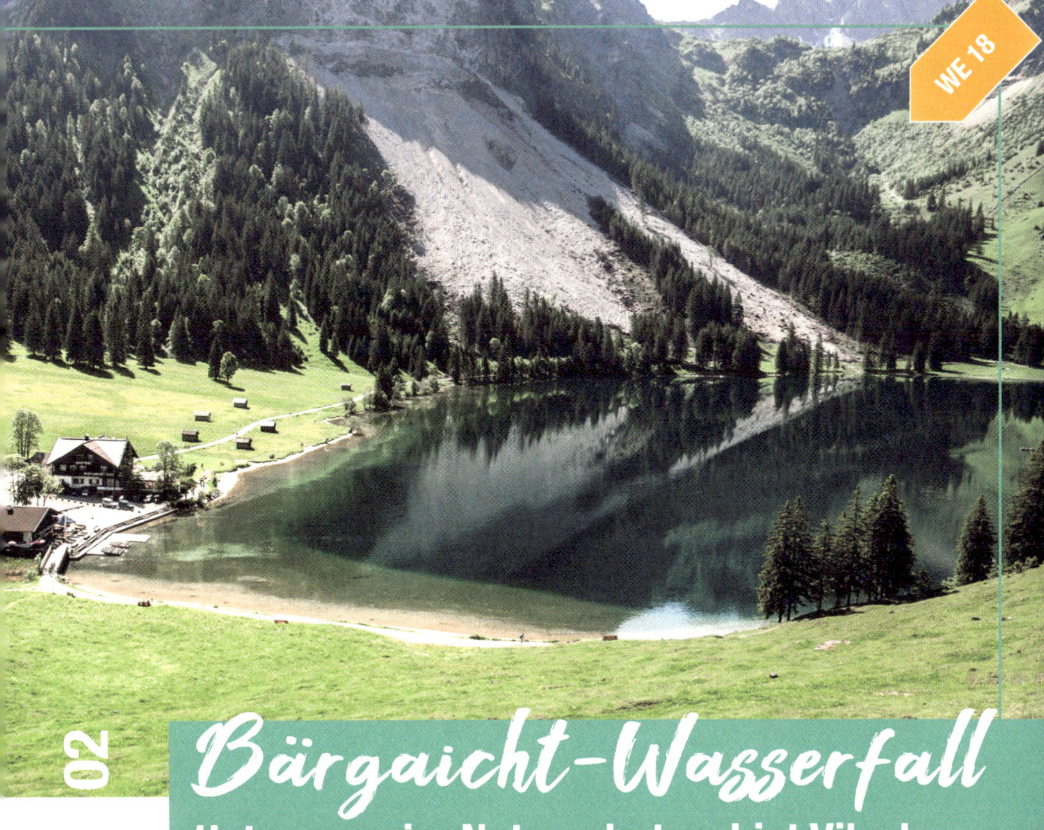

Tag 02

Bärgaicht-Wasserfall

Unterwegs im Naturschutzgebiet Vilsalpsee

TOURENART	Badetour
DAUER	2h
LÄNGE	6,8 km
HÖHENMETER	82 hm
SCHWIERIGKEIT	LEICHT
MIT ÖPNV ERREICHBAR	ja

Das erwartet dich ...

Ein gemütlicher Spaziergang auf breiten Wanderwegen im Naturschutzgebiet Vilsalpsee, der auch bestens für einen Familienausflug geeignet ist. Inmitten grandioser Bergkulisse kann man rund um den Naturbadesee Ruhe und Entspannung finden und die vielen Schätze der reichen Flora und Fauna entdecken, die hier beheimatet sind. Auch der Badespaß kommt nicht zu kurz (Badebereich am Nordostufer), auch wenn die Wassertemperatur meist nicht mehr als 17 Grad erreicht.

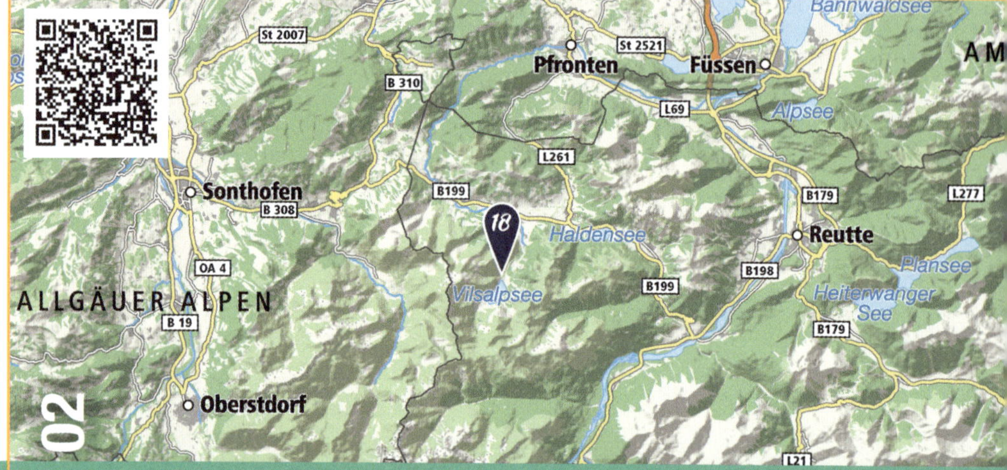

Start & Ziel & Anreise

Die Tour startet bei den Gasthäusern am Vilsalpsee unweit von Tannheim. Anfahrt von Reutte über Weißenbach a. L. oder von Bad Hindelang (D) nach Tannheim und von dort in das Vilsalptal, Parkplätze am nördlichen Seeufer. Die Zufahrt zum See ist zwischen 10 und 17 Uhr für Privatautos gesperrt! Alternativ mit dem Bus oder Bimmelbähnchen Alpenexpress von Tannheim zum Ausgangspunkt. In Tannheim kann der PKW auf einem der Ortsparkplätze abgestellt werden.

Tourenbeschreibung

Der Vilsalpsee ist Herzstück des gleichnamigen 18,2 km² großen Naturschutzgebiets, das weiters auch noch die höher gelegenen Gewässer Traualpsee, die Lache und den Alplsee mit einschließt. Das Gebiet steht seit 1957 unter Naturschutz und beheimatet Hunderte Pflanzenarten, unter ihnen auch geschützte Arten wie Wildorchideen, Edelweiß oder Enzian. Selten gewordene Tiere wie der schwarze Alpensalamander (auch „Tattermandl“ genannt) oder die Erdkröte lassen sich ebenso erspähen wie Murmeltiere und Berggämse. Ganz besonders ist auch die Vogelwelt des Naturschutzgebiets. Viele Vögel, unter ihnen der Haubentaucher, finden hier eines der höchstgelegenen Brutgebiete Österreichs.

Unser Ausflug steht ganz im Zeichen des einzigartigen Naturschutzgebiets und beginnt bei den Gasthäusern am Vilsalpsee (1168 m). Auf der breiten und flachen Schotterstraße des Vilsalpsee-Promenadenwegs gehen wir dem Westufer entlang taleinwärts bis zum Ende des Sees. Die Berge spiegeln sich unterwegs im Wasser und wir können die Forellen deutlich sehen, so klar ist hier das Gewässer! Nicht minder imposant ist der gewaltige Bergsturz, der die Kulisse prägt.

Vom Ende des Sees ist es nur mehr ein Katzensprung in südwestliche Richtung zur Jausenstation Vilsalpe mit besonderem Blick aufs Geierköpfl. Der Wasserfall-Wegweiser zeigt auf die Fahrwegverlängerung gerade hinauf in den Fichten-Block-Urwald. Im weiteren Verlauf bringt uns ein Steig zum Waldende unter den hohen Bärgaicht-Wasserfall (1250 m, 1 Std.).

Der Talschluss ist ein idealer Abenteuerspielplatz für Kinder. Es können sich jedoch Schneereste auch bis in den Sommer halten! Während der Schneeschmelze im Frühsommer ist der Wasserfall besonders eindrucksvoll. Als Rückweg zur Vilsalpe bietet sich die andere Bachseite an. Ab der Vilsalpe folgen wir wieder dem bereits bekannten Weg zurück zum Ausgangspunkt. Dort lädt ein Badebereich für eine kühle Erfrischung und ein Ruderbootverleih für eine abschließende Bootsfahrt ein.

Herbststimmung am Vilsalpseeufer

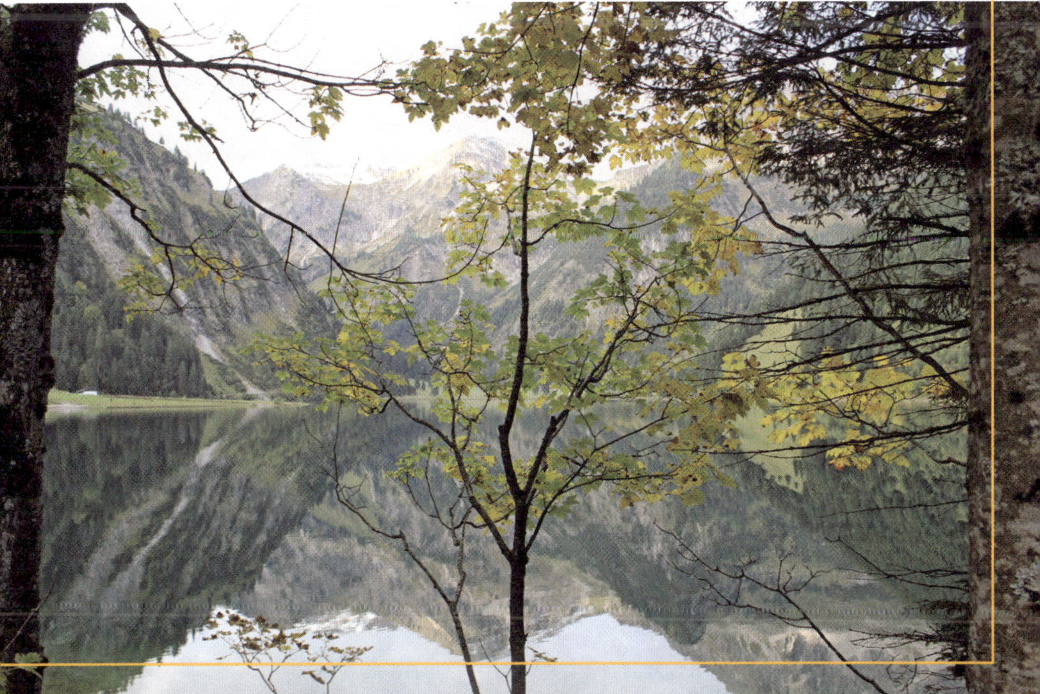

Unser Highlight

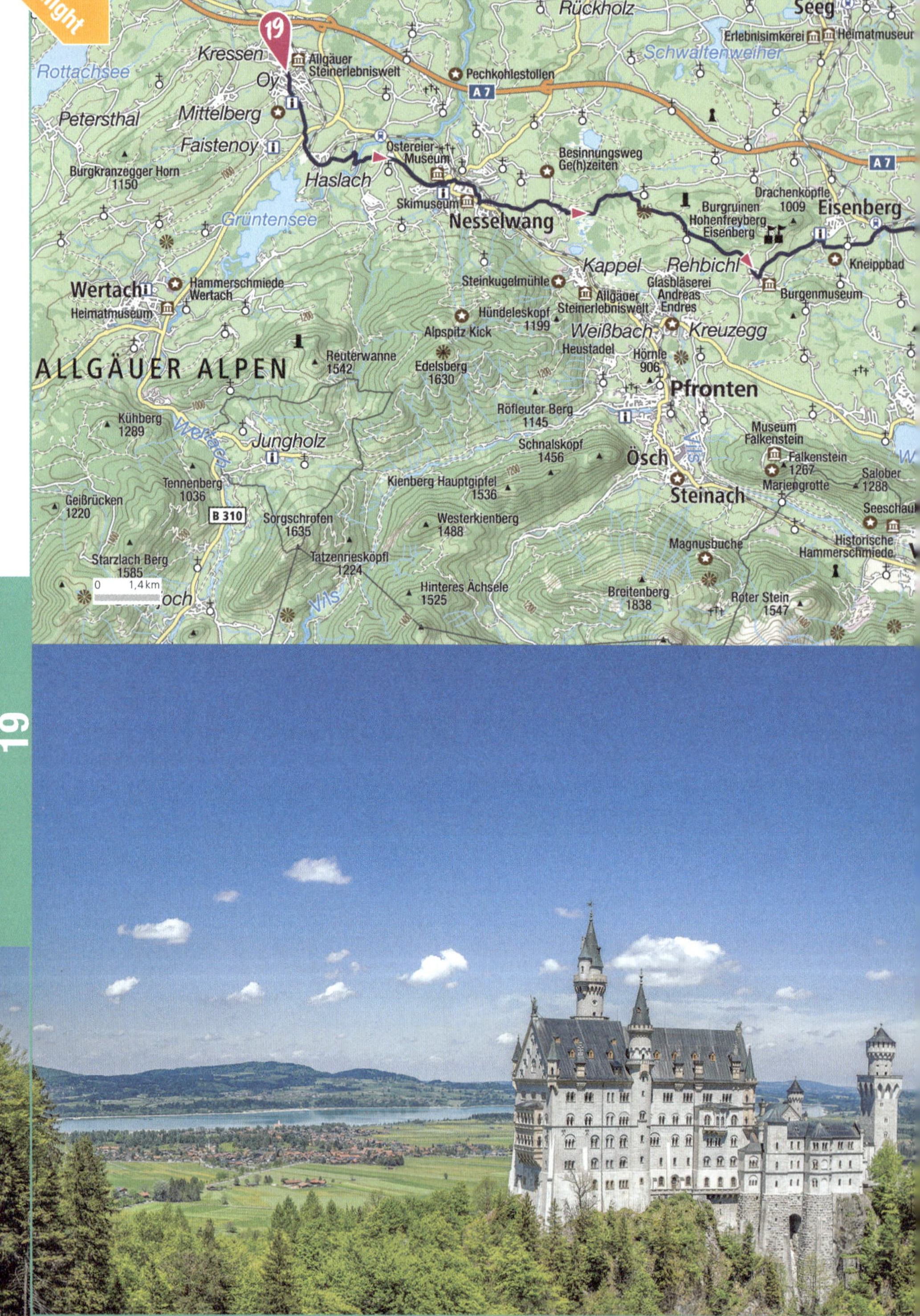

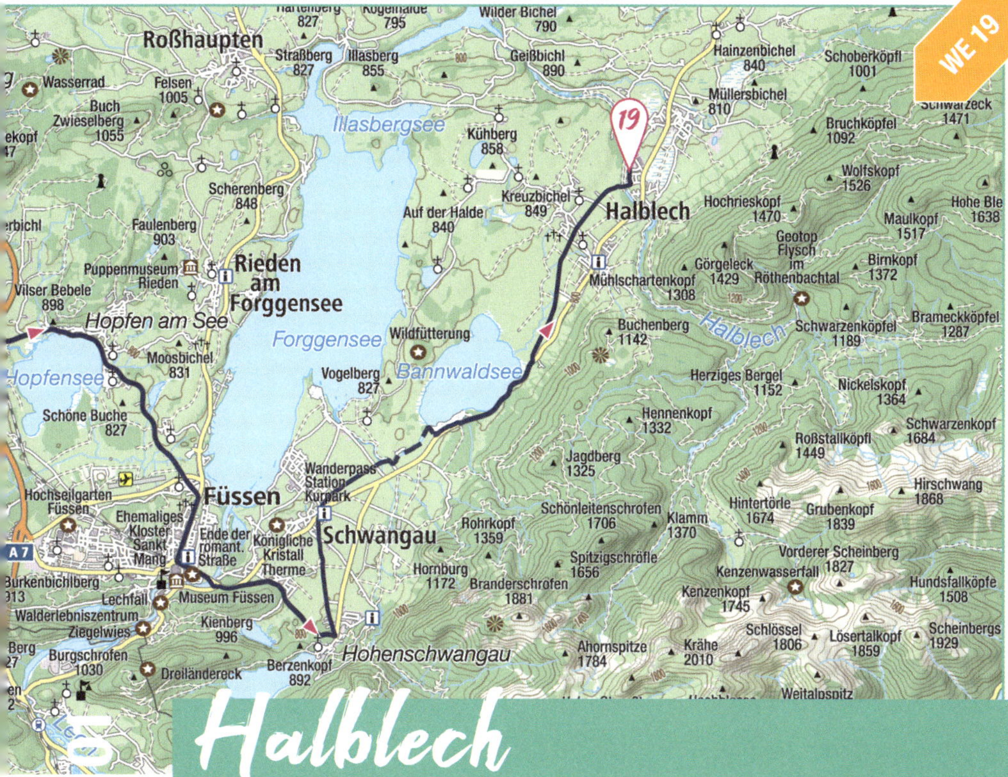

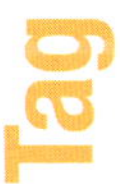

Halblech

Radeln auf der Königsetappe

TOURENART	Radtour
DAUER	3h 30 min
LÄNGE	42 km
HÖHENMETER	243 hm
SCHWIERIGKEIT	LEICHT
MIT ÖPNV ERREICHBAR	ja

Das erwartet dich ...

Auf dieser tollen Strecke erwarten uns heute viele Highlights. Die kulturellen Höhepunkte sind natürlich das wunderschöne Städtchen Füssen mit seinen umliegenden Schlössern Neuschwanstein und Hohenschwangau. In Füssen lohnt ein Abstecher zum Benediktinerkloster St. Mang aus dem 8. Jahrhundert, in dem heute das Museum der Stadt Füssen untergebracht ist. Vom Hohen Schloss hat man beste Blicke über die Stadt – im Hof des spätgotischen Baus befinden sich bemerkenswerte Illusionsmalereien.

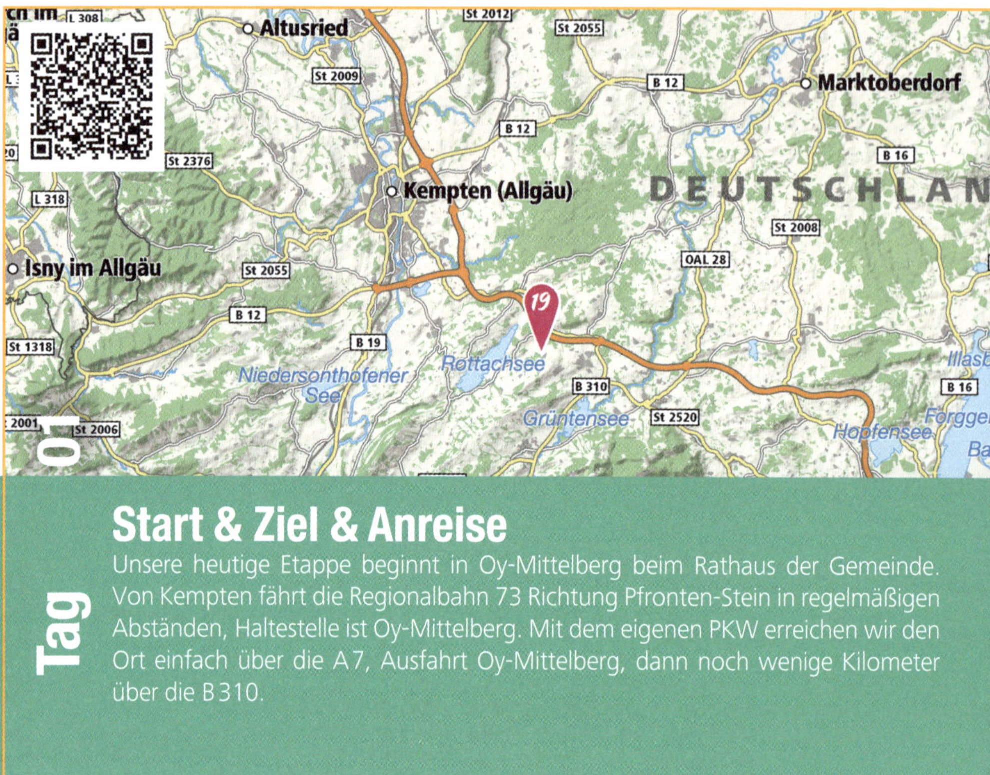

Tag 01

Start & Ziel & Anreise

Unsere heutige Etappe beginnt in Oy-Mittelberg beim Rathaus der Gemeinde. Von Kempten fährt die Regionalbahn 73 Richtung Pfronten-Stein in regelmäßigen Abständen, Haltestelle ist Oy-Mittelberg. Mit dem eigenen PKW erreichen wir den Ort einfach über die A7, Ausfahrt Oy-Mittelberg, dann noch wenige Kilometer über die B310.

Tourenbeschreibung

Vom Rathaus in Oy-Mittelberg folgen wir der Hauptstraße durch den Ort und biegen dann auf die Wertacher Straße ab. An Wiesen vorbei und über den Faistenoyer Bach unterqueren wir bald die B310. Die Grüntenseestraße bringt uns dann nach Haslach. Hier fahren wir am Bahnhof vorbei und begleiten im Anschluss ein kurzes Stück die Schienen. An der T-Kreuzung biegen wir rechts ab und erreichen über die Dorfstraße das Örtchen Dohle. Beim Gästehaus biegen wir dann abermals rechts ab. Der Weg beschreibt eine Linkskurve, wir überqueren auf der Römerbrücke den Fluss Wertach und befinden uns sogleich in Gschwend.

An der Bundesstraße B309 wechseln wir auf den straßenbegleitenden Radweg. Kurz darauf haben wir Nesselwang erreicht. Direkt am Ortseingang wechseln wir auf die Römerstraße. An der Kemptner Straße geht's dann kurz nach rechts, dann gleich wieder links auf Am Geißlerbach. Die Von-Lingg-Straße beschreibt einen

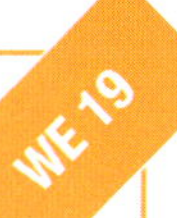

Rechtsbogen, gleich darauf biegen wir rechts in die Lindenstraße ein. Nach dem Parkplatz biegen wir links in die Poststraße ab. Sie geht in einem Rechtsbogen in die Fichtenstraße über. An der Lärchenstraße halten wir uns links, und nach der Brücke leitet uns ein Radweg nach rechts. Der Hertinger Weg bringt uns nach links aus dem Ort hinaus.

Wir überqueren die Bahngleise und fahren kurz darauf ins offene Gelände. Hinter dem Örtchen Hertingen folgen wir dem Verkehrsschild Richtung Kögelhof. Beim Kögelweiher bleiben wir rechts und fahren durch die Örtchen Oberdolden und Hummel bis nach Schweinegg. Hier können wir einen kleinen Schlenker zur Allgäuer Schmetterling-Erlebniswelt unternehmen. Dazu zweigen wir rechts auf den Schweinegger Weg Richtung Weißbach ab. Die Kolpingstraße führt uns durch Rehbichl, der Rehbichler Weg leitet uns das letzte Stück bis nach Weißbach. Noch einmal nach links über die Reesestraße und Gernweg bis zur Schmetterling-Erlebniswelt. Auf dem gleichen Weg geht es nach Schweinegg zurück. Von Schweinegg geht es nun weiter nach Zell. Vor der Kirche biegen wir links auf den Burgweg ab, dann radeln wir weiter auf dem straßenbegleitenden Radweg entlang der Vorfahrtsstraße nach Eisenberg. Rechter Hand bringt uns die Speidener Straße nach Speiden. An der Vorfahrtsstraße zweigen wir rechts ab, dann führt der Radweg uns nach links auf die Straße bis nach Hopferau. Wir radeln durch den Ort hindurch und überqueren alsbald eine Eisenbahnbrücke und gleich darauf die A7. Dann erreichen wir den Hopfensee. Ein Radweg leitet uns oberhalb der Uferpromenade durch den Ort. Am Ortsende bringt uns der straßenbegleitende Radweg nach Fischerbichl und weiter in wenigen Kilometern nach Füssen.

Am Kreisverkehr wenden wir uns nach rechts entlang der Augsburger Straße. Auf Höhe der Dr.-Samer-Straße biegen wir links ab, radeln jedoch gleich wieder rechts in die Marienstraße. Wir erreichen den Kaiser-Maximilian-Platz und folgen ab hier der Sebastianstraße. Den Lech überqueren wir über den Lechtsteg, danach unterqueren wir die Füssener Straße. Ein Radweg begleitet nun die Füssener Straße, dann die ST2008. Wir passieren das Örtchen Alterschrofen und kommen nach Hohenschwangau mit seinen Schlössern Neuschwanstein und Hohenschwangau. An der Tourismus-Information Hohenschwangau verlassen wir die Parkstraße und folgen der Schwangauer Straße nach links. Sie bringt uns an die Münchner Straße in Schwangau, an der wir rechts einbiegen. Doch schon gleich biegen wir wieder links auf Kröb ab, kurz darauf rechts in Unterdorf. Wir passieren die Brücke über die Mühlberger Ach, gleich darauf überqueren wir abermals den Bach. Direkt vor dem Campingplatz Bannwaldsee knicken wir scharf nach rechts ab und radeln zwischen Ufer und Straße am Bannwaldsee entlang. Am Ende des Radweges wechseln wir links auf einen Wirtschaftsweg. Über den Bannwaldseeweg geht es nach Hafenfeld. Gleich darauf überqueren wir die Brücke nach Halblech und sind an unserem Zielort angekommen.

Unser Highlight

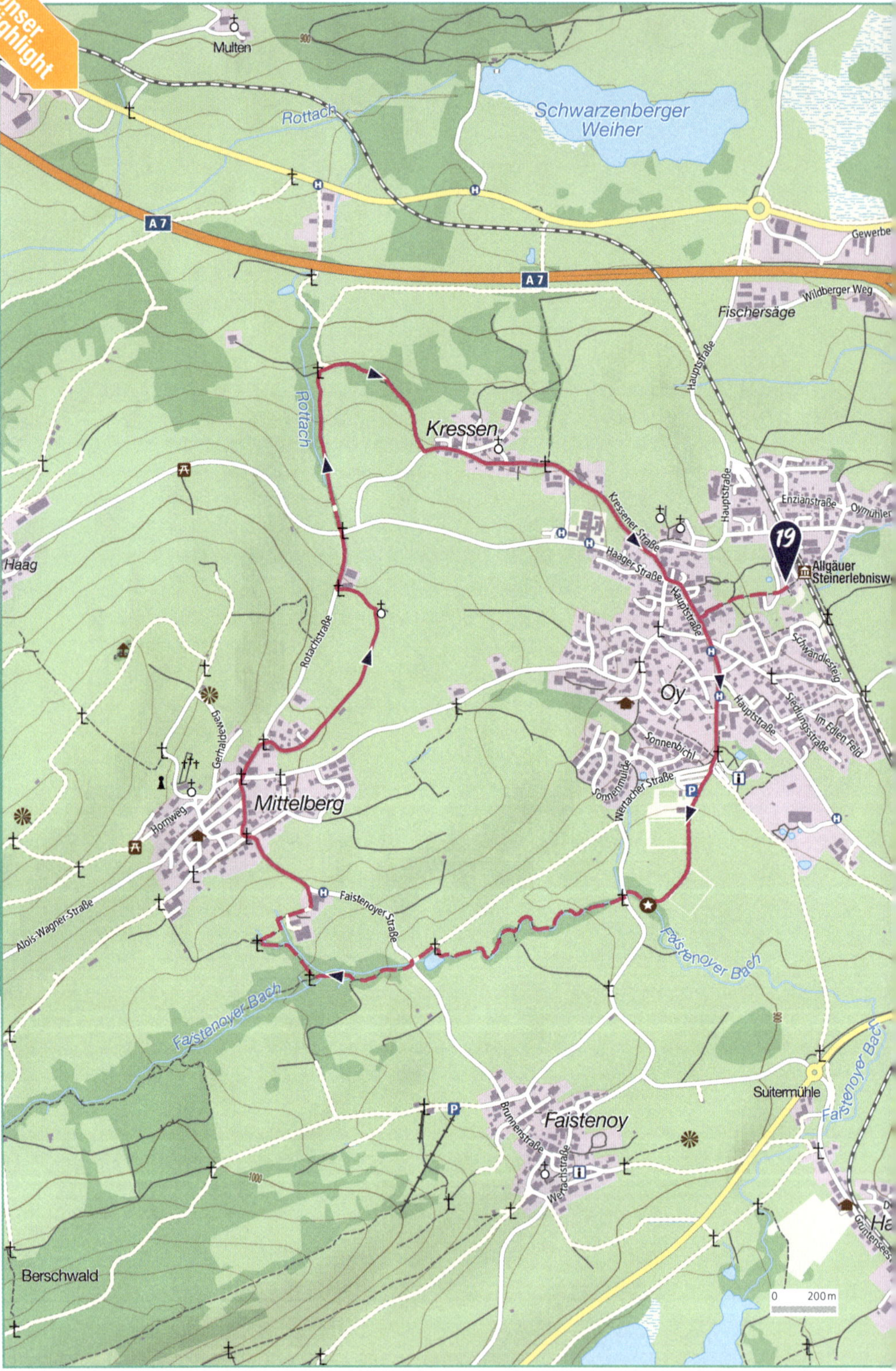

19

Multen
Schwarzenberger Weiher
Rottach
A 7
Gewerbe
Wildberger Weg
Fischersäge
Hauptstraße
Kressen
Enzianstraße
Oymühler
Kressener Straße
Haager Straße
Allgäuer Steinerlebnisw
Haag
Schwändlesteig
Rotachstraße
Oy
Siedlungsstraße
Im Edlen Feld
Gerhaldeweg
Sonnenbichl
Sonnenmulde
Wertacher Straße
Mittelberg
Hornweg
Alois-Wagner-Straße
Faistenoyer Straße
Faistenoyer Bach
Suitermühle
Faistenoy
Brunnenstraße
Wertachstraße
Güntensee
Berschwald
0 200 m

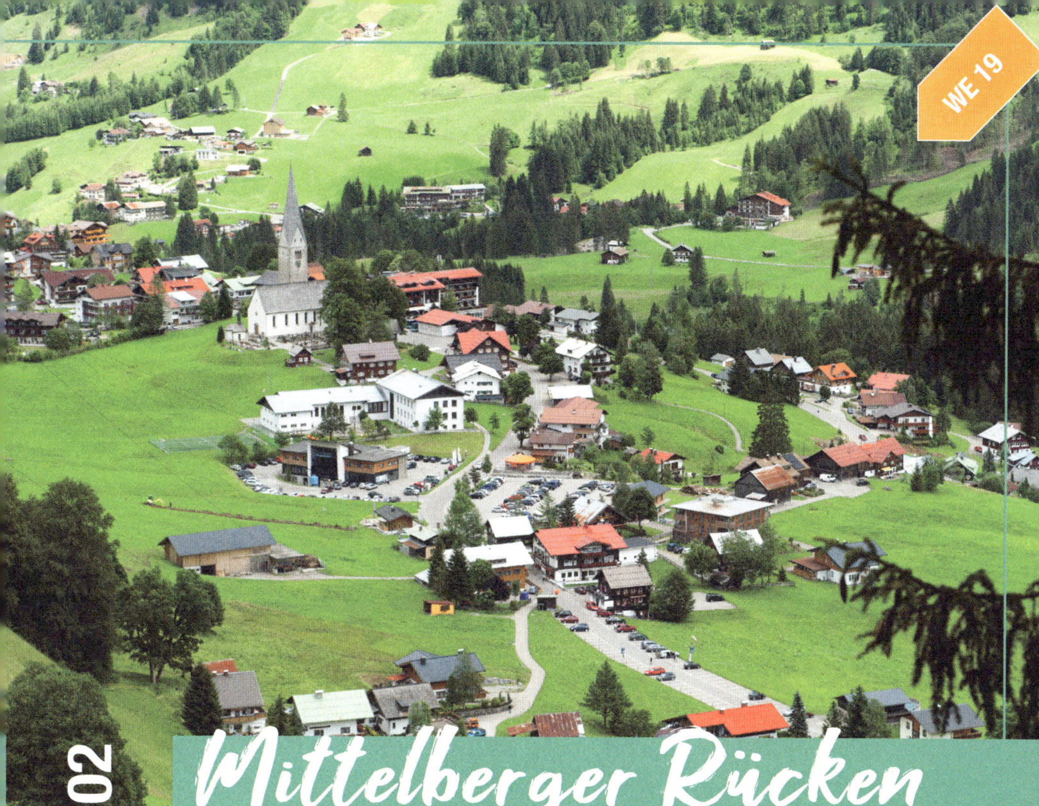

Tag 02

Mittelberger Rücken

Informativer Dorf-Spaziergang

TOURENART	Sightseeingtour
DAUER	2h 15min
LÄNGE	7 km
HÖHENMETER	153 hm
SCHWIERIGKEIT	LEICHT
MIT ÖPNV ERREICHBAR	ja

Das erwartet dich ...

Auf der heutigen Runde erwarten uns leichte Anstiege auf gut beschilderten Wirtschaftswegen und Pfaden. Teils führen uns auch kurze Pfadspuren. Im beschaulichen Örtchen Oy wandern wir auf ruhigen Sträßchen. In unmittelbarer Nähe befindet sich der Grüntensee, der an heißen Tagen zu einem kühlen Bad einlädt.

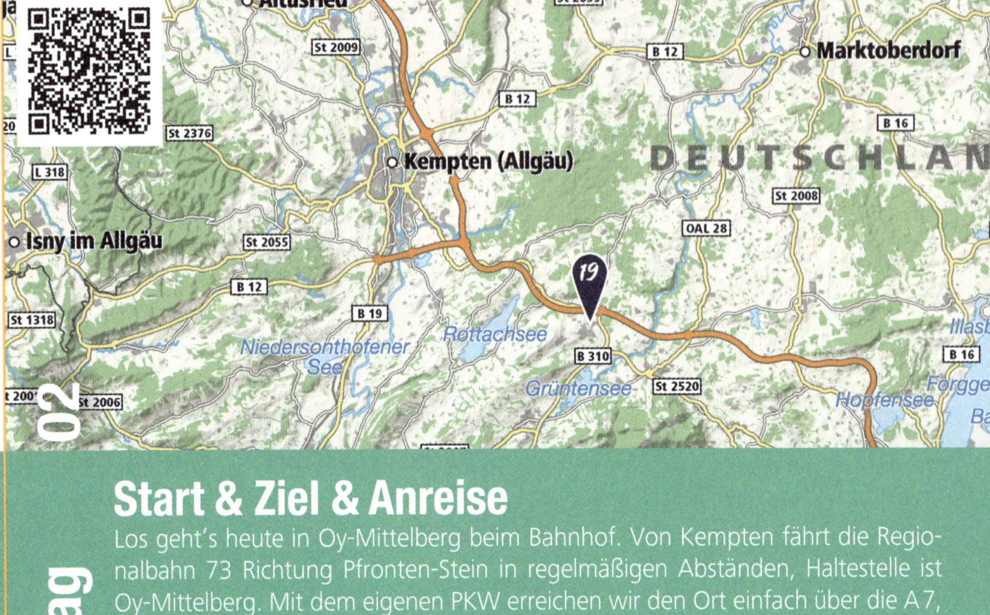

Tag 02

Start & Ziel & Anreise

Los geht's heute in Oy-Mittelberg beim Bahnhof. Von Kempten fährt die Regionalbahn 73 Richtung Pfronten-Stein in regelmäßigen Abständen, Haltestelle ist Oy-Mittelberg. Mit dem eigenen PKW erreichen wir den Ort einfach über die A7, Ausfahrt Oy-Mittelberg, dann noch wenige Kilometer über die B310, Parkplätze befinden sich beim Bahnhof.

Tourenbeschreibung

Beim Bahnhof in Oy beginnen wir unsere kleine Erlebnisrunde. Über einen Fußgängerweg steigen wir vom Parkplatz an der Kneippanlage vorbei hinauf zur Dorfmitte. Die Gehsteige der Hauptstraße und der Wertacher Straße führen uns bis zum Verkehrsamt, an dem sich schon ein Täfelchen mit dem Hinweis „Faistenoy" befindet. Es schickt uns auf einen talwärtsführenden Wirtschaftsweg. Das Wanderzeichen des Schwäbisch-Allgäuer Wanderweges leitet uns über ein wegloses Wiesenstück. Dahinter erwartet uns ein Pfad, der uns hinab zum Fastenoyer Bach bringt. Wir überqueren die Straße, die zum gleichnamigen Ort führt, und begleiten über den Mühlbachweg den vergnüglich dahinplätschernden Mühlbach. Dabei wechseln wir dreimal das Ufer.

Wir kreuzen die Straße von Fastenoy, dann behalten wir den Weg Richtung Horn auf dem Bachpfad bei. Wir überqueren noch einmal einen Steg und gelangen an eine Weggabelung. Hier richten wir uns nach dem Schild „Mittelberg" und bummeln an einem murmelnden Seitenbächlein bergauf. Wir erreichen eine Verzweigung und richten uns weiter nach der Oyer-Route und treffen in Kürze im hoch gelegenen Filialort Mittelberg mit seinen herrlichen, alten Höfen ein. Der Steinlehrpfad, ein Feldweg und danach eine kurz fallende Wiesenspur bringen uns zum Pestfriedhof. Dabei ergeben sich herrliche Blicke auf die Ammergauer Alpen und die Zugspitze. Vorher informiert uns noch eine Tafel auf dem Moränenwall am Rand des einstigen Lechgletschers über die Gestaltung des Alpenvorlandes während der letzten Eiszeit. Mit ein wenig Fantasie können wir uns gut vorstellen, wie der Illergletscher einst gut 200 Meter den Standort der Mittelberger Kirche überragt hat.

Hinter dem Pestfriedhof wandern wir entlang der Steinmeile ein Stück entlang der Straße. Ein Wirtschaftsweg bringt uns zwischen Gehölzstreifen und an einem Bachgraben entlang hinab Richtung Rottachschlucht. Bei der nächsten Kreuzung halten wir uns auf einem Sträßchen bergan zum Weiler Kressen mit seinem betagten Einödhaus. Dann wandern wir zurück hinab nach Oy. Vor den Toren von Oy befindet sich der Grüntensee. 1962 wurde die Wertach hier gestaut, um die Gemeinden vor Hochwasser zu schützen. So entstand ein Naturparadies und zugleich ein Badeparadies mit toller Liegewiese. Das Wasser ist hier sehr flach und somit auch für Kinder gut zum Planschen geeignet.

Autoren Tipp

Der Oyer Steinlehrpfad ist ein 8 km langer Lehrpfad zwischen Oy und Mittelberg. Eine Übersichtskarte über den Routenverlauf befindet sich beim Mittelberger Pestfriedhof. Die sogenannte Steinmeile informiert die Besucher auf insgesamt sieben Tafeln über die erdgeschichtliche Entstehung des Mittelberger Rückens sowie über die Geschichte und Kultur der Gemeinde. Kein Geringerer als der Kemptner Geologe Dr. Herbert Schulz hat die überaus gelungene Gestaltung vorgenommen.

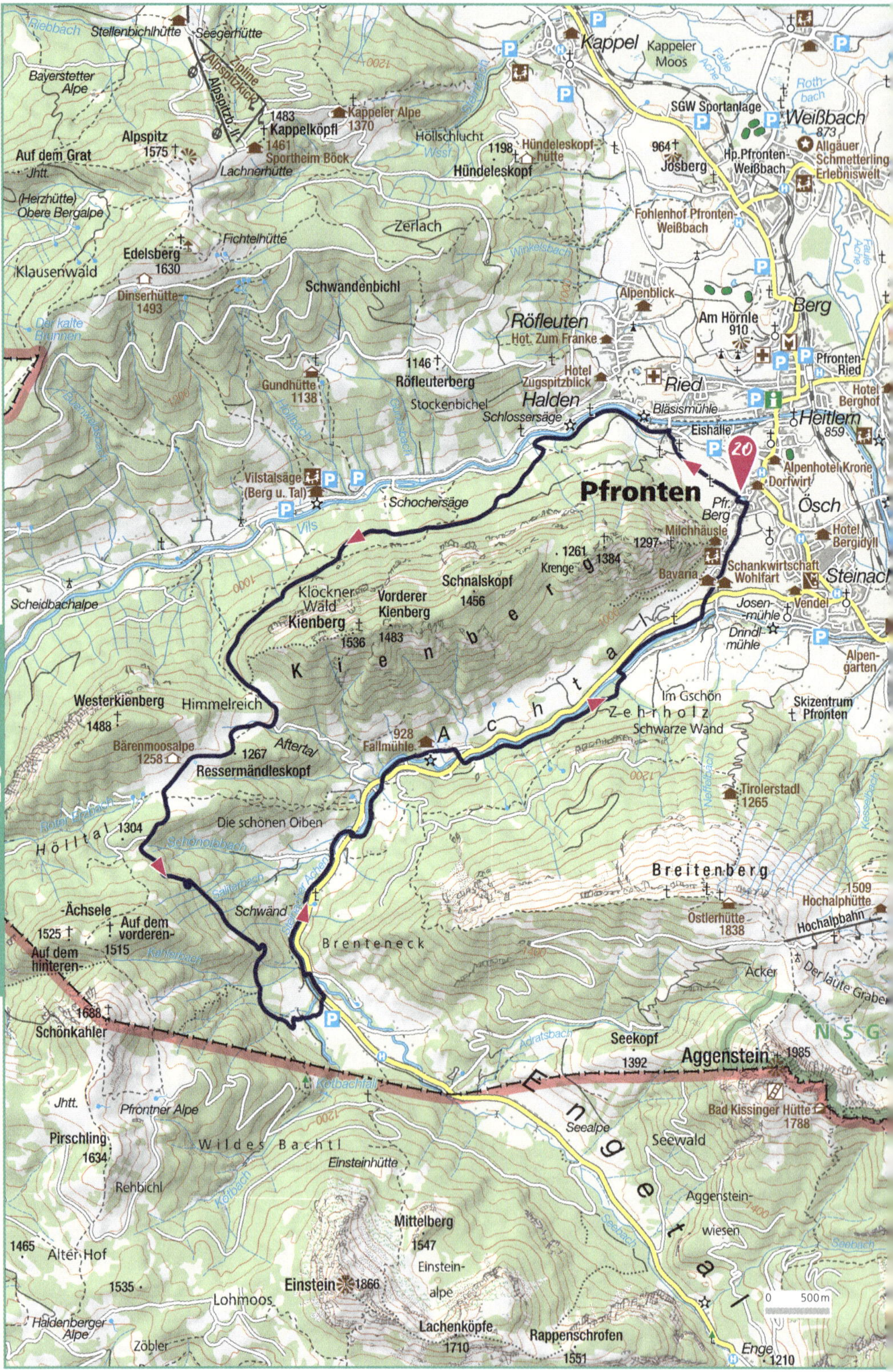

20

Riebbach
Stellenbichlhütte
Seegerhütte
Zipline
Alpspitzkick
Alpspitzb.
Bayerstetter Alpe
1483
Kappelköpfl
Kappeler Alpe
1370
Alpspitz
1575
1461
Sportheim Böck
Lachnerhütte
Auf dem Grat
Jhtt.
(Herzhütte) Obere Bergalpe
Fichtelhütte
Edelsberg
1630
Klausenwald
Dinserhütte
1493
Der kalte Brunnen
Schwandenbichl
Zerlach
Höllschlucht
1198
Hündeleskopf-hütte
Hündeleskopf
Kappel
Kappeler Moos
Faule Ache
Rothbach
SGW Sportanlage
Weißbach
873
964
Josberg
Hp.Pfronten-Weißbach
Allgäuer Schmetterling Erlebniswelt
Fohlenhof Pfronten-Weißbach
Alpenblick
Röfleuten
Hot. Zum Franke
Am Hörnle
910
Berg
Pfronten-Ried
1146
Röfleuterberg
Stockenbichel
Gundhütte
1138
Hotel Zugspitzblick
Halden
Schlossersäge
Ried
Bläsismühle
Hotel Berghof
Heitlern
859
Eishalle
Vilstalsäge (Berg u. Tal)
Schochersäge
Vils
Pfronten
Pfr.-Berg
Alpenhotel Krone
Dorfwirt
Ösch
Milchhäusle
Hotel Bergidyll
1261
1384
1297
Krenge
Bavaria
Schankwirtschaft Wohlfart
Steinach
Scheidbachalpe
Klöckner Wald
Kienberg
1536
Vorderer Kienberg
1483
Schnalskopf
1456
Kienberg
Achtal
Josen-mühle
Drindl-mühle
Vendel
Alpen-garten
Westerkienberg
1488
Himmelreich
Im Gschön
Zehrholz
Schwarze Wand
Skizentrum Pfronten
Bärenmoosalpe
1258
1267
Ressermändleskopf
Aftertal
928
Fallmühle
Tirolerstadl
1265
Röhrl Erlbach
Hölltal
1304
Die schönen Oiben
Schönoibebach
Breitenberg
Saltarbach
Schwänd
Ächsele
1525
Auf dem vorderen-
1515
Auf dem hinteren-
Kahlebach
Brenteneck
1509
Hochalphütte
Ostlerhütte
1838
Hochalpbahn
Acker
Der laute Graben
1688
Schönkahler
NSG
Seekopf
1392
Aggenstein
1985
Kotbachtal
Bad Kissinger Hütte
1788
Jhtt.
Pfrontner Alpe
Pirschling
1634
Wildes Bachtl
Seealpe
Seewald
Engetal
Einsteinhütte
Rehbichl
Aggenstein-wiesen
Mittelberg
1547
1465
Alter Hof
Einstein-alpe
Einstein
1866
1535
Lohmoos
Seebach
Haldenberger Alpe
Lachenköpfe
1710
Rappenschrofen
1551
Zöbler
0
500 m
Enge
1210

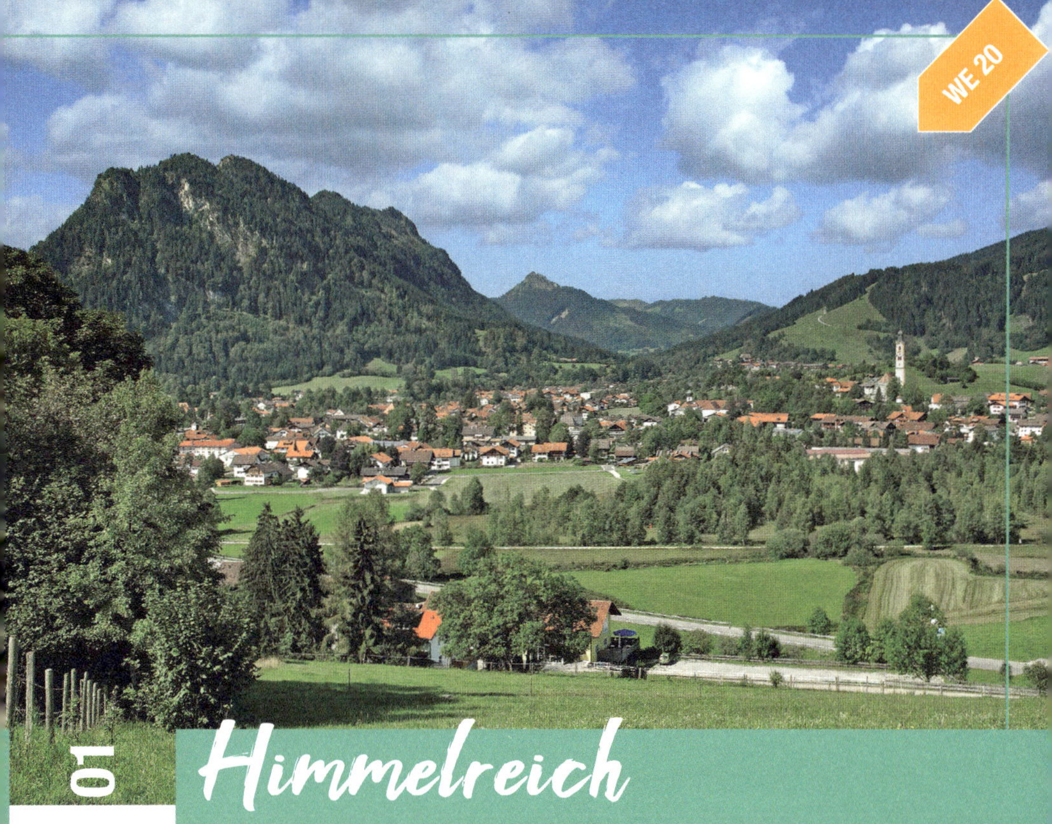

WE 20

Tag 01

Himmelreich

Stille Wanderung um den Kienberg

TOURENART	Rundtour
DAUER	3h
LÄNGE	16,7 km
HÖHENMETER	446 hm
SCHWIERIGKEIT	MITTEL
MIT ÖPNV ERREICHBAR	ja

Das erwartet dich ...

Heute drehen wir eine schöne Runde von Pfronten aus um den Kienberg herum. Die Marktgemeinde Pfronten wird umflossen von Ach und Vils. Zwischen den beiden Flusstälern erhebt sich der lange Rücken des Kienbergs. Auf seiner Höhe finden sich zwei lohnende Wanderziele: Das Himmelreich und die Bärenmoosalpe. Unterwegs gibt es viele Rastmöglichkeiten; man fühlt sich, wie der Name der Tour schon sagt – wie im „Himmelreich".

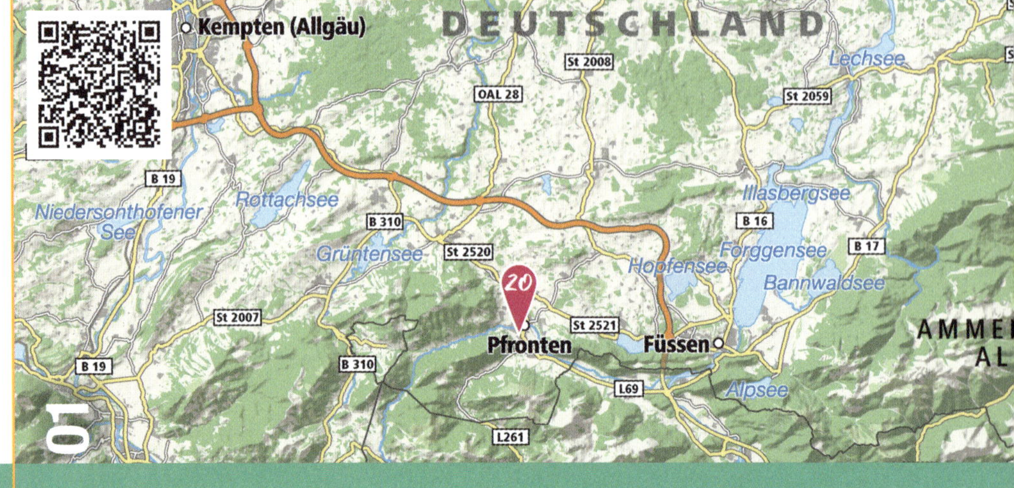

Tag 01

Start & Ziel & Anreise

Unser Ausgangspunkt ist der Dorfer Weiher. Mit dem Auto erreichen wir Pfronten über die A7 Richtung Kempten. Nach Oy-Mittelberg wechseln wir auf die B310, kurz darauf am Kreisel bringt uns die ST2520 direkt nach Pfronten. Parkmöglichkeiten gibt es in der Tiroler Straße gegenüber der Kirche St. Marien. Von Kempten fahren Regionalbahnen nach Pfronten-Steinach. Hier weiter mit dem Bus Nr. 56 nach Pfronten-Dorf.

Tourenbeschreibung

Vom Dorfer Weiher am Ortsrand von Pfronten wandern wir auf dem Bläsesweg am Alten Feuerwehrhaus vorbei aus dem Ort hinaus. An Wiesen vorbei erreichen wir ein paar Häuser und das Mühlenmuseum. Die Bläsismühle war im Jahr 1540 die erste Getreidemühle Pfrontens. Beeindruckend ist die alte Mühlentechnik, die seit ihrer Entstehung vollständig und unverändert erhalten geblieben ist. Die Ausstellung zeigt insgesamt fünf altdeutsche Steinmahlgänge mit den zugehörigen Antriebstechniken. Weiter geht's über den Rappenschrofenweg bald an der Vils entlang. Am Kassaweg halten wir uns links in den Wald hinein. Ein knackiger Anstieg bringt uns auf einem Forstweg bergan. Nach einer guten Dreiviertelstunde haben wir das „Himmelreich" erreicht. Wir folgen der Route weiter zur Bärenmoosalpe. Der schöne Weg über die Alpe mit Blick auf Breitenberg, Aggenstein, Einstein und Schönkahler ist besonders aussichtsreich. Sie bietet eine hervorragende Rastmöglichkeit.

Weiter geht's durch den Wald wieder auf dem Kassaweg. Der Weg fällt langsam wieder ab und nachdem wir den Kahlerbach und den Kotbach gekreuzt haben, gelangen wir an die Achtalstraße. Hier wenden wir uns nach links und an der Steinacher Ache entlang. Nach einer halben Stunde folgen wir dem Verlauf des Baches nach rechts, kurz darauf schwenken wir mit ihm wieder nach links. Zwischendurch kommen wir immer wieder an kleineren Wasserfällen vorbei. Wir kreuzen nochmals die Teerstraße, passieren die Fallmühle und überqueren dann die Steinacher Ache über eine neue Holzbrücke. Danach schwenken wir nach links und wandern auf den Gschönweg durch Wald und am Waldrand entlang. Schließlich erreichen wir die ersten Häuser. Wir passieren die Tennisplätze und folgen dem Gschönweg nochmals zur Achtalstraße. Geradewegs hinüber gehen wir die Kienbergstraße hinein, vorbei an der gemütlichen Schankwirtschaft Wohlfart.

Hier bietet sich eine tolle Gelegenheit, um kurz vor Ende der Tour eine verdiente Rast einzulegen. Die letzten Meter bringen uns anschließend zurück zum Dorfer Weiher.

Neue Holzbrücke über die Steinacher Ache

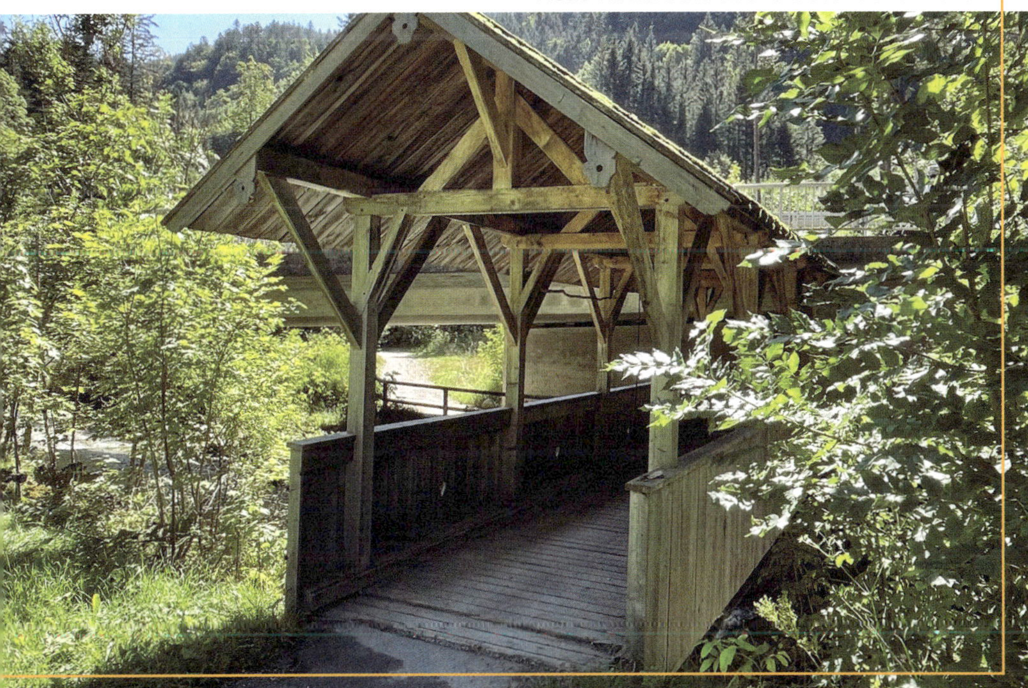

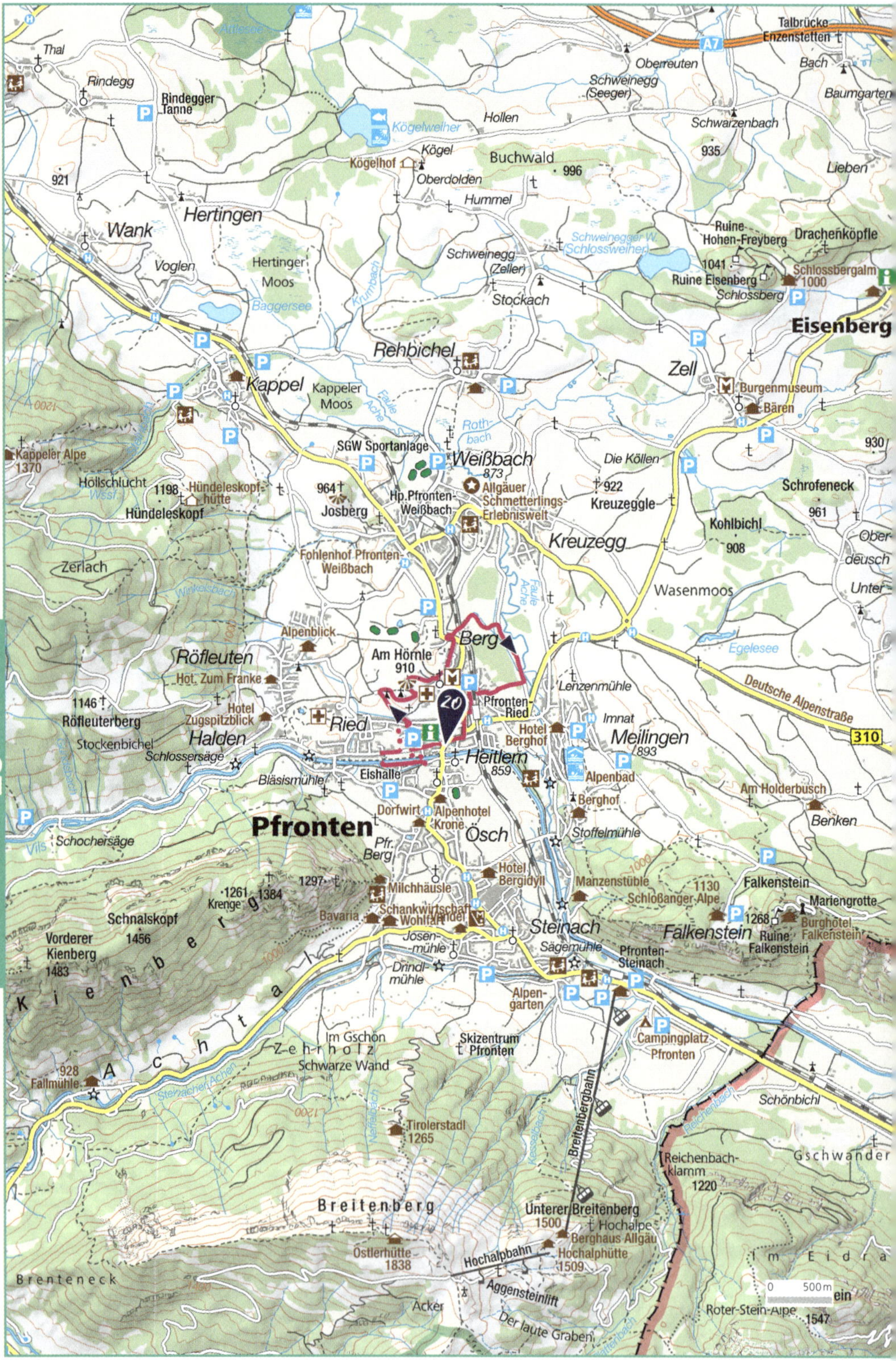

Thal
Rindegg
Rindegger Tanne
Attlesee
Kögelweiher
Hollen
Oberreuten
Schweinegg (Seeger)
Talbrücke Enzenstetten
A7
Bach
Baumgarten
Schwarzenbach
935
Lieben
Kögelhof
Kögel
Oberdolden
Buchwald
996
Hummel
921
Wank
Hertingen
Voglen
Hertinger Moos
Baggersee
Krumbach
Schweinegg (Zeller)
Stockach
Schweinegger W. (Schlossweiher)
Ruine Hohen-Freyberg
Drachenköpfle
1041
Ruine Eisenberg
Schlossberg
Schlossbergalm 1000
Eisenberg
Rehbichel
Zell
Burgenmuseum
Bären
Kappel
Kappeler Moos
Faule Ache
Rothbach
1200
Kappeler Alpe 1370
SGW Sportanlage
Weißbach 873
Allgäuer Schmetterlings-Erlebniswelt
Die Köllen
922
Kreuzeggle
930
Schrofeneck
961
Höllschlucht
1198
Hündeleskopfhütte
Hündeleskopf
Wssf.
964
Josberg
Hp. Pfronten-Weißbach
Kreuzegg
Kohlbichl
908
Oberdeusch
Unterdeusch
Zerlach
Fohlenhof Pfronten-Weißbach
Winkelbach
Wasenmoos
Alpenblick
Berg
Egelesee
Röfleuten
Am Hörnle 910
Hot. Zum Franke
Lenzenmühle
Deutsche Alpenstraße
310
1146
Röfleuterberg
Hotel Zugspitzblick
Ried
20
Pfronten-Ried
Hotel Berghof
Imnat
Meilingen 893
Halden
Stockenbichel
Schlossersäge
Heitlern 859
Eishalle
Bläsismühle
Alpenbad
Am Holderbusch
Benken
Berghof
Pfronten
Dorfwirt
Alpenhotel Krone
Ösch
Stoffelmühle
Vils
Schochersäge
Pfr. Berg
1297
Hotel Bergidyll
Manzenstüble
1130 Schloßanger-Alpe
Falkenstein
Mariengrotte
1261
1384
Krenge
Milchhäusle
Schnalskopf 1456
Schankwirtschaft Wohlfahrt
Bavaria
Steinach
Falkenstein
1268
Burghotel Falkenstein
Ruine Falkenstein
Vorderer Kienberg 1483
Kienberg
Josenmühle
Sägemühle
Pfronten-Steinach
Drindlmühle
Alpengarten
Achtal
Im Gschon
Zehrholz
Schwarze Wand
Skizentrum Pfronten
Campingplatz Pfronten
928
Fallmühle
Steinacher Achen
Schönbichl
Breitenbergbahn
Reichenbach
Tirolerstadl 1265
Reichenbachklamm 1220
Gschwander
Breitenberg
Unterer Breitenberg 1500
Hochalpe
Berghaus Allgäu
Hochalphütte 1509
Ostlerhütte 1838
Hochalpbahn
Im Eidra
Brenteneck
Aggensteinlift
Acker
Der laute Graben
0 500 m
Roter-Stein-Alpe
1547

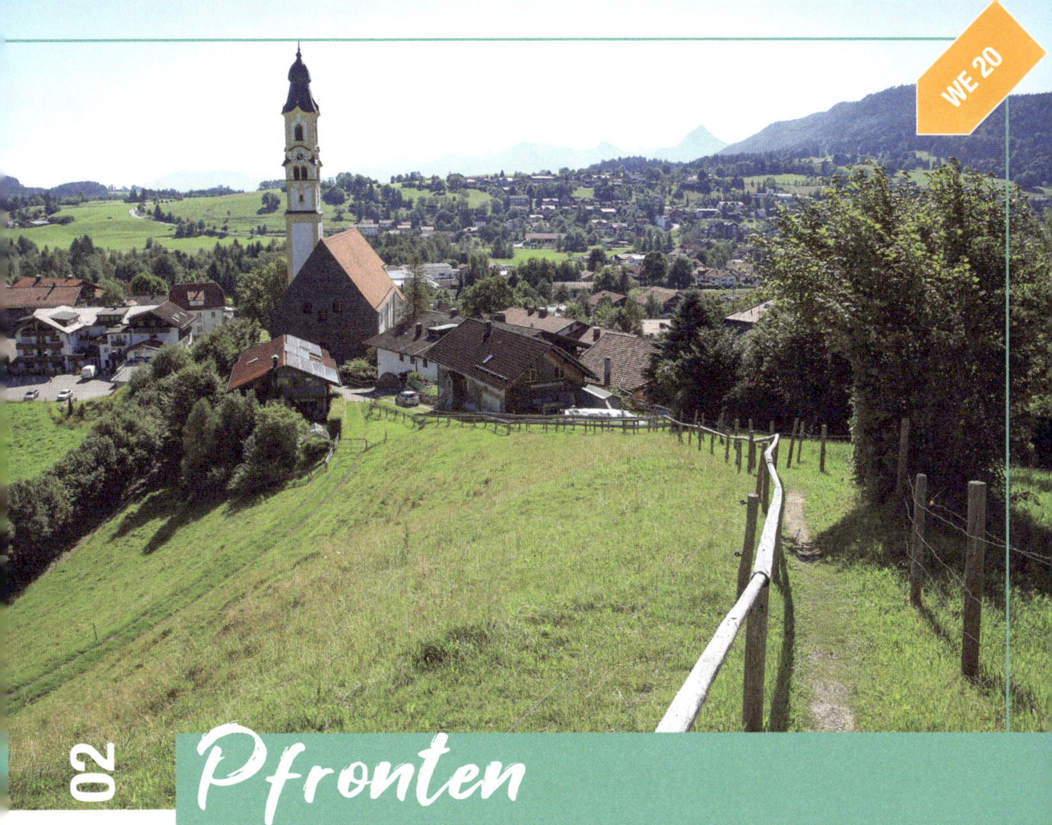

Tag 02

Pfronten

Von Wasserläufern und Himmelsstürmern

TOURENART	Sightseeingtour
DAUER	1h 30min
LÄNGE	4,8 km
HÖHENMETER	51 hm
SCHWIERIGKEIT	LEICHT
MIT ÖPNV ERREICHBAR	ja

Das erwartet dich ...

Diese kurze aber sehr abwechslungsreiche Runde führt uns heute auf einfachen Wegen vor großer Bergkulisse am Fuße von Falkenstein, Breiten-, Edels- und Kienberg. Die beliebte Allgäuer Urlaubsgemeinde wird von 13 Ortsteilen gebildet. Als Etappenorte der Wandertrilogie Allgäu liegt Pfronten im Schnittpunkt der „Wasserläufer"- und „Himmelsstürmer"-Route. Alles ist heute dabei: Die erfrischende Vils, ein herrlicher Ausguck, ein hoher Kirchturm, Weiher und Moor.

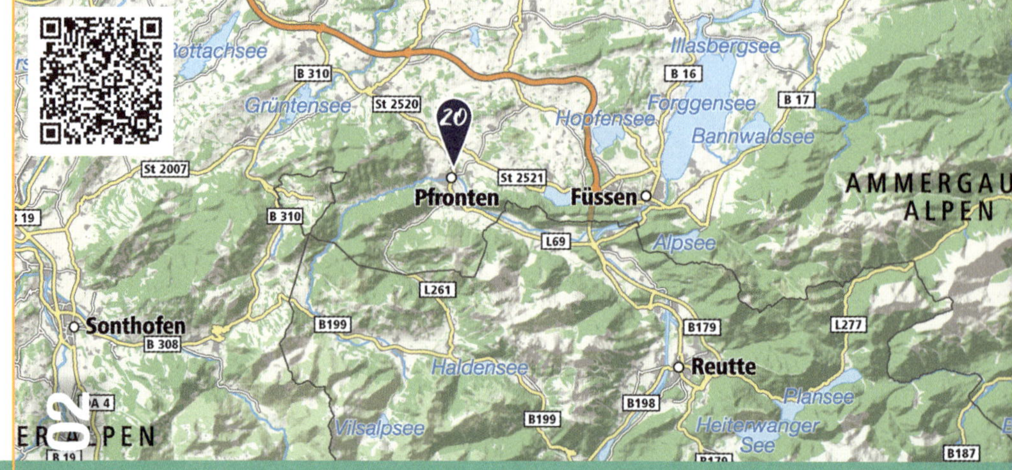

Tag 02

Start & Ziel & Anreise

Ausgangspunkt ist die Vilstalstraße in Pfronten bei der Tourismus-Information. Von Kempten-Bahnhof fährt die Regionalbahn 73 Richtung Pfronten. Um mit dem Auto nach Pfronten zu gelangen fahren wir am besten über die A7, Ausfahrt Oy-Mittelberg/Bad Hindelang. Ab hier führt die B309 über Nesselwang nach Pfronten. Parkmöglichkeiten befinden sich hinter dem Eisstadion.

Tourenbeschreibung

Wir beginnen die kleine Runde am Start- und Willkommensplatz beim Haus des Gastes in Pfronten. Wir wenden uns zunächst rechts in die Vilstalstraße Richtung Vilstal und biegen nur wenig später auf Höhe des Schildes „Gasthof Vilstalsäge" nach links ab zum Ufer der Vils. Dort wenden wir uns nochmals nach links. Wir gehen über die „Thoiry-Promenade" flussabwärts ein Stück der Vils entlang. Dann queren wir den Gebirgsfluss nach rechts über eine Brücke. Am Vilsufer entlang geht es nun weiter flussaufwärts Richtung Kurpark. Dabei passieren wir einen Musikpavillon, der einen Blick ins Herz des Kurparks gewährt. Nach der Eissporthalle erreicht der Weg eine weitere Brücke. Wir überqueren die Vils erneut und stoßen dahinter geradeaus auf die Vilstalstraße. Die Route zweigt nach rechts, um dann kurze darauf schon wieder links in die Straße Im Oberried zu führen. Beim dritten Abzweig halten wir uns rechts und passieren die Sackgasse über einen Fußweg bis zur Straße Am Angerbach. Nun geht's zuerst rechts, dann links in den

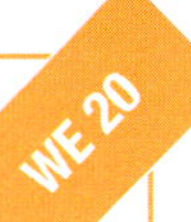

Buchbrunnenweg. Er steigt sanft hinauf und bringt uns zu ein paar Wiesen, über die wir Pfronten weiter aufwärts verlassen.

Etwas oberhalb des Friedhofs erreichen wir eine T-Kreuzung. Die Route führt nach rechts beim Friedhof vorbei zur sehenswerten Auferstehungskapelle. Vor uns fällt der Blick schon auf den gewaltigen Turm der Pfrontener St.-Nikolaus-Kirche. Noch bevor wir jedoch den Ortsrand erreichen, zweigt der Wegverlauf links ab und leitet uns an der nächsten Weggabelung rechts hinauf. Kurz vor einer Scheune biegt der Weg rechts ab und führt uns über einen Pfad zum 908 Meter hoch gelegenen Hörnle. Hier dürfen wir ein sensationelles Panorama genießen. Zudem befinden sich auf seinem Rücken drei Trilogienadeln mit den Themen Werkzeug- und Maschinenbau, die Freiheit der ersten Pfrontener Rodlungssiedler sowie Kunst und Kunsthandwerk in Pfronten.

Wir wandern weiter über einen Wiesenpfad hinunter und zur St. Nikolaus-Kirche. Sie wurde 1361 erstmals erwähnt und befindet sich im Ortsteil Pfronten-Berg. Ihr Wahrzeichen ist der 61 Meter hohe Turm, der vom Pfrontener Künstler Peter Heel entworfen worden ist und 1749 vollendet wurde. Unser Rundgang führt uns links um die Kirche herum. An der Kirchsteige geht es nach links zur Allgäuer Straße. Der Gehweg führt uns kurz nach links. Auf Höhe des Striblweges kreuzen wir die B309 im rechten Winkel auf den Blitzweg. Auf ihm überqueren wir nach einigen Kurven den Bahnübergang, dann wandern wir auf gekiestem Feldweg Richtung Moorpfad. Dort passieren wir die Trilogiebank und die Fokussierstele. Dann nähern wir uns auf dem Berger Moosweg einem schönen, niedrigen Aussichtsturm. Der Routenverlauf führt nach rechts. Wir erlauben uns vorher jedoch einen kurzen Abstecher nach links zum Aussichtspunkt an der Faulen Ache. Die Panoramatafel und die Fakten über die Moore als erdgeschichtliche Archive lohnen sich!

Weiter geht es über den Berger Moosweg an der Faulen Ache entlang. Wir wandern an Streuobstwiesen vorbei, bis der beschwingte und dank des moorigen Untergrundes auch schwingende Moorpfad nach rechts abzweigt. Wie in einem Tanz führt uns der Weg durch den Moorwald, bis wir am Ortsrand von Pfronten stehen. Die Route führt uns nun vom Unterriedweg geradewegs zum Birkenweg. Er leitet uns links über die Bahngleise und dahinter links in die Ladehofstraße. Wir gehen am Bahnhof vorbei bis zur Bahnhofstraße. Dann wenden wir uns nach rechts zur Allgäuer Straße und wieder links bis zur Abzweigung auf die Vilstalstraße. Jetzt sind es nur noch wenige Meter zurück zum Start- und Willkommensplatz beim Haus des Gastes in Pfronten.

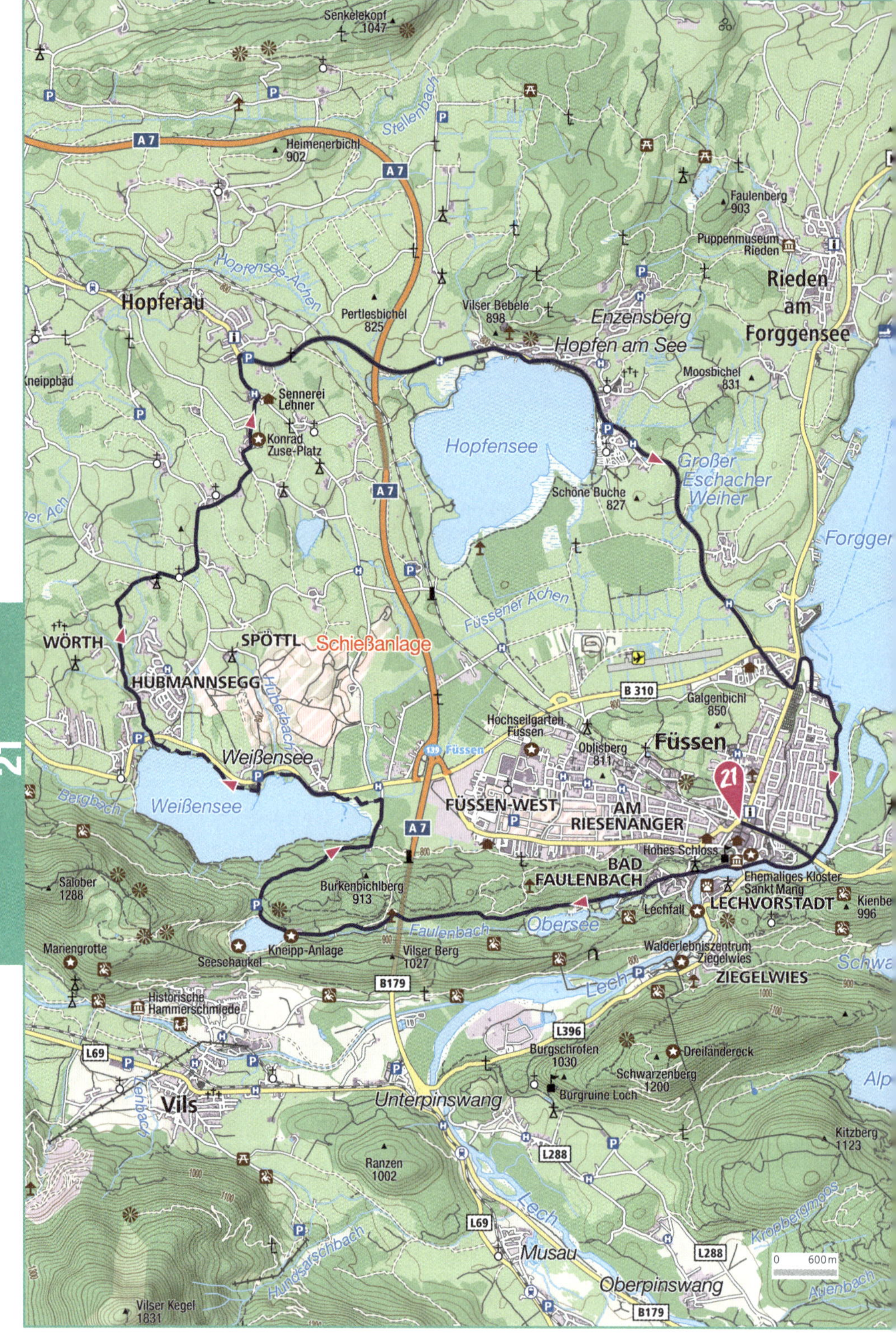

Senkelekopf 1047
Stellenbach
A 7
Heimenerbichl 902
Faulenberg 903
Puppenmuseum Rieden
Rieden am Forggensee
Hopfensee-Achen
Hopferau
Pertlesbichel 825
Vilser Bebele 898
Enzensberg
Hopfen am See
Moosbichel 831
Kneippbad
Sennerei Lehner
Konrad Zuse-Platz
Hopfensee
Großer Eschacher Weiher
Schöne Buche 827
Forgger
Füssener Achen
WÖRTH
SPÖTTL
Schießanlage
HUBMANNSEGG
Hüberbach
B 310
Galgenbichl 850
Hochseilgarten Füssen
Oblisberg 811
Füssen
21
Weißensee
Bergbach
FÜSSEN-WEST
AM RIESENANGER
Hohes Schloss
BAD FAULENBACH
Ehemaliges Kloster Sankt Mang
LECHVORSTADT
Kienberg 996
Salober 1288
Burkenbichlberg 913
Lechfall
Faulenbach
Obersee
Mariengrotte
Seeschaukel
Kneipp-Anlage
Vilser Berg 1027
Walderlebniszentrum Ziegelwies
ZIEGELWIES
Schwa
B179
Lech
Historische Hammerschmiede
L396
L69
Burgschrofen 1030
Dreiländereck
Schwarzenberg 1200
Vils
Unterpinswang
Burgruine Loch
Alp
Kitzberg 1123
Ranzen 1002
L288
L69
Lech
Kroppbergmoos
Hundsarschbach
Musau
L288
0 600 m
Oberpinswang
Auenbach
Vilser Kegel 1831
B179

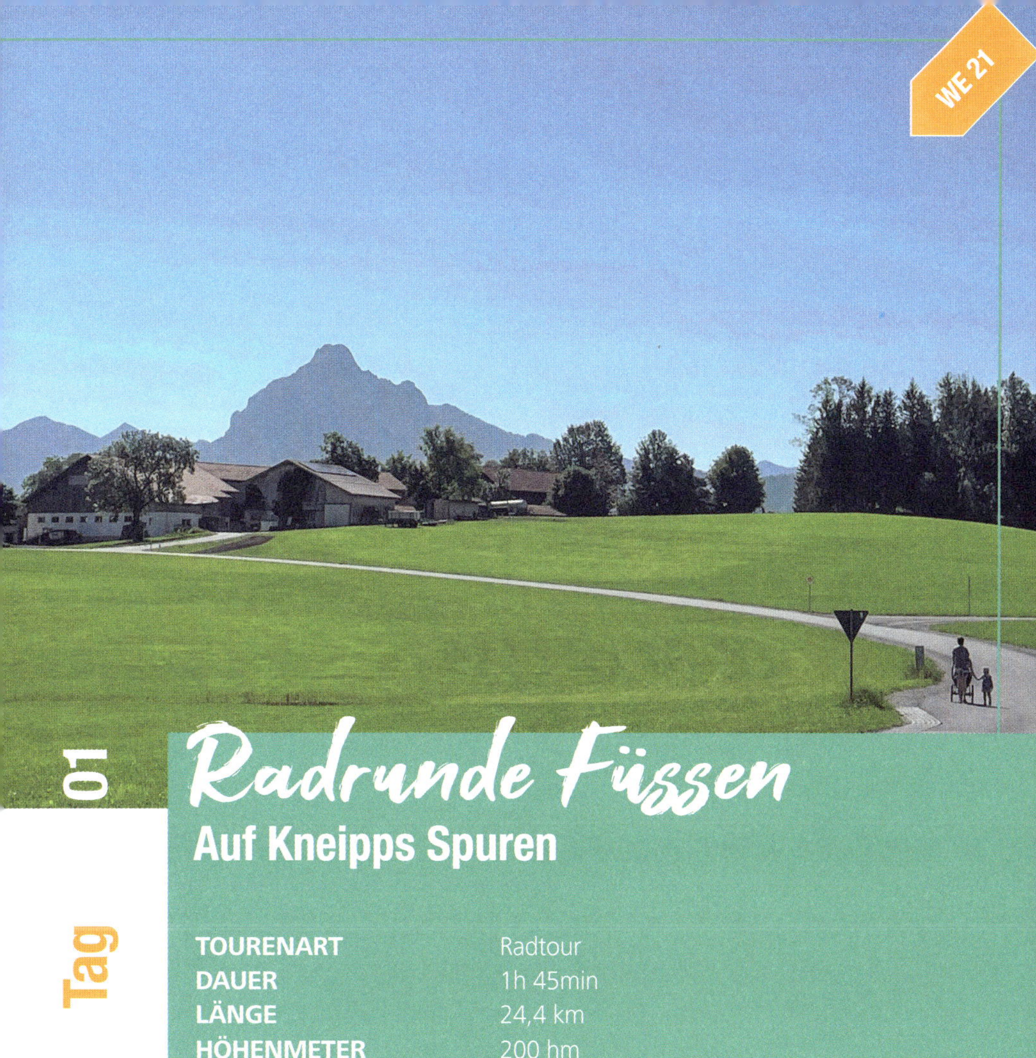

01 Tag

Radrunde Füssen

Auf Kneipps Spuren

TOURENART	Radtour
DAUER	1h 45min
LÄNGE	24,4 km
HÖHENMETER	200 hm
SCHWIERIGKEIT	LEICHT
MIT ÖPNV ERREICHBAR	ja

Das erwartet dich ...

Die gemütliche Radrunde führt uns an den fünf Säulen der Kneipp'schen Lehre vorbei. Wasser, Bewegung, Kräuter, Ernährung und innere Ordnung. Hier können wir die einzelnen Kneipp-Elemente ausprobieren; für jede Säule gibt es nämlich eine Kneipp-Station auf der Strecke. Die bekanntesten davon sind sicherlich die Kneipp-Becken. Unterwegs können wir herrliche Blicke ins Alpenvorland auf die nahen Berge samt Schloss Neuschwanstein genießen.

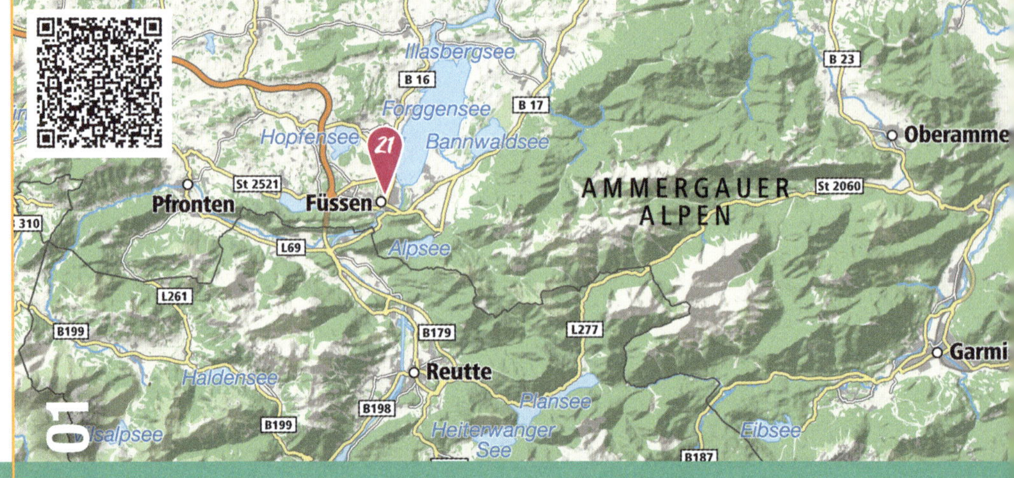

Tag 01

Start & Ziel & Anreise

Los geht's bei der Tourist-Information in Füssen am Kaiser-Maximilian-Platz 1. Mit dem PKW erreichen wir den Ort direkt über die A7. Parkmöglichkeiten befinden sich in der Kemptner Straße auf dem Wochenmarktplatz. Von München fährt stündlich die Bayerische Regionalbahn ohne Umstiege nach Füssen-Bahnhof

Tourenbeschreibung

Wir starten bei der Tourist-Information in Füssen und radeln zunächst über die Sebastianstraße hinab zur Lechbrücke. Noch vor der Brücke halten wir uns rechts, am Flussufer entlang nach Bad Faulenbach. Wir durchqueren den Füssener Ortsteil und passieren zu unserer Linken das „Tal der Sinne". Hier können wir eine kurze Pause einlegen, bevor wir uns zum Kneippbecken und dem Kräutergarten aufmachen. Der Garten existiert seit 1808. Ein Füssener Apotheker begann dort Heilkräuter und Pflanzen anzubauen, aus denen er Medizin für seine Kunden herstellte. Wir radeln weiter, vorbei an Mitter- und Obersee durch das Faulbacher Tal zum Alatsee. Der See liegt in einer schluchtartigen Senke nur etwa 80 Meter nördlich des Falkensteinkamms. In seiner Nähe wurde eine keltische Kultstätte nachgewiesen. Zudem befindet sich hier eine weitere Kneipp-Station.

Wir treten im folgenden Anstieg kurz kräftig in die Pedale, dann fahren wir im Sausewind hinab zum Weißensee und zu seinem Nordufer und damit der nächsten Kneipp-Anlage bei der Badestelle. Wir folgen der Route nach rechts zur Bundesstraße und dann über einige Nebensträßchen über die Dörfer. Wir passieren Schwarzenbach, Hubmannsegg, Hopferried und Lehern. Hier befindet sich die Sennerei Lehern. Sie lädt zu einer Pause ein. Zudem haben wir hier die Möglichkeit, frischen Allgäuer Käse zu kaufen. Wir halten uns links und folgen dem Radweg nach Hopferau hinab. Er bringt uns am Ortseingang rechts zum Hopfensee. Als einer der wärmsten Voralpenseen ist der Hopfensee mit seinen flach abfallenden Ufern besonders bei Familien als Freizeitparadies geschätzt. Neben der Badestelle vom Seepark gibt es viele Einkehrmöglichkeiten an der Uferpromenade, auch „Allgäuer Riviera" genannt. Hier erwarten uns wieder mehrere Kneippmöglichkeiten. Besonders für die Ruhebänke, Kräuterschnecke und Kneippinsel an der Uferpromenade sollten wir etwas mehr Zeit einplanen. Die letzten Kilometer zurück leitet die Route in sanftem Auf und Ab nach Füssen. Am Kreisverkehr folgen wir der Beschilderung zum Festspielhaus und dem Bootshafen. Am Ufer entlang lassen wir es zur Lechbrücke zurück ausrollen. Wir sind wieder an der Tourist-information angekommen.

Kapellen wie die St.-Antonius-Kapelle säumen immer wieder den Weg

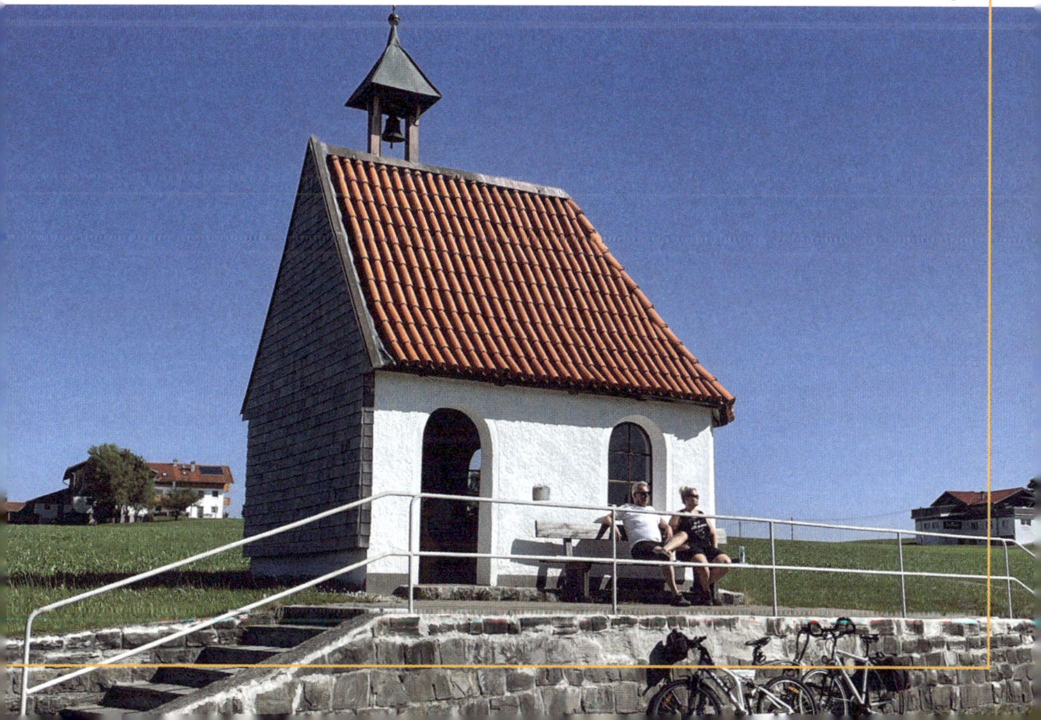

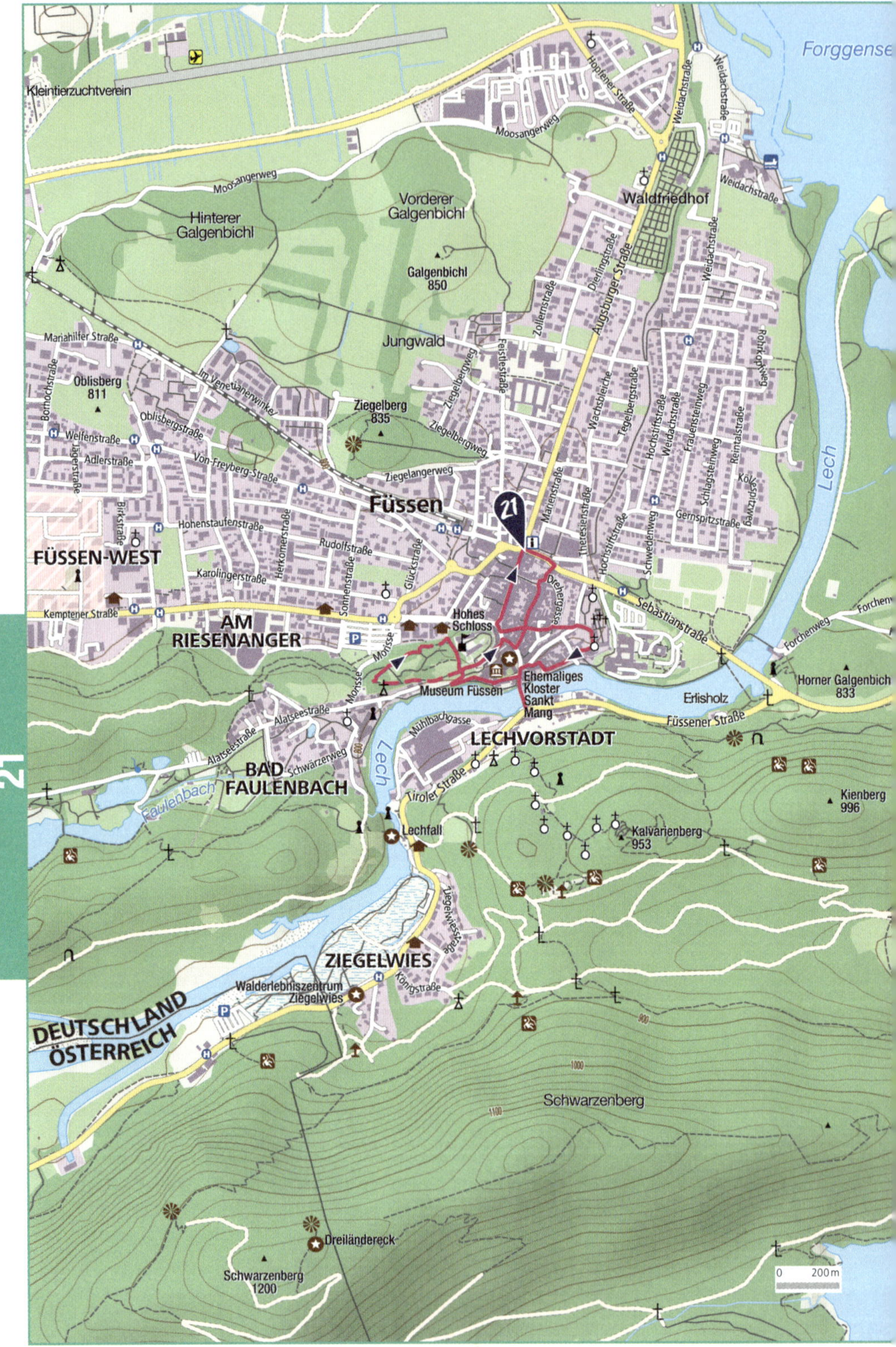

21
Forggensee
Kleintierzuchtverein
Moosangerweg
Hopfener Straße
Weidachstraße
Waldfriedhof
Vorderer Galgenbichl
Hinterer Galgenbichl
Galgenbichl 850
Jungwald
Augsburger Straße
Dieringstraße
Zollernstraße
Feistlestraße
Ziegelbergweg
Mariahilfer Straße
Oblisberg 811
Im Venetianerwinkel
Ziegelberg 835
Oblisbergstraße
Welfenstraße
Adlerstraße
Von-Freyberg-Straße
Ziegelangerweg
Füssen
Hohenstaufenstraße
Herkomerstraße
Rudolfstraße
Sonnenstraße
Glückstraße
Karolingerstraße
FÜSSEN-WEST
Kemptener Straße
AM RIESENANGER
Hohes Schloss
Museum Füssen
Ehemaliges Kloster Sankt Mang
Drehergasse
Sebastianstraße
Mariensstraße
Theresienstraße
Wachsbleiche
Tegelbergstraße
Hochstiftstraße
Frauensteinweg
Schwedenweg
Schlagsteinweg
Reintalstraße
Gernspitzstraße
Kölleweg
Röhrkopfweg
Lech
Forchenweg
Horner Galgenbichl 833
Erlisholz
Füssener Straße
LECHVORSTADT
Mühlbachgasse
Tiroler Straße
Alatseestraße
Schwarzenweg
BAD FAULENBACH
Faulenbach
Lechfall
Kalvarienberg 953
Kienberg 996
Ziegelwiesstraße
ZIEGELWIES
Königstraße
Walderlebniszentrum Ziegelwies
DEUTSCHLAND
ÖSTERREICH
Schwarzenberg
Dreiländereck
Schwarzenberg 1200
0 200 m

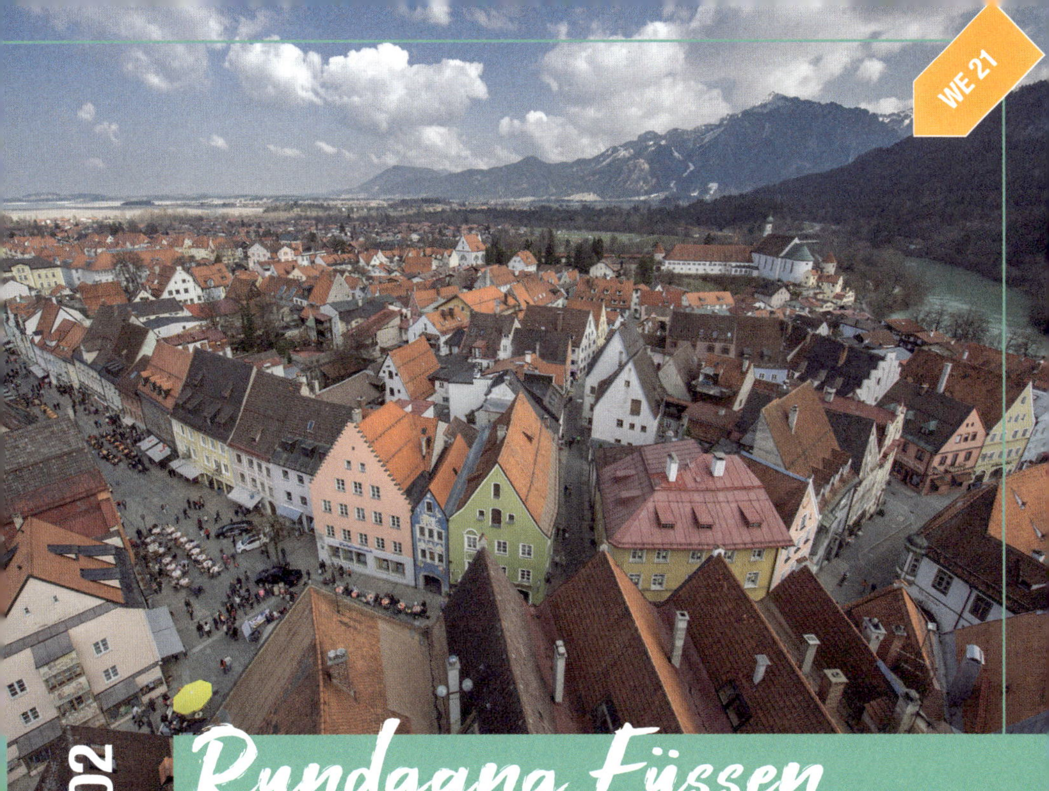

WE 21

Tag 02

Rundgang Füssen

Im Angesicht der Märchenschlösser

TOURENART Sightseeingtour
DAUER 1h 30min
LÄNGE 2,5 km
HÖHENMETER 27 hm
SCHWIERIGKEIT LEICHT
MIT ÖPNV ERREICHBAR ja

Das erwartet dich ...

Mit diesem kleinen Spaziergang erwartet uns eine wunderschöne, inspirierende Stadtrunde. Die Altstadt Füssens ist einfach famos. Mittelalterliche Gassen und Bürgerhäuser, barocke Kirchen und Klöster, kleine feine Geschäfte schaffen in der romantischen Altstadt eine ganz besondere Atmosphäre. Im Sommer bieten die vielen Straßencafés ein fast italienisches Flair. Überragt wird die Stadt vom Hohen Schloss mit seinen farbenprächtigen Illusionsmalereien. Hier kann man berührende Geschichten und sehenswertes Kulturgut zu Fuß erleben.

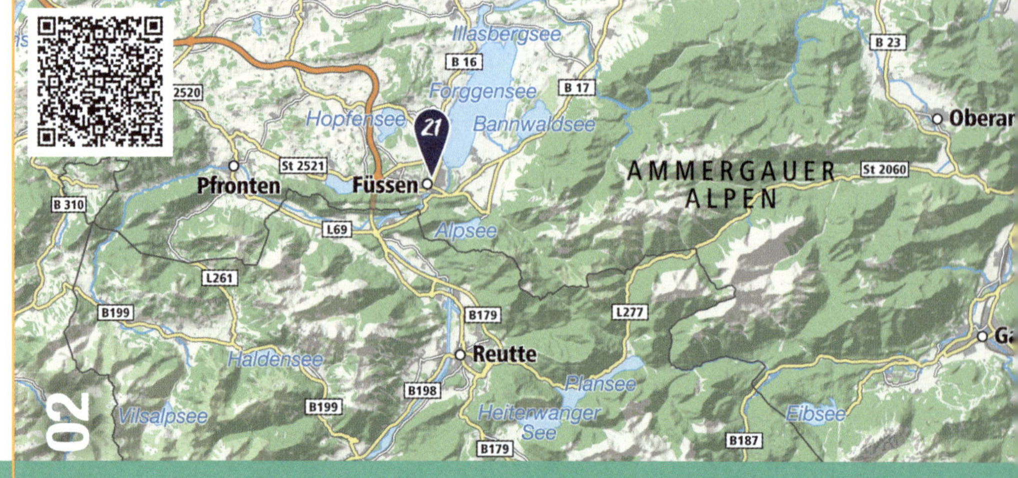

Tag 02

Start & Ziel & Anreise

Wir starten am Kaiser-Maximilian-Platz in Füssen bei der Tourist-Information. Mit dem Zug erreichen wir den Kneipp- und Luftkurort aus allen Richtungen. Von München fährt der Regionalzug über Kempten und Lengenwang, ebenso von Lindau aus. Mit dem Auto erreichen wir den Ort bequem über die A7.

Tourenbeschreibung

Wir starten den Stadtspaziergang vor den Wasserspielen am Start- und Willkommensplatz auf dem Kaiser-Maximilian-Platz vor der Tourist-Information in Füssen. Auf Höhe der Sparkasse queren wir die Sebastianstraße nach rechts. Wir schlüpfen durch einen Durchlass in der historischen Stadtmauer und schlendern auf einem lauschigen Weg zur Drehergasse. Nun geht's nach rechts bis zur Schrannengasse; hier steht auf dem Platz des ehemaligen Kornhauses die Markthalle. Es wurde 1483 erbaut, in der gewölbten Halle wurde mit Getreide gehandelt. Wir gehen links in die Brunnengasse, gehen am ehemaligen Wohnhaus des berühmten Bildhauers Josef-Anton Sturm vorbei und treffen bald auf die Franziskanergasse; hier wenden wir uns nach links.

Ein schönes Ambiente aus historischen Gebäuden sowie Blicken auf die alte Stadtmauer zur Rechten säumen nun unseren Weg, bis wir die Drehergasse an der Ecke zur „An der Stadtmauer" erreichen. Ab hier stößt der Weg geradeaus in das Pfarrgäßle. Wir verlassen den mittelalterlichen Altstadtring durch ein Tor und treffen auf die Kreuzung Klosterstraße und Spitalgasse. Hier gehen wir geradeaus zum Franziskanerplatz und weiter in einem Bogen zum Franziskanerkloster. Es wurde 1628 im Zuge der Gegenreformation gegründet. Nach den beeindruckenden Panoramablicken auf Füssens Altstadt spazieren wir weiter zur Klosterkirche, die aus der ehemaligen Füssener Pfarrkirche St. Sebastian entstand. An der Kirche vorbei und eine Treppe hinab laufen wir durch ein romantisches Tor. Wir passieren den Erinnerungspunkt an dem Maler Carl Spitzweg. Der Weg führt hinab zum Ufer des Lechs, wo sich linker Hand in einigen Metern Entfernung drei Trilogienadeln befinden. Sie behandeln die Themen Siedlungsgeschichte, Via Claudia Augusta und die Lebensader Lech.

Zurück von dem kurzen Stichweg wandern wir nun weiter am Ufer des Lechs flussaufwärts. Noch vor dem Bürgerspital wenden wir uns in eine kleine Gasse nach rechts. Nach der Floßergasse biegen wir links in die Spitalgasse; hier baut sich linker Hand eindrucksvoll das Kloster St. Mang vor uns auf. Unsere Route bringt uns an das Kloster heran und vorbei an der Heilig-Geist-Spitalkirche. Wir nutzen den lohnenswerten Abstecher an der Lechhalde über die Lechbrücke zu einem wunderschönen Panoramapunkt mit einer Trilogiebank auf St. Mang. Auch das Hohe Schloss ist von hier aus sehr schön anzuschauen. Wir kehren zurück zur Südostecke der Klosteranlage und halten uns dann links am Kloster entlang in das Faulenbachgäßchen. Unterhalb des Klosters und der gleichnamigen Kirche halten wir uns wenig später rechts. Dann steigen wir ein paar Stufen empor in den Stadtpark Baumgarten. Er wurde erstmalig im 14. Jahrhundert als Klostergarten erwähnt. Hier stoßen wir auf einen Querweg, der uns nach links durch den Stadtpark führt. Vorbei geht es an zwei einladenden Schlossparkbänken und der Themeninsel und macht im weiteren Verlauf einen Bogen zu den Resten der sogenannten Wasserburg. Der Wasserspeicher wurde im 19. Jahrhundert im Stile einer Burgruine erbaut.

Unsere Route führt uns weiter, wieder Richtung Altstadt, bald durch ein Tor in der alten Stadtmauer zur Kirche St. Mang. Hier lohnt sich ein Abstecher zum Hohen Schloss nach links. Wir erreichen den Haupteingang des Rathauses an der Ecke Ritterstraße und Lechhalde. Wir gehen einmal nach rechts, dann gleich wieder links herum in die Straße Brotmarkt. Rechter Hand befindet sich der schöne Lautenmacherbrunnen. Der Weg biegt nach links in die Hutergasse ein und folgt dann zur Kreuzuung Ritterstraße. Nach rechts erreicht die Runde die Ecke Ritterstraße und Reichenstraße an einem Brunnen und bringt uns dann rechts durch die Reichenstraße bis zur Sebastianstraße. Nach zwei Fußgängerampeln kommen wir wieder zur Tourist-Information und dem Kaiser-Maximilian-Platz. Wir haben den Endpunkt unserer Runde erreicht. Die Start- und Willkommensinstallation mit dem Lautenmacherwürfel als dritten Würfel obenauf.

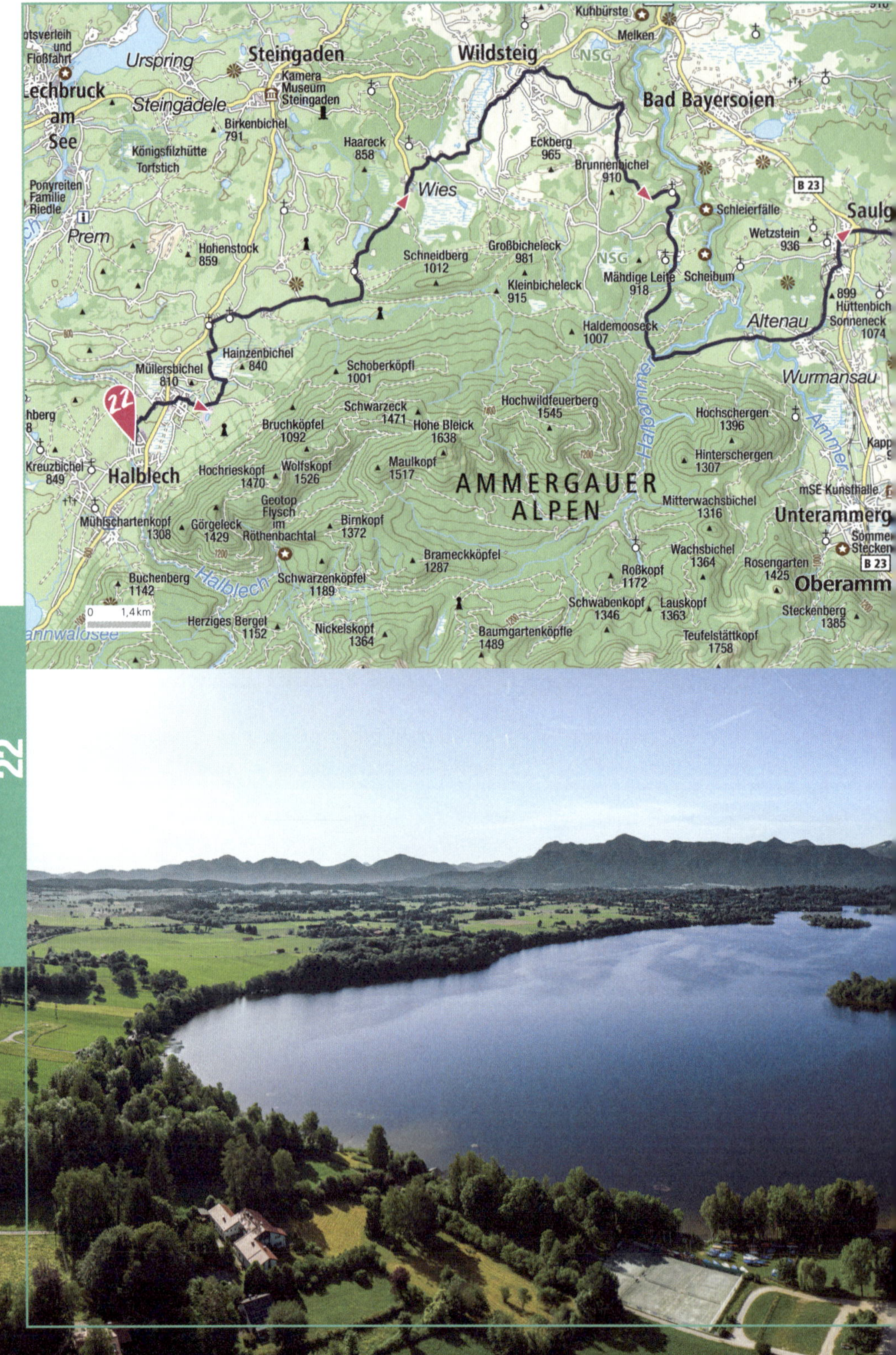

Kuhbürste
Melken
Wildsteig
NSG
Steingaden
Kamera Museum Steingaden
Urspring
Lechbruck am See
Fißfahrt
Steingädele
Birkenbichel 791
Bad Bayersoien
Haareck 858
Eckberg 965
Brunnenbichel 910
Königsfilzhütte
Tortstich
Wies
B 23
Ponyreiten Familie Riedle
Prem
Schleierfälle
Saulg
Wetzstein 936
Hohenstock 859
Schneidberg 1012
Großbicheleck 981
NSG
Kleinbicheleck 915
Mähdige Leite 918
Scheibum
899
Hüttenbich
Sonneneck 1074
Haldemooseck 1007
Altenau
Hainzenbichel 840
Müllersbichel 810
Schoberköpfl 1001
Wurmansau
Hochwildfeuerberg 1545
Schwarzeck 1471
Hohe Bleick 1638
Hochschergen 1396
Bruchköpfel 1092
Halbammer
Ammer
Hinterschergen 1307
Kreuzbichel 849
Halblech
Hochrieskopf 1470
Wolfskopf 1526
Maulkopf 1517
AMMERGAUER ALPEN
Mitterwachsbichel 1316
Geotop Flysch im Röthenbachtal
Unterammerg
Mühlschartenkopf 1308
Görgeleck 1429
Birnkopf 1372
Brameckköpfel 1287
Wachsbichel 1364
Rosengarten 1425
B 23
Buchenberg 1142
Halblech
Schwarzenköpfel 1189
Roßkopf 1172
Oberamm
Schwabenkopf 1346
Lauskopf 1363
Steckenberg 1385
0 1,4 km
Herziges Bergel 1152
Nickelskopf 1364
Baumgartenköpfle 1489
Teufelstättkopf 1758

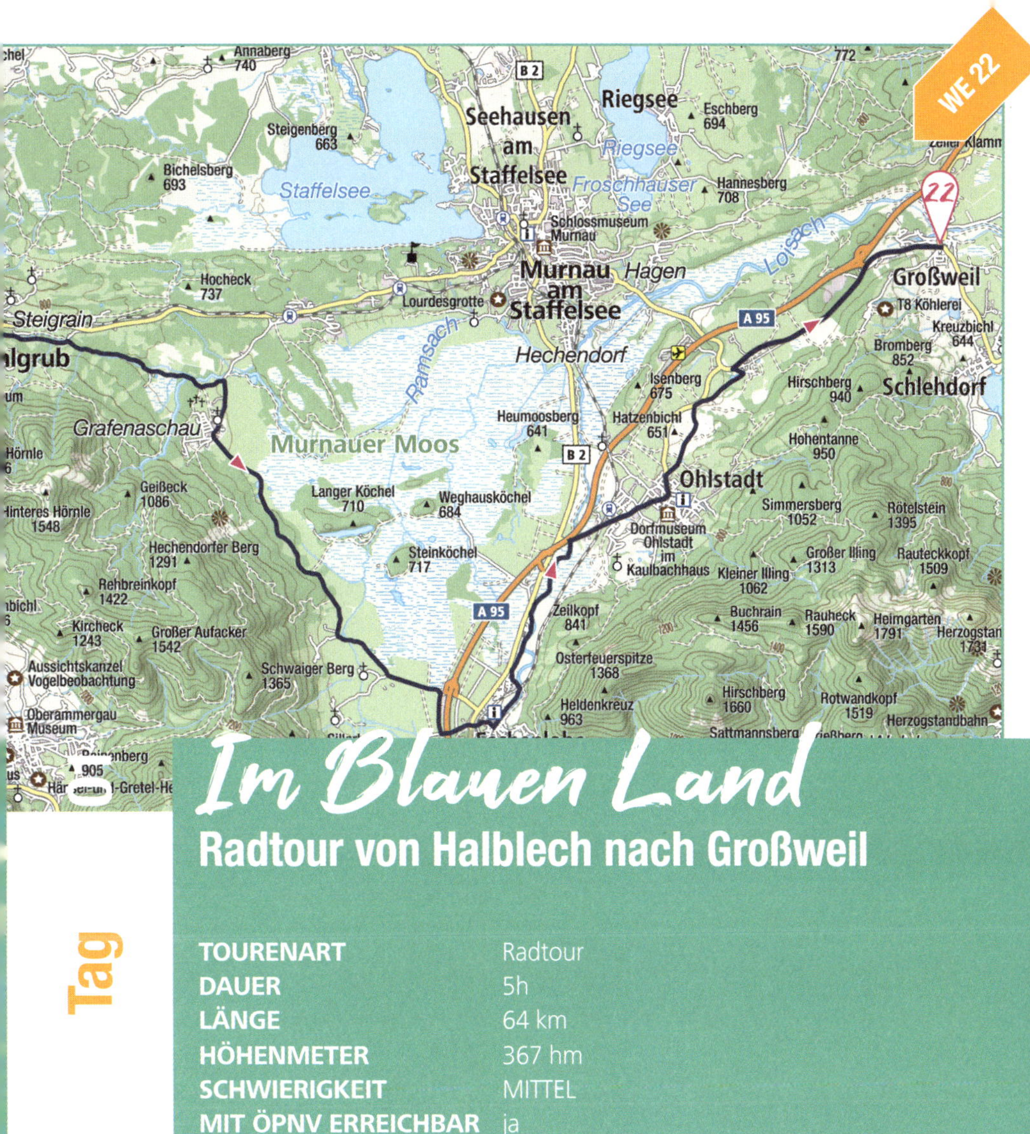

Tag

Im Blauen Land

Radtour von Halblech nach Großweil

TOURENART	Radtour
DAUER	5h
LÄNGE	64 km
HÖHENMETER	367 hm
SCHWIERIGKEIT	MITTEL
MIT ÖPNV ERREICHBAR	ja

Das erwartet dich ...

Die abwechslungsreiche Radtour bringt uns aus dem Allgäu nach Oberbayern. Dabei erwarten uns sowohl kulturelle als auch landschaftliche Höhepunkte. Recht bald, nachdem wir Halblech verlassen haben fahren wir über die Dörfer nach Wies in Oberbayern. Hier besuchen wir die Wieskirche, eine prächtig ausgestattete Wallfahrtskirche. Eine Augenweide erwartet uns etwas später mit dem Naturpark Ammergauer Alpen: Eine vielseitige Landschaft aus Gebirge, Moor, Wiesen und Wald.

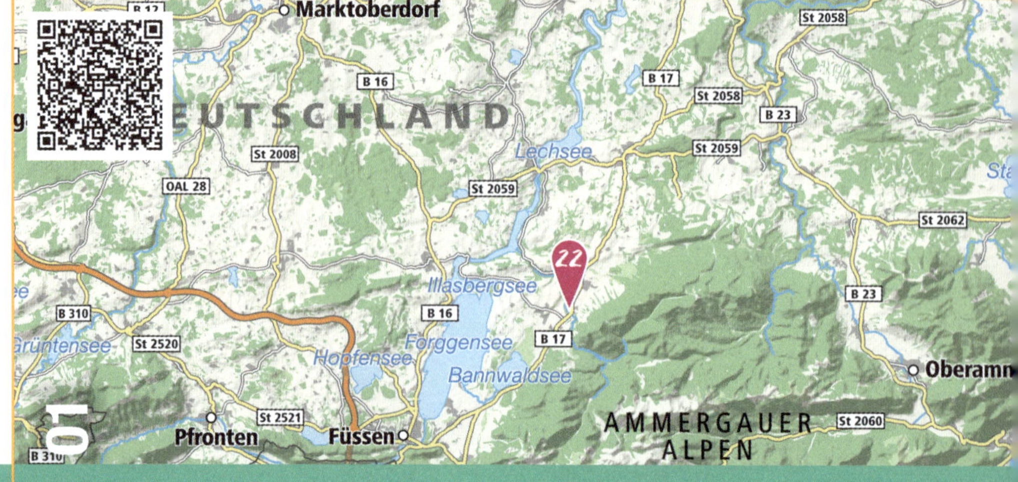

Tag 01

Start & Ziel & Anreise

Los geht's zu unserer Radltour in Halblech. Mit dem eigenen PKW fahren wir den Ort über die A7 Richtung Füssen an. Dann folgen wir der Beschilderung Richtung Füssen und Schwangau. Vorbei an Schloss Neuschwanstein fahren wir auf der Romantischen Straße B 17 nur noch wenige Kilometer, dann haben wir den Ort erreicht. Wenn wir mit dem Zug anreisen, bringen uns Regionalzüge aus allen Richtungen bis nach Füssen. Von hier aus steigen wir in den Bus der Linie 73 nach Halblech um.

Tourenbeschreibung

In Halblech entfernen wir uns von der Hauptstraße, indem wir die Lechbrucker Straße nordwärts fahren. Auf dem Sträßchen An der Breite biegen wir nach rechts ab und folgen ihm nach Trauchgau. Hier schwenken wir nach rechts in die Poststraße und folgen ihr geradeaus in die Reichenstraße. An der Kirche St. Andreas biegen wir rechts ab und erreichen kurz darauf die Austraße, die uns aus dem Ort hinausbringt. Kurz nach Ortsende halten wir uns links und schwenken an der folgenden WegWeggabelung abermals links. Wir passieren die Brücke über die Trauchgauer Ach und biegen gleich hinter ihr rechts ab. Die nächste Kreuzung bringt uns rechts gewandt nach Unterreithen. Im Ort führt uns die Königstraße rechter Hand weiter nach Oberreithen. Nach dem nächsten Ort empfängt uns der Wald. An einer Weggabelung halten wir uns links nach Resle, vorbei am Lindegger See und schließlich nach Wies mit der imposanten Wieskirche hinein.

Als nächstes erwartet uns Schwarzenbach. Im Ort halten wir uns rechts und biegen gleich darauf links ein. Wir radeln über einen unbefestigten Weg nach Unterhäusern. Dann bringt uns ein Wiesenweg nach Wildsteig. Von der Kirchbergstraße aus biegen wir rechts in die Riedstraße ein. Dann befahren wir den Oberfeldweg nach rechts und biegen noch einmal rechts auf den Morgenbacher Weg ab. Kurz radeln wir an Wiesen vorbei, dann haben wir Morgenbach auch schon erreicht. Hier halten wir uns links und fahren in einem Bogen über den Birkenweg weiter. Die Hauptstraße begleitet uns nach rechts durch den Ort, vorbei an Kreut. Wir überqueren den Bach und erreichen Peustelsau. Wir radeln auf einem Sträßlein aus dem Ort hinaus, bald durch Wald und schließlich überqueren wir die Halbammer. Nach links gelangen wir nach Unternogg und fahren weiter über die Unternoggstraße. Nach Mayersäge überqueren wir die Ammer und fahren nach Altenau hinein.

An der Kreuzung geht's links auf die Saulgruber Straße. Wir überqueren die Bahngleise und folgen ihnen bis nach Saulgrub. Hier können wir der interessanten Seifenmanufaktur Wurm einen Besuch abstatten. Über die Hauptstraße hinüber halten wir uns links auf den Radweg. Er begleitet uns bis zu den Bahngleisen, dann radeln wir weiter an der Ammergauer Straße entlang. An der Kreuzung beachten wir die Schilder Richtung Bad Kohlgrub. Sie leiten uns zur Kohlgruber Straße, dann weiter zur Saulgruber Straße. Wir passieren die Gleise und erreichen den Ort Bad Kohlgrub. An der Hauptstraße zweigt die Mühlstraße rechts ab. Dann fahren wir auf einem Weg parallel zum Lindenbach. Vor der Brücke halten wir uns rechts, beim Sportgelände geht's dann noch einmal rechts auf den Aschauer Weg. Dann folgen wir dem Radweg auf der linken Seite nach Grafenschau.

Hier halten wir uns links und nehmen die Schwaiger Straße vorbei am Weiler Apfelbichel und Richtung Autobahnbrücke. Noch vor der Brücke biegen wir scharf rechts ab, unterqueren die Autobahn und überqueren danach die Gleise. Dann haben wir Eschenlohe erreicht. Hier nehmen wir die Garmischer Straße nach rechts und biegen unmittelbar von der Loisachbrücke links ab in die Loisachstraße. Unter der Bahnbrücke hindurch und vor einem Betriebsgelände rechts fahren wir bald auf unbefestigtem Weg an der Loisach entlang. Vor der Autobahnbrücke biegen wir rechts über die Loisachbrücke und fahren auf der Partenkirchener Straße nach Ohlstadt. Dabei überqueren wir die Eisenbahn. Im Ort fahren wir in einem Linksschwenk in die Schwaigangerstraße und halten uns am Ortsende rechts auf den Fieberkirchweg. Wir passieren das Fieberkircherl und gelangen über eine kleine Brücke auf einen Landwirtschaftsweg. Vor dem Landgestüt Schwaiganger zweigen wir scharf links ab. Der straßenbegleitende Radweg bringt uns rechts nach Großweil, dem Ziel unserer heutigen Radroute.

22

Schlüsselhub
Obere Aumühle
Leberbichel
825
Hohenstock
859
Riesen
Kurzenhof
Schlögl
Schlöglmühle
B 17
Premer Lechsee
Kaltenbrunner See
Hachegg
Leibenberg
OAL 8
Moosreiten
Wilder Bichel
790
Unterreithen
Oberreithen
Küchele
Helfenwang
Schwaighof
Geißbichl
890
Jans
Birnbaum
Trauchgauer Ache
Häringen
Zwingen
Eschenberg
Buchberg
889
Ried
Hainzenbichl
840
Achmühle
Ostern
OAL 8
Müllersbichel
810
Zwieselried
Halblech
Stockingen
Trauchgauer Ache
Thal
Pfaffeck
869
Stockingen
Trauchgau
Kniebis
B 17
Rauhenbichl
Schapfensee
Wald-Wild-Schongebiet
Halblech Bruchschartl
Kühberg
858
Kreuzbichel
849
Auf der Halde
840
Greith
22
Halblech
Pfefferbichl
Berghof
Hafenfeld
Hochriß
Lachen
Bayerniederhofen
Gorgeleck
1429
Mühlschartenkopf
1308
Buching
Hegratsrieder See
B 17
Röthenbach
Herdweg
Buchenbergbahn
Halblech
Buchenberg
1142
Wildfütterung
Bannwaldsee
Tiefenbach
Herziges
B 17
AMMERGAUER ALPEN
Hennenkopf
1332
B 17
Lobentalbach
Tristallbach
Bannwald
Roßbach
Stausee
Jagdberg
1325
0
500 m

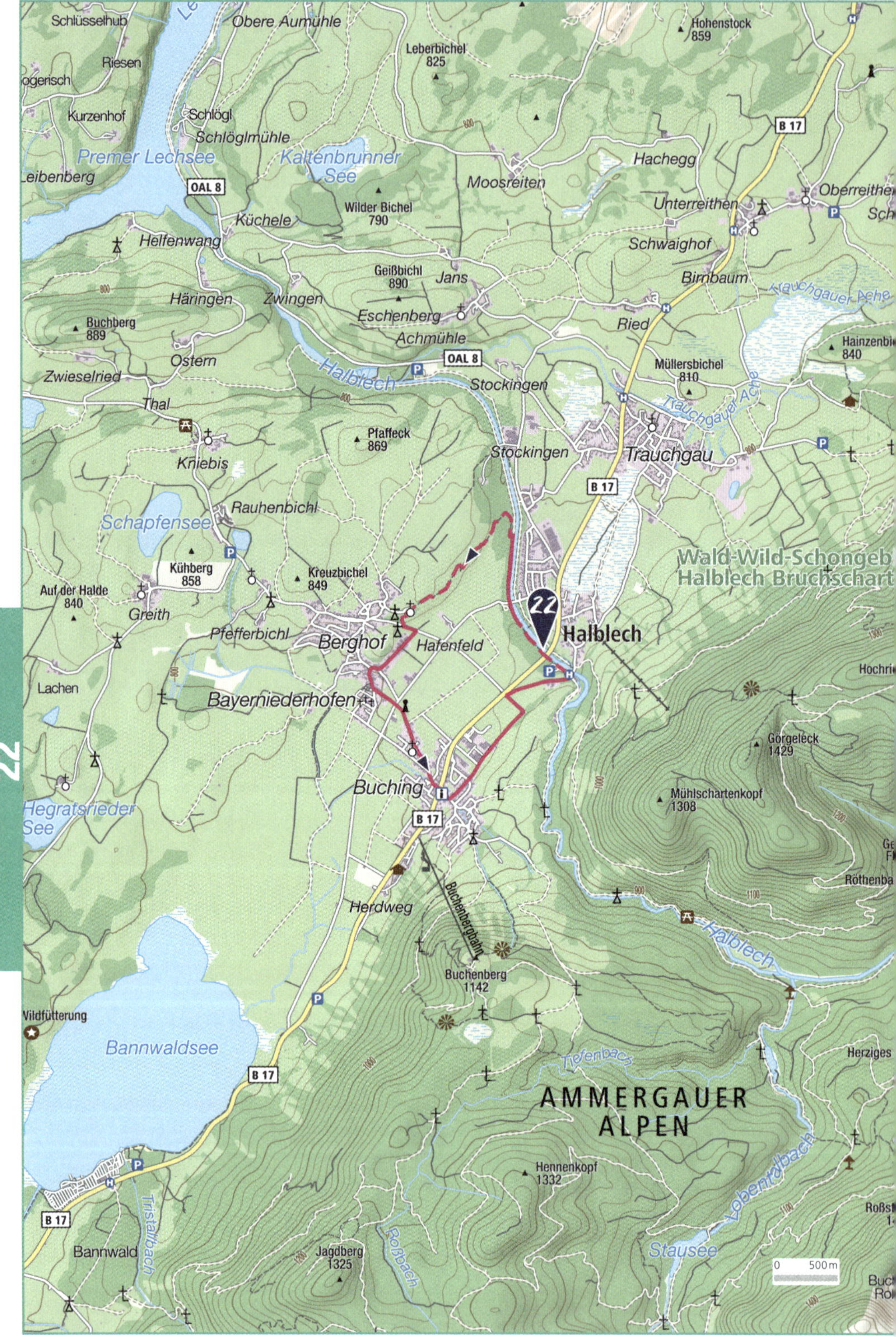

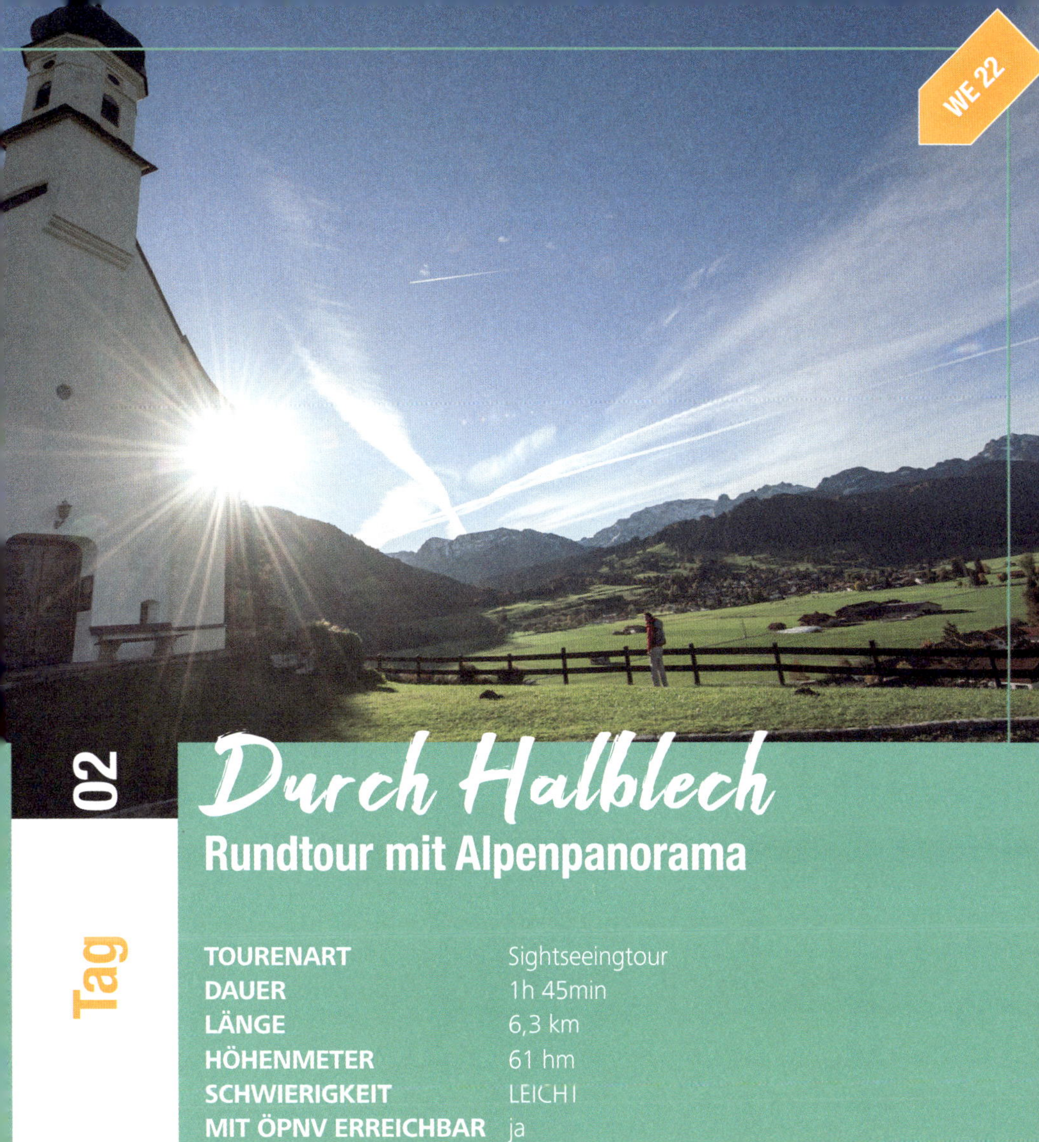

02 Tag

Durch Halblech

Rundtour mit Alpenpanorama

TOURENART	Sightseeingtour
DAUER	1h 45min
LÄNGE	6,3 km
HÖHENMETER	61 hm
SCHWIERIGKEIT	LEICHT
MIT ÖPNV ERREICHBAR	ja

Das erwartet dich ...

Ein abwechslungsreiche Wanderung mit romantischem Ortsflair und viel Panorama. Mal blicken wir auf die „blaue Mauer“ des Ammergebirges, mal auf den Hügelteppich des Alpenvorlandes. Unverfälschte Natur mit blühenden Wiesen, glitzernden Seen und majestätischen Bergen warten ebenso auf uns wie die spannende Geschichte des Ortes. Die prächtige Kapelle St. Peter rundet den Besuch der zwei Dörfer ab.

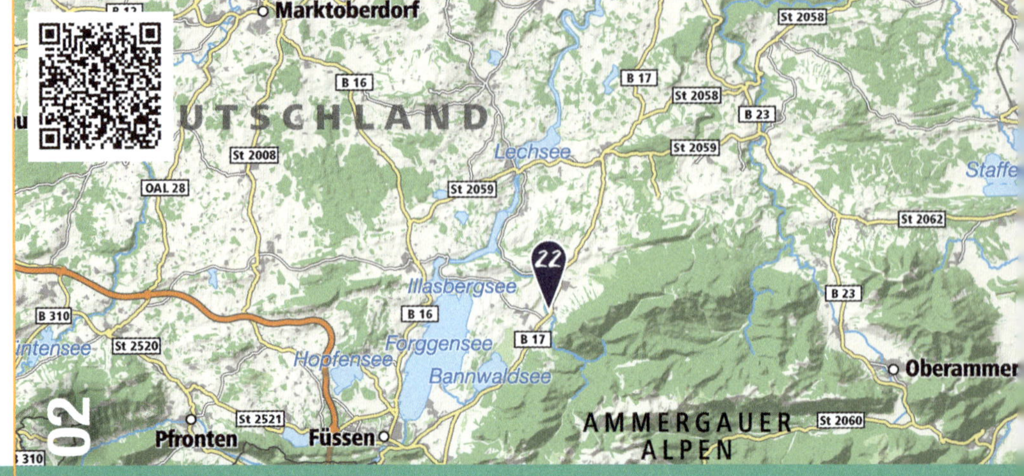

Tag 02

Start & Ziel & Anreise

Ausgangspunkt ist der Kenzenparkplatz in Halblech. Die A7 führt uns bis Füssen. Dann folgen wir der Beschilderung Richtung Füssen und Schwangau. Vorbei an Schloss Neuschwanstein fahren wir auf der Romantischen Straße B17 nur noch wenige Kilometer, dann haben wir den Ort erreicht. Wenn wir mit dem Zug anreisen, bringen uns Regionalzüge aus allen Richtungen bis nach Füssen. Von hier aus steigen wir in den Bus der Linie 73 nach Halblech um.

Tourenbeschreibung

Wir beginnen den gemütlichen Spaziergang am Start- und Willkommensplatz am Ufer des Halblech. Zunächst schlendern wir am linken Uferdamm flussabwärts, bis wir eine Weggabel erreichen. Hier erwartet uns die Eingangsstele von Halblech mitsamt einer gemütlichen Trilogiebank. Unsere Route zweigt hier links ab und leitet uns durch die schöne Halblechaue. Über die Geländerippe der Petershalden erreichen wir die Pestkapelle St. Peter. Der Pfarrer-Mayer-Weg quert eines der ökologische wertvollsten Quellgebiete Bayerns. Der ausgewiesene Naturpfad führt an zwei Gedenkstätten vorbei, die dem 2003 am Geiselstein tödlich verunglückten Pfarrer Mayer gewidmet sind. Auch eine von Wollgras umgebene Kalktuffquelle säumt unseren Weg. Dann erreicht die Runde vor dem Weiler Berghof die erstmals 1429 erwähnte Pestkapelle St. Peter.

Wir gehen einmal um die Kapelle herum zur Panoramatafel. Über ein paar Treppen geht es hinab zur Landstraße. Wir wenden uns nach links, später nach rechts durch den Hafenfeldweg in das Dorf Bayerniederhofen, das ein Teilort von Halblech ist. Am Schulweg biegen wir rechts ab, dann folgen wir der Route nach links in die Kirchstraße. Sie führt uns an der schönen Pfarrkirche St. Michael vorbei. Rasch verlässt der Trilogierundgang Bayerniederhofen wieder. Die Route folgt dem Straßenverlauf und bringt uns über die Forggenseestraße in den Halblecher Ortsteil Buching. Wir wandern weiter auf der Straße vorbei an der 1657 erbauten Dreifaltigkeitskapelle. Dann erreichen wir die Hauptstraße. Wir überqueren sie und spazieren geradewegs in die Bergstraße hinein. Schon stehen wir an der Gästeinformation, an der sich auch die drei Trilogienadeln befinden. Sie bringen uns interessante Fakten zur Entstehung und Wirtschaftsgeschichte von Halblech näher und vermitteln Infos über die archäologischen Grabungen und keltischen Funde.

Unser Weiterweg bringt uns hinauf, bis wir links auf den Mühlenweg abbiegen. Wir folgen ihm nun lange Zeit am Wald- und Bergrand entlang aus Buching hinaus. Bald empfangen uns offene Wiesen. Hier geht es zunächst im rechten Winkel nach links, kurz vor der Bundesstraße halten wir uns jedoch wieder rechts. Eine Asphaltstraße bringt uns zurück zum Start- und Willkommensplatz am Halblech und somit zum Ende unseres Rundganges.

Blick auf Halblech von der Kapelle St.Peter

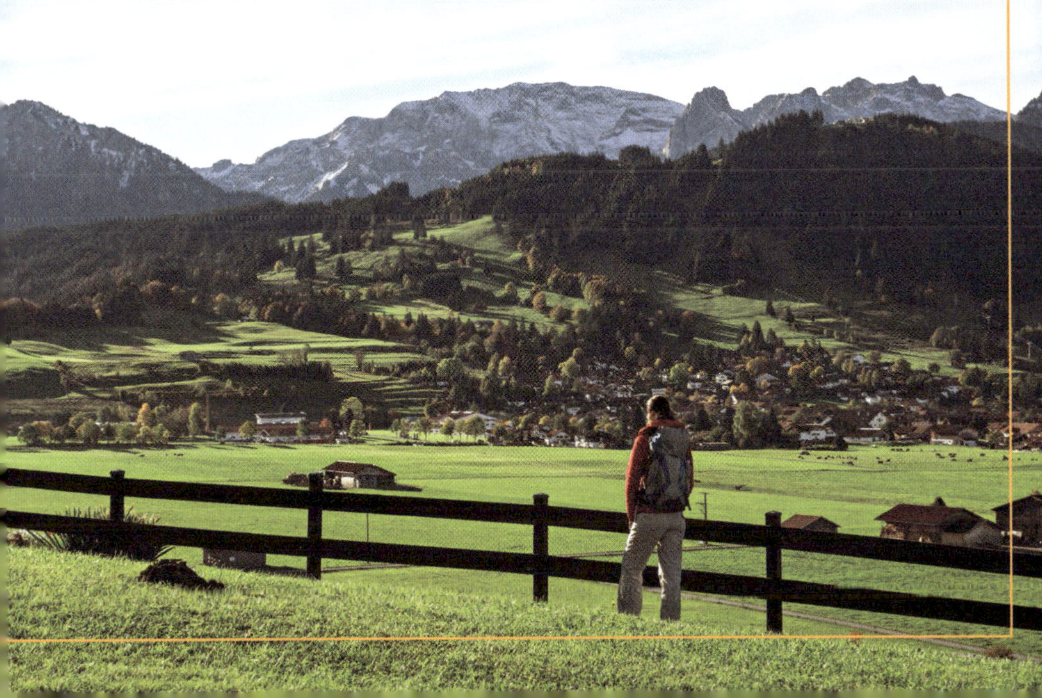

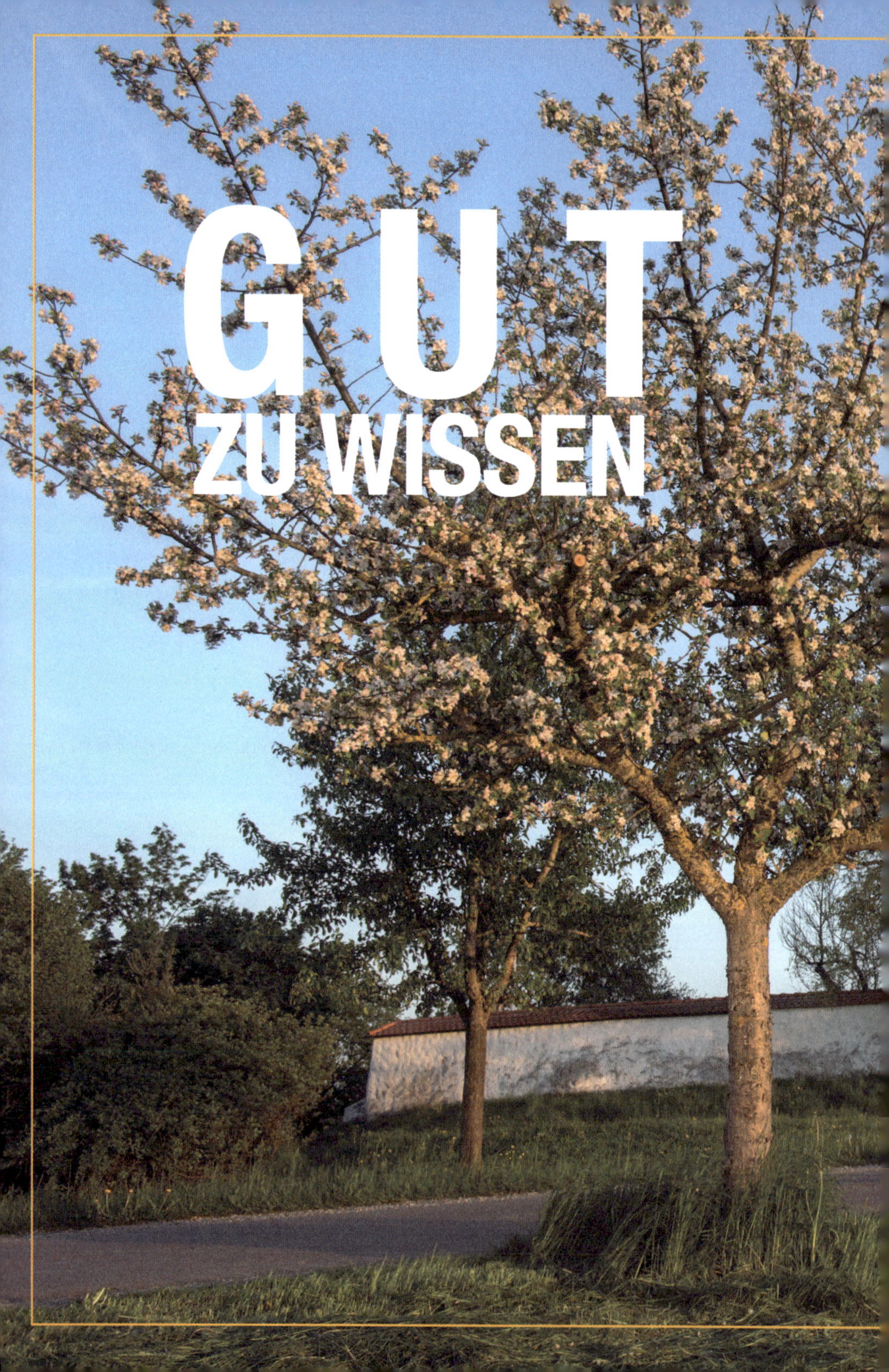

GUT ZU WISSEN

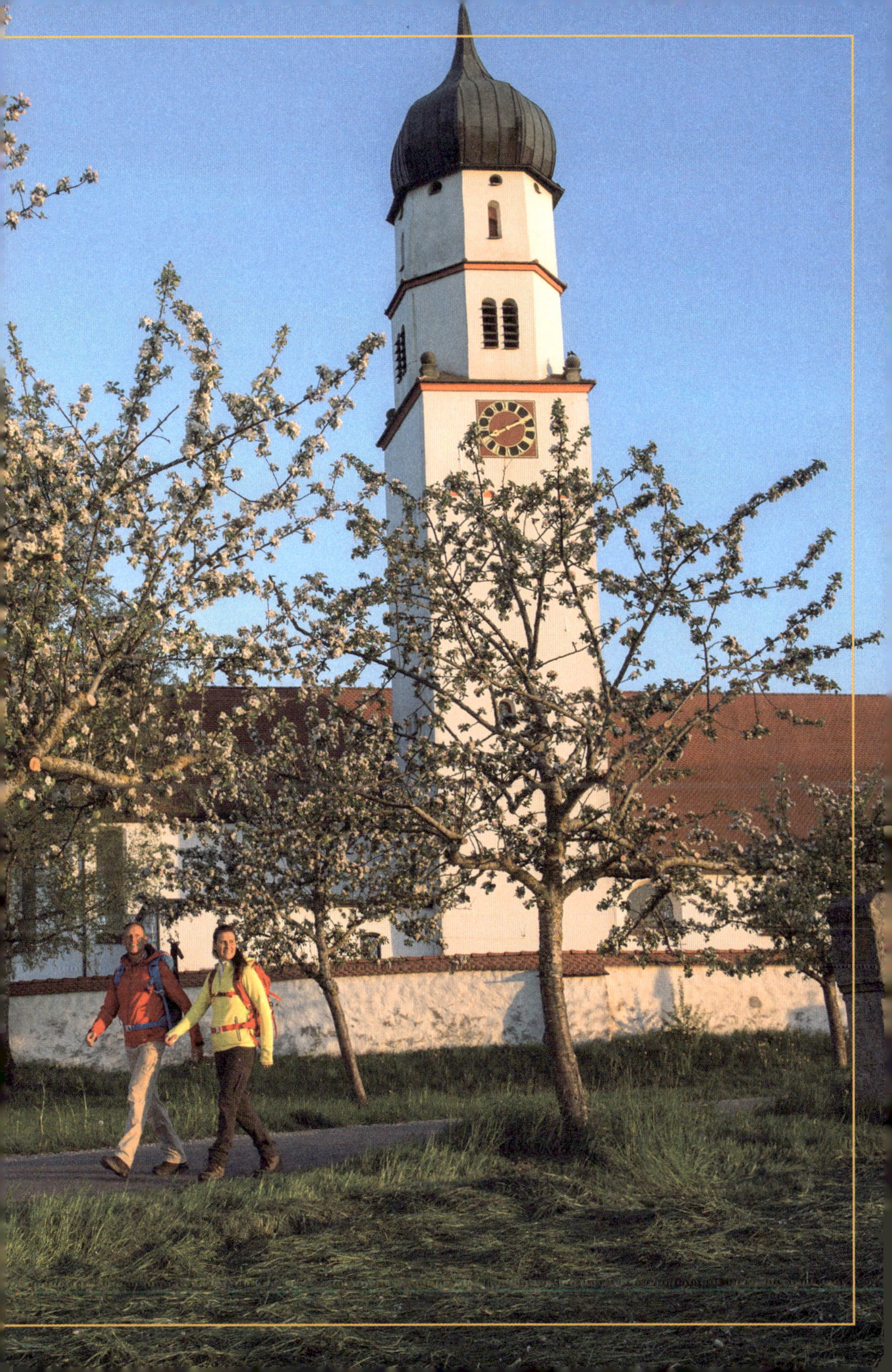

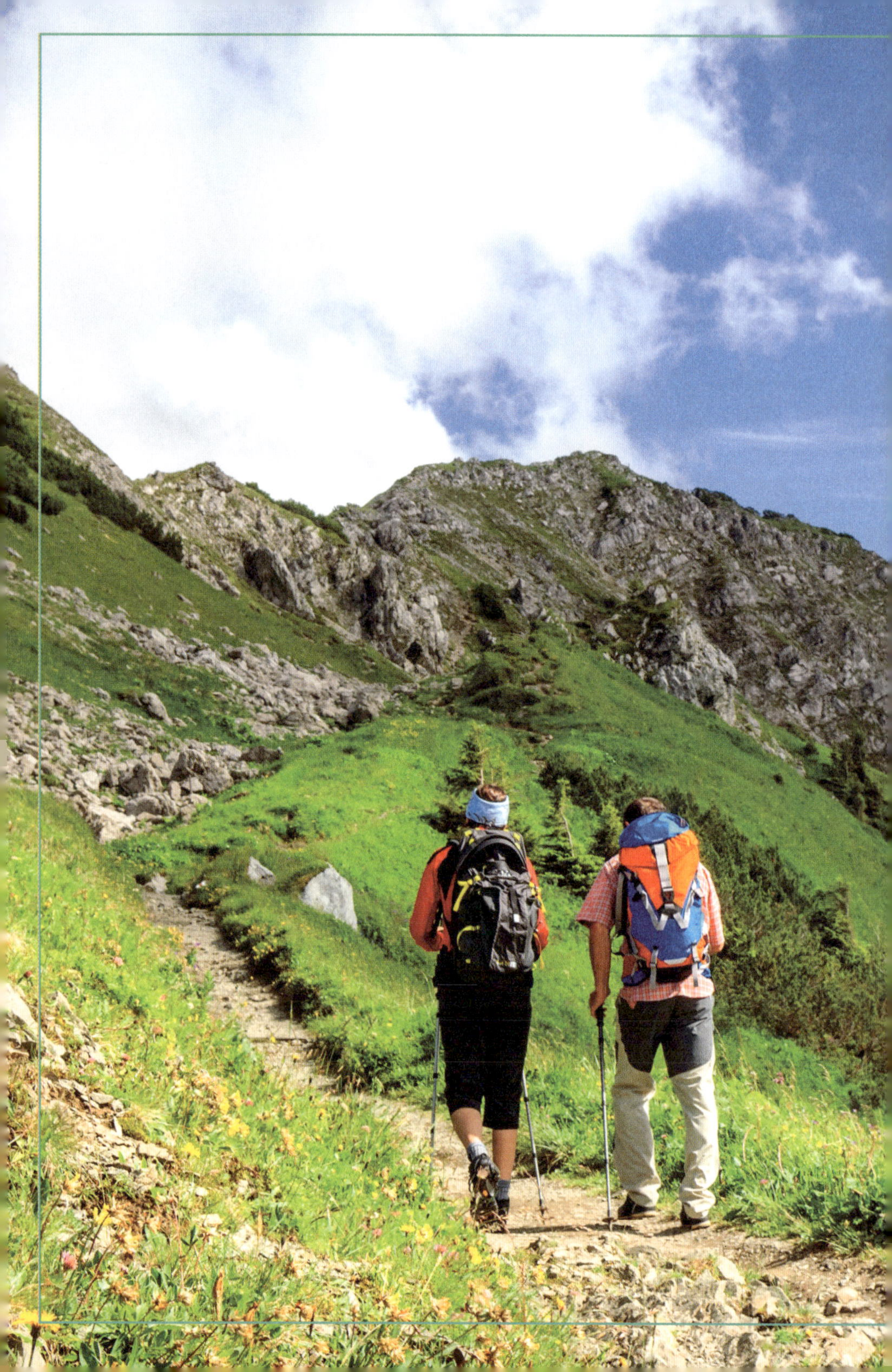

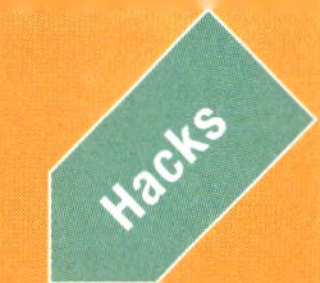

Unsere Outdoor-Hacks

Es geht auch einfacher

HACKS

ZEITMANAGEMENT
Achte bei der Planung deiner Tour auf das Zeitmanagement. Wie lange ist die Tour? Wann solltest du starten, um nicht in die Dunkelheit zu kommen? Ist das Wetter stabil und welche Temperaturen sind zu erwarten? Besonders in den Sommermonaten solltest du versuchen, die Mittagshitze zu meiden. Auch wenn es nicht einfach ist, sich frühmorgens aus dem Bett zu quälen: Spätestens wenn du an einem lauen Sommermorgen unterwegs bist, wirst du es nicht bereuen!

AUFWÄRMEN
Das Herz pumpt schon nach den ersten fünf Minuten wie verrückt? Dann bist du wohl zu schnell gestartet! Am besten solltest du dich bei jeder Sportart ausreichend aufwärmen. Mache die erste halbe Stunde etwas langsamer, bis der Kreislauf in Schwung gekommen ist. Solltest du dich in ungewohnten Höhenlagen bewegen muss sich dein Körper erst einmal an die neuen Bedingungen gewöhnen.

ÜBERNACHTUNG
Erholsamer Schlaf ist wichtig, damit du am nächsten Tag dein Wochenende gestärkt und ausgeruht fortsetzen kannst. Willst du das volle Outdoor-Erlebnis, bietet sich die Übernachtung auf einem Campingplatz an. Bedenke, dass du dafür entsprechend mehr Gepäck benötigst (Zelt, Matratze, Schlafsack,...) und plane einen „Notgroschen" ein, um im Falle eines Wettereinbruchs gegebenenfalls auf eine Pension oder ein Hotel zurückgreifen zu können.

Endlich was Neues ausprobieren

Lust was Neues auszuprobieren?

WENN JA, HABEN WIR EIN PAAR VORSCHLÄGE FÜR DICH.

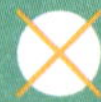

- **CANYONING:** Du suchst Abkühlung und willst dennoch Adrenalin spüren? Dann begib dich auf eine Canyoning-Tour. CANYONING ALLGÄU bietet Touren für alle Könnerstufen.

- **FLOSS-RAFTING:** Rafting mal anders. Beim Floßprojekt kann auf einem Floß die Iller befahren werden. Für Könner gibt es auch anspruchsvollere Flussabschnitte. Eignet sich besonders für größere Gruppen.

- **GEOCACHING:** Das Allgäu ist hervorragend für Geocaching geeignet. Wer also Abwechslung zum klassischen Wandern sucht, packt einfach ein GPS-Gerät mit ein.

- **WALDBADEN:** Einfach mal abseits des Weges ins weiche Gras oder Moos legen und den Wald mit allen seinen Sinnen erleben – Riechen, Fühlen, Hören.

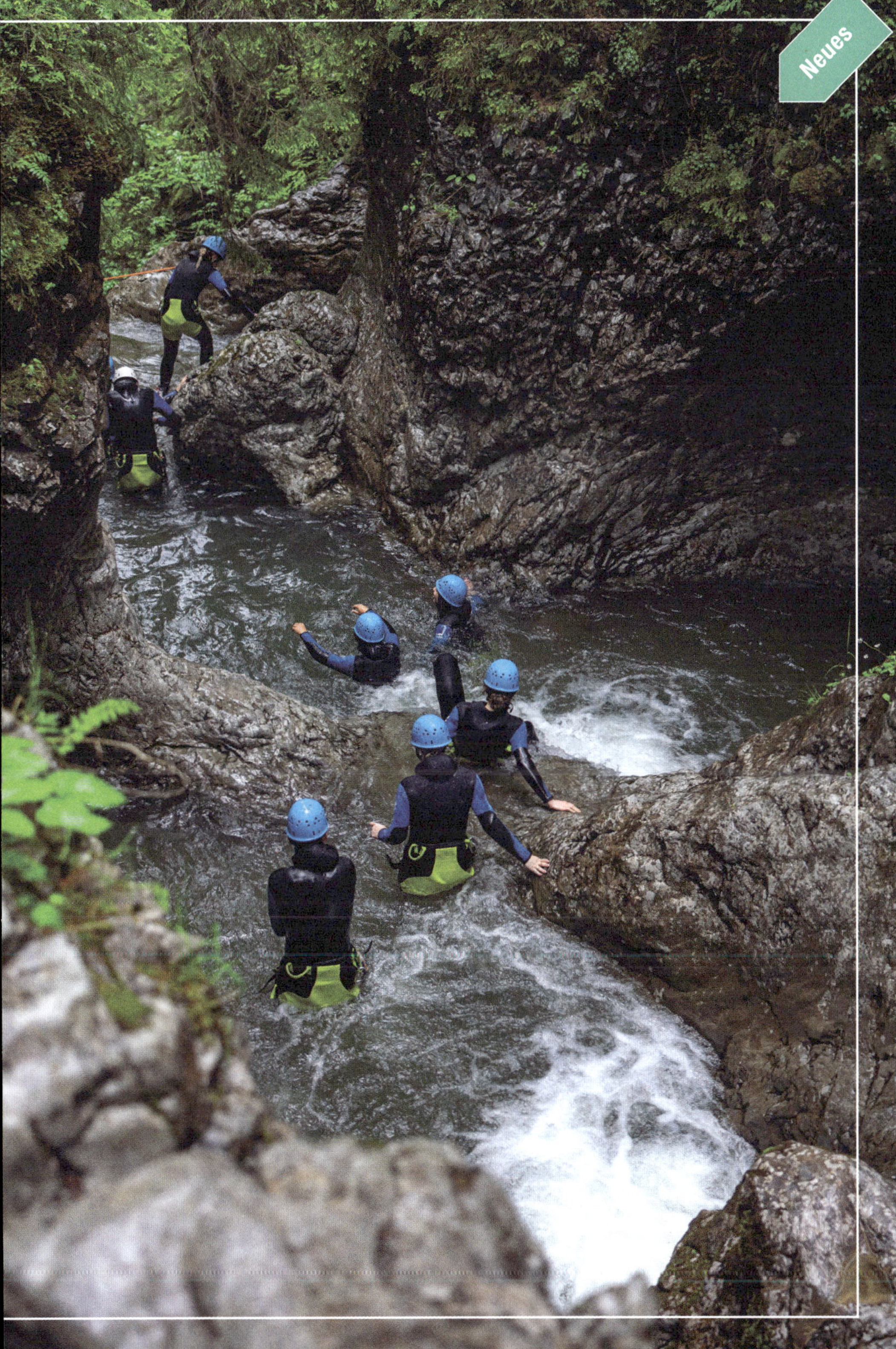
Neues

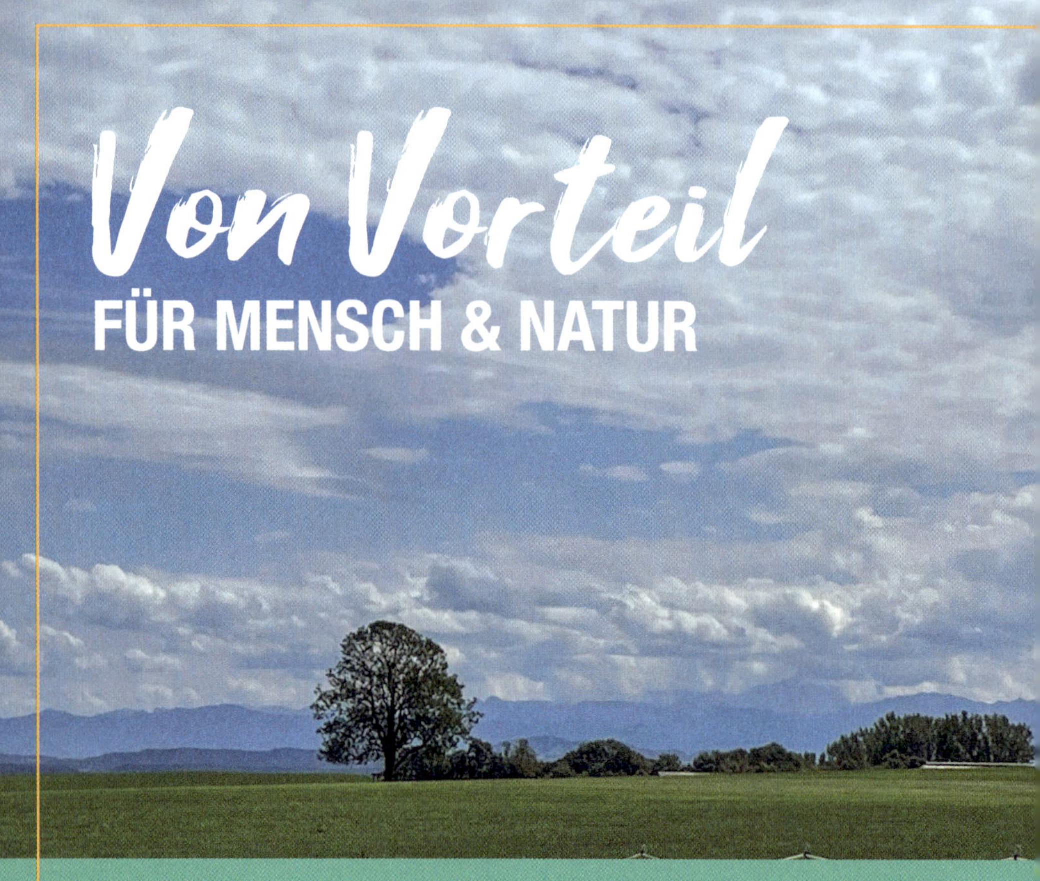

Von Vorteil

FÜR MENSCH & NATUR

Nachhaltigkeit

Auch beim Wandern oder beim Radeln hinterlassen wir unseren ökologischen Fußabdruck. Es sind die Anfahrt, das Material der Produkte und das Verhalten auf der Tour, die umweltschädigend sein können. Doch bei den Outdooraktivitäten im Einklang mit der Natur zu handeln, ist gar nicht so schwer! Freizeit und Tourismus haben enorm zugenommen, die Menschen reisen mehr. Reiseziele haben sich verändert, aber nicht das Volumen. Statt Fern- und Flugreisen nehmen regionale Reisen, Wander- und Radurlaube wieder zu. Viele, die bisher an „ihren" italienischen Strand gefahren sind, haben sich Tourenräder gekauft und entdecken das Thema Tourenradeln neu. Oder fahren am Wochenende in die Berge und probieren mehrtägige Hüttentouren aus. Daher kommt auf uns umso stärker die Aufgabe zu, uns rücksichtsvoll gegenüber Mensch und Natur zu verhalten, wobei ja auch wir als Menschen ein Teil der Natur sind. Was können wir also beitragen?

Und das kannst du machen …

Green-Guide

01 Nachhaltigkeit beginnt schon bei der Anreise: Je mehr Menschen mit dem Auto fahren, desto mehr CO_2-Ausstoß und desto mehr umweltschädlichen Gummiabrieb der Reifen gibt es. Doch viele Ausgangspunkte sind auch gut mit den öffentlichen Verkehrsmitteln zu erreichen. Informiere dich über örtliche Wander- und Rufbusse, auch Fahrgemeinschaften sind eine Möglichkeit

02 Respektiere deine Umwelt: Informiere dich vorab, worauf in Bezug auf Natur und Umwelt in der Ausflugsregion besonders zu achten ist. Beachte die Waldbrandgefahr, diese gibt es zunehmend nicht nur im Sommer. Vermeide unnötigen Lärm, denn Tiere und auch Menschen wollen in der Natur Ruhe genießen.

03 Kein Verpackungsmüll: Die Verpflegung für den Hunger zwischendurch ist mindestens genauso wichtig wie das Trinken. Bevorzuge beim Einkauf regionale Ware und Bioprodukte ohne Plastikverpackung, verwende deine eigene Trinkflasche mit Leitungswasser und eine Brotzeitbox.

04 Sportausrüstung gebraucht kaufen oder leihen: Ausrüstung und Kleidung kannst du auch gebraucht kaufen, das spart wertvolle Ressourcen. Auch das Ausleihen ist eine Möglichkeit, falls du beispielsweise nur im Urlaub mal eine Mountainbiketour unternimmst. Geht mal was kaputt, können zum Beispiel Wanderschuhe und Jacken auch repariert werden.

05 Weniger ist mehr: Oft findet sich die schönste Natur in unmittelbarer Nähe. So muss es nicht immer die weit entfernte Gebirgskette sein. Auch Ziele, die aufgrund ihrer Bekanntheit an Wochenenden und in den Ferien total überlaufen sind, freuen sich über ein paar Besucher weniger. Weniger bekannte Ziele haben auch ihren Reiz und warten nur darauf, entdeckt zu werden. Hebe dir entferntere Wunschtouren für einen anderen Zeitpunkt auf.

Karl-Kapferer-Straße 5, A-6020 Innsbruck

1. Auflage 2023 (23.01)
Verlagsnummer 3528
ISBN 978-3-99121-796-1

Konzept und Bildnachweis

Konzept & Gestaltung: © KOMPASS-Karten GmbH

Projektleitung: Jeff Reding & Hannah Geuder

Text: KOMPASS-Karten AutorInnen (s. Klappe)

Grafische & Kartografische Herstellung:
© KOMPASS-Karten GmbH

Kartengrundlage: © KOMPASS-Karten GmbH unter Verwendung von OpenStreetMap Contributors (www.openstreetmap.org)

Titelbild: Weidekühe auf einer Wiese im Ostallgäu;
© ARochau - stock.adobe.com

Cover Rückseite: Hochgrat, Alpen, Deutschland
© Maciej Nowicki - stock-adobe.com

Weitere Bildnachweise:
S.2/3: © aBSicht - stock.adobe.com
S.4/5: © Igor - stock.adobe.com
S.8/9; S.10/11; S.12/13: © Andreas - stock.adobe.com
S.17; S.55; S.119: Walter Theil, Archiv Kompass
S.18: © Halfpoint - stock.adobe.com
S.20: © kentauros - stock.adobe.com
S.23: © Dozey - stock.adobe.com
S.24: Stadt Mindelheim
S.27: © Composer - stock.adobe.com
S.28/29: © Füssen Tourismus und Marketing, www.guenterstandl.de
S.31; S.61; S.143; S.163; S.187; S.195: Michael Sänger
S.35; S.37; S.47; S.49; S.51; S.53; S.79; S.81; S.107; S.109; S.111; S.113; S.125; S.127; S.129; S.135; S.137, S.139; S.141; S.185; S.191; S.193; S.212: Lisa Aigner
S.39; S:43; S.63; S.67; S.71; S.75; S.83; S.85; S.91; S.99; S.147; S.203; S.205; S.206/207: Allgäu GmbH
S.57: © etfoto - stock.adobe.com
S.59: © Miguel Moreno - stock.adobe.com
S.69: © KarlHeinz - stock.adobe.com
S.77: © photo-corona - stock.adobe.com
S.87: © joh.sch - stock.adobe.com
S.95; S.97; S.105; S.115; S.131; S.133: KOMPASS Verlag und Walter Theil
S.103: © ARochau - stock.adobe.com
S.123: © skytrail
S.151: © globetrotter1 - stock.adobe.com
S.153; S.214/215: © Dominik Ultes - stock.adobe.com
S.155: © outdoorpixel - stock.adobe.com
S.159; S.161; S.173: Eva Maria Volgger
S.167; S.169: ©TVB Tannheimer Tal/Achim Meurer
S.171: © alexanderheyd - stock.adobe.com

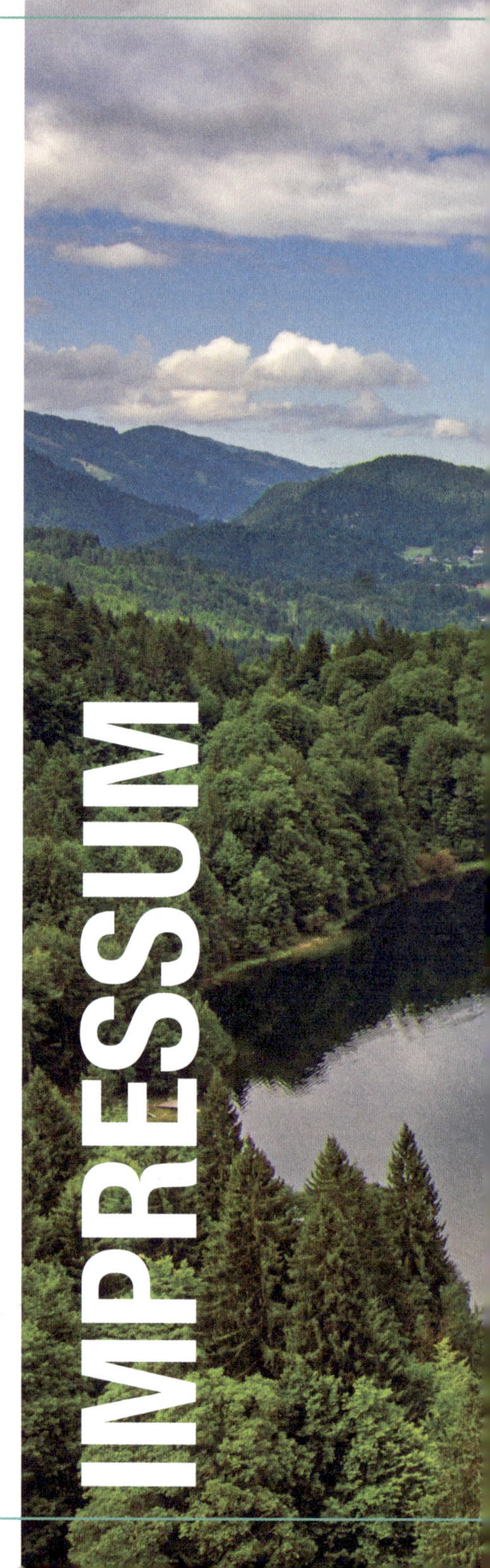

IMPRESSUM

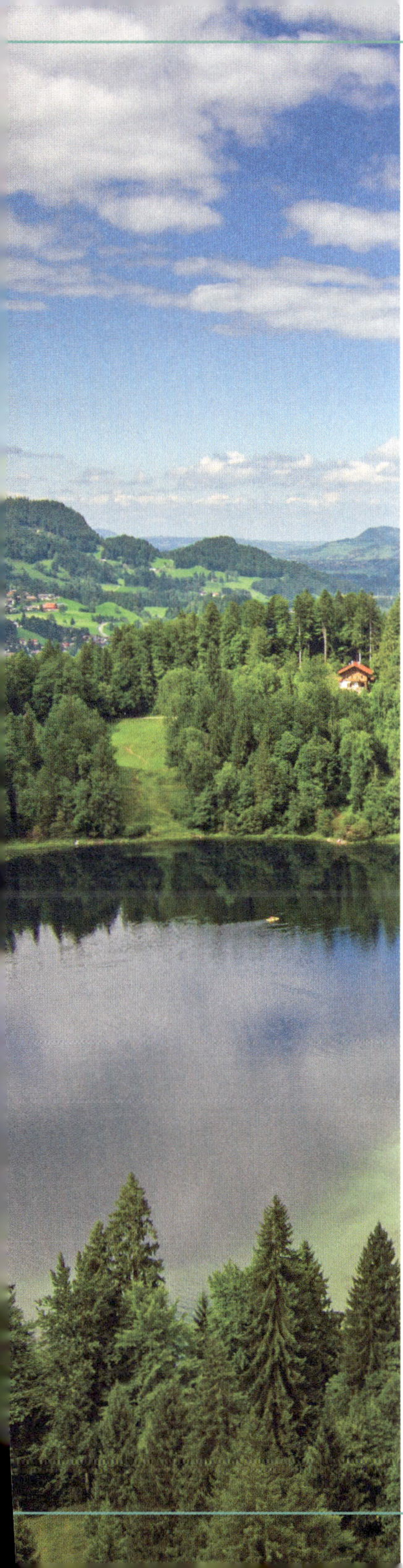

Weiterere Bildnachweise:
S.174: © mdk solution - Pixabay
S.179: © Imaginis - stock.adobe.com
S.183: © travelpeter - stock.adobe.de
S.198: © Das Blaue Land, Wolfgang Ehn
S.208: © ARochau - stock.adobe.com
S.211: © Frank Lambert - stock.adobe.com

KOMPASS KARTEN GMBH
Karl-Kapferer-Straße 5, A-6020 Innsbruck
www.kompass.de/service/kontakt

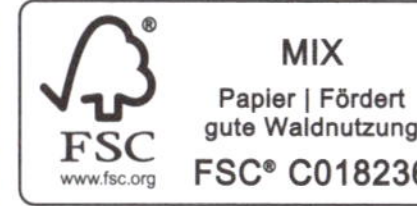

Deine Orientierung

Hallo!
Ich bin deine Anleitung, wie du zu den GPX-Tracks aus deinem neuen Buch kommst. Damit kannst du dir die Route in Outdoor-Apps und Navigationsgeräte laden. Scann den QR-Code oder gehe auf folgende Webseite:

www.kompass.de/gpx

Für Navigationsgeräte und Apps haben wir auf unserer Webseite alle Touren im GPX-Format zum Download bereitgestellt:
Hier findet man alle weiteren Informationen. Einfach das richtige Produkt auf der Seite auswählen, die Daten herunterladen und auf das Zielgerät oder in die gewünschte App importieren.

Was ist ein GPX-Track? GPX ist ein Datenformat für Geodaten. Das Wort GPS steht für Global Positioning System (Globales Positionsbestimmungssystem). Mit einem GPX-Track bekommt man die rote Linie, also den Wegverlauf, als geografische Koordinaten.

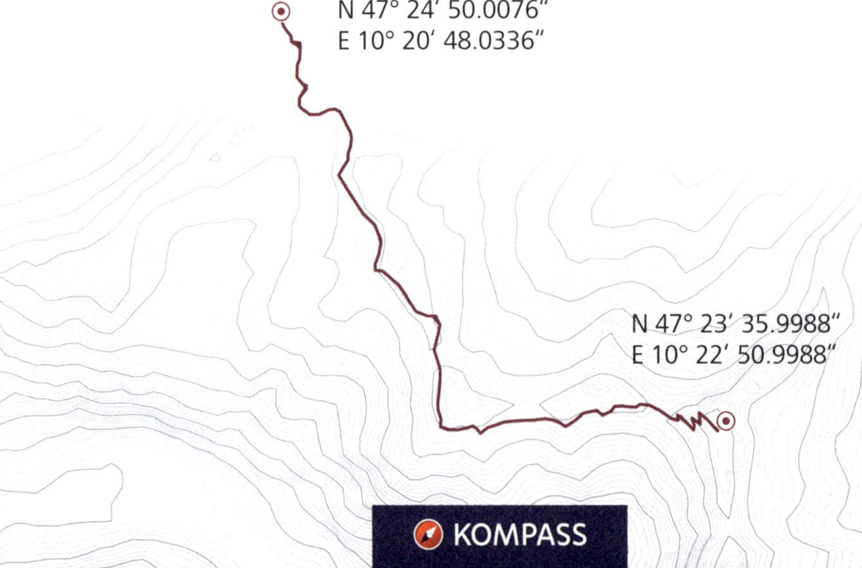